한국해양수산개발원 학술총서 ①

해 운 경 제 학
Maritime Economics

한국해양수산개발원 학술총서 ①
해운경제학

초판 1쇄 발행 2015년 9월 30일
초판 3쇄 발행 2023년 8월 30일

저　자 | 정봉민
발행인 | 김은희
발행처 | 블루&노트

등　록 | 제313-2009-201호(2009.9.11)
주　소 | 서울시 양천구 남부순환로48길 1, 1층
전　화 | 02)718-6258　팩　스 | 02)718-6253
E-mail | bluenote0909@chol.com

정가 30,000원
ISBN 979-11-85485-04-1 93320

· 잘못된 책은 바꿔 드립니다.

한국해양수산개발원 학술총서 ①

해운경제학
Maritime Economics

정봉민 저

발간사

  국제사회는 사람, 화물, 자본, 지식·기술 및 정보의 교류와 유통을 기반으로 발전해 나가고 있다. 해운산업은 물적 교류와 유통의 지원 기능을 담당하며 국제사회의 발전에 기여하고 있는 중요한 산업이다. UNCTAD (2012) 자료에 의하면 세계 교역량의 약 80%가 해상을 통하여 운송되고 있는 것으로 나타났다. 물적 교류와 유통은 다른 부문 즉, 사람, 자본, 지식·기술 및 정보의 교류와도 밀접하게 연관되어 있는 만큼, 오늘날과 같이 풍요롭고 안정된 국제사회의 형성에 있어 해운산업의 기여도는 절대적인 것으로 판단된다. 한국의 경우 1960년대 초부터 해외시장 의존적인 경제발전 정책을 추진해 오는 과정에서 해운산업은 저렴하고 안정적인 운송 수단을 제공함으로써 국가 경제의 영위 및 발전에 중요한 역할을 담당해 왔다. 뿐만 아니라 해운산업은 자체적으로도 부가가치와 고용을 창출하는 등 국가 경제에 대하여 직·간접적으로 기여하고 있다.

  해운산업은 이와 같이 국가 경제적으로 중요할 뿐만 아니라, 특유의 역동성으로 인하여 젊은이들의 이상과 꿈을 실현할 수 있는 기반이 되기도 한다. 해운 시장은 변동성이 큰 편인데, 이는 경영 및 투자의 불확실성을 증대시키는 요인이기도 하지만 그만큼 수익 실현의 기회를 제공하는 요인이 되기 때문이다. 해운산업은 흔히 "빈곤과 풍요의 산업(industry of poverty and feast)"이라고 일컬어진다. 해운 경기변동은 비교적 장기간의 극심한 불황과 단기간의 집중적인 호황이 반복되는 특징을 갖고 있기 때문이다. 따라서 해운 시장에서의 성공은 단기간에 나타나는 초호항의 시기를 어떻게 이용하는가에 달려 있는 것으로 판단된다. 관건은 해운산업과 시장의 특성을 이해하고 그 변화에 대응할 수 있는 능력의 함양이라 할 수 있다.

국내 해운산업의 발전 역사를 보면 1970년대에 정책적 지원을 기반으로 국적선대의 확충에 어느 정도 성공했으나, 1980년대 이후부터 2000년대 초까지 장기간의 불황에 직면하여 어려움을 겪었다. 그리고 2003년 하반기부터 2008년 상반기까지의 짧은 호황기에 비교적 많은 투자가 이루어졌으나 2008년 하반기부터는 다시 극심한 침체기를 맞아 그동안의 투자가 결실을 보기는커녕 업계와 정책 당국의 부담으로 작용하고 있다. 이와 같이 한국의 해운산업이 어려움에서 벗어나지 못하고 있는 이유는 해운 경기의 불황이라는 불가항력적인 요인도 있겠으나, 해운산업과 시장의 특성을 이해하고 이에 대응할 수 있는 능력을 충분히 갖춘 전문인력이 부족하다는 점도 간과해서는 안 될 것이다. 본 저술은 한국의 해운산업과 관련된 이러한 문제점에 대한 대응 방안의 강구를 위한 노력의 차원에서 이루어진 것이다. 물론 본 저술로 모든 문제가 일시에 해소될 수는 없겠지만 문제 해소에 한 걸음 다가서는 계기가 될 것으로 기대된다.

본 저술을 집필한 정봉민 박사는 해운산업업계의 실무 경험, 국책연구소의 연구 경험 및 대학교 강의 경험을 두루 갖춘 해운물류 분야의 전문가이다. 따라서 본 저술의 집필에 적합한 자질을 갖춘 것으로 판단된다. 본 저술이 해운산업의 건전한 발전에 도움이 될 수 있을 것으로 기대한다.

2015년 9월
한국해양수산개발원 원 장 김 성 귀

머리말

해운산업에 대한 사회과학적 접근은 경영, 정책 및 경제학적 관점에서 가능하다. 그 중에서도 해운산업에 대하여 경제학적으로 이해하는 것은 경영 및 정책적 접근의 기반이 되는 것으로 생각된다. 해운산업에 대한 경제학적인 측면의 이해 없이는 올바른 경영전략 및 산업정책의 수립과 집행이 어렵기 때문이다. 특히 해운경영 실무의 경우 현장직무 교육훈련(on the job training)과 직장 근무 경험에 의하여 대부분 습득 가능하게 된다. 이에 비하여 해운산업에 대한 경제학적 이해는 단순한 경영 실무 능력 이상을 요구하는 것으로, 경영 및 정책 관련 의사결정에 있어 필요한 전략적 판단능력의 기초가 된다.

해운경제학은 발전의 역사가 짧은 편으로 아직 학문적인 체계가 제대로 갖추어졌다고 보기 어렵다. 다만 그동안 몇몇 학자들의 노력으로 조금씩 학문적 완성도를 높여 나가고 있는 것으로 생각한다. 본 저술 역시 이러한 노력의 일환으로 이해될 수 있다.

필자는 그동안 구축되어 온 해운경제학의 토대 위에 벽돌 하나라도 보태겠다는 생각으로 본 저술을 시작하였다. 이 저술은 필자의 업계 실무, 국책연구소 연구 및 대학교 강의 경험을 기초로 이루어졌다. 본 저술에서는 해운시장 및 이에 의한 운임의 결정, 해운물류기업의 경영 수지, 금융과 관련된 사항 등을 우선적으로 살펴보았으며, 해상운송 체계의 변화와 그 이론적 배경에 대해서도 고찰하였다. 해운물류기업의 사회적 책임에 관하여 검토한 후 해운산업의 정책적 문제에 대해서도 고찰하였다. 그리고 1990년대 후반부터 본격화된 공급사슬관리(supply chain management)의 확산으로 해운물류기업의 업무 범위와 내용이 제품 디자인부터 최종 수요자에 이르기까지 공급사슬관리 전반으로 확대되고 있다는 점을 반영하고자 하였다. 물론 이러한 논의에 있어서는 경영학적인 설명이 기초가 되는 경우가 많으나 가능한 한 경제학적으로 재해석하고자 하였다.

다만 본 저술에 있어서는 경제학적인 기초가 없는 독자들도 쉽게 읽고 이해할 수 있도록 하겠다는 생각으로 최대한 평이하고 간단명료하게 서술하고자 하였다. 이에 따라 복잡한 수식이나 그래프에 의한 설명은 가급적 지양하고 직관적으로 이해할 수 있도록 고려하였다. 또한 관련된 개념이나 이론 등은 글상자 또는 각주에 추가 설명을 제시함으로써 독자들의 이해를 돕고자 하였다.

본 저술은 학부 고학년 및 대학원생의 교재로 이용될 수 있을 것이다. 아울러 업계 및 정책 당국의 실무에 있어서도 지침서가 될 수 있을 것으로 기대한다.

필자는 경제학도로서 해운 관련 분야의 실무, 연구 및 강의에 30여 년을 보내는 동안 해운경제학 이론서를 써보겠다는 생각을 늘 품고 있었다. 특히 수년간 해운경제학을 강의하면서 참고할만한 교재의 부족을 실감하게 된 점도 해운경제학 교재 집필의 의지를 자극하였다. 또한 해운산업계 및 정책 당국 종사자들을 위한 업무 지침서가 부족하다는 아쉬움도 본서를 더 이상 미루면 안 되겠다는 부담으로 남아있었다. 그러나 이런 저런 핑계로 실제 저술에는 착수하지 못하고 미루어져 오다가 한국해양수산개발원의 권유로 집필 계약이 이루어짐에 따라 본 저술이 가능하게 되었다. 따라서 본 저술에 있어서는 한국해양수산개발원 김성귀 원장을 비롯한 여러분들의 아낌없는 지원이 결정적인 도움이 되었다. 이 저술이 도움을 주신 분들의 기대를 충족했는지는 알 수 없으나 우선 이 분들께 감사의 마음을 전하고자 한다.

2015년 9월
저 자 정 봉 민

차례

제 1 장　해운산업과 해운시장　　17
　1. 해운산업　　19
　　1) 해운산업의 특성　　19
　　2) 해운산업과 국가 경제　　32
　2. 해운시장　　36
　　1) 해운시장의 구조　　36
　　2) 해상 화물 및 선박　　39

제 2 장　해운경영의 유형　　51
　1. 선박 취항의 정시성 여부에 따른 분류　　53
　　1) 정기선 해운　　53
　　2) 부정기선 해운　　74
　2. 서비스 범위 및 내용에 따른 분류　　80
　　1) 공급사슬관리(supply chain management: SCM)의
　　　 해운경영에 대한 영향　　80
　　2) 해운물류기업의 유형　　84

제 3 장　해운시장 부문별 고찰　　87
　1. 해상운송 시장　　89
　　1) 용선계약의 종류　　89
　　2) 용선계약서(Charter party: CP)　　119

2. 해상운임 파생시장	122
1) 파생시장의 개요	122
2) 해상운임 파생거래	124
3. 선박매매시장	138
1) 선박매매시장의 개념과 특성	138
2) 선박 매매의 절차	141
3) 중고선 가격의 결정	144
4. 신조선시장	146
1) 신조선시장의 개념과 특성	146
2) 신조선 계약의 절차	150
3) 신조선 가격의 결정	152
5. 해체선 시장	153

제 4 장 　 해상운임의 결정　157

1. 해운 서비스에 대한 수요	159
1) 해운 서비스 수요의 결정	159
2) 해운 서비스 수요곡선	172
2. 해운 서비스의 공급	174
1) 해운 서비스 공급의 결정	174
2) 해운 서비스 공급곡선	181
3. 해운시장의 균형	186
4. 해운 경기	192
1) 일반 경제의 경기변동	192
2) 해운 경기의 변동	199
3) 해운 경기의 예측	206

제 5 장 해운물류기업의 경영 수지 219

1. 해운물류기업의 비용과 수입 221
   1) 해운비용 221
   2) 해운 수입 228
2. 해운물류기업의 재무 성과 233
   1) 해운물류기업의 재무 성과 개선 방안 233
   2) 해운물류기업의 재무적 위험 관리 방안 252

제 6 장 선박금융과 투자 261

1. 금융시장 개관 263
   1) 금융시장의 기능과 구조 263
   2) 장기 및 단기 금융시장 264
   3) 금융기관 272
2. 선박금융 274
   1) 개관 274
   2) 선박금융의 유형 277
   3) 선박금융의 변천 288
3. 선박 투자 292
   1) 선박 투자의 특성 및 고려 사항 292
   2) 선박 투자 전략 298

제 7 장 해상운송 체계 301

1. 해상운송 네트워크 303
   1) 경제지리(Economic Geography)와 경제발전 303
   2) 경제적 거리 308
2. 해상운송 네트워크의 변화 311
   1) 중심-지선(hub & spoke) 운송 체제와 직기항 체제 311
   2) 환적중계센터(Transshipment relay center)의 발전 323
   3) 다극항만 체제의 형성 324

제 8 장　해운물류기업의 사회적 책임	327
1. 기업의 사회적 책임 개관	329
1) 기업의 사회적 책임의 정의와 이행 방안	329
2) 기업의 사회적 책임 이행 효과	333
2. 해운물류기업의 사회적 책임	336
1) 해운물류기업의 특성과 사회적 책임	336
2) 해운물류기업의 사회적 책임 이행 방안	339
3) 해운물류기업의 사회적 책임 이행 효과	343
제 9 장　해운산업 정책	347
1. 해운시장에 대한 정부의 개입	349
1) 시장실패와 정부실패	349
2) 해운시장 정책 관련 주요 고려 요인	355
2. 해운산업 발전 단계별 정책 변화	370
1) 해운 서비스 수급 구조의 변화	370
2) 해운산업 비교우위 결정 요인의 변화	374
3) 해운산업 정책의 발전 단계별 주요 목표와 쟁점	376
3. 해운시장에 대한 정부 개입의 기본 방향	382
4. 무역 정책과 해운산업	384
1) 자유무역의 제약 요인	384
2) 무역 자유화 동향	390
3) 무역 자유화와 해운산업	396
참고 문헌	403

표 차례

표 1-1 해운산업의 주요 특성	31
표 1-2 해운시장의 구분	38
표 1-3 화물의 구분 : 특성에 따른 분류	41
표 1-4 컨테이너의 용도별 종류	43
표 1-5 화물선의 운송 대상 화물에 따른 분류	46
표 1-6 화물선의 하역 방식에 따른 분류	47
표 1-7 선박의 크기별 분류	49
표 2-1 해운물류기업의 유형	85
표 3-1 하역비 부담 조건	97
표 3-2 정박 기간(Laytime) 계산 방식 사례	98
표 3-3 항해용선계약에서의 선주와 용선주의 비용 부담 항목	101
표 3-4 정기용선계약에서의 선주와 용선주의 비용 부담 항목	110
표 3-5 용선계약의 종류	118
표 3-6 장내거래 파생상품과 장외거래 파생상품	123
표 3-7 FFA의 기초자산(Underlying asset)	129
표 3-8 건화물선 케이프사이즈 선형의 기초자산(Underlying asset) 항로	129
표 3-9 건화물선 파나막스 선형의 기초자산(Underlying asset) 항로	129
표 3-10 Dirty tanker의 기초자산(Underlying asset) 항로	130
표 3-11 Clean tanker의 기초자산(Underlying asset) 항로	130

표 3-12 발틱해운 거래소의 FFA 운임 지표 평가 리포트사례	
(2008년 8월 31일자)	131
표 3-13 FFA를 활용한 운임 변동 위험 헤징 사례	138
표 3-14 신조선 대금의 일반적 지급 스케쥴(예시)	151
표 4-1 경제발전 단계와 물류	170
표 4-2 파나막스 벌크선의 속도와 연료 소모량	176
표 4-3 해운 서비스에 대한 수급 결정 요인	181
표 4-4 경기예측 기법의 주요 사례	208
표 5-1 해운비용(Shipping cost)의 구성	225
표 5-2 해운 여건의 변화와 선박 대형화에 대한 영향	247
표 5-3 용선계약 유형에 따른 운항위험과 해운시장위험의	
부담 주체	257
표 6-1 채권의 분류	266
표 7-1 환적의 유형	313
표 7-2 Hub & spoke 체제(환적 체제)의 장단점 비교	317
표 7-3 정기선 항로에서 직기항 체제로의 변화를 야기하는	
주요 동인	320
표 8-1 기업의 사회적 책임 이행 방식 진화	331
표 9-1 세계 해운시장에 대한 정부 개입의 역사	370
표 9-2 해운산업 발전 단계별 정책 방향	381
표 9-3 지역 경제 협력의 유형 및 협력의 범위	393

그림 차례

그림 1-1 운송 수단별 에너지 소모량(gCO_2-eq/t·km)   21
그림 1-2 도로운송과 해상운송의 화물처리 단계 비교   22
그림 1-3 해운시장의 균형(1)   25
그림 1-4 해운시장의 균형(2)   28
그림 1-5 해운산업의 전·후방 연관관계   33
그림 1-6 세계 GDP, 인구 및 해상 물동량 추세(1990=100)   35
그림 1-7 화물의 구분 : 포장 형태에 따른 분류   42
그림 2-1 셔틀 서비스(Shuttle service) 항로   59
그림 2-2 시계추 서비스(Pendulum service) 항로   60
그림 2-3 세계일주 서비스(Round-the-world service) 항로   61
그림 2-4 순항 서비스(Cruising sevice) 항로   61
그림 2-5 해운동맹의 해운 서비스 공급량 및 운임 결정   70
그림 2-6 공급사슬(Supply chain)   81
그림 3-1 FFA 거래 구조(청산소를 통한 거래의 경우)   134
그림 4-1 해운 서비스 수요곡선(단기 및 장기)   173
그림 4-2 해운물류기업의 비용 및 공급곡선   182
그림 4-3 해운 서비스 공급곡선(즉시, 단기 및 장기)   186
그림 4-4 해상운임의 결정(즉시 균형)   188
그림 4-5 해상운임의 결정(단기 균형)   189
그림 4-6 해상운임의 결정(장기 균형)   190
그림 4-7 경기순환 과정   192

그림 4-8 BDI 추세(1985. 1. 4.-2015. 1. 30., 일간자료)	202
그림 4-9 WS 추세(1992. 1. 4~2015. 1. 28; VLCC 중동-극동, 주간자료)	202
그림 5-1 최적 선형의 결정	243
그림 6-1 직접금융과 간접금융	263
그림 6-2 일반 선박금융 체계	280
그림 6-3 선박투자회사 업무 체계	284
그림 6-4 유동화 금융 구조	287
그림 6-5 파나막스급 건살화물선 신조선가 및 중고선 가격(선령 5년) 추이(2000. 1~2015. 1, 주간자료)	294
그림 7-1 정기선 해운 네트워크 변화추세	323
그림 7-2 환적중계센터의 개념	324
그림 7-3 Hub & spoke 체제와 다극항만 체제	326
그림 8-1 CSR 이행 체계	332
그림 8-2 CSR의 이행을 통한 기업 이미지 개선 효과	333
그림 8-3 CSR의 이행을 통한 인적자원 개선 효과	334
그림 9-1 외부불경제 상태의 시장 균형과 최적균형	353
그림 9-2 해운물류기업 가치 창출 체계	375

제1장

해운산업과 해운시장

1. 해운산업
2. 해운시장

1. 해운산업

1) 해운산업의 특성

해운산업은 다른 산업과 구분되는 여러 가지 특성이 있다.

첫째, 해운산업은 생산물이 서비스라는 점에서 재화를 생산하는 다른 산업과 구분된다. 서비스는 개인 서비스, 생산자 서비스(비즈니스 서비스)[1] 및 공공 서비스로 구분되는데 해상운송(해운)은 서비스 중에서도 생산자 서비스에 속한다. 서비스는 일반 상품과 달리 소멸성, 무형성, 이질성 등의 몇 가지 특성을 갖고 있다. 해운산업은 이와 같은 서비스를 생산하는 산업으로서 서비스의 본질에서 파생되는 특성이 있으며 그 주요 내용은 다음과 같다. 1) 해운 서비스는 해운산업의 생산물로서 제공 기업에서 사용자인 고객에게 직접적으로밖에 유통되지 않는다. 서비스는 생산과 사용이 시간적·공간적으로 분리될 수 없다는 점에서 서비스 자체를 유통 판매하는 것은 불가능하며, 서비스의 소유권이 유통경로를 통하여 이전하는 경우는 없다(Cowell, 1984). 즉 서비스는 물적 유통경로가 존재하지 않는다는 특성을 갖고 있다. 굳이 해운산업의 유통경로를 정의하자면 서비스의 제공과 사용이 이루어지는 접점이라고 할 수 있다. 이러한 서비스의 특성은 소멸성과 무형성으로 인하여 파생되는 것이다. 2) 해운 서비스는 물적 운송이나 재고조절이 불가능하며 따라서 유통경로를 통한 수급 조절이 어렵다. 즉, 해운은 서비스로서 생산과 사용이 동시에 일어나므로 생산과 사용을 시간적으로 분리할 수 없는 특성 즉, 비분리성(동시성)을 갖는다. 이는 소멸성이라고도 할 수 있는데 이러한 소멸성은 해운시장의 과당경쟁을 야기하는 주요 요인으로 작용하기도 한다. 3) 해운 서비스는 서비스의 생산 및 제공에 있어 인적 요인의 영향이 크게 관여하기 때문에 항상 동일한 품질의 서비스를 제공하는 것이 어렵다. 이는 서비스의 이질성과 관련된 특성이다. 이러한

---

[1] 경우에 따라서는 생산자 서비스 가운데에서 물류유통 서비스(도소매, 운수보관)를 별도로 분류하기도 함.

특성상 해운 서비스 생산 활동에 있어서는 개인적인 요인에 의한 실수를 예방하고, 감소시키고, 제거하는 노력이 매우 중요하다.

둘째 해운에 대한 수요는 경제활동의 결과 유발되는 유발수요(derived demand)다. 유발수요란 해당 생산물에 대하여 직접적으로 수요가 발생하는 대신 다른 생산물에 대한 수요 발생의 결과 유발되어 발생하는 수요를 말한다. 해운에 대한 수요는 수요자가 해운 서비스로부터 직접적인 효용을 얻기 위해서라기보다 운송 대상이 되는 재화로부터 효용을 얻기 위한 과정에서 발생하는 것이다.[2] 이러한 유발수요로서의 특성으로 인해 해운에 대한 수요는 국내외 경제 상황에 크게 좌우된다. 국내외 경제가 호황(불황)일 경우 해운 서비스에 대한 수요가 증대(감소)함으로써 해운 경기도 호황(불황)이 되는 경향이 있다.

셋째, 해운은 에너지 효율이 모든 운송 수단 가운데 가장 높은 편이다. 그 결과 해운은 운송비용이 저렴하여 경제성이 높을 뿐만 아니라 온실가스 배출량도 적어 친환경 운송 수단이라 할 수 있다. 화물 운송 톤·km당 해운의 에너지 사용량은 선종, 선박 크기 등에 따라 차이가 있으나 화물차의 1/10 이하인 것으로 알려져 있다(IEA, 2009). 또한 해운은 통상 주거지와 격리된 운송 경로를 택하게 되므로 소음공해 감소, 교통사고로 인한 인명 피해 저감 등의 효과를 기대할 수 있는 운송 수단이다.

---

[2] 크루즈 여행, 레저·스포츠용 선박의 이용 등은 예외적인 경우로 직접적인 효용을 얻기 위한 해운 서비스 수요라 할 수 있을 것임.

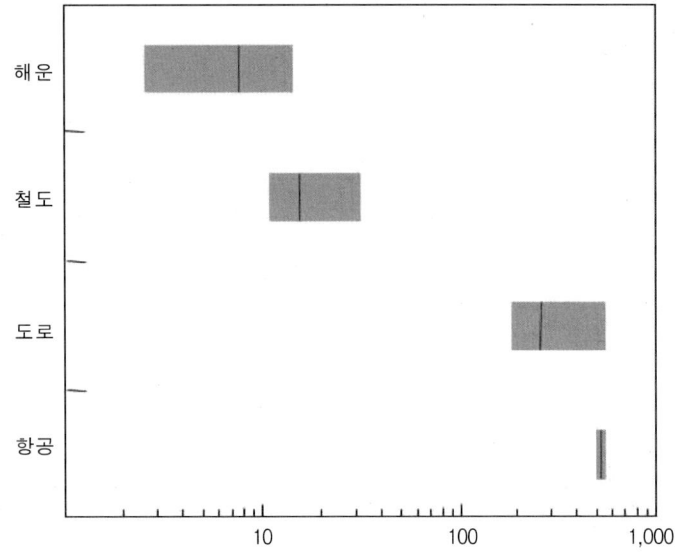

주 : 각 운송 수단별 에너지 소모량을 나타내는 사각형 가운데 진한 선은 평균치를 나타냄.
자료 : www.globalenergyassesment.org(2015. 1. 31)

그림 1-1 운송 수단별 에너지 소모량(gCO_2-eq/t · km)

넷째, 해운산업은 선박의 크기, 경영 규모 등의 측면에서 '규모의 경제 (economies of scale)'가 적용되는 범위가 비교적 넓게 나타난다. 우선 선박의 경우 크기의 증대에 따라 운송 단위당 인건비, 연료비, 일반관리비 등의 절감이 가능하게 된다. 이러한 '규모의 경제' 달성을 위하여 선박의 대형화가 추진되어 왔다.[3] 따라서 해운은 대량 운송에 적합한 운송 수단이라 할 수 있다.

다섯째, 해운은 운송의 자체 완결성이 결여되어 있어 문전에서 문전까지 (door-to-door) 서비스를 제공하기 위해서는 대부분 화물의 기점(origin)

---

[3] 선박의 대형화는 단순히 화물 단위당 운송비만으로 결정되는 것은 아니며 화물 거래 단위의 차이에 따른 재고비용의 차이 등 다양한 요인이 고려됨. 광탄선, 유조선 등 벌크선의 경우 원자재 가격 상승으로 인한 재고유지 비용의 증대로 1970년대 말 이후 거래 단위가 증대되지 않고 있고 그 결과 이들 선종에 있어 추가적인 대형화는 이루어지지 않고 있음. 반면에 컨테이너선의 경우 화물 적재량이 집화 능력에 따라 결정되는 특성상 지속적인 대형화가 추진되고 있음. 또한 선박의 대형화는 항해 중 규모의 경제(economies of scale) 효과를 나타내는 반면 항만 정박 중에는 규모의 불경제(diseconomies of scale)를 나타내는 경향이 있음. 따라서 하역 기술의 발전에 의한 정박기간의 단축이 선박 대형화에 주요 관건이 되고 있음.

및 종점(destination)에서 화물차의 연계운송 서비스가 필요하게 된다. 이에 따라 추가의 화물처리 단계가 필요하게 되며 이로 인한 추가의 시간 비용과 인건비 등 일반관리비가 발생하게 된다.

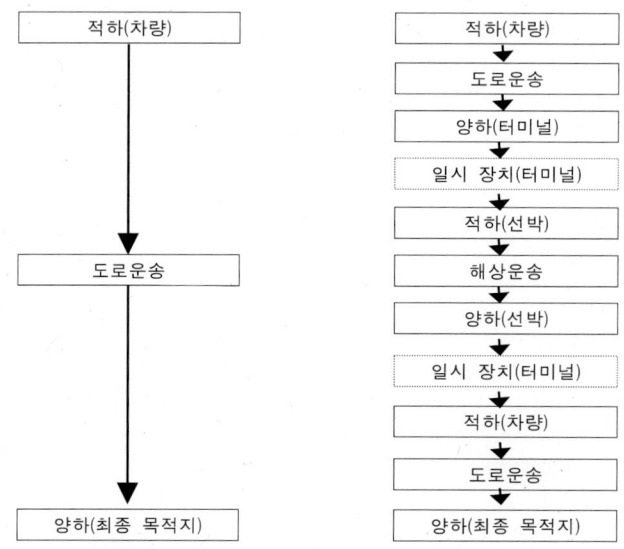

그림 1-2 도로운송과 해상운송의 화물처리 단계 비교

해운의 이러한 특성은 다른 운송 수단 대비 경쟁력을 저해하는 주요 요인이 될 수 있다. 즉, 운송 거리가 비교적 짧은 연안운송의 경우 해운보다는 화물차 운송의 가격경쟁력이 오히려 높게 나타나게 된다. 운송 거리가 짧을 경우 해상운송 부문에서 절감된 비용보다 화물 기종점의 연계운송으로 인한 추가 비용의 부담이 커지기 때문이다.[4] 따라서 해운은 원거리 운송에 적합한 운송 수단이 된다.

여섯째, 비교적 느린 선박 운항 속도로 인하여 해운은 운송 시간 소요가

---

4) 연안해운과 도로운송의 운송 거리에 따른 경제성은 화물의 특성이나 발생 지점의 지리적 여건 등에 따라 달라지겠으나 대체로 운송 거리 500km를 기준으로 하여 이보다 먼 거리의 경우 연안해운이, 가까운 거리의 경우 도로운송이 유리한 것으로 판단됨.

상대적으로 길다는 특성이 있다. 선박의 운항 속도는 일반화물선(general cargo ship)[5]의 경우 13노트(24km/hour), 컨테이너선의 경우 20노트(37km/hour) 내외이다.[6] 한편 선박 운항에 따른 단위시간당 유류 소모량은 선박 속도의 상승에 따라 급격하게 체증하여 속도의 3~4승에 비례하는 것으로 조사된 바 있다(Seas at Risk, 2010). 특히 선박의 속도가 높아짐에 따라 유류 소모량은 급격하게 증가하게 된다. 예를 들어 선박 운항 속도가 2배로 높아지면 단위시간당 유류 소모량은 8~16배로 증가하게 된다. 또한 운항 속도의 향상에는 이러한 연료 소모량의 문제뿐만 아니라 물리적·기술적인 한계도 있다. 따라서 운항 속도의 향상은 극히 제한적인 범위 내에서만 가능한 것이다. 운항 속도 향상의 한계는 운송 시간의 지연을 초래함으로써 화물의 시간 비용을 증가시키는 요인이 된다. 화물의 시간 비용에는 운송 대상 화물에 투입된 자금에 대한 이자 부담, 계절·유행 또는 부패성 상품의 경우 시장성 감소·상실로 인한 비용, 납기 지연으로 인한 클레임 비용 등이 포함된다.

일곱째, 해운시장에는 과당경쟁의 경향이 상존하며 그 주요 이유는 다음과 같다. 1) 앞에서 언급한 바와 같이 해운 서비스는 소멸성으로 인해 재고로 저장한 다음 차후에 판매하는 것이 불가능하기 때문에 수요 부족(여유 선복[7] 존재) 시 치열한 판매 경쟁이 전개되는 경향이 있다. 2) 총비용에 비해 현저히 낮은 한계비용을 들 수 있다. 해운산업은 자본집약적인 산업의 특성상 가변비용(변동비용)의 비중이 낮으며, 화물 1단위의 추가운송에 따른 가변비용의 증가분으로 표시되는 한계비용 역시 총비용에 비해 크게 낮은 수준에서 결정된다. 그 결과 해운물류기업들은 선복 과잉 시 해운 원가에 크게 미치지 못하는 한계비용 수준에서 운임을 결정하게 됨으로써 운임

---

[5] 일반화물선(general cargo ship)이란 일반화물(general cargo 또는 break bulk cargo)를 운송하는 선박임. 여기에서 일반화물이란 기계류, 잡화 등과 같이 소단위로 구분 또는 포장된 화물을 말함.
[6] 2008년 하반기 이후의 극심한 해운 불황기에는 컨테이너선의 운항 속도가 13노트 내외로 낮아졌는데 이는 불황에 대처한 연료비 절감 및 선박 공급 과잉의 해소 효과를 겨냥한 조처임.
[7] 선복(bottoms, tonnage)이란 선박의 화물적재용량을 의미함.

인하 경쟁이 불가피하게 되는 경향이 있다. 3) 아래에서 언급되는 해운산업의 국제성과 개방성 역시 과당경쟁을 유발하는 요인이 된다. 해운산업은 시장보호가 어려워 치열한 국제경쟁에 그대로 노출되기 때문이다.

여덟째, 시황의 극심한 변동성도 해운시장의 주요 특성 가운데 하나이다. 과거 10여 년간 BDI(Baltic Dry Index) 기준 벌크선 운임 수준의 변화 추세를 보면 호황기에는 급등하는 반면 불황기에는 급락하는 것을 알 수 있는데 최고치와 최저치는 각각 11,793(2008년 5월 20일)과 663(2008년 12월 5일)으로 나타났다. 최고치는 최저치의 17.8배(최저치는 최고치의 5.6%에 불과)에 달했다. 최고치에서 최저치로의 이러한 운임 수준 변동은 불과 7개월 만에 나타난 것이었다. 이와 같이 운임 수준 변동의 편차(심도)가 크며, 그 변동이 비교적 단기간에 나타날 뿐만 아니라, 변동 심도 및 주기의 규칙성이 매우 낮다는 점도 해운시장의 주요 특징 가운데 하나이다.

참고로 BDI는 발틱해운거래소(Baltic Exchange)에 의하여 1985년부터 발표된 Baltic Freight Index(BFI)를 계승한 것으로, 건살화물선(dry bulk carrier)부문의 종합적 운임 수준을 나타내는 지수이다. 즉, 건살화물선 부문의 운임지수는 선형별로 4개 부문에 대하여 산정·발표되고 있는데 1) 케이프사이즈 선박에 대한 BCI(Baltic Capesize Index), 2) 파나막스 선박에 대한 BPI(Baltic Panamax Index), 3) 수프라막스 선박에 대한 BSI(Baltic Supramax Index) 및 4) 핸디사이즈 선박에 대한 BHSI(Baltic Handysize Index)가 그것이다. BDI는 이들 네 가지 지수를 가중평균하여 종합한 것이다(선형분류는 〈표 1-7〉 참조). BDI는 1999년 11월 1일부터 운영되었으나 지수는 1985년 1월 4일의 운임 수준을 1,000으로 표준화하여 1985년 1월 4부터 소급하여 산정 발표되고 있다.

이와 같이 해상운임이 급등락하는 것은 단기적 수요 및 공급곡선이 비탄력적이기 때문이다. 다음 〈그림 1-3〉은 해운 서비스에 대한 수요 및 공급곡선이 비탄력적인 경우 즉, 이 두 곡선의 기울기 절댓값이 비교적 큰 경우의 해운시장 단기 균형의 변동을 나타낸 것이다. 당초 시장 균형점은 수요곡선(D)와 공급곡선(S)이 만나는 점에서 결정되며 이때의 운임 수준은 P이었다. 그런데 수요 요인의 미세한 변동으로 인하여 수요곡선이 D에서 D'으로 소폭 이동할 경우 새로운 균형점은 E에서 E'으로 이동하고 이에 따라 운임 수준은 P에서 P'으로 크게 하락한다. 만약 수요가 감소하는 대신에 소폭이나마 증대할 경우에는 이와 반대로 운임 수준이 큰 폭으로 상승하게 될 것이다. 수요 요인뿐만 아니라 공급 요인이 변동할 경우에도 이와 유사한 운임 변동 효과가 나타난다. 이와 같이 해상운임은 비탄력적인 수요 및 공급곡선으로 인하여 수요 또는 공급 요인의 미세한 변동에도 큰 폭의 운임 변동이 초래되며, 그 결과 해운시장은 불안정한 변동 양상을 나타낸다.

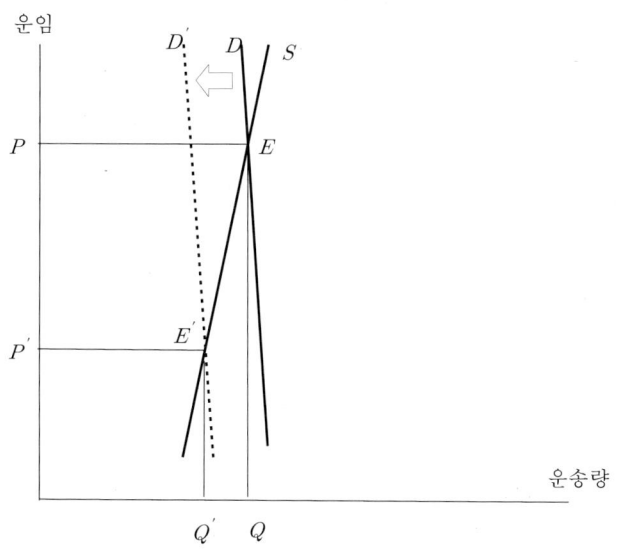

그림 1-3 해운시장의 균형(1)

이와 같이 해운시장의 수요 및 공급곡선이 단기적으로 비탄력적인 형태로 나타나는 이유는 여러 가지가 있다. 해운 서비스에 대한 수요 측면에서 보았을 때 단기 수요곡선이 비탄력적으로 나타나는 이유로는 1) 대체운송 수단의 제약, 2) 무역 계약과 운송 계약 사이의 시차 등을 들 수 있다.

첫째, 대량 화물의 원거리 운송에 있어 해상운송을 대체할 만한 운송 수단이 거의 없다는 점은 수요자인 화주의 운송 수단 선택 가능성을 제한함으로써 수요의 경직성을 초래한다. 해운 이외의 다른 운송 수단으로 항공, 철도, 도로 운송 등을 들 수 있다. 그러나 이들 대체 운송 수단은 해상운송에 비하여 대체로 비용이 과다하게 소요될 뿐만 아니라 운송 능력도 크게 미치지 못하기 때문이다.

둘째, 무역 계약과 운송 계약 사이에는 통상 일정한 시차가 존재하게 되는데 이 역시 해운 서비스 수요의 경직성을 유발하는 요인이 된다. 화주의 입장에서는 일단 무역 계약이 성립되면 화물의 인도 책임이 발생하고 운임 수준의 고저에 관계없이 해운 서비스의 이용이 불가피하게 되기 때문이다.

그리고 해운 서비스의 공급 측면에서 보았을 때 단기 공급곡선의 비탄력성을 초래하는 주요 요인으로는 1) 시간 경과에 따른 해운 서비스의 소멸성(재고로 저장 불가), 2) 선박 운항 속도 조절의 한계, 3) 해운 원가구성상 가변비용 비중이 상대적으로 낮아 해운 불황기 운임 수준의 폭락 가능성과 관련되어 있다는 점 등을 들 수 있다(〈그림 1-4〉 참조).

첫째, 해운산업의 생산물인 해운 서비스는 서비스 고유의 특성상 생산과 동시에 소멸하므로 재고 변동에 의한 공급 조절이 불가능하다.

둘째, 선박의 운항 속도는 위에서 언급된 바와 같이 기술적인 조정 범위에 한계가 있을 뿐만 아니라 운항 속도의 상승에는 기하급수적으로 증가하는 연료비 부담이 수반된다. 따라서 운항 속도 조절에 의한 해운 서비스 공급 조절 역시 극히 제한적일 수밖에 없다. 그 결과 단기적으로 해운 서비스의 공급곡선은 매우 비탄력적인 형태로 나타나게 되는 것이다.

셋째, 해운산업은 자본집약적 산업으로서 전체 해운 원가에서 차지하는 자본비(capital cost), 운항준비비(operating cost) 등 고정비용의 비중이 높은 편이며 가변비용인 운항비(voyage cost)의 비중은 낮은 편이다(해운

비용에 대한 자세한 설명은 제5장 1절 참조). 이에 따라 해운 서비스 공급의 한계비용(해운 서비스 공급의 1 단위 증대에 따른 (변동)비용의 증가분으로 표시되는)이 전체 해운 원가의 극히 일부분에 불과하게 되는 경향이 있다. 그런데 선주의 집화 활동에 있어 기준이 되는 운임 수준은 한계비용이라 할 수 있다. 한 단위 추가 집화에 따른 추가적 운임 수입이 한계비용보다 많을 경우 운항수지에 플러스가 되기 때문이다. 다만 운임 수준이 가변비용의 최저점(이 점에서 가변비용과 한계비용이 일치)보다 낮을 경우에는 가변비용(운항비)의 회수가 불가능하므로 계선하게 된다. 따라서 선주의 해운 서비스 공급곡선은 평균 가변비용의 최저점을 우상향으로 통과하는 한계비용곡선이 된다. 그리고 집화 활동을 위한 최저 기준 운임 수준은 가변비용의 최저점이 된다(〈그림 1-4〉 참조). 이에 따라 시장 운임 수준은 해운 원가에 크게 미치지 못하는 가변비용(운항비)의 최저점까지 낮은 수준으로 폭락할 가능성이 상존하고 있다.

다음 그림은 완전경쟁시장을 전제한 경우의 해운시장의 균형을 나타낸 것이다. 그림에서 해운 불황기에는 운임 수준이 단기적으로 평균가변비용의 최저점(P_m)까지 하락하게 되며 그 결과 균형점은 E_m가 된다. 이 경우 해운물류기업은 운송화물 단위당 $P_m P_l$만큼의 손실을 보게 된다. 즉, 해운물류기업의 원가 구성상 가변비용은 전체 해운 원가의 극히 일부분에 불과하며, 가변비용 수준에서 결정된 운임 수준은 정상적인 운임(평균비용) 수준보다 크게 낮아지게 된다. 물론 해운물류기업이 지속적인 손실을 감수할 수는 없으므로 장기적으로 보면 운임 수준이 손익분기점인 P_l 수준까지 상승하게 될 것이다.

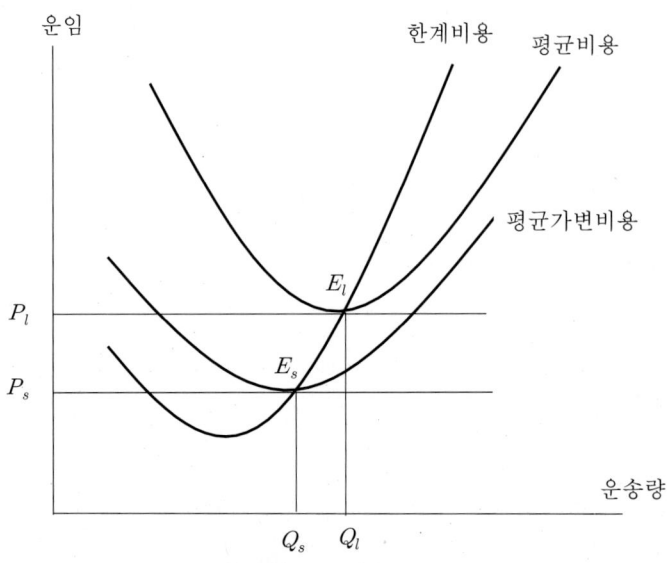

그림 1-4 해운시장의 균형(2)

그런데 해운 시황의 변동은 위에서 본 바와 같이 비탄력적[8]인 해운 서비스 수요 및 공급곡선의 이동(shift)에 의하여 유발된다(〈그림 1-3〉 참조). 해운 서비스 수요 및 공급곡선의 이동을 유발하는 요인 즉, 해운시장에 충격을 주는 요인으로는 일반 경제의 경기변동, 원자재의 투기적 거래, 정치·외교, 자연재해 등 다양한 우발적 현상을 들 수 있다. 이와 같은 우발적 현상들이 해운 서비스 수요 및 공급곡선을 변화(이동)시킴으로써 해운 시황의 극심한 변동성을 결과하는 것이다.

---

8) 비탄력적이란 탄력성의 절댓값이 1보다 작은 경우를 말함.

〈궁핍과 잔치의 산업(Industry of poverty and feast)〉

해운산업의 경기변동은 장기적 궁핍(poverty)과 단기적 잔치(feast)가 순환하는데 해운물류기업의 성공 여부는 짧은 호황기를 어떻게 이용하느냐에 좌우된다. 해운시황을 반영하는 지표로서 선박 가격의 경우 신조선 가격을 기준으로 하면 호황기 선가는 불황기의 3배 이상, 5년 선령의 중고선 가격을 기준으로 하면 6배 이상의 격차가 발생한다. 예를 들면 300,000DWT급 유조선(또는 8,000TEU급 컨테이너선)의 신조선 가격은 불황기에는 5,000만 달러 내외지만 호황기에는 1억 5,000만 달러 내외로 반등한다. 따라서 이러한 해운 경기변동 사이클을 잘 활용하여 선박을 매매할 수만 있다면 불황기에서 호황기로 변하는 1~2년 사이의 단기간에 엄청난 시세 차익을 볼 수 있다. 더욱이 선박 투자에 있어 통상 선가의 80~90%를 금융권에서 차입하게 되므로 막대한 레버리지 효과(leverage effect)[9]도 기대할 수 있다. 이러한 해운산업의 특성상 도전과 모험을 선호하는 기업가들에게 해운산업에 대한 투자는 커다란 매력으로 다가온다.

특히 그리스 선주(ship owner)[10]들은 소유 선박을 직접 운항하기보다 대선(charter out)을 통하여 용선료 수입을 획득하면서 적정한 시기에 매매함으로써 자본이득(capital gain)[11]을 노리는 전략을 채택하는 경향이 있다. 예를 들면 오나시스(Aristotle Onassis)는 1954년 사우디와 유류 운송 계약을 체결하고 유조선을 확보했으나 미국의 방해로 무산되자 보유 선박을 계선(繫船, lay up)할 수밖에 없었다. 당시 유조선 현물시장(spot market)[12]이 극도로 불황이어서 화물 확보가 어려웠기 때문이다. 그런데 1956년 수에즈운하가 봉쇄되자 6개월간 8,000만 달러(현재가 15억 달러, 1조 7,000억 원) 수익을 획득할 수 있었다. 당시 중동-유럽 유조선 운임이 $4/톤에서 $60/톤으로 폭등했기 때문이다.

그 이외에도 해운산업의 특성으로 다음 사항을 들 수 있다. 1) 운송의 안정성(신뢰성)이 상대적으로 미흡한 편이다. 해운은 기상 상태에 따른 영향을 받을 뿐만 아니라 화물처리 단계의 복잡성에 따른 손상이나 멸실 가능성도 다른 운송 수단에 비하여 크기 때문이다. 2) 기반시설에 대한 투자 및 유지보수비가 저렴한 편이다. 해운을 위한 주요 기반시설로는 항만을 들 수

---

9) 레버리지 효과란 차입 등 다양한 금융 수단을 동원하여 투자수익률을 높이는 효과를 말하며, 수익 대신 손실이 발생할 경우에는 손실률도 높아지므로 위험 부담이 크게 됨.
10) 선주(ship owner)는 선박의 소유자뿐만 아니라 선박의 소유자로부터 선박 운항의 책임을 위임받은 관리자, 대리자, 정기용선자 등의 개인이나 조직을 의미하는 용어로도 사용됨.
11) 자본이득(capital gain)은 유가증권, 부동산 등 자산의 가격상승으로 생기는 매매 차익을 말함.
12) 현물시장(spot market)이란 계약과 이의 이행이 즉시 이루어지는 시장을 말함.

있는데, 화물차, 철도, 항공 등 타 운송 수단에 비하여 기반시설 확보 비용의 대폭적인 절감이 가능하게 된다. 기반시설의 유지보수비도 다른 운송 수단에 비하여 저렴한 편이다. 3) 운송로의 자유성, 높은 국제성(대외 개방성) 등도 해운산업의 주요 특성 가운데 하나이다. 이에 따라 해운산업은 시장보호가 어렵고 치열한 국제경쟁에 쉽게 노출된다는 문제가 있다. 그 이외에도 4) 상대적으로 높은 자본집약도(자본투입량/노동투입량의 비율)를 들 수 있다. 특히 해운산업의 높은 자본집약도로 인하여 자본비의 다과(多寡)가 해당 해운물류기업의 경쟁력을 결정하는 핵심 요인이 된다. 자본비는 이자 및 감가상각비로 구성되며 이는 주로 선박의 취득가격에 의하여 좌우된다. 금리 등 금융 조건은 해당 기업의 신용 상태나 금융시장 여건에 의하여 결정되는 것으로 개별 기업 차원에서 통제하기 어렵다는 점에서 외생적[13]으로 주어지는 조건으로 볼 수 있기 때문이다. 따라서 가능한 한 낮은 가격으로 선박을 확보하는 것이 해당 해운물류기업의 경쟁력 확보에 있어 매우 중요한 요인이 된다. 자본집약도가 높다는 점은 원가 구성상 자본비(감가상각 및 이자)의 부담이 크다는 의미가 되는데, 이는 고정비용 비중의 상승(가변비용 비중의 하락)을 의미하는 것이기도 하다. 고정비용의 주요 구성 항목으로 자본비 이외에 일반관리비, 인건비(준고정비용) 등이 있고, 자본집약적인 산업의 경우 자본비의 비중이 절대적으로 크기 때문이다.

---

[13] 외생적(exogeneous)이란 체제나 모형 내부에서 결정되는 것이 아닌 외부에서 주어지는 것을 말함.

표 1-1 해운산업의 주요 특성

구분	주요 내용	비고
서비스의 본질에서 파생되는 특성	- 물적 유통채널이 존재하지 않음 - 소멸성(생산과 사용의 비분리성) - 인적 요인에 의한 영향이 큼	
경제활동의 결과 유발되는 유발수요 (derived demand)	직접적인 효용을 얻기 위한 것이 아닌 운송 대상 화물로부터 효용을 얻기 위한 과정에서 수요 발생	운송 수요가 국내외 경제 상황에 좌우
에너지 효율이 가장 높은 운송 수단	- 저렴한 운송비 - 온실가스 배출량이 적은 친환경 운송 수단	톤·km당 에너지 사용량은 화물차의 1/10 이하
규모의 경제 적용 범위가 큼	경영 규모, 선박 크기 등에서 대규모·대량 운송에 적합	
운송의 자체 완결성 결여	- 문전에서 문전까지(door-to-door) 서비스 불가 - 화물 처리 단계가 복잡하며 추가의 시간 및 인건비 등 일반관리비 소요	장거리 운송에 적합
비교적 느린 선박 운항 속도	- 일반화물선의 경우 13노트(24km/h), 컨테이너선의 경우 20노트(37km/h) 내외 - 운항 속도의 향상은 극히 제한적인 범위 내에서만 가능	단위 시간당 연료 소모량은 속도의 3~4승에 비례
과당경쟁의 경향	- 해운 서비스의 소멸성 - 총비용 대비 낮은 가변비용(한계비용) 비중 - 국제성과 개방성: 시장보호의 어려움	
시황의 극심한 변동성	- 비탄력적인 단기 수요곡선 · 대체운송 수단의 제약 · 무역 계약과 운송 계약 사이의 시차 - 비탄력적인 단기 공급곡선 · 해운 서비스의 소멸성 · 운항 속도 조절의 한계 · 상대적으로 낮은 가변비용 비중(운임 폭락 가능성) - 일반 경제의 경기변동, 원자재의 투기적 거래, 정치·외교, 자연재해 등 다양한 우발적 요인	궁핍과 잔치의 산업 (industry of poverty and feast)
기타 특성	- 운송의 안정성이 상대적으로 미흡 · 기상 상태에 의한 영향 · 복잡한 처리 단계로 인한 화물 손상·멸실 위험 증가 - 기반시설 확보·유지비용 절감 - 운송로의 자유성과 높은 국제성(대외 개방성) - 상대적으로 높은 자본집약도	

2) 해운산업과 국가 경제

해운산업은 자체적인 생산, 부가가치 및 고용 창출 효과 이외에도 전·후방연관산업[14]의 발전을 지원하는 기능을 수행함으로써 생산 증대, 부가가치 창출, 취업 유발, 국제수지 개선 등으로 국가 경제발전에 기여한다. 먼저 생산과정에서 해운 서비스를 투입요소로 이용하는 산업을 전방연관산업이라고 한다. 전방연관산업에 대한 연관 효과를 보면 해운산업은 주요 운송 수단으로서 생산 활동에 필요한 원자재 및 반제품 조달을 지원함으로써 1) 생산요소 부존의 지리적 거리 극복 및 결합을 통한 생산 활동의 실현, 2) 운송비 절감을 통한 원자재 및 완제품의 교역 촉진, 3) 시장 확대를 통한 생산의 증대와 이에 따른 규모의 경제 달성을 가능하게 함으로써 생산성 향상 및 원가절감 등에 기여한다. 이와 같이 해운산업은 전방연관산업의 경제 활동에 수반되는 물류 수요를 충족함으로써 해당 산업에 대한 생산, 부가가치, 고용 창출 등의 효과를 유발한다.

그리고 해운산업에 원자재, 부품(선박부품), 장비(선박) 등 생산수단을 공급하는 산업 즉, 해운산업의 생산 활동에 필요한 투입요소를 제공하는 산업을 후방연관산업이라고 한다. 해운산업은 후방연관산업에 대해서도 수요의 유발을 통하여 해당 산업의 발전을 위한 기초를 제공한다.

한편 대부분의 제조 활동은 해운산업의 지원을 받는다는 점에서 해운산업의 전방연관산업으로 분류 가능하다. 한편 전방연관산업으로 분류될 수 있는 주요 기간산업도 후방연관산업으로서의 기능을 일정 부분 수행하게 된다. 예를 들면 제철, 조선산업 등의 경우 철광석, 석탄, 철재 등의 원자재 조달에 있어 해운 서비스를 이용하게 되므로 해운산업에 대한 전방연관산업이라 할 수 있지만, 동시에 이들 산업은 해운산업에 대하여 생산수단인

---

14) 후방연관산업은 생산 공정의 흐름에서 해당 산업의 이전 공정에 위치한 산업으로서 해운산업을 기준으로 할 때 조선, 선용품 등과 관련된 산업을 의미한다. 그리고 전방연관산업은 생산 공정 흐름에서 해당 산업의 다음에 위치한 산업으로서 해운산업에 대한 전방연관산업은 해운 서비스를 이용하여 생산 활동을 영위하는 제철, 석유화학을 포함한 다양한 제조업 등이 됨.

선박이나 이의 건조에 필요한 철재를 공급한다는 점에서 후방연관산업으로 기능하기도 한다.

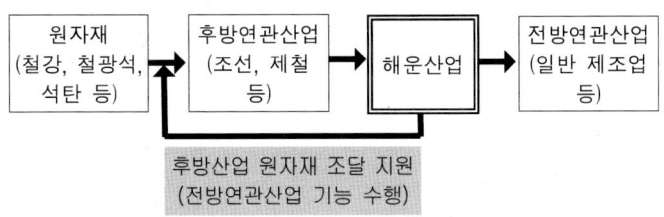

그림 1-5 해운산업의 전·후방 연관관계

이와 같이 해운산업은 국가의 경제 활동 영위에 있어 중요한 역할을 담당하는 국가 기간산업이다. 그러나 해운산업에 대한 전·후방 연관 효과를 산업연관분석 기법으로 추정해보면 그 값은 비교적 낮게 나타나는 경향이 있다. 해운산업의 생산, 부가가치, 취업 등의 유발계수, 국제수지 개선 효과 등 주요 경제 효과가 비교적 낮게 추정되는 원인은 해운산업 생산 활동의 국제성에서 찾을 수 있다.

예를 들면 해운산업의 선용품 조달, 연료유 구매 등은 주로 외국의 주요 항만(세계적으로 가격이 저렴한 항만)에서 이루어지며, 외국 기항 항만에서 받게 되는 하역, 검수·검량, 예·도선 서비스 등에 대하여 지출하는 비용의 비중도 높은 편이다. 그리고 국적선에 승선하는 선원의 대부분은 외국인이다. 이에 따라 해운산업의 후방연관산업에 대한 연관 효과가 낮게 평가된다. 후방연관산업에 대한 생산유발 효과를 다른 산업의 평균과 비교한 상대적 크기를 영향력계수(index of the power dispersion)라 한다. 영향력계수는 1을 기준으로 이보다 크면 후방 연관 효과가 상대적으로 큰 것으로 평가되며, 반대로 1보다 작으면 후방 연관 효과가 상대적으로 작은 것으로 평가된다. 해운산업의 경우는 생산수단의 확보 및 생산 활동의 과정에서 해외 조달의 비중이 높아 영향력계수가 1보다 작게 추정되는 경향이 있다(정봉민 외, 2004; Chiu and Lin, 2012).

또한 국내 해운물류기업의 매출 구성을 보면 수출입 화물 운송보다 제3국간 화물의 운송 비중이 오히려 높게 나타나고 있다. 그 결과 해운 서비스를 투입하여 생산하는 전방연관산업에 대한 연관 효과 역시 낮게 된다. 전방연관산업에 대한 생산유발 효과를 다른 산업의 평균과 비교한 상대적 크기를 감응도계수(index of the sensitivity of dispersion)라 하는데, 이 역시 영향력계수와 마찬가지로 1을 기준으로 그 상대적 크기가 평가된다. 해운산업의 경우는 경영 활동의 국제성으로 인하여 감응도계수가 1보다 작게 추정되는 경향이 있다(정봉민 외, 2004; Chiu and Lin, 2012).

이와 같이 해운산업은 전후방 연관 효과의 많은 부분이 해외로 누출될 수밖에 없는 경영구조를 갖고 있다. 그럼에도 불구하고 해운산업의 국가 경제 기여도는 결코 과소평가되어서는 안 될 것이다. 이는 국내 해운산업이 존재하지 않을 경우를 상정해 보면 쉽게 이해할 수 있다. 만약 국내 해운산업이 존재하지 않는다면 우리 기업은 해상운송을 전적으로 외국 선박에 의존할 수밖에 없을 것이며, 이 경우 수출입 화물 운송의 안정성 확보에 어려움이 야기될 우려가 크다. 또한 해운산업은 국가 경제 전반의 물류 효율화 및 물류비 절감 효과를 통하여 국제 경쟁력 향상에 기여한다. 이러한 관점에서 해운산업은 국가 경제적 파급 효과가 큰 기간산업이다. 특히 한국의 경우 대외 의존도[15]가 상대적으로 높을 뿐만 아니라 수출입 화물의 대부분(2013년 기준 99.7%, 국토교통부, 2014)이 해상운송되고 있다는 점에서 해운산업의 중요성을 짐작할 수 있다.

그 이외에도 해운산업은 국방상의 기능도 담당하고 있다. 비상시 선박과 선원의 전력화 및 안정적 운송 수단의 제공이 가능하기 때문이다. 뿐만 아니라 자국 외항선대는 해당 국가의 경제 및 기술 수준의 상징으로 평가되기도 한다.

---

15) 대외의존도는 국민소득에서 수출과 수입이 차지하는 비중 즉, ((수출액+수입액)/국민소득×100)으로 계산됨. 국민소득 지표로는 한국의 경우 공식적으로 국민총소득(GNI)을 분모의 수치로 이용하나 분석목적에 따라 국내총생산(GDP)을 쓰기도 함.

한편 해운 수요는 경제활동의 결과 유발되는 유발수요임은 앞에서 언급했는바, 세계 해상 물동량 증가율은 세계 GDP 증가율을 초과하는 경향이 있다. 즉, 세계 GDP에 대한 해상 물동량 탄성치[16]는 1을 상회하고 있다(UNCTAD, 2014). 이는 세계 경제의 개방화 추세에 따라 국가 경제 상호 간의 의존성이 증대하고 있기 때문이다. 특히 컨테이너 해상 물동량의 GDP 탄성치는 일반화물의 2~3배에 달하고 있으며 이는 해상운송의 컨테이너화[17] 진전에 따른 것이다. 또한 해상운송 수요는 인구 규모와도 연관되어 있는데, 인구는 소비 행위의 주체인 동시에 생산요소인 노동을 제공하는 주체가 되기 때문이다. 참고로 세계 인구에 대한 해상 물동량 탄성치는 3 내외로 비교적 큰 편이다. 따라서 세계 해상 물동량 증가율은 인구 증가율을 크게 상회하고 있다. 다음 그림은 1985~2013년 중 세계 GDP(2005년 불변가격 기준), 인구 및 해상 물동량 추세를 나타낸 것이다. 이에 의하면 동 기간 중 세계 해상 물동량의 GDP 탄성치는 약 1.4, 세계 해상 물동량의 인구 탄성치는 3.5로 각각 나타났다.

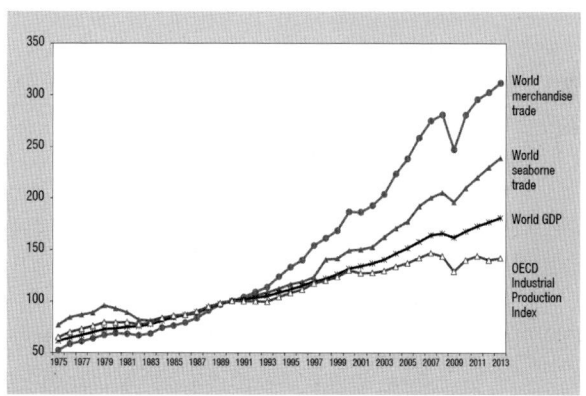

자료 : UNCTAD (2014)

그림 1-6 세계 GDP, 인구 및 해상 물동량 추세(1990=100)

---

16) 세계 해상 물동량의 GDP 탄성치 = 해상물동량 증가율/세계 GDP 증가율
17) 화물 운송의 컨테이너화는 다양한 화물을 컨테이너라는 국제적으로 규격화된 운송 용기에 담아 운송함으로써 화물 취급 및 운송효율의 제고하기 위한 운송기술 변화의 한 가지 형태임.

> ⟨내륙국가(Landlocked country)와 해운⟩
>
> 육지에 둘러싸인 내륙국가의 경우 해상운송이라는 저렴한 국제운송 수단에 대한 직접적인 접근이 불가능하며 그 결과 물류의 비효율성 및 비용 부담 증대로 인하여 경제발전에 제약을 받고 있다. 국제무역과 국가 경제발전의 관계에 대해서는 다양한 견해가 있으나 국제무역이 자원 배분의 개선, 시장 규모 확대에 의한 규모의 경제(economies of scale) 달성, 신기술·아이디어·선진 경영기법 등의 도입과 확산, 국내 투자 여건 조성, 경쟁 촉진 등의 효과를 통해 국가 경제발전에 기여한다는 견해가 지배적이다. 그동안 경제발전에 성공했던 국가의 경우를 보아도 대부분 국제무역이 성장의 원동력이 되었음을 알 수 있다.
>
> 따라서 내륙국가들은 인근 국가를 통하여 항만에 대한 접근성을 확보하고자 하는 노력을 경주하고 있다. 예를 들어 유연탄 등 풍부한 광물자원을 보유하고 있는 몽골의 경우 해외시장 개척을 위한 해상 운송망 확보 방안을 강구하고 있는데, 2010년 이후 한국과 협력하여(2010년 8월 제1차 한-몽골 해운분야 협력회의 개최) 해운항만 산업 육성 정책을 추진하고 있다.
>
> 한편 내륙국가임에도 불구하고 선진국으로 발전한 거의 유일한 국가로는 스위스를 들 수 있다. 스위스는 내륙국가로서의 물류 부문의 문제점을 극복하기 위하여 고부가가치 정밀 부품 및 기계 부문에 생산을 특화함으로써 물품 가격에 대한 운송비 비중을 낮추는 전략을 추진하여 성공한 것으로 평가된다. 이들 품목의 화물은 대부분 항공화물로서 해운의 도움 없이도 국제무역에 큰 어려움이 없기 때문이다. 한편 스위스는 내륙국임에도 세계 제2위의 컨테이너 해운물류기업인 MSC(Mediterranean Shipping Company S.A.)를 보유하고 있기도 하다.

2. 해운시장

1) 해운시장의 구조

협의의 해운시장(shipping market)은 해상화물 운송시장(freight market)을 의미한다. 반면 광의의 해운시장은 해상화물 운송시장 이외에도 해상운임 파생시장(freight derivatives market), 신조선시장(newbuilding market), 선박매매시장(ship sale and purchase market)

및 해체선시장(demolition market)을 포함하는 개념이다.[18]

첫째, 해상화물 운송시장은 화물의 교역을 지원하는 해상운송 서비스에 대한 수요와 공급이 상호 작용하여 결정된 운임 수준에 의하여 거래가 이루어지는 구체적 또는 추상적 장소로 정의된다.[19] 해상화물 운송시장의 구체적인 장소로는 발틱해운거래소(The Baltic Exchange)[20]를 들 수 있다. 근래에는 해상화물 운송 거래가 대부분 인터넷으로 이루어지고 있어 사이버시장(cyber market)이 가장 중요한 해상화물 운송시장(무형의 추상적 시장)이라 할 수 있다.

둘째, 해상운임 파생시장은 계약 당사자가 미래의 실현된 운임과 파생계약 운임의 차액을 상호 보상해주는 계약이 이루어지는 시장을 의미한다. 일반적으로 파생시장에서 거래 대상이 되는 파생상품(또는 파생금융 상품, derivative)은 재화, 채권, 주식, 통화, 금리, 지수(지표) 등 기초자산 (underlying asset)의 성과에 의하여 그 특성과 가치가 결정되는 금융 상품을 의미한다. 여기에서 기초자산이란 파생거래 정산가격의 기준이 되는 금융 상품(financial instrumet) 또는 재화(commodity)를 가리킨다. 현재 해상운임 파생시장의 거래 대상이 되는 주요 파생상품(deritive)은 해상운임선도거래(Foward Freight Agreement: FFA)이다. FFA는 특정 항로(BDI를 구성하고 있는 복수의 개별 항로)의 운송에 대하여 계약 시 약정한 운임과 만기 시 해당 운송에 대한 일정 기간의 평균 운임을 결제 운임 (settlement freight)으로 하여 그 차이를 정산하는 거래이다.

셋째, 신조선시장은 선박의 신규 건조 계약이 이루어지는 시장으로 계약

---

[18] Stopford(2009)는 해운시장(shipping market)을 화물운송시장(freight market, 화물 운송 파생시장을 포함), 신조선시장(newbuilding market), 선박매매시장(ship sale and purchase market) 및 해체선시장(demolition market)으로 구분함.

[19] 일반적으로 시장이란 구매자(수요)와 판매자(공급)가 직접 또는 간접적으로(중개인을 통한) 상호 작용하여 재화, 서비스, 계약, 법률문서(권리, 의무 등을 규정하는) 등을 금전적 대가나 상호교환 형식으로 거래하는 구체적 또는 추상적 장소를 의미함(www.businessdictionary.com).

[20] 발틱해운거래소(The Baltic Exchange)는 해운 중개인, 선주, 용선주(charter) 등을 대상으로 국제적인 화물 운송(용선), 선박 매매 등 다양한 해운 거래를 위한 시장을 회원제로 운영하는 기업임(당초 영국 기업이었으나 2016년 SEL에 매각되어 싱가포르 기업이 됨).

당시 선박이 존재하지 않는다는 점에서 기존의 선박을 거래 대상으로 하는 선박매매시장과 차이가 있다. 따라서 신조선시장에 있어서는 신조 계약과 선박 인수에 시차가 존재하며, 시장에 대한 기대가 계약의 중요한 요소가 된다.

넷째, 선박매매시장은 기존 선박 즉 중고선박(secondhand ship)의 매매가 이루어지는 시장이다. 선박의 매매는 주로 중개인을 매개로 하여 이루어지나 근래에는 인터넷을 통하여 이루어지기도 한다.

다섯째, 해체선시장은 기존 선박이 매매된다는 점에서 일반적인 선박매매시장과 동일한 특성을 갖고 있지만 매매 대상 선박이 고철로 해체된다는 점에서 선박매매시장과 구분된다. 따라서 해체선시장은 광의의 선박매매시장에 포함될 수 있다. 해체선시장에서 거래된 선박은 철재, 부품 등으로 해체되어 다시 거래된다.

표 1-2 해운시장의 구분

구분	주요 내용	비고
해상 화물 운송시장	해상운송 서비스에 대한 거래가 이루어짐	
해상운임파생시장	매매 당사자가 파생계약 운임과 미래 실현된 운임의 차액을 상호 보상함	해상운임선도거래 (Foward Freight Agreement: FFA)가 이루어짐
신조선시장	- 선박 건조 계약이 이루어짐 - 계약 당시 선박이 존재하지 아니한다는 점에서 선박매매시장과 구분됨	
선박매매시장	기존 선박의 매매가 이루어짐	
해체선시장	- 매매 대상 선박이 고철로 해체됨 - 기존 선박이 매매된다는 점에서 선박매매시장과 유사	광의의 선박매매시장에 포함될 수 있음

예를 들어 특정 선주가 신조선(예를 들어 케이프사이즈[21] 벌크선)을 발주하여 인수한 후(선박매매시장 참여) 현물시장에서 5년간 운용하고자 했

---

[21] 케이프사이즈(Cape size) 선박은 남아프리카공화국 동쪽 해안 석탄 적출항인 리챠드 항(Richard Bay)에 입항 가능한 최대 선형으로써 10~15만 톤급의 선박을 말함.

는데(화물 운송시장 참여) 처음 1년간은 시황의 악화를 우려하여 $50,000/일에 FFA를 체결한(해상운임파생시장 참여) 경우를 상정할 수 있다. 하지만 신조선 인수 후 해운 시황이 급격하게 악화되어 5년간 평균 운임 수입이 $20,000/일에 불과하였다. 이에 따라 선주는 처음 1년간은 FFA를 통하여 현물운임과의 차액($30,000/일)을 보전할 수 있었으나 그 이후 4년간은 심각한 손실을 입게 되었다. 결국 선주는 해당 선박에 대한 원리금 상환 부담을 견디지 못하고 보유 중인 VLCC[22] 두 척(각각 선령 10년과 15년)을 매각하여 현금 흐름을 확보하였다. 그런데 선령 10년 VLCC는 중고선으로 매각하였으나(선박매매시장 참여), 선령 15년 VLCC는 시황 악화로 중고선 매수자가 없어 해체 용도로 매각할 수밖에 없었다(해체선시장 참여). 이 경우 선주는 해운시장의 모든 부문 즉, 신조선시장, 해상화물 운송시장, 해상운임파생시장, 선박매매시장 및 해체선시장에 참여한 것으로 볼 수 있다.

2) 해상 화물 및 선박

(1) 해상 화물의 종류

가. 화물의 특성에 따른 분류

해상운송의 대상이 되는 화물은 여러 가지 기준에 따라 구분 가능하다. 예를 들면 화물의 특성에 따라 건화물(dry cargo)과 액체화물(liquid cargo)로 크게 구분된다. 그 중에서 건화물에는 건살화물(dry bulk cargo), 컨테이너화물(container cargo 또는 liner cargo), 일반화물(general cargo 또는 break bulk cargo), 냉동냉장화물(reefer cargo) 등이 포함된다.

첫째, 건살화물은 컨테이너화되지 않은 비포장의 산적(loose) 화물로서 통상 불가산(uncountable)의 특성을 갖고 있다. 건살화물은 물동량 규모에 따라 다시 major bulk(5대 건화물)와 minor bulk로 나누어진다. 전자에는

---

[22] VLCC(very large crude oil carrier)는 20~30만 DWT급 유조선을 의미함.

석탄, 철광석, 곡물, 보크사이트·알루미나 및 인광석이 포함되며 후자에는 철재, 원당(설탕), 시멘트 등이 포함된다. 그리고 major bulk 가운데 석탄, 철광석 및 곡물을 특별히 3대 건화물이라 칭한다.

둘째, 컨테이너화물은 컨테이너(container)에 내장되어 운송되는 화물로서 주로 일반화물(아래에서 언급됨)이 이에 해당한다. 여기에서 컨테이너란 표준화된 장비를 이용한 단위화된 화물 처리가 가능하도록 하기 위하여 규격이 표준화되어 있을 뿐만 아니라 재적입이 가능한 운송 용기를 말한다(컨테이너 표준 규격 등 보다 자세한 내용에 대해서는 뒤에서 화물의 포장에 따른 분류와 관련하여 설명함). 일반화물 이외에도 액체화물(탱크컨테이너), 냉동냉장화물(냉동냉장 컨테이너), 산 동식물(통풍식 컨테이너) 등도 운송의 컨테이너화가 가능하므로 컨테이너화물에 포함될 수 있다.

셋째, 일반화물은 자루, 박스, 드럼 등으로 포장 또는 팔레트, 릴(reel), 차량 적재 등으로 단위화되어 있으나 컨테이너화되지 않은 화물을 말한다.

넷째, 냉동냉장화물은 온도가 통제된 환경에서 운송되는 화물로서 통상 냉동냉장컨테이너(reefer container) 또는 냉동냉장선(reefer ship)에 의하여 운송된다. 냉동냉장화물의 운송은 과거 주로 냉동냉장선에 의하여 이루어졌으나 운송의 컨테이너화 진전으로 냉동냉장컨테이너에 의한 운송 비중이 높아지고 있다. 일반 컨테이너선의 경우에도 냉동냉장컨테이너의 운송을 위한 전원 연결 장치가 갖추어져 있기 때문이다.

액체화물은 탱크에 적입되어 운송되는 화물을 말한다. 액체화물에는 원유, 석유정제품(refined petroleum product)과 석유화학제품(petrochemical product)을 포함한 석유제품(oil product), 액화천연가스(liquified natural gas: LNG), 액화석유가스(liquified petroleum gas: LPG) 등이 있다. 액체화물은 일부 컨테이너화되어 운송되는 경우도 있으나 대부분 컨테이너화되지 않은 상태로 운송되는데 이러한 비컨테이너 액체화물을 액체살화물(liquid bulk cargo)이라고 칭하기도 한다. 액체화물의 운송에 컨테이너를 이용할 경우 20ft(TEU[23]) 컨테이너 기준 23,000리터까지 적입된다.

그 이외에도 운송, 보관 중 취급에 특별한 주의를 필요로 하는 화물로서 위험물, 산 동식물, 고가품(보석류 등), 방사능 물질, 중량·대형화물 등을 특수화물(special cargo)로 분류하기도 한다(〈표1-3〉 참조).

표 1-3 화물의 구분 : 특성에 따른 분류

구분		주요 특성 및 사례
건화물 (dry cargo)	건살화물 (dry bulk cargo)	– 비포장의 컨테이너화되지 않은 산적(loose) 화물로서, 통상 불가산(uncountable)의 특성 – 곡물, 광석, 비포장 시멘트 등
	컨테이너화물 (container cargo 또는 liner cargo)	– 표준화된 컨테이너 용기에 내장되어 운송되는 화물 – 주로 일반화물 – 액체화물(탱크컨테이너), 냉동냉장 화물(냉동냉장 컨테이너), 산 동식물 등도 포함 가능
	일반화물 (general cargo 또는 break bulk cargo)	– 자루, 박스, 드럼 등으로 포장 또는 팔레트, 릴(reel), 차량적재 등으로 단위화된 화물로서 – 컨테이너화되지 않은 화물
	냉동냉장화물 (reefer cargo)	– 온도가 통제된 환경에서 운송되는 화물 – 통상 냉동냉장 컨테이너(reefer container) 또는 냉동냉장선(reefer ship)에 의하여 운송
액체(살)화물 (liquid cargo 또는 liquid bulk cargo)		– 원유(crude oil)
		– 석유제품(oil product) · 석유정제품(refined petroleum product) · 원유에서 추출된 에탄, 프로판, 부탄 등 탄화수소를 이용하여 생산된 석유화학제품(petrochemical product)
		– 액화천연가스(liquified natural gas: LNG)
		– 액화석유가스(liquified petroleum gas: LPG)
특수화물(special cargo)		– 운송, 보관 중 취급에 특별한 주의를 필요로 하는 화물 – 위험물, 산 동식물, 유해, 보석류 등 고가품, 방사능 물질, 중량·대형화물 등

---

[23] TEU는 twenty foot equivalent unit의 약어임. 일반적으로 널리 이용되는 컨테이너 규격으로는 TEU이외에 40ft 컨테이너 즉, FEU(forty foot equivalent unit)가 있음.

나. 화물의 포장에 따른 분류

화물은 포장 형태에 따라 분류할 수도 있는데 컨테이너화의 여부에 따라 컨테이너화물(container cargo)과 비컨테이너화물(non-container cargo)로 구분된다. 그 중에서 컨테이너화물은 위에서 언급한 바와 같이 표준화된 컨테이너 용기에 적입·운송되는 화물이다. 비컨테이너화물은 일반화물과 살화물로 구분된다. 살화물은 액체인지 아닌지에 따라 건살화물과 액체살화물로 세분 가능하다.

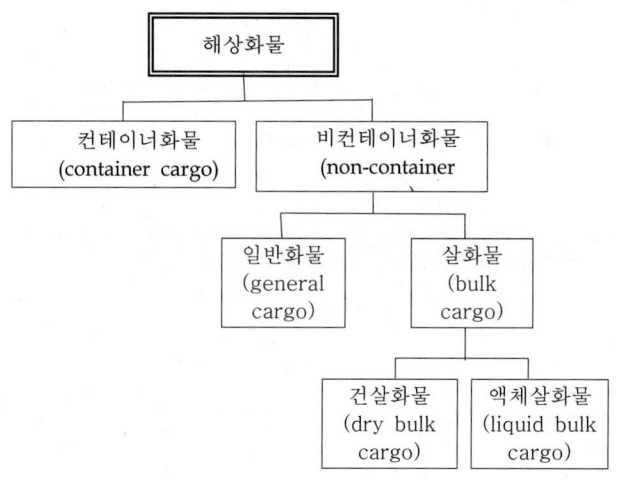

그림 1-7 화물의 구분 : 포장 형태에 따른 분류

위에서 본 화물의 분류 가운데 컨테이너화물에 대하여 보다 자세하게 살펴보기로 한다. 이미 언급한 바와 같이 컨테이너화물로는 품목 분류가 어려운 각종 화물 즉, 일반 잡화가 대부분을 차지하나 경우에 따라서는 냉동·냉장 화물(신선 식품류), 산 동식물, 살화물(건살화물 및 액체살화물) 등도 있다. 컨테이너 용기는 국제표준화기구(International Organization for Standardization: ISO)에서 정한 표준규격이 있다.[24] 컨테이너는 다

---

24) ISO에서 정한 컨테이너의 종류는 10가지임.

양한 기준에 의하여 분류 가능하다. 첫째, 컨테이너 크기별로 보면 20ft (20'×8'×8'6"), 40ft (40'×8'×8'6"), 40ft high cubic (40'×8'×9'6") 규격이 주로 이용되고 있다. 총허용 중량은 규격에 관계없이 30.48톤이다. 둘째, 컨테이너 재질에 따라 철재 컨테이너(steel container), 알루미늄 컨테이너(aluminium container), 강화프라스틱 컨테이너(fiber glass reinforced plastic container) 등이 있다. 셋째, 컨테이너 용도에 따라서도 가장 일반적으로 이용되는 드라이 컨테이너(dry container 또는 dry cargo container) 이외에 내부 온도 조절이 가능한 냉동냉장 컨테이너(reefer container 또는 refrigerated container), 천정이 개방된 오픈탑 컨테이너(open top container), 액체화물 운송을 위한 탱크 컨테이너(tank container) 등 다양한 종류가 있다(〈표 1-4〉 참조).

표 1-4 컨테이너의 용도별 종류

컨테이너 종류	용도
드라이 컨테이너 (dry container, dry cargo container)	- 일반 잡화의 운송 - 표준 컨테이너
냉동 컨테이너 (reefer container, refrigerated container)	- 내부온도를 -28도에서 +26도 사이의 특정 온도에서 유지 가능 - 냉동화물이나 과일, 야채 등의 보온 및 보냉이 필요한 화물의 운송
오픈탑 컨테이너 (open top container)	- 윗부분이 개방되어(캔버스 덮개로 되어) 있는 컨테이너 - 대형 중량화물 운송에 적합
탱크 컨테이너 (tank container)	- 석유제품, 화학제품 등 액체화물의 운송
통풍식 컨테이너 (ventilated Container)	- 측면이나 전·후면에 창구가 있어 통풍이 되고, 측면 하부에는 배설구, 배수구가 설치되어 있음 - 동물 운송용 컨테이너로서, live stock container라고도 함.
팬 컨테이너 (fan contain)	- 컨테이너의 앞면, 옆면에 통풍용 구멍이 설치되어 있음 - 과일, 야채 등 호흡작용을 하는 식물의 운송에 이용
살물 컨테이너 (bulk container)	- 곡물 등 건살화물의 운송에 이용 - 천정에 구멍이 있음
플랫랙 컨테이너 (flat rack container)	- 컨테이너 지붕 및 벽을 제거할 수 있는 컨테이너로서, 전후·좌우·상하로 하역 가능 - 기계류, 강재, 원목, 기타 장척·중량화물 운송에 이용

한편 화물은 용적과 중량의 상대적 크기(즉 비중)에 따라 중량화물(weight cargo)과 용적화물(measure cargo)로 구분된다. 중량화물은 용적에 비하여 중량이 큰 화물로서 $1m^3$(CBM[25])의 무게가 1톤(metric ton)이 넘는 화물을 의미한다. 용적화물은 반대인 경우로서 $1m^3$(CBM)의 무게가 1톤에 미치지 못하는 화물을 말한다. 화물에 대한 운임의 부과는 중량화물의 경우 무게 단위(중량톤), 용적화물의 경우 용적 단위(용적톤)를 기준으로 부과된다. 운임 부과의 단위가 되는 톤수를 흔히 운임톤(revenue ton: RT)이라 한다.

용적화물에 대한 용적의 계산은 가로, 세로, 높이의 가장 긴 부분을 기준으로 길이를 재서 곱한다. 따라서 직육면체가 아닌 비정형 화물에 대해서도 해당 화물을 직육면체로 가정하고 가장 많이 돌출된 부분을 기준으로 가로, 세로, 높이를 각각 산정하게 된다.

(2) 선박의 종류

가. 운송 대상 화물에 따른 분류

선박은 사용 목적, 운송 화물의 유형 및 하역 방식에 따라 구분할 수 있다. 먼저 사용 목적에 따른 구분을 보면 화물 및 여객의 운송에 이용되는 상선(merchant ship), 군사용으로 이용되는 군함(warship), 어업에 이용되는 어선(fishing boat)[26], 해상에서 이루어지는 여러 가지 작업이나 특수한 용도로 이용되는 특수목적선(special purpose ship)[27], 레저 활동을 위한 유선(pleasure ship)[28] 등이 있다. 해운경제의 분석 대상이 되는 선박은 주로 상선이다.

---

25) CBM : cubic meter.
26) 어선(fishing boat)은 어선법에 의하면 어업, 어획물 운반업 또는 수산물 가공업에 이용되는 선박, 수산업에 관한 시험·조사·지도·단속 또는 교습에 이용되는 선박 등을 의미함.
27) 특수목적선에는 석유시추선, 쇄빙선, 해난구조선, 해양조사선 등이 있음.
28) 유선은 주로 요트를 지칭하나, 크루즈선(cruise ship)도 넓은 의미에서 유선에 포함될 수 있음. 한편 어업(낚시)과 레저 활동을 겸한 선박을 유어선이라 함.

상선은 화물을 운송하는 화물선(cargo ship)과 여객을 운송하는 여객선(passenger ship) 및 여객과 화물을 함께 운송하는 화객선으로 구분된다. 그 중에서 화물선에는 운송하는 화물의 형태에 따라 살화물선(bulk ship, bulker), 일반화물선(general cargo ship), 컨테이너선(container ship), 자동차전용선(pure car carrier: PCC), 기타 화물선 등으로 나누어진다.

첫째, 살화물선은 흔히 건살화물선(dry bulk ship 또는 dry bulker)을 의미하는 것으로 통용되기도 하지만 엄격하게 정의하면 건살화물선 이외에 액체살화물선(liquid bulk ship 또는 liquid bulker)을 포함하는 개념이다. 건살화물선의 사례로는 곡물의 운송에 이용되는 곡물운반선(grain carrier), 광석, 석탄 등의 운송에 이용되는 광탄선(ore/coal carrier), 벌크시멘트의 운송을 위한 시멘트운반선(cement carrier) 등이 있다. 그리고 액체살화물선으로는 원유 운송에 이용되는 유조선(crude oil tanker 또는 crude oil carrier), 정유제품의 운송에 이용되는 정유제품운반선(product tanker), 화학제품 운송에 이용되는 화학제품운반선(chemical tanker), 액화천연가스 운송에 이용되는 LNG선(liquified natural gas carrier), 석유가스 운송에 이용되는 LPG선(liquified petroleum gas carrier) 등이 있다. 액체살화물선 가운데 정유·화학제품운반선(product/chemical tanker)은 정유제품과 화학제품을 모두 운송할 수 있는 선박으로 널리 이용되고 있다.

또한 건살화물과 액체살화물을 모두 운송 가능한 겸용선(combined carrier)이 있다. 겸용선으로는 광석과 원유를 운송할 수 있는 광석·원유겸용선(ore/oil carrier: OO), 건살화물·원유겸용선(bulk/oil carrier: BO), 광석, 건살화물 및 원유를 운송할 수 있는 광석·건살화물·원유겸용선(ore/bulk/oil carrier: OBO), PROBO(product/bulk/oil carrier) 등이 있다. 여기에서 PROBO는 OBO에서 파생된 것으로, 정유제품을 운송할 수 있는 대신 광석과 같이 화물창 표면에 물리적인 손상을 입힐 수 있는 화물은 실을 수 없다. 이들 겸용선의 경우 선적 화물의 종류를 전환함에 있어서는 전환되는 화물의 운송에 적합하도록 사전에 선창의 세척 등 준비 작업이 필요하게 된다.

둘째, 일반화물선은 컨테이너화되지 않은 화물로서 포장 및 화물 자체의 특성 등으로 인하여 단위화된 화물 즉, 일반화물을 운송하는 선박이다.

셋째, 컨테이너선은 표준화된 컨테이너 용기에 적입된 화물 즉, 컨테이너화물을 운송하는 선박이다.

넷째, 자동차전용선은 자동차 운송에 적합하도록 설계·건조된 RO-RO선(뒤에서 설명)의 일종이다.

다섯째, 그 이외에도 다양한 유형의 화물선이 존재하는데 이들은 기타 화물선으로 분류될 수 있다. 여기에는 원목운반선(log carrier), 냉동냉장선(reefer carrier), 중량화물선(heavy cargo carrier), 다목적선(multi purpose carrier) 등이 있다. 그 중에서 다목적선은 건살화물, 일반화물, 컨테이너화물 등을 운송할 수 있는 선박을 의미한다.

표 1-5 화물선의 운송 대상 화물에 따른 분류

구분		사례
살화물선 (bulk ship, bulker)	건살화물선 (dry bulk ship, dry bulker)	- 곡물운반선(grain carrier) - 광탄선(ore/coal carrier) - 시멘트운반선(cement carrier) 등
	액체살화물선 (liquid bulk ship, liquid bulker)	- 유조선(crude oil tanker, crude oil carrier) - 정유제품운반선(product carrier) - 화학제품운반선(chemical tanker) - LNG선(liquified natural gas carrier) - LPG선(liquified petroleum gas carrier) 등
	겸용선 (combined carrier)	- 광석·원유겸용선(ore/oil carrier) - 건살화물원유겸용선(bulk/oil carrier) - 광석·건살화물·원유겸용선(ore/bulk/oil carrier) - PROBO(product/ore/oil carrier) 등
일반화물선 (general cargo ship)		
컨테이너선 (container ship)		
자동차전용선 (pure car carrier: PCC)		
기타 화물선		- 원목운반선(log carrier) - 목재운반선(lumber carrier) - 냉동선(reefer carrier) - 다목적선(multi purpose carrier) - 중량화물선(heavy cargo carrier) 등

나. 하역 방식에 따른 분류

화물선은 적·양하 방식에 따라 크게 세 가지로 구분 가능하다. 1) 화물을 들어 올리거나 내리는 적·양하 방식을 채택한 Lo-Lo선(lift-on lift-off ship), 2) 기중기(crane)를 사용하지 않고 선측과 안벽 사이에 걸쳐놓은 경사로(ramp way)를 통해서 화물을 적재한 트럭이나 트레일러가 그대로 선내·외로 이동함으로써 적·양하할 수 있는 구조를 가진 Ro-Ro선(roll-on roll-off ship), 3) 해양 구조물, 요트 등의 운송을 위하여 해당 화물을 물에 띄워 놓고 선박이 약간 가라앉았다가 뜨면서 적·양하하는 방식의 Fo-Fo선(float-on float-off ship) 등이 그것이다. 그 중에서 Lo-Lo선의 한 유형으로 LASH선(liht aboard ship)이 있는데 이는 화물을 적재한 부선을 본선에 설치된 기중기(crane)로 선상에 적재·운송할 수 있는 구조를 가진 선박을 말한다. LASH선은 수심이 낮은 하천이나 운하를 경유하여 내륙 오지까지 운송하거나, 항만시설이 미비된 개발도상국의 항만 기항 등에 이용 가능하다.

표 1-6 화물선의 하역 방식에 따른 분류

구분	특성	비고
Lo-Lo선 (lift-on lift-off ship)	화물을 들어 올리거나 내리는 적·양하 방식	LASH선 : 화물 적재 부선을 본선 기중기(crane)로 선상에 적재·운송
Ro-Ro선 (roll-on roll-off ship)	선측과 부두 사이의 경사로에 화물 적재 트럭이나 트레일러의 이동을 통하여 적·양하는 방식	
Fo-Fo선 (float-on float-off ship)	화물을 물에 띄워 놓고 선박이 약간 가라앉았다가 뜨면서 적·양하하는 방식	

다. 크기에 따른 분류

또한 화물선은 크기에 따라 다양하게 구분되는바, 먼저 건화물선(dry cargo carrier)은 다음과 같이 구분된다. 1) 핸디사이즈(handy size)는 글자 그대로 운용하기 쉬운 소형 살화물선을 일컫는데, 통상적으로

20,000~40,000 DWT급 선박을 의미한다. 해당 크기의 선박은 항로 여건에 크게 구애됨이 없이 운항이 가능하여 용도가 매우 높은 선형이라 할 수 있다. 2) 핸디막스(handymax)는 40,000~50,000 DWT급의 살화물 선박을 말하는바, 핸디사이즈와 같이 세계 대부분의 항만에 입항이 가능하여 널리 이용되고 있는 선형이다. 3) 수프라막스(supramax)는 대체로 핸디막스보다는 조금 큰 선박(50,000~60,000DWT)을 의미하나, 때로는 이 두 가지 용어가 같은 의미로 사용되기도 한다. 이 경우 수프라막스와 핸디막스 모두 60,000DWT까지의 선형을 지칭하게 된다. 4) 파나막스(Panamax)는 태평양과 대서양을 잇는 파나마 운하를 통과할 수 있는 최대 선형으로서, 통행가능선의 최대 길이는 294.14m 폭은 32.31m), 최대 흘수는 12.04m이다. 따라서 대체로 50,000~80,000DWT(컨테이너선의 경우 5,000TEU 내외)의 선박이 여기에 해당한다. 5) 뉴파나막스(new Panamax) 또는 네오파나막스(neo-Panamax)는 확장공사가 완료된 파나마운하가 2016년 6월 개통됨에 따라 새로이 등장한 선형이다. 이는 기존 갑문 근처에 길이 427m, 폭 55m, 깊이 18.3m의 새로운 갑문이 설치됨에 따른 것으로서, 120,000~200,000DWT(컨테이너선의 경우 13,000TEU 내외)에 달한다. 6) 케이프 사이즈(cape size)는 남아프리카공화국 동쪽 해안 석탄 적출항인 리차드항(Richard Bay)에 입항 가능한 최대 선형으로서 100,000~150,000DWT 급의 선박을 말한다. 그리고 7) VLBC (very large bulk carrier)는 180,000~200,000 DWT 급의 초대형 살화물선을 의미한다.

또한 유조선은 크기별로 다음과 같이 분류된다. 1) 아프라막스(Aframax)[29]는 운임, 선가 등을 고려했을 때 최대의 이윤을 창출할 수 있는 가장 이상적이고 경제적인 크기란 뜻으로 80,000~120,000 DWT 급의 중형선이 이에 해당한다. 2) 수에즈막스(Suezmax)는 수에즈운하를 통과할

---

29) AFRA: average freight rate assessment.

수 있는 최대 크기로서, 120,000~200,000 DWT 급의 선박을 말한다.[30] 그리고 3) VLCC(very large crude oil carrier)는 200,000~300,000DWT급 유조선을, 4) ULCC(ultra large crude oil carrier)는 300,000DWT 이상의 유조선을 각각 의미한다.

표 1-7 선박의 크기별 분류

구분		DWT	비고
건화물선	핸디사이즈 (handy size)	20,000~40,000	
	핸디막스 (handymax)	40,000~50,000	4만톤급 내외
	수프라막스 (supramax)	50,000~60,000	5만톤 내외급 핸디막스와 수퍼라막스를 동일한 선형으로 분류하기도 함
	파나막스 (Panamax)	50,000~80,000 또는 5,000TEU	
	뉴파나막스 (new Panamax) 또는 네오파나막스 (neo-Panamax)	120,000~200,000또는 13,000TEU	1만 4천TEU급 컨테이너선 및 20만톤급 살물선 - 갑문크기 =427 x 55 x 18.3m
	케이프 사이즈 (Cape size)	100,000~150,000	
	VLBC(very large bulk carrier)	180,000~200,000	
유조선	아프라막스 (Aframax)	80,000~120,000	
	수에즈막스 (Suezmax)	120,000~200,000	
	VLCC(very large crude carrier, very large crude oil carrier)	200,000~300,000	
	ULCC(ultra large crude carrier, ultra large crude oil carrier)	300,000 이상	

---

30) 수에즈운하는 2009년에 확장공사가 완료됨으로써 최대수심이 18m(60ft)에서 20.1m(66ft)로 깊어졌으며, 이에 따라 통가 가능한 최대선박도 150,000DWT에서 200,000DWT로 증대되었음. 그리고 운하 당국은 향후에는 21.3m(70ft)로 수심을 더욱 증대한다는 계획을 추진하고 있음.

제 2 장

해운경영의 유형

1. 선박 취항의 정시성 여부에 따른 분류
2. 서비스 범위 및 내용에 따른 분류

1. 선박 취항의 정시성 여부에 따른 분류

1) 정기선 해운

(1) 정기선 해운의 개념과 특성

해운경영은 운항의 정시성 여부에 따라 정기선 해운(liner shipping)과 부정기선 해운(tramp shipping)으로 구분된다. 정기선 해운은 1) 일정한 항로를 2) 사전에 공시된 운항 계획(schedule)에 따라 3) 규칙적·정기적으로 운항하며 4) 불특정 다수로부터 집화하여 해상운송하는 형태를 말한다. 따라서 적·양하 항만이 일정하고 연속적으로 운송 수요가 발생하여 규칙적인 배선이 이루어지는 경우에도 사전에 공시된 일정에 따른 운항이 아니거나 특정 화주의 화물만을 운송하는 경우라면 정기선 해운으로 볼 수 없다. 즉 용선과 관련하여 다음에서 언급되는 연속항해용선계약(consecutive voyage charter: CVC) 또는 전용선계약(dedicated carrier charter) 등의 경우는 규칙적인 배선이 이루어질 수 있음에도 불구하고 정기선 해운으로 볼 수 없는 것이다.

정기선 해운의 주요 특성을 살펴보면 다음과 같다. 첫째, 운송 대상이 되는 화물은 완제품, 반제품, 부품 등 포장되거나 단위화된 공산품이 대부분이다. 곡물, 씨앗류 등 농산품과 석유제품, 화학제품 등 액체화물도 컨테이너화되어 정기선 해운으로 운송되기도 하지만 이는 예외적인 경우라 할 수 있다. 이에 따라 정기선 화물은 원자재, 농산물 등을 주로 운송하는 부정기선 화물에 비하여 운송 단위당 가격이 높은 편이다. 즉, 운송 대상 화물의 운임부담력이 높으며, 이에 따라 정기선 서비스의 운임 수준도 부정기선 서비스에 비하여 높게 책정되는 경향이 있다. 여기에서 운임부담력이란 화물의 FOB 가격에 대한 운임의 비율로 평가되는데 이 수치가 작을수록 운임부담력이 큰 것으로 평가된다. 그리고 운임부담력은 운임 수준을 결정하는 하나의 요인으로 인식되고 있다.[1] 즉, 운임부담력이 클수록 높은 운임 수준이 책정되는 경향이 있다.

둘째, 운송 계약에 있어서 다수의 화주를 대상으로 한 표준화된 계약(standardized contract) 즉, 약관이 적용된다. 이에 따라 정기선 해운에 있어서 운송 계약은 선복예약서(booking note 또는 booking slip)에 의하여 이루어진다. 선복예약서의 주요 기재 사항은 송화주(shipper), 수화주(consignee), 통보처(수화주와 동일한 경우가 많음), 운송에 관한 사항(선명, 적·양하항, 선적 일자 등) 등이다. 이와 같은 운송 계약 방식은 항차(voyage number)[2]별로 각각 별도의 용선계약 체결에 따라 운송이 이루어지는 부정기선 해운과 구별되는 특징이라 할 수 있다.

셋째, 사전에 공시된 운임률표(tariff)에 의한 운임이 적용된다는 특성이 있다. 이는 불특정 다수를 대상으로 하는 정기선 해운의 특성상 매 운송 건별로 각각 별도의 운임 협상 및 계약의 체결이 어렵기 때문이다.

넷째, 정기선 해운을 위해서는 광범위한 지점망, 정보통신 체계, 전문화된 인적 자원의 확보 등 경영 조직이 구축되어야 한다. 그리고 문전에서 문전까지(door-to-door) 서비스를 위한 화물 적입 및 운송을 위한 컨테이너 용기와 선박, 내륙운송망, 항로망, 전용터미널 등 물리적 조건이 충족되어야 한다. 이에 따라 정기선 해운업은 상대적으로 많은 자본의 투입이 요구되며 자본집약도가 높은 편이다.

(2) 정기선 해운의 발전

정기선 해운은 세계 경제의 발전과 시장 개방의 확대로 해상 물동량이 증가함으로써 가능하게 되었다. 즉, 범선 시대에는 국제교역 화물이 많지

---
[1] 물론 운임의 결정에는 운임부담력 이외에도 해운 원가, 시황 여건, 시장구조 등 다양한 요인들이 작용하게 될 것임.
[2] 항차(voyage number)란 화물을 운송하기 위하여 이루어지는 특정 항로의 항해 일련번호를 말함. 통상 1항차는 출발항에서 목적항을 거쳐 출발항에 회항하는 것으로 하지만 운항 목적이나 성격에 따라 그 범위가 달라질 수 있음. 왕·복 항해를 구별하기 위하여 east bound, west bound, south bound, north bound 등을 표기하기도 함.

않아 기항 선박이 출항하기 위해서는 만선(滿船) 시까지 대기하였으며 이에 따라 입출항 일정은 불규칙할 수밖에 없었다. 그러나 해상 물동량이 증가함에 따라 안정적인 집화 활동이 이루어짐으로써 공시된 운항 일정에 따른 규칙적인 정기선 서비스가 가능하게 된 것이다. 화주의 입장에서도 규칙적인 해상운송 서비스가 시행됨에 따라 상품의 출하, 구매 및 재고 관리를 계획적으로 수행할 수 있게 되었다.

정기선 해운의 발전은 컨테이너화에 의하여 급속하게 진전되었다. 컨테이너선 서비스는 비컨테이너 일반화물을 대상으로 하는 재래 정기선 서비스에 비해 효율성, 신속성 및 안전성이 향상됨으로써 보다 저렴하고도 질적으로 수준 높은 운송 서비스의 실현에 기여하였다. 오늘날 정기선 해운이라고 하면 일반적으로 컨테이너선에 의한 운송을 의미하는 것으로 이해되고 있다. 이는 대부분의 일반화물 운송이 컨테이너화됨으로써 비컨테이너 일반화물을 대상으로 하는 재래 정기선 서비스가 컨테이너선 서비스로 대체되었기 때문이다.

<컨테이너 운송의 역사>

해상운송의 컨테이너화는 1956년 4월 미국의 Malcolm McLean사에 의하여 세계 최초로 실현되었다. Malcolm McLean사는 당초 도로운송업(McLean Trucking)에 종사하고 있었으나 컨테이너 운송을 시작하기 1년 전인 1955년에 Pan Atlantic Tanker Company를 인수함으로써 업종을 해운업으로 전환하였다. 그리고 1956년에 선령 10년의 탱커선을 컨테이너선으로 개조하여 Ideal X로 명명하였으며, 동년 4월 26일 58개의 컨테이너를 New Jersey항에서 선적하여 Houston항으로 운송하였다. 이것이 세계 최초의 근대화된 컨테이너 해상운송이다. Malcolm McLean사는 1966년 회사명을 Sea-Land사로 개명하였으며 New Jersey항과 Rotterdam항을 연결하는 대서양 횡단 컨테이너 서비스를 최초로 시작하기도 하였다. 그런데 이 회사는 1999년 7월에 Maersk사에 매각됨으로써 역사 속으로 사라졌다. 당시 매각 가격은 1,600만 달러(당시 환율 기준 약 190억 원)이었다고 한다.

한편 정기선 해운에 있어서는 다수의 컨테이너 용기, 불특정 화주를 대상으로 한 집화 및 배송, 운항 스케줄, 컨테이너 용기 등의 관리를 위한 정보 체계 등이 요구된다. 이에 따라 정보통신 기술의 발전이 정기선 해운의 발전을 뒷받침하고 있는 것으로 볼 수 있다.

(3) 정기선 항로의 유형

가. 취항 지역에 따른 구분

가) 동서 간선항로

해상운송은 전통적으로 지구 북반구를 중심으로 한 동서 항로(East-West route)를 중심으로 발전해 왔다. 이는 지구 북반구에 경제 활동과 인구가 집중되어 있기 때문에 나타난 현상이다. 이와 같은 동서 항로에는 물동량도 많은 편이며 이를 흔히 간선항로(trunk route)라 칭한다. 동서 간선항로에는 아시아-북미 항로(태평양 횡단 항로), 아시아-북유럽 항로, 아시아-지중해 항로, 아시아-중동 항로 및 북미-북유럽 항로(대서양 횡단 항로)가 있다.[3]

첫째, 아시아-북미 항로는 북미서안 항로와 북미동안 항로로 구분된다. 그 중에서 북미서안 항로의 경우는 다시 로스엔젤레스항, 롱비치항, 샌프란시스코항, 오클랜드항 등을 중심으로 한 북미서안남부(Pacific South West: PSW) 항로와 시애틀항, 타코마항, 포트랜드항, 밴쿠버항 등을 중심으로 한 북미서안북부(Pacific North West: PNW) 항로로 나누어진다. 북미동안 항로는 파나마운하를 통하여 아시아와 북미 동안 지역을 연결하는 항로이다. 아시아-북미항로는 세계 간선항로 가운데 물동량 비중이 가장 높은 항로이다. 그런데 이 항로의 주요 문제점으로 왕·복항 물동량의 불균형을 들 수 있다. 즉, 동향(Eastbound) 항로의 물동량에 비하여 서향(Westbound) 항로 물동량이 크게 부족한데 이는 아시아 지역이 세계 제조

---

3) World Shipping Council의 자료에 의하면 2013년 중 이들 항로의 컨테이너 해상 물동량은 아시아-북미 항로 2,313만 TEU, 아시아-북유럽 항로 1,371만 TEU, 아시아-지중해 항로 674만 TEU, 아시아-중동 항로 501만 TEU, 북미-북유럽 항로 471만 TEU로 각각 나타났음(http://www.worldshipping.org, 2015. 1. 26.).

활동의 중심으로 기능함에 따른 결과이다.[4]

둘째, 아시아-북유럽 항로는 대서양, 수에즈운하 및 지중해를 통하여 아시아와 북유럽을 연결하는 항로이다. 아시아-북유럽 항로 역시 아시아-북미 항로보다는 정도가 덜하기는 하지만 동향과 서향 항로의 물동량 차이가 현저하다. 즉, 아시아-북미 항로와는 반대로 서향 물동량에 비하여 동향 물동량이 부족한 상황이다.[5] 아시아-북유럽 항로는 아시아-북미 항로에 이어 두 번째로 많은 물동량을 가진 항로지만 물동량 증가세는 아시아-북미 항로를 능가하고 있다. 그런데 EU가 2008년 10월에 해운물류기업들의 담합행위를 전면적으로 금지함에 따라 아시아-북유럽 항로에는 해운동맹과 같은 선사 간 협력 체제의 결성이 금지되어 있다.

셋째, 아시아-지중해 항로는 수에즈운하를 통하여 아시아와 지중해 연안을 연결하는 항로이다. 이 항로 역시 EU의 해운물류기업 담합 금지조치의 영향을 받는다. 아시아-지중해 항로 역시 아시아 지역의 수출 물동량이 수입 물동량을 크게 초과함에 따라 동·서향 항로의 물동량 불균형 현상이 심각한 편이다.[6]

넷째, 아시아-중동 항로는 아시아 지역과 중동 지역을 연결하는 항로이다. 아시아-중동 항로는 동향과 서향 항로의 물동량 불균형이 주요 간선항로 가운데 가장 심각한 항로이다. 이러한 현상은 중동 지역의 주요 수출품이 원유로서 컨테이너화되기 어려운 화물이기 때문인데, 동향 항로의 물동량은 서향 항로 물동량의 절반에 크게 미치지 못하고 있다.[7]

다섯째, 북미와 북유럽을 연결하는 대서양 횡단 항로는 선진국과 선진국

---

4) 2013년 기준 아시아-북미 항로의 서향 물동량은 774만 TEU, 동향 물동량은 1,539만 TEU이었음(http://www.worldshipping.org, 2015. 1. 26.).
5) 2013년 기준 아시아-북유럽 항로의 서향 물동량은 919만 TEU, 동향 물동량은 452만 TEU이었음(http://www.worldshipping.org, 2015. 1. 26.).
6) 2013년 기준 아시아-지중해 항로의 서향 물동량은 468만 TEU, 동향 물동량은 206만 TEU이었음(http://www.worldshipping.org, 2015. 1. 26.).
7) 2013년 기준 아시아-중동 항로의 서향 물동량은 370만 TEU, 동향 물동량은 1,31만 TEU이었음(http://www.worldshipping.org, 2015. 1. 26.).

을 연결하는 항로로서 전통적으로 중요한 항로로 기능하였다. 그러나 1970년대 이후 아시아 개발도상국들이 경제성장의 축으로 부상함에 따라 그 중요성이 급격히 낮아지고 있다. 북미-북유럽 항로의 경우 서향 항로의 물동량이 동향 항로에 비하여 다소 많기는 하지만 그 차이는 비교적 적은 편이다.[8] 대서양 항로 역시 EU의 해운물류기업 담합 금지의 규제 대상이 된다.

나) 남북 항로

남북 항로(North-South route)는 동서 항로에 대비되는 개념으로서, 극동아시아-호주 항로, 아시아-남미동안 항로, 북유럽지중해-남미동안 항로, 북미-남미동안 항로 등이 있다. 이들 남북 항로의 물동량은 동서 간선항로의 물동량에 비하면 아직 적은 편이나,[9] 오스트레일리아, 뉴질랜드, 남미 등 남반구 지역 주요 국가들의 경제발전에 따라 점진적으로 증가하고 있다.

다) 역내 항로

역내 항로(intra-regional route)는 특정 경제권역 내부에 형성된 항로로서, 아시아 역내 항로(intra-Asian route), 유럽 역내 항로(intra-European route), 미주 역내 항로(intra-American route) 등이 있다. 이러한 역내 항로들은 자유무역협정(free trade agreement: FTA) 등 권역 단위의 경제협력 강화로 역내 교역량이 증가함에 따라 중요성이 증대되고 있다. 특히 아시아 역내 항로는 권역 내 외국인 직접투자(foreign direct investment: FDI)[10]의 증가로 인한 경제발전과 부품, 반제품 등 산업내

---

8) 2013년 기준 북미-북유럽 항로의 서향 물동량은 264만 TEU, 동향 물동량은 207만 TEU이었음(http://www.worldshipping.org, 2015. 1. 26.).
9) 2013년 기준 남북 항로의 전체 물동량은 804만 TEU로 동서 간선항로의 전체 해상물동량 5,329만 TEU의 15% 내외에 불과하였음(http://www.worldshipping.org, 2015. 1. 26.).
10) 외국인 직접투자(foreign direct investment)는 외국인이 경영 참여와 기술 제휴 등 국내 기업과 지속적인 경제 관계를 수립할 목적으로 국내 기업의 주식 또는 지분을 취득하는 것을 말함. 경영에 실질적인 영향력을 행사하기 위한 것이라는 점에서 일반적인 주식 투자(portfolio투자)와는 차별화됨. 그리고 외국 투자가가 국내

무역(intra-industry trade)[11]의 활성화로 인하여 급증하고 있다. 더구나 ASEAN 및 동북아 국가들(한국, 중국 및 일본) 간의 경제 협력 강화는 아시아 역내 항로의 물동량 증가를 가속화하는 요인이 되고 있다.

나. 항로의 형태에 따른 구분

가) 셔틀 서비스(Shuttle service)

셔틀 서비스는 항만 대 항만 서비스(port-to-port service)라고도 하는데, 두 항만 사이를 왕복 취항하며 해상운송 서비스를 제공하는 항로 유형을 말한다. 그러나 실무적으로는 기항 항만 수가 반드시 2개로 한정되는 것은 아니며 3~4개(주 항로의 양 측에 각각 1~2개의 인근 항만을 포함)일 경우에도 셔틀 서비스로 인정된다. 이러한 형태의 서비스는 운송의 신속성이 제고된다는 장점이 있으나 항만 간 연계성의 부족으로 물동량의 확보에 어려움이 수반되는 경우가 많다. 셔틀 서비스는 정기선 해운 이외에 유류, 광물, 곡물 등 원자재의 운송에서 흔히 이용된다. 이러한 원자재의 운송에 있어서는 화물의 흐름이 일방적으로 이루어지므로 복항 시 공선항해(ballast voyage)[12]를 피할 수 없게 되는 경우가 대부분이다.

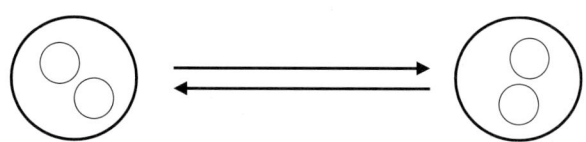

그림 2-1 셔틀 서비스(Shuttle service) 항로

기업에 제공하는 5년 이상의 장기 차관도 외국인직접투자로 인정될 수 있음.
11) 산업내무역(intra-industry trade)이란 동일한 산업에 속하는 생산물이 교역되는 것을 말함. 이는 전통적인 비교우위 이론에 의한 교역(비교우위를 확보한 산업의 생산물이 수출되는 반면, 그렇지 못한 산업의 생산물은 수입됨)과 차별화됨.
12) 공선항해는 화물을 선적하지 않은 상태에서 항해하는 것을 말하는바, 이 때 밸러스트 워터(ballast water)를 채우고 운항하게 된다는 점에서 ballat voyage라고도 함.

나) 시계추 서비스(Pendulum service)

시계추 서비스는 선박의 배선이 마치 시계추와 같이 특정 지역을 중심으로 좌우의 항로를 연계하여 서비스하는 항로 형태를 말한다. 예를 들면 아시를 중심으로 하여 아시아-북유럽 항로에서 아시아-북미 항로로, 또는 아시아-북미 항로에서 아시아-북유럽 항로로 이어지는 항로 통합 서비스를 말한다. 아시아, 북미 및 북유럽은 세계 3대 주요 경제권역으로 이들 경제권역들을 하나의 항로로 연계·통합한 것이다.

이러한 시계추 서비스는 항로의 연계성 향상에 따른 집화 능력의 강화에 그 목적이 있다. 반면에 이러한 형태의 서비스에 있어서는 통합된 항로 상호 간의 물동량에 차이가 많을 경우 선복 이용률이 낮아질 우려가 있다.

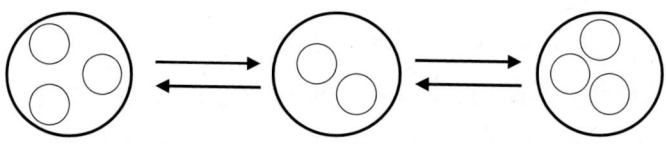

그림 2-2 시계추 서비스(Pendulum service) 항로

다) 세계일주 서비스(Round-the-world service)

세계일주 서비스는 동향 또는 서향으로 일련의 항만들을 연속적으로 기항하여 지구를 돌면서 서비스하는 것을 말한다. 이 서비스는 제한된 물동량을 전제할 때 집화 기회를 높일 수 있다는 장점이 있다. 세계일주 서비스에 있어서는 대륙별로 기항 항만 수가 제한되므로 주요 권역별로 환적 중심항을 구축해야 할 필요성이 있다. 그리고 이러한 형태의 항로는 복수의 항로를 통합한 것이므로 항로별 물동량 차이로 인하여 특정 항로 구간에 대한 선복 이용률의 하락 우려가 대두된다.

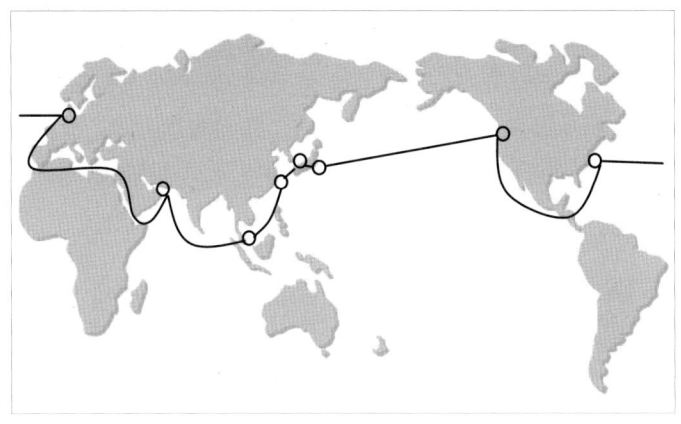

그림 2-3 세계일주 서비스(Round-the-world service) 항로

라) 순항 서비스(Cruising service)

순항 서비스는 일련의 항만들을 운항 일정에 따라 순차적으로 기항하는 서비스 형태를 말한다. 이러한 서비스 형태는 가장 일반적인 것으로서, 복수의 항만에서 집화 활동이 가능하다는 장점이 있다. 순항 서비스의 기항 빈도는 셔틀 서비스에 비해서는 낮으나 시계추 서비스나 세계일주 서비스에 비해서는 높게 된다. 따라서 이러한 형태의 서비스에 있어서는 일정 수준 이상의 서비스 빈도를 유지하면서 선복 이용률의 제고도 도모할 수 있게 된다.

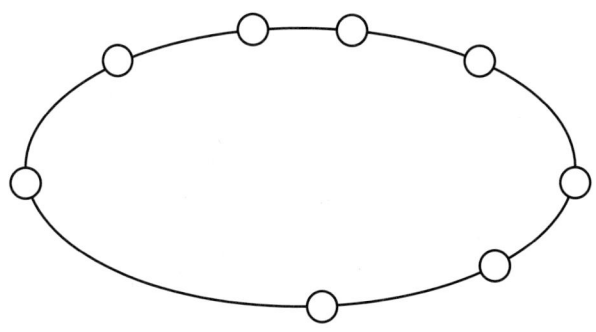

그림 2-4 순항 서비스(Cruising sevice) 항로

(4) 정기선 해운시장의 경쟁 특성

정기선 해운시장은 부정기선 해운시장과 비교할 때 불완전경쟁(imperfect competition)의 특성이 강하다. 완전경쟁(perfect competition)을 위해서는 1) 다수의 공급자와 수요자가 존재함으로써 개별기업은 가격 순응자(price-taker)가 되어야 하며, 2) 생산물의 동질성(homogeneity)이 전제됨으로써 상호 완전 대체(perfect substitutes)될 수 있어야 하고, 3) 기업의 시장 진입과 퇴거가 자유로워야 한다. 즉, 진입장벽(entry barrier)[13]과 퇴거장벽(exit barrier)[14]이 없어서 생산요소의 이동이 자유롭게 이루어져야 할 뿐만 아니라(진입장벽과 퇴거장벽에 대해서는 뒤에서 설명), 4) 공급자와 수요자가 시장에 대하여 완전한 정보를 공유하여야 한다.

그런데 정기선 해운시장의 경우 이러한 조건들을 충족하는 데 있어 아래와 같은 여러 가지 제약이 있다.

첫째, 항로별 참여 기업의 수가 상대적으로 적은 편이다. 정기선 서비스를 위해서는 광범위한 서비스망을 구축해야 하므로 대규모 투자가 요구되며, 따라서 항로별로 비교적 소수의 기업들이 참여하게 된다. 더구나 정기선 해운시장에는 해운동맹, 전략적 제휴 등 기업 간 담합 내지 협력 체제 구축을 통한 시장지배력의 행사 사례가 흔히 나타나고 있다. 이에 따라 정기선 해운시장의 해운물류기업들은 단순히 가격 순응자로 기능하는 대신 일정 한도 내에서는 가격 결정자(price-setter)로 기능하는 측면이 있다.

둘째, 정기선 해운시장에서 거래되는 해운 서비스는 완전하게 동질적인 것으로 보기 어려운 측면이 있다. 이는 1) door-to-door 서비스의 제공에 따라 내륙 연계운송 여건이 상이할 뿐만 아니라, 2) 화주들의 공급사슬관리 확산에 부응하여 해운물류기업들의 서비스 범위와 내용이 제품 디자인에서 시작하여 최종 수요자에 대한 배송에 이르기까지의 전 과정에 걸쳐 조

---

[13] 진입장벽(entry barrier)이란 새로운 기업의 시장 참여를 저해하는 요인을 말함.
[14] 퇴거장벽(exit barrier)이란 기존 기업이 시장에서 철수함에 있어 장애가 되는 요인을 말함.

달, 재고 관리, 물류 솔루션 제공 등으로 확대됨에 따른 결과이다. 이와 같은 생산물 차별화에 따라 경쟁이 제한되는 현상을 독점적 경쟁(monopolistic competition)이라고 하며, 정기선 해운시장의 경우 완전경쟁을 위한 다른 조건이 모두 충족된다고 전제할 경우에도 독점적 경쟁에 불과하게 될 것이다.

셋째, 진입장벽과 퇴거장벽의 측면에서 정기선 해운시장은 상대적으로 제약이 큰 편이다. 진입장벽의 요인으로는 1) 규모의 경제, 2) 제품(서비스)의 차별화와 고객의 충성도, 3) 대규모 자본 소요, 4) 공급선·구매선의 전환 비용, 5) 원가 우위(규모와 무관한), 6) 정책, 법·제도적 제약, 7) 인적자본 투자 및 기술, 8) 기대되는 보복 등을 들 수 있다. 그리고 퇴거장벽 역시 상당 부분 진입장벽과 관련되어 있는데 1) 퇴거 고정비용, 2) 내구·특수 장비, 3) 관리·감정적 장벽, 4) 정부·사회적 장벽 등을 들 수 있다. 그런데 정기선 해운의 경우 규모의 경제가 작용하는 범위가 넓으며, 서비스의 차별화가 제한된 범위 내에서나마 이루어지고 있을 뿐만 아니라 대규모 자본이 소요되는 등 진입장벽이 높은 편이다. 시장에서의 퇴거 역시 대규모 자본 투자에 따른 매몰비용(sunk cost)[15]의 부담 등으로 쉽지 않게 된다.

넷째, 정보 공유의 측면에서 정기선 해운시장은 부정기선 해운시장에 비하여 제한적이다. 정보통신 기술의 발전과 정보 매체의 확대에도 불구하고 정기선 시장의 정보 유통이 제한을 받는 이유는 선·화주 거래관계가 투명하게 이루어지지 않는 사례가 흔히 있기 때문이다. 특히 대형 화주와의 거래에 있어서는 운임 수준, 서비스의 내용과 범위 등 거래 조건에 관한 사항이 비밀에 부쳐지는 경우가 많다. 이는 1) 각 화주별로 요구되는 서비스의 내용, 범위 및 질적 수준이 상이할 뿐만 아니라, 2) 정기선 해운에서 취급되는 고부가가치·고가 화물의 경우 해운 서비스 계약의 체결에 있어 단순한 운임 수준보다는 서비스의 내용, 범위 및 질적 수준이 중요한 요소로 고려되는 경향이 있기 때문이다.

---

15) 매몰비용(sunk cost)이란 이미 지출되어 다시는 회수할 수 없는 비용을 말함.

이와 같은 여건을 고려할 때 정기선 해운시장은 뒤에서 언급되는 부정기선 해운시장에 비하여 불완전 경쟁의 특성이 큰 것으로 판단된다.

(5) 정기선 해운시장의 협력 체제

가. 해운동맹(Shipping conference)

가) 해운동맹의 개념

해운동맹(shipping conference)이란 특정 항로에 취항하고 있는 복수의 정기선 해운물류기업들이 운임, 적취량, 배선 및 기타 운송 조건에 관하여 협력하여 공동보조를 취하는 기업연합체 즉, 카르텔(cartel)[16]이다. 해운동맹 참여 기업들은 법적·경제적으로 독립성을 유지하면서 공동의 이익을 위하여 협정에 의하여 결합한 형태이므로 결합 유지에 의한 이익보다 독자적 행동에 의한 이익이 크게 된다면 언제라도 해체될 수 있다. 해운동맹은 흔히 운임동맹(freight conference)이라고도 칭해지는데, 이는 협력의 주요 내용이 공동 운임의 설정에 있기 때문이다.

일반 산업의 경우 자유경쟁을 제한하는 기업 간 담합은 독점금지법에 의하여 규제된다. 그러나 해상운송 부문에서는 전통적으로 기업 간 담합체인 해운동맹이 허용되어 왔다. 이와 같이 해운동맹이 허용되어 온 것은 1) 해운산업의 과당경쟁의 경향, 2) 상대적으로 높은 투자위험 부담, 3) 해운경영의 국제성 등에서 그 원인을 찾을 수 있다.

첫째, 앞에서 해운산업의 특성과 관련하여 언급된 바와 같이 해운시장에는 과당경쟁의 경향이 상존하고 있다. 즉, 해운 서비스의 소멸성, 총비용에 비하여 현저히 낮은 가변비용의 비중, 국제성과 개방성 등으로 인하여 과당경쟁의 경향을 보이고 있는 해운시장에 대한 안정화 대책이 요구되는 것

---

16) 카르텔(cartel)은 동종의 재화나 서비스를 생산하는 기업들이 시장지배를 목적으로 결성한 기업연합체로서, 가격이나 생산량의 결정에 공동보조를 취함으로써 보다 큰 이윤을 얻고자 하는 조직체임. 따라서 카르텔은 공급자들이 소수인 과점구조의 시장에서 주로 형성됨.

이다. 둘째, 해운경영에 있어서는 대규모 자본의 투자가 필요하며 그 회수도 비교적 장기간에 걸쳐 이루어진다. 뿐만 아니라, 해운 시황은 변동성이 격심하여 시장위험(market risk)[17]도 큰 편이다. 따라서 선박 투자의 활성화를 위해서는 적정 운임 수준을 보장해 줄 필요가 있다. 셋째, 해운시장은 대외 개방성으로 인하여 시장보호가 어려우며 따라서 치열한 국제경쟁에 그대로 노출된다.

해운산업은 이와 같은 특성들로 인하여 자유경쟁에 맡길 경우 선사 간 과당경쟁이 유발됨으로써 선복 공급 및 운임 결정의 안정성이 저해된다. 이에 따라 해운산업의 건전한 발전 측면은 물론이고 수출입 화물에 대한 안정적 운송 수단의 확보라는 측면에서도 문제가 야기될 수 있다. 국제적으로 해운동맹의 존재가 인정되어 온 것은 이러한 여건이 반영된 결과이다.

해운동맹은 가입과 탈퇴의 제한 여부에 따라 폐쇄동맹(closed conference)과 개방동맹(open conference)으로 구분된다. 첫째, 폐쇄동맹은 동맹이 정하는 일정한 자격을 갖춘 선사에 한하여 가입을 허용하는 동맹으로서 전통적으로 영국을 중심으로 하는 유럽식 모델이라 할 수 있다. 둘째, 개방동맹은 가입 및 탈퇴의 자유를 인정하는 동맹으로서 주로 미국 관련 항로에서 결성된 동맹이 이에 속한다. 해운동맹의 형성 초기 대부분의 국제 항로는 영국 선주를 중심으로 한 폐쇄동맹에 의해 지배되었으며 이는 미국 선·화주의 불만을 야기하는 요인이 되었다. 이에 따라 미국 관련 항로의 해운동맹은 가입과 탈퇴가 자유로운 개방동맹으로 자리 잡게 되었다.

나) 해운동맹의 발전과 기능 변화

해운동맹은 1875년 8월 영국-캘커타(Calcuta) 항로에 취항 중이던 4개 선사가 결성한 영국-캘커타 해운동맹(United Kingdom-Calcutta Conference)이 최초의 사례이다. 그 이후 해운동맹은 계속 확산되어 차

---

[17] 시장위험(market risk)이란 시장 가격(운임)의 변동으로 인한 투자위험을 말함.

이나동맹(China Conference, 1879년), 호주동맹(Australia Conference, 1884년) 등이 출현하였다(김태일, 2005). 해운동맹은 1970년대 초부터 컨테이너화가 급속하게 진전되고 정기선 물동량이 대폭 늘어남에 따라 강력한 영향력을 발휘하였다(길광수·고병욱, 2010). 그러나 1980년대 들어 해운동맹을 둘러싼 여건의 변화로 해운동맹은 영향력을 급속하게 상실하게 되었다.

해운동맹의 기능 약화를 유발하는 주요 요인으로는 다음과 같은 사항을 들 수 있다.

첫째, 해운동맹은 카르텔의 한 형태인데 카르텔은 기본적으로 결속력이 쉽게 와해될 수밖에 없는 특성을 갖고 있다. 즉, 카르텔은 독립된 기업들의 연합체이므로 개별 기업들이 합의 사항을 준수하지 않고 자신의 이익 증대를 도모하려는 유인이 상존한다. 해운동맹에서 회원사들의 일탈을 야기하는 주요 요인은 다음과 같다. 1) 회원사의 수가 비교적 많아 합의 사항을 준수하지 않을 경우에도 이러한 개별 행동의 적발이 어렵다. 특히 동맹 운임보다 낮은 운임 수준으로 운송 계약을 체결했을 경우에도 이는 당사자 사이에서 은밀하게 이루어진다. 2) 합의 사항 미준수 사례를 적발했을 경우에도 이에 대하여 신속한 응징을 단행하기 어렵다. 해운동맹 차원의 응징은 회원사들의 합의에 의하여 이루어지는데 이러한 합의 절차의 이행에는 상당한 시일이 소요된다. 3) 응징의 수단이 많지 않을 뿐만 아니라 치명적 타격을 입히기 어렵다는 문제가 있다. 회원사들의 일탈 행위에 대한 궁극적 응징 수단으로는 동맹에서 축출하는 것이 전부이고, 이러한 조치를 단행했을 경우에도 해당 기업에 대한 타격은 크지 않을 수 있기 때문이다. 4) 서비스의 이질성에 부합하여 합리적으로 차별화된 운임을 책정하기 어렵다는 점도 동맹을 통한 규제를 어렵게 하는 요인이 된다. 즉, door-to-door 서비스가 일반화됨에 따라 계약 대상 화물에 따라 내륙운송비가 다르게 된다. 그리고 다음에서 언급하는 바와 같이 통합공급사슬 서비스 제공 기업

(integrated supply chain service providers, 유형 3)의 출현으로 서비스의 범위와 내용에도 차이가 발생한다(〈표 2-1〉 참조). 이에 따라 개별 회원사들이 동맹에서 정한 운임을 적용하지 않을 경우에도 이러한 운임의 차이가 서비스의 차이를 적절하게 반영하는 것인지 알기 어렵게 된다. 5) 해운경기는 변동이 극심하여 심각한 경기 침체가 기업의 생존을 위협하는 상황이 되면 동맹 차원의 규제는 쉽지 않게 된다.

둘째, 해운동맹에 가입하지 않은 맹외선사(outsider)의 활동을 들 수 있다. 맹외선사들은 동맹운임보다 낮은 운임 수준을 제시함으로써 시장점유율을 확대해 나갔는데, 해운동맹은 이러한 맹외선사로부터 시장을 지키기 위하여 운임 수준을 낮게 책정할 수밖에 없는 상황이 되었다. 특히 1970년대 이후 부상한 개발도상국과 동구권 해운물류기업들이 다수 맹외선사로 활동하였다.

셋째, 해운물류기업들의 서비스 범위와 내용의 확대 역시 해운동맹의 결속력을 약화시키는 요인으로 작용하였다. 해운동맹에 의한 규제는 항만에서 항만(port to port) 구간의 서비스를 전제하여 시행되었다. 그런데 복합운송 체제의 발전으로 서비스 범위가 문전에서 문전(door to door)으로 확대됨에 따라 해운물류기업 간 서비스의 이질성이 증대되었고 이러한 이질적 서비스에 대하여 일관적인 규제 수단을 적용하기가 어렵게 되었다. 더구나 1990년대 중반 들어 화주들 사이에 공급사슬관리(supply chain management: SCM)가 확산됨에 따라 해운물류기업의 서비스 범위와 내용이 전통적인 운송뿐만 아니라 제품 디자인부터 최종 수요자에 대한 배송이 이르기까지 공급사슬 전반으로 확대되었고, 이러한 서비스의 차이를 적절하게 반영하는 공동 운임의 책정이 어렵게 되었다. 이에 따라 회원사에 대하여 무차별적인 규제를 내용으로 하는 해운동맹의 기능은 크게 약화될 수밖에 없었다.

넷째, 세계일주 서비스와 시계추 서비스는 대형 해운물류기업들을 중심으로 1980년대 중반부터 시작되었는데, 이들 주요 해운물류기업들이 해운동맹 가입에 부정적인 입장을 취했다는 점도 동맹의 기능 수행에 부정적인 요인으로 작용하였다. 우선 세계일주 및 시계추 서비스에 있어서는 복수의 항로를 통합하게 되어 각 항로별로 상이한 특성을 가진 해운동맹에 가입하는 것이 어렵게 되었다. 그리고 이러한 형태의 서비스에 있어서는 항로별 물동량 불균형에 따라 선복 이용률이 낮아질 우려가 있어, 이러한 문제를 해소하기 위하여 이들 해운물류기업들은 맹외선사로 남음으로써 경쟁적인 운임을 제시하여 집화 활동을 강화하고자 했던 것이다.

다섯째, 선박의 대형화 추세 역시 해운동맹의 결속력을 약화시킨 하나의 요인이 된다(길광수·고병욱, 2010). 해운물류기업들은 선박 대형화를 통하여 규모의 경제를 달성함으로써 원가절감을 도모하게 되었다. 이러한 선박 대형화 경쟁은 필연적으로 선복 공급의 증가를 유발하는데, 투입 선복량에 대한 규제가 많은 해운동맹을 걸림돌로 간주하기 시작함으로써 주요 해운물류기업들의 해운동맹에 대한 참여 의지가 약화되었다.

여섯째, 법적·제도적 요인도 해운동맹의 발전에 부정적인 요인으로 작용하였다. 우선 미국의 1984년 해운법(Shipping Act of 1984) 제정으로 해운동맹의 활동에 대한 규제가 강화되었다. 미국은 주요 화주국으로서 선주보다는 화주의 이익을 대변하는 입장에서 이 법을 제정하게 되었다. 1984년 해운법에서는 미국 내 수출입 화주들의 권익 보호를 위한 독자운임결정권(independent action; IA)과 우대운송 계약(service contract; SC) 제도가 도입되었다. 특히 IA를 미국과 관련된 항로의 해운동맹에 의무적으로 도입하도록 함으로써 해운동맹의 공동 운임제(collective pricing system)를 규제하였다. 그리고 미국은 1998년에 기존의 해운법을 개정한 외항해운 개혁법(The Ocean Shipping Reform Act of 1998)을 제정하였다(1999년에 발효). 개정된 법에 의하면 해운물류기업(또는 운임동맹)과 화주(또는 화주단체) 간의 우대운송 계약(service contract: SC) 내용 중 일부에 대한 대외 비밀 유지가 인정되었을 뿐만 아니라 동맹 회원사인 경우에는 독자적인 SC의 체결도 허용되었다. 이에 따라 해운물류기업들은 해운동맹 가입 여부를 불문하고 대형 화주와 SC 체결 시에 보다 낮은 수준의 운임 책정이 가능하게 되었다. 그 결과 동맹의 영향력은 크게 약화되었으며 사실상 기능을 거의 상실하기에 이르렀다. 이와 같이 미국에서 이루어진 일련의 입법 활동은 해운동맹의 기능을 약화시키는 요인이 되었다.

특히 해운동맹에 결정적인 타격을 입힌 것은 2008년 10월에 발효된 EU의 해운동맹 규제 정책이다. 규제의 주요 내용은 다음과 같다(길광수·고병욱, 2009). 1) 운임 및 선복량 통제 목적의 해운동맹 행위가 금지되었다. 즉, 2008년 10월부터 EU의 항만에 기항하는 해운물류기업들에게 EU의 경쟁법이 적용되었다. 2) 정기선사 컨소시엄에 대하여 2010년까지 경쟁법 적용이 일괄 면제된다. 이는 EC 규칙 823/2000(2000년 4월 시행)에 근거하여 해운동맹이 아닌 컨소시엄(선박 공유, 항로 및 운항 스케줄에 대한 조정행위 등을 하는 공동행위)에 대하여 경쟁법 적용 일괄 면제를 한시적으로 유지하기로 한 것이다. 다만 해당 컨소시엄의 시장점유율이 30% 이하가 되어야 한다는 전제 조건이 있다. 이러한 조치는 컨소시엄 참여 선사의 운송 합리화 및 규모의 경제 달성을 가능하게 함으로써 서비스의 생산성과 질을 향상시킨다는 긍정적 평가에 의한 것이다. 그리고 3) 세 가지 주요 예외 사항이 있는데 그 내용은 다음과 같다(European Commission, 2008). 우선 경쟁을 제한하지 아니하는 기술적 공동행위(technical agreements)는 허용된다. 아울러 시장에 대한 정보 발표는 시장의 투명성 및 고객의 지식을 제고를 통한 효율성 향상에 기여하는 것으로 인정되었다. 그러나 상업적으로 민감하고 개별화된(individualized) 시장 정보의 교환은 일정한 조건에서 경쟁법을 위반할 수 있다는 점이 지적되었다. 마지막으로 부정기선 부문의 풀협정(pool agreement)과 관련하여 참여 선사들이 서로 실질적 또는 잠재적 경쟁자가 아닌 경우는 경쟁법 위반이 아닌 것으로 보았다. 이러한 EU의 해운동맹 규제 정책은 해운시장의 경쟁을 통한 효율성 제고에 어느 정도 기여한 것으로 평가된다. 그러나 해운경영의 시장위험이 증대되었다는 점은 부정할 수 없을 것이다.

⟨해운동맹의 운임 결정⟩

해운동맹은 기업 연합이므로 연합체(해운동맹) 전체의 이윤이 극대화되는 점에서 해운 서비스 공급 및 운임을 결정한다. 그림에서 해운동맹 전체의 한계비용곡선은 개별기업의 한계비용곡선을 수평으로 합계($\sum_{i=1}^{n} MC_i$)한 것인데 이는 시장 공급곡선(S)이 된다. 그리고 한계수입(MR) 곡선은 시장수요곡선에 의하여 결정된다. 그런데 해운동맹 전체의 이윤극대화는 한계비용(MC)과 한계수입(MR)이 일치하는 점(E)에서 이루어진다. 따라서 해운동맹은 전체 해운 서비스 공급량을 Q에서 결정하며, 이에 따른 운임 수준은 시장수요(D) 곡선과 만나는 점에 해당하는 F가 된다. 그리고 이 때 해운동맹의 초과이윤은 그림에서 빗금친 사각형에 해당하는 금액이 된다. 그런데 해운동맹이 초과이윤을 확보하기 위해서는 전체 집화량을 Q에서 유지해야 한다. 만약 회원사들이 경쟁적으로 집화 활동을 전개함으로써 집화량이 Q를 초과하면 운임 수준 F의 달성은 불가능하게 된다. 따라서 문제는 해운동맹 회원사에 대하여 집화량(시장점유율)을 할당하는 것이라 할 수 있다.

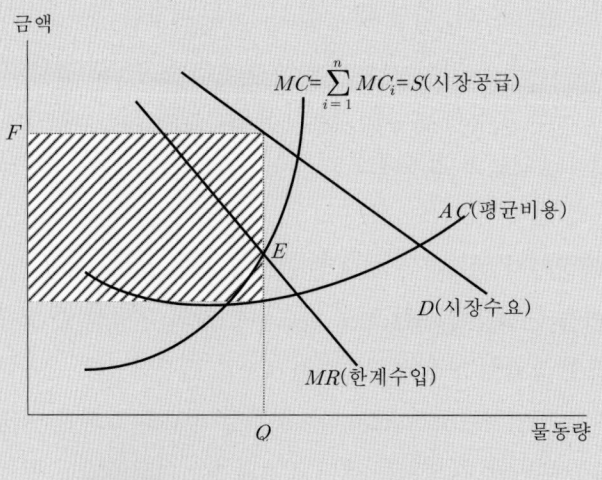

그림 2-5 해운동맹의 해운 서비스 공급량 및 운임 결정

나. 전략적 제휴(Strategic alliance)

전략적 제휴는 기업들 간에 특정 사업 및 업무 분야에 걸쳐 협력 관계를 맺는 것을 의미한다. 그리고 전략적 제휴의 주요 내용은 제휴기업 간의 상호 보완적인 생산물(해운 서비스), 시설, 기능 및 기술을 공유하는 것이라 할 수 있다. 해운 부문의 전략적 제휴는 비교적 오랜 역사를 갖고 있지만, 글로벌 제휴(global alliance) 체제는 1995년 2월 MISC(말레이시아), Nedlloyd(네덜란드), APL(미국) 및 MOL(일본)이 유럽 항로와 북미 항로를 연계하여 글로벌 서비스망을 구축하면서 시작되었다.

해운 부문의 전략적 제휴는 초기에 단순한 공동운항의 형태로 시작되었다. 새로운 서비스 항로를 개설하기 위하여 단기적으로 타 선사가 이미 운항하는 선대의 선복을 임차하거나(space chartering) 새로운 선대를 공동으로 구성하면서 선복의 교환 사용(space sharing)을 실시하는 등의 형태였다. 이와 같이 형성된 전략적 제휴는 대상 항로, 협력의 영역, 형태, 기간 등이 확대되면서 다양하게 발전하였다(최중희, 2001). 1) 항로에 있어서는 주요 간선항로 이외에도 관련된 피더(feeder) 항로를 포함한 모든 항로를 대상으로 하게 되었으며, 2) 협력의 영역에 있어서는 선복 이외에 터미널, 장비, 내륙운송, 지원 업무, 영업 및 마케팅으로까지 점차 확대되어 왔다. 그리고 3) 제휴 형태에 있어서는 운항비의 공동 관리, 선박 및 컨테이너를 포함한 자산의 공동 보유, 별도의 공동 투자 법인의 설립을 통한 공동 관리 등으로 발전하였으며, 4) 제휴 기간도 3~10년 또는 무기한으로까지 장기화되고 있다.

이와 같이 해운 부문에서 전략적 제휴 체제가 확산된 배경으로는 다음 사항을 들 수 있다.

첫째, 산업 전반적인 차원에서 1980년대와 1990년대에 걸쳐서 기업들은 과거 적대적 관계에서 탈피하여 협력적 관계 즉, 상생적 윈-윈(win-win) 관계의 구축을 주요한 전략적 선택으로 활용하게 되었다는 점을 들 수 있다. 이에 따라 기업의 경쟁력은 상당 부분 기업이 얼마나 적절한 제휴 관계를 구축하는가의 여부에 의존하게 되었으며, 제휴는 글로벌 시대에 필수불가결한 요인이 되었다(Hamel, et al, 1989; Ohmae, 1989).

둘째, 해운시장의 공급 과잉 현상이 일상화되면서 집화 부진 및 운임 하락으로 해운업계가 심각한 경영난에 직면함에 따라 이를 타개하기 위한 방안으로 전략적 제휴가 모색되었다. 즉, 전략적 제휴 체제의 구축을 통하여 보유 선대 운용의 효율성을 높이는 한편 지나친 운임 인하 경쟁을 회피하고자 한 것이다. 물론 전략적 제휴는 상호 보완적인 경영자원의 공유에 그 주요 목적이 있으나[18] 지나친 운임 인하 경쟁의 완화 효과도 어느 정도 있는 것으로 판단된다.

셋째, 1980년대 이후 해운동맹의 기능이 급속하게 약화된 점도 전략적 제휴 체제의 확산을 촉진하였다. 위에서 언급된 바와 같이 해운동맹에는 결속력을 약화시키는 구조적인 요인들이 상존하고 있는데 이의 대안으로 전략적 제휴 체제를 선택하게 된 측면이 있다. 전략적 제휴 체제는 해운동맹 체제와 비교하여 다음과 같은 장점이 있다. 1) 비교적 소수의 기업들이 참여함으로써 보다 긴밀한 협력관계의 구축 및 유지가 가능하게 된다. 2) 비교적 민감한 사안이라고 할 수 있는 공동 운임의 설정을 제외하고 보완적 경영자원의 공동 이용을 도모하여 경영 합리화 및 원가절감의 목적을 달성할 수 있었다. 뿐만 아니라, 3) 제휴 체제를 통하여 지나친 운임 인하 경쟁을 회피하는 부수적인 효과도 어느 정도 달성할 수 있게 되었던 것으로 판단된다. 특히 대규모 해운물류기업들의 전략적 제휴 체제는 시장 지배적인 지위를 확보할 수 있었으며, 따라서 제휴 기업들 간의 협력은 시장 운임의 안정화에도 기여하였다.

넷째, 화주의 서비스 내용 및 질적 수준에 대한 요구의 변화에 효과적으로 대응하기 위한 방안으로 전략적 제휴 체제의 구축이 요구되었다. 화주들은 단위당 화물 가치의 상승에 따라 운임 수준보다는 운송의 정시성, 시간

---

18) 이러한 관점에서 전략적 제휴는 공동 운임의 설정을 주요 내용으로 하는 해운동맹과 차별화됨.

단축, 안정성 등에 대한 요구가 높아졌다. 그리고 기업 경영이 글로벌화됨에 따라 해운물류기업들의 글로벌 서비스망 구축의 필요성도 증대되었다. 더구나 1990년대 중반 이후 공급사슬관리(supply chain management: SCM)가 확산됨에 따라 해운물류기업들의 서비스 범위가 제품 디자인부터 최종 수요자에 대한 배송에 이르기까지 확대되었다. 해운물류기업들은 제한된 경영자원으로 화주들의 이러한 요구 변화에 효과적으로 대응하기 위한 방안으로 전략적 제휴 체제를 모색하게 된 것이다.

이와 같이 해운 부문의 전략적 제휴 체제는 해운동맹에 대한 대안으로 대두된 측면이 강하다. 그러나 전략적 제휴 체제 역시 몇 가지 어려움에 직면하고 있다.

첫째, 해운물류기업 간 인수합병(M&A), 선대 확충 등을 통하여 경영 규모가 증대함에 따라 제휴 체제를 통한 경영자원의 보완 효과가 감소하고 있다. 즉, 제휴 파트너를 통한 기업 상호 간의 약점 보완의 정도가 낮아지고 있는 것이다. 이에 따라 대형화된 해운물류기업들은 증대된 경영자원의 보다 효율적인 활용을 위하여 경직된 제휴 체제를 벗어나고자 하는 유인도 커지고 있는 것으로 판단된다.

둘째, 제휴 체제 내 기업의 차별화된 선박 대형화 및 선대 확충 전략 추진의 결과 제휴 체제 내 역학 관계가 변화하였다는 점도 제휴 체제의 약화를 초래하는 요인이 된다. 한 연구(Bleek and Ernst, 1993)에 의하면 기업의 규모나 능력에 현저한 차이가 있을 경우 제휴 성공률은 1/3 정도인 반면, 대등한 경우에는 67%로 높아지는 것으로 나타났다.

셋째, 해운물류기업들의 경우 제휴 체제 참여 기업 간의 역할 분담이 명확하게 설정되기 어렵다는 점도 제휴 체제의 결속력을 약화시키는 요인이 될 수 있다. 제휴기업 직원들의 업무 절차, 내용 및 책임 분담이 명확하게 설정되어야 하지만 해운 부문의 경우 경영 활동이나 업무 내용의 유사성으로 인하여 역할 분담의 기준이 모호하기 때문이다.

2) 부정기선 해운

(1) 부정기선 해운의 개념과 특성

부정기선 해운은 항로나 취항 일정이 정해져 있지 않고 특정 화주의 운송 수요에 따른 계약에 의하여 화주가 요구하는 시기와 항로에 선복을 제공하여 화물을 운송하는 형태를 말한다. 이에 따라 부정기선 해운의 취항 항로 및 일정은 불규칙하며 화주의 수요에 따라 항상 변화한다. 부정기선 해운의 주요 특성은 다음과 같다.

첫째, 부정기선 해운에 있어서는 광범위한 해운 서비스망의 구축이 요구되지 않으므로 비교적 소규모 투자에 의한 시장 진입이 이루어질 수 있어 선박 1척만으로도 가능하게 된다. 경영 노하우 및 운항·관리 기술의 측면에서도 시장에 대한 진입장벽이 비교적 낮은 편이다.

둘째, 부정기선 해운의 운송 대상이 되는 화물은 원유, 철광석, 석탄, 인광석, 시멘트, 곡물, 비료, 원목 등 살화물(bulk cargo)이 주종을 이룬다. 그리고 이러한 화물을 거래 단위별로 만재하여 운송하는 형태 'one ship one cargo'의 운송 형태가 되는 것이 보통이다. 다만 경우에 따라서는 선창(hold)별로 또는 선창을 칸막이로 분리하여 한 선박에 여러 화물을 적재할 수도 있다. 부정기선 해운은 운송 대상 화물이 대부분 국가 기간산업인 중화학공업의 원자재라는 점에서 개발도상국의 경제발전에 중요한 지원 기능을 담당한다.

셋째, 부정기선 해운의 집화는 해운중개인(ship broker)을 통하여 화주와 운송(용선) 조건에 대하여 합의함으로써 이루어진다. 따라서 운송 조건은 매 계약 건별로 상이하며 집화 단위는 화주의 무역 거래 단위에 해당하는 로트 화물(lot cargo)이 된다. 로트 화물이란 곡물, 석탄, 철광석, 석유화학제품 등과 같이 1회 운송량이 화주의 무역 거래량 단위에 의하여 결정되는 화물로서, 해당 항차에서는 해당 화물 이외에 다른 화물이 혼재되지 않는 것이 원칙이다. 부정기선 해운의 이러한 집화 방식은 정기선 해운과는 차별화되는 것으로서, 후자의 경우에는 불특정 다수의 화주를 대상으로 컨테이너 단위의 다수 파트 카고(part cargo)를 집화하게 된다. 그리고 정기선 해운의 운송 조건은 표준화된 약관이 불특정 다수의 화주에 대하여 무차별적으로 적용된다. 이러한 집화 방식의 차이에 따라 부정기선 해운의 운송계약에 있어서는 용선계약서(charter party)가 이용되는데 비하여 정기선 해운의 운송 계약에 있어서는 앞에서 언급된 선복예약서(booking note)가 이용된다.

넷째, 부정기선 해운의 운임 결정은 매 운송 건별로 선주와 화주의 협상에 의하여 결정된다. 이러한 운임의 결정 방식은 운임의 적용이 해당 해운물류기업이 미리 정하여 공표한 운임률표(tariff)에 의하여 이루어지는 정기선 해운의 경우와는 차별화된다. 그런데 부정기선 해운의 운송 대상 화물은 운송 단위당 가격이 비교적 저렴한 원자재이므로 앞에 언급된 바 있는 운임부담력이 낮은 편이다. 이에 따라 저운임 운송 즉, 가격경쟁력(price competitiveness)[19]이 부정기선 해운의 가장 중요한 경쟁력 결정 요인이 되는 경향이 있다.

다섯째, 부정기 해운시장에는 해운동맹이나 전략적 제휴와 같은 협력 체제가 거의 존재하지 않는다는 특성이 있다. 이는 1) 부정기선 해운시장에는 참여 기업의 수가 많을 뿐만 아니라 경영 규모에서 격차가 심하다는 점, 2) 서비스의 형태가 다양하여 일률적인 규제가 쉽지 않다는 점 등에 따른 것으로 볼 수 있다.

여섯째, 부정기선 해운에 있어서는 국가 차원의 시장보호를 위한 제도적 장치가 채택되기도 한다. 부정기선 해운은 치열한 국제경쟁에 노출되는 정도가 심하므로 자국 선대의 보호를 위하여 화물유보제도(cargo

---

19) 가격경쟁력(price competitiveness)은 경쟁 기업보다 저렴한 가격을 책정할 수 있는 능력으로 원가 우위가 전제되어야 함. 이에 비하여 비가격경쟁력(non-price competitiveness)이란 가격 이외의 요소 즉, 재화나 서비스의 질, 유통망, 마케팅 등을 통한 고객 인지도 및 충성도 제고 등에 의거한 경쟁력을 말함.

reservation system)가 유치산업 보호 차원에서 채택되는 사례가 흔히 있다. 특히 자국 선대의 구축이 요구되는 개발도상국의 경우는 물론이고 미국 등 일부 선진국의 경우에도 화물유보제도가 시행되고 있다. 여기에서 화물유보제도는 해상화물의 운송에 있어 외국 선박의 참여를 제한하고 자국 선박에 의하여 운송하도록 함으로써 자국 해운을 보호하는 제도이다. 화물유보는 화물 우선(cargo preference), 화물 배분(cargo allocation) 등의 용어와 혼용되는 사례가 많다.

(2) 부정기선 해운의 발전

해상운송의 발전은 부정기선 해운의 형태로 시작된 것으로 판단된다. 발전의 초기에는 정기적인 서비스에 필요한 물동량이 충분하지 않았을 뿐만 아니라, 광범위하고 체계적인 운송 체계를 구축하는 것도 용이하지 않았을 것이기 때문이다. 세계 최초의 국제적 해상운송망은 메소포타미아–바레인–서부 인도를 연결하는 항로로서 약 5,000년 전에 형성된 것으로 알려져 있다(Stopfrd, 2009). 한편 이와 같은 국제해운의 본격적인 발전은 15세기 대탐험의 시대(age of exploration)[20]를 지난 이후에 가능하게 되었다.[21] 당시 주요 탐험 사례를 보면 1) 콜럼버스(이태리 출신)가 250톤 급 선박 3척에 88명의 선원을 태우고 스페인을 출발하여 1492년 신대륙을 발견하였으며, 2) 바스코다가마(포르투갈 출신)는 포르투갈을 출발하여(120톤 급 3

---

[20] 대항해의 시대(포르투갈어: Era dos Descobrimentos), 대발견의 시대라고도 함. 이와 같이 그럴듯한 시대적 명칭 이면에는 어두운 측면도 부정할 수 없는데 유럽 · 기독교 세계의 비유럽 · 비기독교 세계에 대한 식민 지배의 시발점이었으며 인류가 사리사욕을 위해 무자비한 정복 및 노예 거래를 하게 된 시발점으로 보는 견해도 있음.

[21] 서양에서 대탐험의 시대가 개막되기보다 약 70년 이전에 중국 정화(鄭和)의 원양 항로를 이용한 원정이 7차례에 걸쳐 이루어졌음. 즉, 1) 1405년 6월에 시작된 제1차 원정에서는 62척의 선박에 27,800명을 태우고 동남아, 인도까지 항해하였으며, 2) 제3차 원정(1413년 겨울)에서는 호르무즈(페르시아만), 아라비아반도 남쪽 아덴까지 진출하였으며 귀환 도중 수마트라 왕의 요청으로 반역자를 토벌하기도 하였음. 그러나 1433년의 제7차 원정 직후 정화가 사망함에 따라 동양에서는 대항해시대가 종말을 고하게 됨. 중국은 정화 사망 후 선박 폐기 및 신조 금지령을 통하여 쇄국정책으로 전환하였기 때문임. 그 결과 세계 해상운송은 유럽의 독무대가 되었음. 한편 당시 이용되었던 선박은 길이 44장(137m)으로서 유럽 선박 100피트(30m) 보다 컸는데 이는 당시 동양의 조선 기술 우위를 반영하는 것으로 평가됨.

척, 선원 170명), 반대 방향으로 희망봉을 돌아 1497년 인도에 도착하였고, 3) 마젤란(포르투갈 출신)은 1519년 스페인을 출발한 후 세계 일주에 성공하였다.

> ⟨마르코폴로의 동방견문록⟩
>
> 동방견문록(이태리어 원제; Divisament dou Monde)은 마르코폴로가 1298년에 집필한 것으로 알려져 있는데 여기에는 향료군도(spice islands)가 소개되어 있다. 즉, 향료군도에는 7,488개의 무인도가 있고 모든 나무가 향기로운 냄새를 풍기며 여러 가지 용도로 유용하게 사용 가능한 것으로 묘사되어 있다. 그리고 백설처럼 흰 후추(pepper), 검정후추 등 각종 향료와 금, 은, 기타 다양한 보석들이 많이 있다고 언급되어 있다. 특히 향료가 당시 서양인들에 있어 중요했던 것은 그들의 식·생활습관 때문이었던 것으로 생각되는데, 향료는 단순한 필수품의 차원을 넘어 부(富)와 사회적 지위의 과시를 위한 수단이 되기도 하였다.
> 마르코폴로의 동방견문록은 대항해 시대의 개막에 크게 기여한 것으로 평가된다. 서양인들은 동방견문록에서 소개된 향료군도를 찾아서 대항해를 시작하게 된 것이다. 그런데 동방견문록은 그가 실제로 여행해서 체험한 것에 기초한 저술이 아니라 여기저기서 들은 이야기를 교묘하게 종합한 것이 아니냐 하는 의문이 제기되기도 한다. 이러한 주장의 근거로서 당시 중국의 만리장성과 유럽보다 앞섰던 서적 인쇄술, 차나 젓가락 풍속 등에 대한 언급 없다는 점 등이 지적된다.

이와 같이 시작된 국제해운(부정기선 해운)은 약탈이나, 중상주의(mercantilism)[22] 정신에 입각한 귀금속의 확보 수단으로 이용되었다. 그 이후 18세기와 19세기에 걸쳐 이루어진 산업혁명의 결과 국제무역이 급증함으로써 부정기선 해운의 발전이 촉진되었다. 그리고 1970년대에 들어서는 개발도상국들의 산업화 정책에 따라 중화학공업이 발전함으로써 그 원료가 되는 철광석, 석탄, 유류 등 대량 살화물의 교역이 크게 증가하였으며, 이에 따라 부정기선 해운의 성장세도 가속화되었다.

부정기선 해운의 수요 증가에 따라 선박 기술에서도 변화가 나타났다. 전용화, 대형화 및 고속화가 그것이다. 그리고 근래에는 연료 소모량을 대폭 줄인 에너지 절감 선박, 즉 그린쉽(green ship)의 개발도 적극 추진되고 있다.

---

[22] 중상주의는 무역을 통해 귀금속(금, 은)을 축적하여 국부를 증대시키는 것을 이상으로 여기는 경제 사상 내지 정책을 말함.

첫째, 부정기선 해운 부문의 선박 전용화는 광탄선, 유조선, 곡물전용선, LPG선(liquified petroleum gas carrier), LNG선(liquified natural gas carrier) 등으로 다양하게 발전하였다.

둘째, 운송에 있어 규모의 경제(economies of scale)를 달성하기 위한 방안으로 선박 대형화가 추진되었다. 그러나 부정기선 해운 부문의 선박 대형화는 1970년대와 1980년대에 걸쳐 대체로 마무리되었는데, 이는 화주들이 원자재 가격의 상승에 따른 재고유지 비용 부담 증가를 회피하기 위한 방안으로 다빈도 소량주문(多頻度 少量注文) 방식으로 무역 계약을 전환함에 따른 결과이다. 부정기선 해운의 운송 대상 화물은 대부분 앞에서 언급된 바 있는 로트 화물이고 이는 화주들의 무역 거래 단위에 의하여 항차당 운송량이 결정되기 때문이다. 이와 같은 부정기선 해운 부문의 선형 변화 추세는 선박 대형화가 현재진행형으로 여전히 추진되고 있는 정기선 해운 부문과는 차별화되는 현상이다.

셋째, 선박의 고속화는 화주에 대한 서비스의 신속성을 제고하기 위한 것으로 엔진 및 선체·프로펠러 디자인 기술의 발전에 따라 가능하게 되었다. 다만 선박의 속도가 높아짐에 따라 연료 소모량이 기하급수적으로 증가한다는 문제가 있다. 운항 중 시간당 연료 소모량은 대체로 선박 속도의 약 3승에 비례하는 것으로 알려져 있기 때문이다.[23]

넷째, 그린쉽의 개발은 연료 소모량 감축을 통한 해운 원가의 절감뿐만 아니라 국제적인 환경규제 강화에 대한 대응 방안이 된다. 이는 엔진 기술, 선체·프로펠러 디자인 개선, 신재생에너지 활용 등을 통하여 실현되고 있다.

한편 부정기선 해운은 컨테이너 정기선 해운의 급속한 발전에도 불구하고 여전히 세계 해상 물동량 운송의 많은 부분을 차지하고 있다.[24]

---

[23] 이에 따라 동일한 항로(운송 거리)를 전제하면 항차당 연료 소모량은 항해 시간의 변화를 고려할 때 선박 속도의 약 2승에 비례하게 됨.
[24] 2013년 기준 세계 해상 물동량은 9,548백만 톤이었으며, 그 중에서 컨테이너 정기선 화물은 1,524백만 톤으로 16.0%에 불과하였음(UNCAD, 2014).

(3) 부정기선 해운시장의 경쟁 특성

부정기선 해운시장은 정기선 해운시장에 비하여 경쟁적 특성이 강한 것으로 평가된다. 부정기선 해운시장의 경쟁 특성을 앞에서 언급된 완전경쟁시장의 주요 조건을 기준으로 살펴보면 다음과 같다.

첫째, 시장 참여 기업의 수에 있어서 부정기선 해운 부문이 상대적으로 많게 된다. 그 이유는 부정기선 해운의 특성상 1) 비교적 소규모 투자로도 경영이 가능할 뿐만 아니라, 2) 선박별로 취항 항로가 특정되지 않음에 따라 운송 건당 다수의 선박이 집화 경쟁을 벌이게 되기 때문이다.

둘째, 서비스의 차별화 측면에서 부정기선 해운은 그 가능성이 상대적으로 낮은 것으로 평가된다. 부정기선 화물에 대한 해운 서비스는 대부분 항만에서 항만까지(port to port)의 해상운송으로 제한되며 따라서 서비스의 범위나 내용이 차별화되기 어렵다. 더구나 부정기선 화물은 상대적으로 저가 화물로서 서비스의 질적 수준보다는 운임 수준이 중요한 경쟁 요인이 된다. 이에 따라 부정기선 서비스는 상호 대체가능성이 높게 되며, 비가격경쟁(non-price competition)[25] 전략이 채택되기 어려운 편이다. 그리고 이는 부정기선 해운시장의 경쟁을 심화시키는 주요 요인이 된다.

셋째, 부정기선 해운시장의 경우는 진입장벽과 퇴거장벽 모두가 정기선 해운시장에 비하여 낮은 편이다. 진입장벽의 측면에서 1) 부정기선 해운경영은 비교적 소규모 투자로 가능할 뿐만 아니라, 2) 정기선 해운과는 달리 광범위하고 정교한 서비스망 및 운영 체제의 구축이 요구되지 않아 경영·운항 기술 및 노하우 측면에서도 제약이 적은 편이다. 퇴거장벽의 측면에 있어서도 투자가 상대적으로 적은 만큼 매몰비용도 상대적으로 적다는 장점이 있다.

넷째, 정보 공유의 측면에서 부정기선 해운의 선박, 화물, 운임 수준 등

---

[25] 비가격경쟁(non-price competition)이란 가격(운임) 이외의 다른 요소 즉, 제품이나 서비스의 질, 홍보에 의한 고객 신뢰도 및 충성도 제고, 유통망의 확충 등을 통한 경쟁을 말함.

에 관한 시장 정보는 관련 기관, 협회, 단체, 컨설팅 업체, 해운중개인 등에 의하여 광범위하게 제공되고 있다. 더구나 관련 정보가 정보통신 기술의 발전으로 인하여 각종 간행물뿐만 아니라 온라인 정보망을 통하여 대부분 실시간으로 공유되고 있다. 따라서 부정기선 해운시장에 있어 정보 공유와 관련된 문제에 따른 불완전 경쟁의 가능성은 비교적 낮은 것으로 판단된다.

2. 서비스 범위 및 내용에 따른 분류

1) 공급사슬관리(supply chain management: SCM)의 해운경영에 대한 영향

SCM은 개별 기업 및 공급사슬 전체의 장기적인 성과를 향상시키기 위한 목적으로 특정 기업 및 공급사슬 내의 경영 기능들과 전략을 체계적 · 전략적으로 조정 및 통합하는 것이라 할 수 있다(Mentzer et al., 2001). 즉, SCM에 있어서는 경영 과정의 각 기능에 대한 개별적 관리보다는 통합적 관리가 중요시된다.

SCM이라는 용어가 사용된 것은 1980년대 말로 거슬러 올라간다. 당시에는 기업 간의 물류 · 유통 라인을 관리하고 효율성을 제고하는 확장된 통합 물류 관리로 인식되었다. 이어 1990년대 초 · 중반에는 전사적 자원 관리(enterprise resource planning: ERP)의 개념이 등장하였다. 이는 기업 내부의 자원을 통합적으로 관리 · 계획함으로써 기업 내부 프로세스를 최적화하는 것이다. 이러한 과정을 거쳐 1990년대 중 · 후반 들어서는 SCM이 확산되었다. 이는 원자재 및 부품 공급 업체에서 출발하여 최종 소비자에게 이르기까지 제품이 전달되는 모든 과정을 하나의 통합된 체계로 보고 이를 최적화하고자 하는 기업의 전략적 경영 방식으로 자리 잡았다.

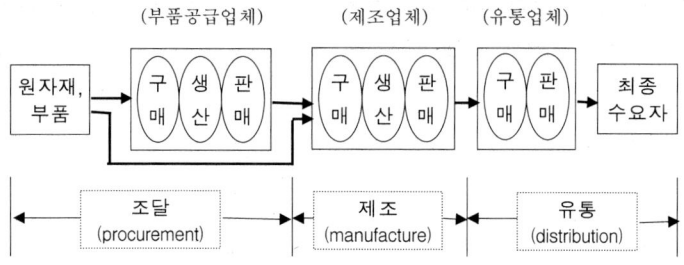

그림 2-6 공급사슬(Supply chain)

　SCM은 통합 물류(integrated logistics)보다 넓은 개념이다. 공급사슬은 제조활동, 마케팅, 금융, 조달 전략, 비즈니스 과정의 연계, 위험 분산, 신제품 개발에 대한 공급자 참여 등의 개념을 포괄하는 개념인데 비하여, 통합물류는 물류사슬(logistics chain)의 물류 관련 다양한 기능(운송, 보관, 배송, 통관, 물류 정보 등)을 각 부문별로 관리하는 대신에 단일 시스템으로 관리하는 것으로 이해된다. 즉, 통합물류는 SCM의 한 부분이 되는 것이다. 그런데 SCM 및 통합물류를 위해서는 정보 체계의 기반이 요구된다.

　한편 공급사슬은 공급자 관점의 용어로서 1) 가치 창출 관련 일련의 조직 및 활동이라는 관점에서 보면 가치사슬(value chain)이라고 할 수 있고, 2) 수요 측면에서는 수요사슬(demand chain)이라고 해도 무방할 것이다.

　SCM의 물류에 대한 주요 영향으로는 먼저 부가가치 서비스(value added service)에 대한 수요가 증대하였다는 점을 들 수 있다. 여기에서 부가가치 서비스란 기업의 필수적인 핵심 서비스에 보완적으로 제공되는 선택적·부가적인 서비스를 의미한다. 즉, 서비스 범위가 확대되었는데 원자재 조달에서 최종 수요에 이르는 운송, 보관, 배송, 통관 등 통합 서비스를 제공하는 형태로 바뀌었다. 이에 따라 운송 수단의 통합, 선·화주와의 협조 체제 강화, 3자물류 및 4자물류에 의한 전문화·효율화 등의 방안이 모색되었다. 한편 해상운송 부문은 복합운송 네트워크의 중심으로서 다양한 맞춤 서비스를 제공하는 등 고객 요구에 대한 대응 능력을 강화하고 있다.

SCM의 확산에 따라 화주들은 공급사슬관리의 효율화를 위하여 공급사슬 내 참여 기업의 수를 제한하게 되었으며, 해운물류기업은 이러한 화주의 요구에 부응하기 위하여 서비스의 범위를 수평적·수직적으로 확대하는 방안을 모색하고 있다. 먼저 해운물류기업 서비스 범위의 수평적 확대는 항로망의 확충을 의미한다. 이는 화주들이 SCM의 효율화를 위하여 다수의 해운물류기업들과 항로별로 운송 계약을 체결하기보다 소수의 해운물류기업들과 전체 항로에 대하여 일괄적인 운송 계약을 체결하는 방식을 선호함에 따른 것이다. 해운물류기업의 항로망 확충은 선복 임차(slot charter), 전략적 제휴(strategic alliance), 인수·합병(M&A), 선박 투자의 증대 등에 의하여 달성 가능하게 된다.

그리고 서비스 범위의 수직적 확대는 해상 구간의 운송 이외에 내륙운송을 포함한 문전에서 문전까지(door-to-door)의 서비스 제공과 운송 이외에 부가가치 서비스의 제공을 포함하는 것을 의미한다. 해운물류기업에 있어 주요 부가가치 서비스로는 물류 서비스(logistics service)를 들 수 있다. 여기에서 물류(logistics)란 공급사슬의 한 부분으로서 최종 수요자의 요구를 충족시키기 위하여 재화와 용역 및 관련 정보의 효율적이고 효과적인 흐름과 저장을 계획하고, 실행하고 통제하는 것으로 정의될 수 있다(Council of Logistics Management; http://global.britannica.com, 2015. 2. 13). 따라서 주문·재고 관리, 포장, 관련 정보 관리 및 제공 등이 물류 서비스에 포함된다. 물류 서비스 이외에도 해운물류기업의 서비스 범위는 제품 디자인에서 최종 생산물의 수요자에 이르기까지의 전 과정을 포괄하는 SCM 서비스로 확대되는 추세에 있다.

그런데 이러한 부가가치 서비스의 제공을 위한 선사의 전략으로는 1) 터미널 운영 참여, 2) 복합운송 서비스의 제공 및 3) 물류 및 공급사슬 서비스 제공 방안의 모색 등이 있다.

첫째, 해운물류기업의 터미널 운영에 대한 참여는 보다 효율적으로 화물을 처리하거나 연계운송을 수행하기 위한 전략이 될 수 있다. 즉, 전용 터미널에 의한 운용 효율의 향상으로 운송의 신속성과 신뢰성이 제고되며 이는 화주들의 SCM 목표 달성에 기여할 것으로 기대된다. 전용 터미널의 운용에 있어서는 1) 해당 터미널의 소유 또는 장기 임차에 의한 직접 운영과 2) 터미널 업체와의 장기 계약에 의한 전용사용권의 확보 등의 방식이 채택 가능하다.

둘째, 복합운송 서비스는 문전에서 문전까지의 서비스 제공을 위하여 필수불가결한 요소이다. 오늘날 정기선 해운에 있어서는 일부 영세 선사의 경우를 제외하면 문전에서 문전까지의 서비스가 기본적으로 제공되고 있다. 문전에서 문전까지의 서비스 제공으로 인하여 화주들은 단일 기업과의 계약에 의거하여 보다 신속하고 신뢰성 있는 운송 서비스의 이용이 가능하게 되었다. 즉, 화주들은 운송 서비스의 질적 수준 제고뿐만 아니라 개별 운송업체와의 계약에 따르는 거래 비용의 절감을 위하여 복합운송에 의한 문전에서 문전까지의 서비스 이용을 선호하게 된 것이다. 해운물류기업의 복합운송 서비스 제공은 1) 자사 또는 자회사의 도로, 철도 등 내륙운송 부문 진출이나, 2) 내륙운송업체와의 단기 또는 장기 운송 계약에 의하여 가능하게 된다.

셋째, 해운물류기업의 서비스 범위 및 내용이 운송(해상 구간 또는 문전에서 문전까지)을 넘어 물류 및 SCM과 관련된 분야로까지 확대되고 있다. 즉, 해운물류기업들은 단순한 운송 서비스 이외에 물류 서비스를 제공하고 있으며 나아가 공급사슬 전반으로 서비스의 범위와 내용을 확대하는 방안을 모색하고 있다. 물류 및 SCM 관련 서비스는 앞에서 언급된 부가가치 서비스에 해당하는 것으로 해운물류기업이 제공하는 핵심적·필수적 서비스는 아니었으며 자체적으로 처리되기보다 별도의 독립된 기업에 의하여 처리되어 왔다. 그러나 근래 이러한 부가가치비스 역시 해운물류기업의 업무 영역에 포함되는 추세에 있다. 그리고 이러한 부가가치 서비스 시장은 급속하게 성장하고 있으며, 해운물류기업의 전략 사업부문으로 부상하고 있다. 해운물류기업의 물류 및 SCM 관련 서비스 즉, 부가가치 서비스의 제공에 있어서는 전통적인 운송 서비스와는 차별화된 지식과 노하우가 요구된다. 그러나 기존에 구축된 운송 정보 시스템의 활용이 가능하다는 점에서 범위의 경제(economies of scope)[26] 효과의 달성이 가능할 것으로 판단된다.

그런데 해운물류기업이 화주와 부가가치 서비스의 제공에 관한 계약을 체결함에 있어서는 관련 서비스의 내용을 명확하게 규정할 필요가 있다. 예를 들면 자동차 부품의 운송에 있어 서비스 제공 계약의 범위와 내용을 해당 부품의 운송 이외에 재고 관리를 포함하여 규정할 수 있을 것이다(즉, 운송과 물류 서비스 등과 같이 불명확하게 규정할 경우 문제가 될 수 있다). 이 경우 재고 관리의 구체적인 내용도 상세하게 합의되어야 함은 물론이다.

2) 해운물류기업의 유형

해운물류기업은 크게 세 가지 유형으로 구분 가능한데, 서비스 범위가 항만에서 항만까지로 제한되는 효율적·집약적 오퍼레이터(efficient/focused operators : 유형 1), 문전에서 문전까지 서비스를 제공하는 풀 서비스 컨테이너선사(full-service container shipping lines : 유형 2), 그리고 서비스의 범위가 상품 디자인부터 최종 배송까지 공급사슬 전반에 걸치는 통합공급사슬 서비스 제공 기업(integrated supply chain service providers : 유형 3) 등이 그것이다. 그런데 해운물류기업의 발전 단계를 보면 효율적·집약적 오퍼레이터(유형 1)에서 시작하여 풀 서비스 컨테이너 해운물류기업(유형 2)으로, 그리고 최종적으로는 통합공급사슬 서비스 제공 기업(유형 3)으로 변화하게 된다.

---

26) 범위의 경제(Economies of scope)는 하나의 기업이 2가지 이상의 제품(서비스)을 함께 생산할 경우 이를 각각 따로 다른 기업에서 생산하는 경우보다 생산 비용이 적게 드는 현상을 말함.

첫째, 해운물류기업의 서비스 범위는 1960년대까지만 하여도 해상운송에 한정되었다. 이에 따라 당시 해운물류기업의 주요 유형은 효율적·집약적 오퍼레이터이었다. 둘째, 1970년대부터 주요 해운물류기업들은 문전에서 문전까지 서비스 범위를 확대하였다. 이러한 서비스 범위의 확대는 복합운송 체제의 구축에 의하여 가능하게 되었으며 컨테이너화의 진전에 따라 촉진되었다. 셋째, 통합공급사슬 서비스 제공 기업은 1990년대 후반부터 화주들이 SCM을 범위하게 채택함에 따라 출현한 해운물류기업의 유형이다. 통합공급사슬 서비스 제공 기업의 서비스 범위는 제품 디자인부터 최종 배송까지이며 이들 기업은 고객 가치의 창출에 집중하고 있다. SCM의 목표가 가치 창출 및 고객만족의 극대화에 있기 때문이다((Baig and Akhtar, 2011).

표 2-1 해운물류기업의 유형

유형	효율적·집약적 오퍼레이터 (Efficient/focused operators) : 유형 1	풀 서비스 컨테이너선사 (Full-service container shipping lines) : 유형 2	통합 공급사슬 서비스 제공 기업 (Integrated supply chain service providers) : 유형 3
서비스 범위	항만에서 항만까지	문전에서 문전까지	생산물 디자인에서 최종 배송까지
중점관리 부문	원가	서비스	가치
경영 문화	서비스 제공과 자산 운용 최적화의 균형 추구	광범위한 고객 요구와 자산 운용 최적화의 균형 추구	고객 요구에 부응하는 서비스 제공 추구
경영 체제	표준화와 고도의 지역적 통합	제공 서비스 안내서 및 고객 정보의 실시간 업데이트	물류 전 과정의 실시간 통합 및 고객 비즈니스와의 심도 높은 통합
경영 절차	고도의 표준화 - 고객 선택권은 제한적	고도의 표준화 및 구분된 경영 활동 - 맞춤 서비스를 다른 고객에게도 복제하여 적용	고도의 표준화 및 고객 공급 사슬에 의거 구분된 경영 활동 - 맞춤 서비스는 규모의 경제 유지를 위해 제약을 받음
사업 내용의 복잡성	낮음	중간	높음

자료 : Hingorani(2005).

제 3 장

해운시장 부문별 고찰

1. 해상운송 시장
2. 해상운임 파생시장
3. 선박매매시장
4. 신조선시장
5. 해체선 시장

1. 해상운송 시장

1) 용선계약의 종류

(1) 항해용선계약(Voyage charter : VC)

가. 항해용선계약의 개념

항해용선은 특정 화물을 항만 A에서 B로 톤당 일정 금액(예를 들면 $10.5/톤)으로 운송하는 계약으로서 선주(ship owner)와 용선주(charterer) 사이에 체결된다. 용선계약에 있어 선주라 하면 선박의 소유자뿐만 아니라 선박의 소유자로부터 선박 운항의 책임을 위임받은 관리자, 대리자(agent), 다른 해운물류기업의 선박을 용선한 용선주로서 재용선(sublet)한 자(개인 또는 조직)을 포함하는 의미로 해석된다. 그리고 용선주는 선박을 용선·이용하는 주체로서 화주(송화주 또는 수화주)일 수도 있고 그렇지 않을 수도 있다. 화주가 아닌 용선주로는 해운물류기업, 조선소, 기타 투기 목적의 용선주 등을 들 수 있다. 이들 용선주의 경우 해당 선박을 선주로부터 일정 기간 동안 용선하여 제3자의 화물 운송에 투입함으로써 운임과 용선료의 차액을 취하거나 다른 해운물류기업에게 단순히 재용선하여 수취 용선료와 지불 용선료의 차액을 취할 수도 있다.

일반적으로 용선계약의 체결에 있어서는 모든 계약 내용에 대하여 세부 내용을 처음부터 협상 및 합의하는 대신에 미리 정해진 표준 계약서 양식을 이용하여 필요한 사항만 수정하거나 추가하는 방식을 채택한다. 이와 같이 표준 계약서 양식을 이용하는 것은 계약의 체결과 관련된 절차와 시간을 단축하기 위한 것이다. 항해용선계약에 있어 주로 이용되는 표준 계약서식으로는 GENCON 1994[1], SCANCON[2], BALCON[3] 등이 있다.

---

1) GENCON 1994는 BIMCO(Baltic and International Maritime Council)에서 제정한 항해용선계약 표준 양식으로 1922년에 처음으로 제정되었으며 1976년과 1994년의 개정을 거쳐 현재에 이르고 있음. 항해용선계약 표준 양식으로 가장 널리 이용되고 있음.
2) SCANCON은 북유럽의 화주단체가 Scandinavia 항로에 사용하는 일반 항해용선계약의 표준서식으로 입안했던 것을 BIMCO에서 검토하여 표준서식으로 승인한 것임.
3) BALCON은 선주와 영국 석탄 수출업자 및 Scandinavia 석탄 수입업자의 협의로 제정됨.

나. 항해용선계약의 주요 내용

가) 선박에 관한 사항

항해용선계약서(voyage charter party)에는 선박에 관한 사항이 표시되는바, 선명, IMO identification number[4], 호출부호(call sign)[5], 건조 연도, 국적, 재화중량톤(deadweight)[6], 총톤(gross tonnage)[7], 순톤(net tonnage)[8], 속력, 화물 취급 장비(크레인, 펌프, 윈치 등), 선창(hatch) 형태·상태·수, 선창 덮개(hatch cover)의 유형·규격, 램프(ramp) 등에 관한 사항이 그 주요 내용이 된다. 항해용선계약에서 선박에 관한 사항은 화물의 유형, 기항지, 항로 등에 적합해야 하므로 중요하게 다루어질 가능성이 있다. 예를 들면 협소한 항로, 항만, 송전선 아래 통과 등의 경우 흘수(draught), 길이(length), 넓이(breadth), 건흘수(air draught)[9] 등이 문제가 될 수 있기 때문이다. 특히 대형 화물의 경우 넓은 선창 및 선창 덮개가 필요하게 된다. 그 이외에도 액체 화물의 경우 펌프, 신선 화물의 경우 냉동·냉장 설비, 화재 진압을 위해서는 CO_2 equipment 등이 요구된다. 이에 따라 특수한 선박 사양에 대해서는 사전에 계약 상대방에 대하여 통지할 필요가 있다.

선박의 화물 적재 능력은 재화중량 능력(deadweight capacity) 또는 용적 능력(cubic capacity)으로 표시된다. 먼저 재화중량(deadweight)은 화물뿐만 아니라, 연료유, 청수, 선용품, 승선원 등을 포함한 선적 가능 중량이라는 점에 유의할 필요가 있다.[10] 즉, 실제 화물 적재 가능 수량은 연료

---

4) IMO identification number는 국제해사기구(International Maritime Organization, IMO) 규정에 의하여 부여되는 선박 고유번호로 이와 관련된 업무는 영국 로이드선급(Lloyd's Register)에서 대행함.
5) call sign은 무선통신 시 식별하기 위한 호출부호를 말함.
6) 재화중량톤수는 화물, 연료, 청수, 선용품, 승선원 등을 포함한 적재 가능 총량을 말함.
7) 총톤수는 선체 외판에 둘러싸인 부분의 전체 용적을 말하고 100cubic ft를 1톤으로 계산함.
8) 순톤수는 총톤수에서 선원실, 기관실, 해도실, 선용품 창고 등 선박의 운항에 필요한 장소의 용적을 제외하고 계산한 톤수를 말함.
9) 건흘수는 수면에서 선박의 최고점까지의 수직 거리를 말함. 이와 유사한 개념으로 건현(free board)이 있는데 이는 만재 흘수선에서 건현 갑판까지의 수직거리로 물에 잠기지 않는 선체의 측면 높이를 말함.
10) Gencon 1994 표준 계약서 양식의 관련 조항은 "＿＿d.w.t. all told"로 표시됨.

유, 청수, 선용품, 승선원 등에 따라 가변적이다. 그러므로 용선계약서에 재화중량으로 선박 적재 능력이 표시된 경우 선주는 급유, 청수·선용품 공급 등에 있어 용선주와 협의해야 한다. 그리고 화물 적재 공간의 표시에는 grain capacity와 bale capacity의 두 가지가 있다. grain capacity는 곡물 등 살화물의 적재 용적을 나타낸 것이며 bale capacity는 박스 포장 화물, 묶음 화물 등의 적재 용적을 나타낸 것이다. 따라서 동일 선박의 경우 전자의 크기가 후자의 크기보다 크게 된다.

  선박은 용선 기간 중 감항성(내항성, seaworthiness)을 유지해야 하는데 이는 용선계약과 관련한 선주의 묵시적 담보(implied warranty)[11] 가운데 하나로 인정된다. 감항성이란 선박이 화물을 적재하고 목적항까지 항해를 완수할 수 있는 능력을 말하는 것으로 물리적 적합성뿐만 아니라, 선박의 특성, 선령, 운송 대상 화물의 종류, 계획된 항해의 특성 등을 포함한 모든 조건에 적합해야 함을 의미한다. 이에 따라 선원의 배승, 연료유의 확보, 적합한(최신의) 항해도 확보, 선용품의 비치, 선상 및 육상의 선박 운항관리 체계, 각종 증명서의 비치 등이 선박의 감항성과 관련된 주요 내용이 된다. 특히 선박 감항성의 주요 내용 가운데 하나로 화물 적합성(cargoworthiness)이 문제가 되는 경우가 있는데 이는 운송 대상 화물의 적재 및 운송을 위하여 모든 측면에서 적합하여야 함을 의미한다. 만약 운송 대상 화물에 영향을 미칠 수 있는 화물이 선창 일부 구간에 이미 적재되어 있다면 운송 능력의 적합성이 결여된 것으로 볼 수 있다. 선박에 대한 선주의 감항성 확보 시점 및 유지 기간에 대해서는 논란의 여지가 있다. 영미법(Common law) 체계에서 화물 적합성은 화물의 적재 개시 시점에서, 항해 적합성(좁은 의미의 seaworthiness)은 항해 개시 시점에서 각각 갖추어지면 되는 것으로 이해된다(www.tamini.com, 2015. 1. 3). 그러나 용선계약의 합의 조건에 따라 관련 사항은 달라질 수 있다.

---

11) 묵시적 담보(implied warranty)란 서면상에 명시하지 않았으나 당사자가 암묵 중에 당연한 일로서 어떤 행위를 하거나 행위를 하지 않으면 안 된다는 것을 양해하고 보증하는 것을 말함.

한편 일반적으로 항해용선계약에서는 정기용선의 경우에 비하여 선박 명세에 관한 사항의 중요성이 낮게 취급되는 경향이 있다. 이는 용선계약의 특성에서 기인하는 것인데 전자는 계약 대상이 화물 운송인 반면 후자는 선박의 임대차에 관한 계약이기 때문이다. 즉, 항해용선계약에서는 화물의 운송이 용선주가 원하는 바와 같이 이행되느냐의 여부가 중요하며 여기에 어떠한 선박이 투입되느냐는 부차적인 문제로 취급될 수 있다. 이에 비하여 정기용선계약에서는 어떠한 선박을 임대차 하느냐가 관심의 초점이 되는 것이다.

나) 화물에 관한 사항

항해용선계약에 있어 화물에 관한 사항은 선박의 적합성, 하역 및 운송비용 등의 계산을 위하여 명확하게 규정할 필요가 있다. 특히 운송 대상 화물이 계약 당사자들 사이에 잘 알려지지 않은 생소한 화물일 경우에는 해당 화물에 관한 물리적·화학적 특성, 취급 및 운송 방법에 대한 사항이 용선계약서상에 기술되어야 할 것이다.

만약 선적을 위하여 실제로 인도된 화물이 계약서에 기재된 내용과 불일치한다면 선주는 해당 용선계약을 취소할 수 있으며 이와 관련된 운임의 손실에 대한 클레임(claim)[12] 청구도 가능하게 된다. 그리고 위험화물의 경우에는 용선계약서에 위험화물조항(또는 위험화물약관, dangerous cargo clause)을 삽입하는 것이 일반적이다.[13] 위험화물조항은 위험화물의 포장, 선적, 운송 등에 관하여 규정한 것으로 통상 선주의 위험화물 운송 의무를 제한하는 내용이 포함되어 있다. 만약 운송 대상 화물이 위험화물이라면 용선주는 충분한 기간을 두고 선적 이전에 선주에 대하여 해당 위험화물에 대한 주요 명세를 통지해야 할 것이다.

화물의 수량에 관해서는 선적 최저한도를 계약서에 명기하는 경우가 일

---

12) 클레임(claim)이란 계약 또는 과실에 의한 손실에 대하여 보상 내지 지급을 법적으로 요구하는 것을 말함.
13) 항해용선계약의 표준 양식으로 흔히 사용되는 Gencon 94에는 위험화물조항이 포함되어 있지 않음. 그러나 정기용선계약의 표준 양식으로 흔히 이용되는 NYPE 93에는 위험화물조항이 포함되어 있음.

반적이다. 이는 선주의 입장에서 운임이 화물 톤당 일정 금액으로 결정되는 항해용선계약에 있어 운임 수입을 보장하기 위한 방안이 된다. 물론 계약 조건상 톤당 운임이 아닌 총괄운임(선복운임, lumpsum freight)[14]으로 정산될 경우에는 선적 화물의 최저한도를 정하는 것은 선주의 입장에서 볼 때 무의미하게 된다. 한편 용선주의 입장에서도 선적 화물의 최저한도를 계약서에 명기함으로써 선주에 대한 운송 의무를 확실하게 할 필요가 있을 것이다.

용선계약에 있어 화물 수량의 표시 방법은 여러 가지가 있다. 예를 들면 계약서에 "a full and complete cargo"로 표시된 경우 용선주는 선박에 실을 수 있는 수량만큼의 화물을 제공하지 않으면 안 된다. 그 이외에도 "about X tons", "between X and Y tons", "between about X tons and about Y tons", "not less than X tons" 등의 표시 방법이 흔히 이용된다.[15] 여기에서 "about"의 의미는 화물의 유형과 수량에 따라 다르겠으나 통상 5%의 변동이 허용되는 것으로 해석된다(Gorton, 2009). 그리고 화물 수량의 결정에 있어 선주(선장) 또는 용선주의 재량권이 인정되는 경우가 흔히 있는데, 이의 표시 방법으로는 "in owner's option", in master's option", "in charterer's option" 등이 있다.

다) 운임에 관한 사항

운임(freight)은 화물이 판매 가능한 상태로 운송, 도착 및 인도 준비되었을 때 운송인에 대하여 지불되는 보상으로 이해된다(Eder et al., 2011). 따라서 용선계약상 별도의 규정이 없으면 운임 채권의 발생(earned)은 화주에게 인도 준비된 상태의 화물이 판매 가능한 상태이어야 할 뿐만 아니라, 화물 본래의 특성이 바뀌지 않은 상태로 유지되어야 한다는 조건이 추

---

14) 총괄운임(선복운임, lumpsum freight)은 부정기선 해운의 운임 종류 중 하나로서 화물의 수량, 용적과 관계 없이 항해(voyage) 단위나 선복(space)의 크기를 기준으로 하여 일괄 계산하는 운임을 말함.
15) 톤수 표기에 있어 metric ton, long ton 등의 구분을 명확히 하여 표기해야 함. 참고로 metric ton=1,000kg, Long ton=1,016.0469088kg임.

가된다(Gorton, 2009). 차량 운송의 경우를 예로 들면 운송 및 인도 예정 상태가 다른 품목(예를 들면 고철)이 아닌 차량의 본질을 유지해야 하며 판매할 수 있는 가치를 잃지 않아야 하는 것이다.

운임이 화물 수량에 의하여 결정될 경우 이의 표시 방법은 "XX $/revenue ton"[16], XX $/ctn 등이 있다.[17] 그리고 유류 화물에 대해서는 WS (World Scale)이 운임 계산의 기준으로 적용되는 것이 관례이다. WS는 탱커 운임을 지수화하여 운임 계산의 편의를 도모하기 위한 것이다. 이는 World Scale panel이 매년 New York(서반구) 및 London(나머지 지역)에 모여서 각 항로별 표준 선형의 원가를 계산 발표하고 이를 WS 100으로 표준화하여 작성한다. 예를 들면 Jubail에서 로테르담까지 표준 운임을 $18.00으로 산정했을 경우, WS 50은 $9.00($18 \times 0.5 = 9$)가 된다. 용선계약에 있어 WS가 결정되면 구체적인 정산 운임은 정기적으로 발간되는 WS Book을 참조하여 계산된다.

운임 계산의 기준이 되는 화물 수량의 결정은 선적 기준, 운송 기준 및 인도 기준 중에서 가장 적은 수량을 적용한다(Gorton, 2009). 따라서 화물의 일부만이 운송 및 인도 준비되었다면 운송된 화물 수량에 해당하는 운임의 청구가 가능하게 된다. 만약 총괄운임(lump freight)으로 계약되었다면 화물의 일부만이 도착되었을 경우에도 운임 전액의 청구가 가능하게 된다. 그러나 이 경우에도 운송 도중 화물 전부가 멸실되었으면 운임의 청구가 불가능하게 된다. 이와 관련하여 선주는 운임 청구권과는 별도로 운송 도중에 발생한 화물의 손상이나 멸실에 대하여 보상 책임을 지게 된다.

이와 같이 운임 채권의 발생 시점은 원칙적으로 운송된 화물이 화주에게 인도 준비되었을 때가 된다. 그러나 용선계약상 별도의 관련 규정이 있을 경우에는 이에 따르게 된다. 즉, 용선계약 사례별 구체적인 운임 채권

---

16) revenue ton 즉, 운임톤은 제1장에서 언급한 바와 같이 중량보다 용적이 큰 용적화물에 대해서는 용적(cubic meter)을, 반대로 용적보다 중량이 큰 화물에 대해서는 중량(metric ton)을 단위로 계산된 톤수를 말함.
17) ctn은 carton의 약어임.

발생 및 운임 지급 시점은 계약에 따라 달라질 수 있다. 그리고 운임 채권이 발생된 시점과 운임의 지급이 이루어지는 시점은 일치하지 아니할 수 있다. 예를 들어 용선계약서에 "freight earned and payable upon shipment, ship and/or cargo lost or not lost"로 명시된 경우 선주는 화물의 선적 이후 운송 의무의 완료 여부와는 무관하게 언제나 운임 청구가 가능하게 된다(Gorton, 2009).

한편 용선주가 계약상 보장(guarantee)한 화물의 최저 수량보다 실제 선적된 화물의 수량이 적을 경우 이의 차이에 대한 운임을 부적운임(deadfreight 또는 dead freight)이라 한다. 즉, 부적운임은 화물의 부족으로 인한 선주의 운임 수입 감소를 보전해주기 위한 수단이 된다. 단 수량 감소에 따른 비용(하역비 등) 감소분은 부적운임에서 차감 지급된다.

라) 비용 부담에 관한 사항

항해용선의 비용 부담에 있어 선주는 해당 선박과 관련되어 발생하는 모든 비용 즉, 선박의 운항 및 유지에 필요한 모든 경비를 부담한다. 이에 따라 항만에서의 해운물류기업 대리점 비용 역시 선주 부담이 된다. 반면 용선주는 화물의 종류, 수량 등과 관련하여 발생하는 모든 비용을 부담한다. 특히 용선주는 운송 화물의 톤수에 해당하는 운임을 부담하며 계약 조건에 따라서는 하역비를 부담하기도 한다.

선주와 용선주의 하역비 부담 조건은 다음 표에 나타난 바와 같이 여러 가지 유형이 있다. 즉, berth terms일 경우에는 선주가 일체의 적·양하 하역비를 부담한다. 이 경우에는 선주가 적·양하 비용뿐만 아니라 하역에 대한 책임을 지게 되므로 선박의 항만 체류에 따른 시간 비용(선박의 자본비, 선원비, 보험료 등 고정적 비용과 접안료)의 절감을 위하여 가능한 한 빠른 시간 내에 하역을 완료하려고 노력하게 될 것이다. 그런데 berth terms는 흔히 liner terms와 혼용하여 사용되기도 한다. 그러나 liner terms라는 용어느 의미가 불명확한 용어이므로 사용하지 않는 것이 좋을 것으로 판단된다(Stopford, 2009).[18]

FI (free in) 조건인 경우에는 용선주의 책임과 비용으로 선적 작업이 이루어지며, 선주는 양하 작업에 대하여 책임과 비용을 부담한다. 이와는 반대로 FO(free out)의 경우에는 선적 작업이 선주의 책임과 비용으로, 양하 작업이 용선주의 책임과 비용으로 각각 이루어진다. 그리고 FIO (free in & out)는 적·양하 작업 모두에 대하여 용선주가 책임과 비용을 부담하는 조건이다. 따라서 이는 berth terms와는 반대되는 조건이라 할 수 있다. 화물의 선적에 있어서는 단순히 화물을 선박에 적재하는 작업 이외에 화물의 이동 방지 및 균형 유지를 위하여 로프(rope), 짐깔개(dunnage) 등으로 화물을 고정해야 하는데, 이와 관련된 비용을 L/S/D (lashing/securing/dunnage) charge라 한다. 그런데 FIO 조건에서는 이러한 L/S/D charge에 대한 명시적 언급이 없으므로 해당 비용의 부담 주체에 관하여 논란의 가능성을 배제할 수 없게 된다.[19] 이에 따라 FIO와 유사한 개념으로 FIOST (free in, out, stowed & trimmed) 조건이 적용되기도 한다. 이는 적·양하 작업 이외에 적재(stowage)및 화물 정리·고르기(trimming)까지 용선주가 책임 및 비용을 부담하도록 명시한 조건이다.

마지막으로 TRS (terminal receiving system)에서는 용선주의 책임과 비용 부담이 선주가 지정한 창고 입고까지로 제한되고, 입고 후의 화물 운송에 관한 모든 책임과 비용은 선주가 부담하게 된다. 이에 따라 TRS 조건에서는 창고료, 창고 화재보험료, 창고에서 선박까지의 화물취급비(handling charge), 운송 후의 양하 비용 등을 선주가 부담하는 것이다.

---

18) 예를 들면 용선계약서에 liner terms라는 용어를 사용했을 경우 적·양하 비용을 운임에 포함하되, 하역요율을 실제 지출된 비용이 아닌 자사 기준요율로 결정할 수도 있음. 뿐만 아니라, liner terms라는 용어는 국가나 항만에 따라 조금씩 다른 의미로 해석되기도 함.

19) 이와 관련된 국내 판례를 보면 비록 FIO 조건으로 계약되었다고 할지라도 사실상 FIOST와 동일한 개념으로 해석된바 있음(서울중앙지방법원 2007. 6. 13. 선고, 2006나19220, 판결). 즉, FIO 조건으로 계약이 이루어진 경우에도 화물 적재와 적부(고정, 고르기 등)를 구분하기 어렵다는 점, 통상 화물 적재에 적부까지 포함된 개념으로 통용되고 있다는 점 등을 들어 용선주에게 화물의 적재뿐만 아니라 적부의 책임까지 부여하였음.

표 3-1 하역비 부담 조건

조건	비용 부담
berth terms	- 선주가 일체의 적·양하 하역비 부담 - 체선료 및 조출료 발생 없음
FI: free in	- 용선주 : 선적 비용 부담 - 선주 : 양하 비용 부담
FO: free out	- 용선주 : 양하 비용 부담 - 선주 : 선적 비용 부담 · 위 FI 와 반대
FIO: free in & out	- 선적, 양하 모두 용선주가 책임과 비용 부담 · 위 berth terms와 반대
FIOST: free in, out, stowed & trimmed	- 적양하 이외에 적재(stowage)및 화물 정리(trimming)까지 용선주(화주)가 책임 및 비용 부담
TRS: terminal receiving system	- 용선주는 선주가 지정한 창고까지만 입고 - 선주가 창고료, 창고 화재보험료, 창고에서 선박까지 화물 취급 비용(handling charge), 운송 후의 양하 비용 등을 부담

　한편 하역비 부담 조건에 따라 체선료(demurrage) 및 조출료(dispatch 또는 despatch)에 관한 사항이 용선계약 내용에 포함되기도 한다. 여기에서 체선료란 화물의 적재 또는 양하 일수가 약정된 정박 기간(laytime, port time)을 초과할 경우 해당 초과 기간에 대하여 용선주가 선주에게 지불하는 일종의 위약금을 말한다. 그리고 조출료는 체선료와는 반대로 실제 적·양하 기간이 약정된 정박 기간보다 짧을 경우에 선주가 용선주에게 지불하는 일종의 보상금이 된다. 선주는 적·양하 기간이 단축된 만큼 선박의 시간 비용 절감이 가능하기 때문이다.

　정박 기간의 계산 기준은 〈표 3-2〉에 나타난 바와 같이 계약에 따라 다양하게 결정될 수 있다. 예를 들면 CQD (customary quick dispatch) 조건의 경우 해당 항만의 관습적 하역 방법 및 하역 능력에 따라 가능한 조속한 기간 내에 하역을 실시하는 조건으로 이해된다. 그런데 이 조건에서 선주가 용선주에게 체선료를 청구하기 위해서는 용선주가 부당하게 하역을 지연시켰다는 점을 증명해야 한다는 점에 유의할 필요가 있다. WWD SHEX (weather working days sundays and holidays excepted)의 경우는 기상 조건상 작업 가능 기간만 정박 기간으로 계산하되, 공휴일 및 일요일은 정박 기간 계산에서 제외된다. 이 경우는 공휴일 및 일요일에 실제로 작업이 이루어졌다 할지라도 정박 기간에서 제외된다는 점에서 WWD SHEXUU (weather working days sundays and holidays excepted unless used)와 차별화된다. WWD SHINC (weather working days sundays and holidays included)의 경우는 공휴일 및 일요일도 기상 조건이 허락하면 정박 기간에 포함된다는 점에서 WWD SHEX나 WWD SHEXUU와 차이가 있다. 마지막으로 running laydays의 경우는 정박 기간이 일단 개시되면 기상 조건이나 일요일, 공휴일 여부에 관계없이 모두 정박 기간에 포함된다.

표 3-2 정박 기간(Laytime) 계산 방식 사례

조건	내용
CQD: customary quick dispatch	해당 항만의 관습적 하역 방법 및 하역 능력에 따라 가능한 한 조속히 하역을 실시하는 조건
WWD SHEX: weather working days sundays and holidays excepted	기상 조건상 작업 가능 기간만 정박 기간으로 계산하되, 공휴일 및 일요일은 제외
WWD SHEXUU: weather working days sundays and holidays excepted unless used	기상 조건상 작업 가능 기간만 정박 기간으로 계산하되, 공휴일 및 일요일은 사용하지 않았을 경우에만 제외
WWD SHINC: weather working days sundays and holidays included	기상 조건상 작업 가능 기간만 정박 기간으로 계산하되, 공휴일 및 일요일도 포함
Running laydays	정박 기간 개시 후는 모두 정박 기간으로 계산

*용선주(화주)는 정박 기간 초과 시 체선료(demurrage) 부담, 단축시 계약조건에 따라 조출료(despatch) 수취 가능

그런데 체선료 또는 조출료는 용선 기간에 따라 용선료가 결정되는 정기용선(time charter)의 경우에는 해당되지 않는다. 기간 용선에 있어서는 정박 기간이 늘어난 만큼 늘어난 기간에 비례하여 용선료도 증가하기 때문이다. 즉, 체선료 또는 조출료의 발생은 용선료(운임)가 톤당 일정 금액 또는

총괄운임(lumpsum freight)[20]으로 결정되는 항해용선 및 이와 유사한 형태의 용선계약에서만 가능하게 된다. 이들 유형의 용선계약에 있어서는 항차(voyage number)[21] 기간이 늘어나면 그만큼 선주의 부담이 커지므로 약정된 정박 기간이 초과할 경우 추가 비용에 대한 보전 방안이 강구될 필요가 있다. 그러나 용선료(운임)가 톤당 일정 금액 또는 총괄운임으로 결정되는 용선계약에 있어서도 berth terms와 TRS 조건에서는 체선료 또는 조출료가 발생하지 아니한다. 이들 계약 조건에서는 적·양하의 책임과 비용 부담이 선주에게 귀속되기 때문이다.

체선료의 구체적 액수는 용선계약 조건에 의거 결정된다. 체선료는 선박을 보유하고 운항 가능한 상태로 유지하기 위하여 선주가 부담해야 하는 비용에 대한 보전의 성격으로 부과된다는 점에서 통상 하이어베이스(hire base: H/B)[22] 수준을 기준으로 결정되는 것이 관례이다. H/B는 다음과 같이 1DWT, 1개월 단위로 계산된다.

$$H/B = [\text{선박 운항준비비}] / [\text{중량톤} \times \text{항해 일수}] \times 30$$

여기에서 선박 운항준비비(ship operating cost)[23]는 선박을 보유하고 운항할 수 있는 상태로 유지하기 위하여 지출하는 비용으로서 선원비, 수선비, 선용품비, 윤활유비, 감가상각비, 이자, 선박 보험료, 각종 조세, 일반관리비 등으로 구성된다.

선주가 용선주에 대하여 정박 기간의 단축에 대한 보상으로 지급하는 조

---

[20] 총괄운임(lumpsum freight)은 선복운임이라고도 하며 화물의 수량, 중량, 용적 등에 관계없이 항차 단위당 미리 정해진 일정 금액으로 결정되는 운임을 말함.
[21] 항차(voyage number)란 화물을 운송하기 위하여 이루어지는 특정 항로의 항해 일련번호를 말함. 통상 1항차는 출발항에서 목적항을 거쳐 출발항에 회항하는 것으로 하나 운항 목적이나 성격에 따라 그 범위가 달라질 수 있음. 왕·복 항해를 구별하기 위하여 east bound, west bound, south bound, north bound 등을 참조로 표기하기도 함.
[22] H/B에 대비되는 개념으로 charter base(C/B)가 있는바, 이는 선박의 운항수지를 1DWT, 1개월 단위로 표시한 것임. C/B=[(운임 수입-운항비)/(중량톤×항해 일수)]×30. 자사 선박을 운항할 경우 C/B>H/B이면 흑자를 의미하며, 용선하여 운항할 경우에는 C/B>용선료이면 역시 흑자가 됨.
[23] 한국에서는 선박 운항준비비(ship operating cost) 대신에 선비라는 용어를 흔히 사용함.

출료는 통상 체선료의 50%로 결정된다. 그런데 용선계약에 있어 조출료 지급에 대하여 별도로 규정하지 않을 수도 있으며 이 경우에는 정박 기간 단축 시에도 조출료가 지급되지 아니한다.

한편 선주는 용선계약의 중개인에 대하여 중개수수료(shipbroker commission)를 지불하게 된다. 중개수수료는 합의에 따라 달라질 수 있으나 일반적으로 운임(용선료)의 1.25% 수준으로 결정된다(http://virtualshipbroker.blogspot.kr, 2015. 1. 7). 그 이외에도 계약 조건에 따라 선주가 용선주에게 어드레스커미션(address commission)을 지급하기도 한다. 어드레스커미션 역시 운임(용선료)의 1.25% 수준으로 결정되는 경우가 보통이다. 이는 용선주가 선주를 위하여 복항(return voyage) 화물을 주선하는 대가로 이해될 수 있으나 실무상으로는 이와는 관계없이 어드레스커미션의 지급이 합의되는 경우가 흔히 있다. 이와 같이 용선주가 화물 주선이나 기타 선주를 위한 업무를 수행하지 않을 경우에 지급되는 어드레스커미션은 운임(용선료)에 대한 할인의 성격으로 이해된다. 용선주가 선주로부터 어드레스커미션을 받을 경우 운임(용선료)은 그만큼 상향 조정될 가능성이 크다. 그럼에도 불구하고 어드레스커미션을 요구하는 것은 회계 처리상의 문제, 조세 부담의 차이 등과 관련이 있는 경우가 많다(http://virtualshipbroker.blogspot.kr, 2015. 1. 7).

그 이외에도 선주는 일반관리비(overhead cost), 자본비(capital cost), 운항준비비(ship operating cost, running cost) 및 운항비(voyage cost)를 부담해야 한다. 항행용선계약에서 선주는 선박을 운항 가능한 상태로 유지해야 할 뿐만 아니라 운항에 대하여 책임을 지기 때문이다. 다만 위에서 본 바와 같이 운항비 가운데 하역비는 계약 조건에 따라 부담 주체가 달라지게 된다.

표 3-3 항해용선계약에서의 선주와 용선주의 비용 부담 항목

구분	비용	
	비용 항목	세부 내용
선주	일반관리비(overhead cost)	· 육상 관리 직원 인건비 · 사무실 운영비 등
	자본비(capital cost)	· 감가상각비 · 이자
	운항준비비(operating cost)	· 선원비 · 수리비 · 부품비 등
	운항비(voyage cost)	· 연료비 · 항비 · 각종 수수료 등
	조출료(dispatch)	계약 조건에 따라 달라짐
	중개수수료(shipbroker commission)	
	어드레스커미션(address commission)	계약 조건에 따라 달라짐
용선주	운임(freight)	
	체선료(demurrage)	계약 조건에 따라 달라짐

마) 운항에 관한 사항

선박의 운항과 관련하여 선장은 해당 항해를 최단기간에 수행해야 한다는 점이 묵시적으로 합의된 것으로 해석되며(Gorton, 2009), 따라서 최단거리(또는 최단 시간에 운항 가능한) 항로가 선택되어야 한다. 단, 용선계약서에 구체적인 항로가 명시된 경우 선주(선장)는 이에 따라야 한다. 예를 들면 "Busan to Hamburg via Cape of Good Hope"로 명시된 경우 선주(선장)은 수에즈운하를 이용할 수 없게 된다. 다만 선장은 선원, 선박 및 화물의 안전을 위하여 필요하다고 판단하는 경우 항로의 변경이나 회항(deviation)을 할 수 있다. 일반적으로 회항이 합법적으로 인정되는 경우는 1) 선원, 선박 및 화물에 대한 위험을 회피하기 위한 목적, 2) 인명이나 재산을 구조하기 위한 목적의 회항 등이다. 용선계약상의 회항 관련 조항은 선주의 권익 보호 관점에서 해석되는 경우가 일반적이며, 위험의 회피나 인명·재산 구조 이외에 기타 목적의 회항이 필요한 경우 용선계약 시 미리

합의할 필요가 있다.[24]

그리고 용선주는 기항 항만 및 선석의 지정에 있어 안전한(safe) 항만이나 선석을 지정해야 한다. 여기에서 "안전한"이란 1) 강풍, 파랑, 부적절한 접안시설(안벽, 돌핀 등) 등 물리적 요인과 2) 전쟁 및 이와 유사한 사태, 정치적 소요 등 정치·사회·외교적 요인의 두 가지 측면에서 안전해야 함을 의미한다. 접안시설의 안전성과 관련해서는 선박이 항상 부유(always afloat) 상태를 유지해야 한다는 사항이 부가되는 경우가 일반적이다. 다만 합의에 의거하여 "선박이 안전하게 바닥에 얹히는 선석(berth where the vessel can lie safely aground)"을 용선주가 지정할 수 있는 권리를 갖는 경우도 있다.

(2) 정기용선계약(기간용선계약, Time charter: TC)

가. 정기용선계약의 개념

정기용선계약(또는 기간용선계약)은 선박 사용권을 일정 기간 선주가 용선주에게 양도하고, 기간 단위로 용선료를 받는(예를 들면 $30,000/일) 계약을 말한다. 정기용선계약의 주요 조건 및 특성으로는 다음과 같은 사항을 들 수 있다. 첫째, 용선주는 선박의 상업적 운항을 지시하고, 선주는 해당 선박을 운항 가능한 상태로 유지 관리할 의무를 진다. 둘째, 선주는 용선주에게 선박의 사용권만 이전한 것이므로 선박의 보유 및 유지 관리에 필요한 모든 비용 즉, 선원 임금, 선용품, 선박보험, 자본비, 일반관리비 등 선박 운항준비비(ship operating cost)를 부담하게 된다. 셋째, 용선주는 선박의 항해 및 화물 취급과 관련된 모든 비용 즉, 연료비, 항만 비용, 대리점 비용, 운하 통과료 등 운항비(voyage cost)와 화물 선적·양하와 관련된 비용을 지불한다. 넷째, 용선 기간의 약정에 있어서는 항차 종료 시기를 고려

---

[24] 예를 들면 선원 교체 목적의 회항 등은 인정되기 어려움.

한 마진을 허용하게 되는데 예를 들면 'twenty four months, two months MOLCO (more or less at charterer's option)' 등과 같은 조항을 삽입한다. 그리고 계약 기간은 악천후나 부두 노동자들의 파업, 항만 체선 등 계약 당사자들의 영향 밖의 요인에 의한 지연이나 방해까지도 포함되며, 해당 기간에 대하여도 약정 용선료가 중단 없이 지불된다.

특히 1항차를 대상으로 하는 정기용선계약을 1항차 정기용선계약(trip charter)이라 하는데 이는 정기용선계약의 특수한 형태가 된다. 즉, 1항차 정기용선계약은 특정 화물의 1회 운송을 위하여 해당 항차에 소요되는 기간 동안 용선을 약정하는 것이다. 그런데 해당 항차의 소요 기간을 미리 정확하게 알 수는 없으므로 예상 기간에 일정 기간의 마진을 고려하여 용선 기간이 결정된다. 그 이외에 용선료 산정 및 지불 조건을 포함한 기타 계약 조건은 일반적인 정기용선계약과 동일하다. 한편 수개월 혹은 수년간을 계약 기간으로 하는 정기용선을 1항차 정기용선계약과 구분하여 period charter라고도 한다.

정기용선계약의 주요 특징 내지 장점을 보면 용선주의 입장에서는 1) 선박 소유를 원하지 않으나 거래 필요상 운항 통제권의 행사가 가능한 선박의 확보가 필요할 경우에 이용 가능하며, 2) 자사 선박의 매입보다 원가절감이 가능하여 대규모 선단을 확보한 선주의 경우 규모의 경제 및 전문성의 실현이 가능하기 때문이다. 더구나 화주가 직접 선박을 보유할 경우 경쟁의 배제로 인한 비효율성 발생의 우려가 크다는 점도 고려된다. 3) 용선주(화주가 아닌 경우)의 투기적 목적으로 정기용선이 이용될 수 있는데 용선 시황의 회복에 대응하여 재용선으로 인한 수취 용선료와 지급 용선료의 차액 실현이 가능하기 때문이다. 물론 시황이 악화될 경우에는 수취 용선료가 지급 용선료를 하회함으로써 손실을 피할 수 없게 될 것이다.

선주의 입장에서 본 정기용선의 이점으로는 용선 기간 동안 일정한 용선료 수입이 보장된다는 점, 보유 선박의 상업적 운항과 관련된 업무 부담을 회피할 수 있다는 점 등을 들 수 있다.

정기용선계약을 위한 표준 계약서식으로는 NYPE 1993[25], GENTIME[26], BALTIME 1939[27] 등이 흔히 이용된다. 그 이외에도 대기업 화주들이 자체 양식을 정하여 이용하는 사례가 있는데 BP-time, Mobil-time, Shell time 등을 들 수 있다.

나. 정기용선계약의 주요 내용

가) 선박 및 취항에 관한 사항

앞에서 본 항해용선이 화물의 운송에 관한 계약인데 비하여 정기용선은 선박의 임대차에 관한 계약이다. 따라서 계약의 대상이 화물이 아닌 선박이므로 선박의 명세에 관한 사항이 보다 중요하게 다루어진다. 정기용선계약에서는 통상적인 선박 명세(선명, 호출부호, 건조연도, 선적지, GT, NT, 흘수(draft), 선장(length), 깊이(depth), 선창 수 등) 이외에 일반배치도(general arrange plan) 등이 요구되기도 한다. 정기용선계약에서도 선적 대상 화물과 기항 항만·지역에 대하여 규정하기도 하지만 대부분의 경우는 이에 대하여 별도로 규정하지 않는다.

정기용선계약에 있어 용선주에게 모든 화물 적재 공간(승무원, 가구, 식량, 선용품 등의 적재 공간 제외)의 이용이 허용된다. 만약 선주가 제공한 화물 적재 가능 용량에 대한 정보에 오류가 있을 경우 용선료에서 차감하거나, 차이가 클 경우 용선계약의 취소 및 손실 배상의 사유가 될 수도 있다.

선박의 속력과 연료 소모에 대해서도 규정되는데 이는 용선계약 체결 당시의 속력과 연료 소모를 말하는 것으로 이해된다. 즉, 용선 기간이 경과함에 따라 선저 오염, 패각류 부착, 기계적 성능 저하 등으로 인한 속력의 저

---

25) NYPE 1993는 ASBA(Anual Cargo Conference)에 의하여 제정되고 BIMCO에 의하여 승인된 정기용선계약 표준 양식임. 현재 정기용선계약에 가장 널리 이용되고 있음.
26) GENTIME은 BIMCO에서 채택한 정기용선 표준 계약서 양식의 하나임.
27) BALTIME 1939는 BIMCO에서 채택한 정기용선 표준 계약서 양식의 하나로서 2001년에 개정되어 사용되고 있음.

하와 연료 소모의 증가에 대해서는 선주의 책임이 없는 것으로 본다.[28]

한편 선박은 용선 기간 중 감항성을 유지하지 않으면 안 되며 이에 대해서는 앞에서 항해용선계약과 관련하여 언급된 바 있다.[29]

나) 화물 및 선박 취항에 관한 사항

정기용선에서는 계약의 대상이 선박이며 계약의 체결 시에 선적 화물이 결정되지 않는 경우가 일반적이다. 즉, 정기용선계약에서는 화물의 선적에 대하여 용선주가 비교적 광범위한 재량권을 갖게 된다. 따라서 선적 대상 화물이 계약의 중심이 되는 항해용선계약과는 달리 정기용선계약에서는 화물에 관한 사항이 상대적으로 덜 중요하게 다루어지는 경향이 있다. 그러나 선박의 유형에 따라 선적 가능한 화물이 달라지므로 이를 용선계약서에 표시할 필요가 있다. 정기용선계약에서 화물에 대한 규정은 합법적 화물(lawful cargoes)로서 선박이나 같이 운송되는 다른 화물에 피해를 주지 않는 화물로 제한되는 경우가 일반적이다.[30]

정기용선계약에서 선박의 취항에 관한 사항에 대해서는 용선주의 광범위한 재량권이 인정되나 몇 가지 지리적 제한이 부여되는 경우가 일반적이다. 특히 선체 및 전쟁위험 보험에서 선박의 항행구역이 제한되고 이를 Institute warranty limits (IWL)라 한다. IWL은 영국의 런던보험업협회(Institute of London Underwriters; ILU)에서 선박의 지리적 항행 제한에 대한 사항을 규정한 약관(조항)으로, 항로 여건의 변화에 따라 가변적이다. 그러나 해당 구역으로의 항해가 불가피할 경우 보험업체의 동의를 받아

---

[28] 정기용선계약의 표준 양식으로 흔히 이용되는 NYPE 93의 관련 조항을 보면 용선주와 선장이 필요하다고 판단하는 때마다 - 최소한 6개월에 한 번 - 적당한 장소에서 선저 청소 및 페인트 작업을 함. 그리고 이러한 작업에 소요된 기간은 용선 기간에서 제외됨.
[29] 정기용선계약의 표준 양식 가운데 하나인 GENTIME에 의하면 선박은 모든 측면에서 용선 기간 중의 서비스에 적합한 상태로 용선주에게 인도되어야 하는 것으로 규정되어 있음.
[30] 정기용선계약의 표준 양식으로 흔히 이용되는 NYPE 93에 의하면 화물에 관한 사항은 "lawful merchandise excluding any goods of a dangerous, injurious, flammable or corrosive nature unless -----"로 표시되어 있음. 그리고 GENTIME 표준 양식에는 lawful cargoes, excluded cargoes, hazardous cargoes, radio-active cargoes, containers, deck cargo 등에 대한 규정을 두고 있음.

추가 보험료를 지급하는 경우에 한하여 보험 담보가 유지된다. 이에 따라 선주는 정기용선계약에 보험상의 항행구역 제한에 관한 사항을 반영할 필요가 있다.

그 이외에도 선주의 필요에 따라 선박의 취항에 대하여 추가적인 제한을 두는 경우가 흔히 있다. 특히 1) 합법적 거래(lawful trades)로 취항이 제한되는 경우가 일반적이며, 2) 선원 교체, 선박 검사·수리 등의 부담을 고려하여 선주 소속 국가에서 지나치게 멀리 항행하지 않도록 할 수 있다. 그리고 3) 정치·외교적 고려에 의한 특정 국가의 기항이 배제되기도 하며, 4) 선원 및 선박의 안전을 위하여 질병, 빙산 등과 관련한 제한이 부여되기도 한다.

다) 용선 기간에 관한 사항

정기용선계약에서는 용선료가 기간에 비례하여 발생하기 때문에 용선 기간은 계약의 주요 내용으로 다루어진다. 계약서상 용선 기간은 흔히 "15 days more or less at charterers' option", "minimum 3 months maximum 5 months", "about 4 months", "about 4 months without guarantee" 등으로 표시된다. 만약 용선 기간이 "about"로 표시되었을 경우에는 용선 기간에 따라 그 의미가 달라진다.[31] 그리고 "without guarantee"는 계약 체결 당시 용선주의 선의에 의한 추정치를 말한 것이며 만약 고의로 부정확한 정보를 제공했을 경우에는 계약 위반이 된다.

실제 용선 기간이 계약된 기간보다 연장(overlap) 또는 단축(underlap)되는 사례가 발생할 수 있다. 만약 용선 기간 경과 이전에 용선주가 선주에게 반선(redelivery)을 원할 경우 선주는 이를 거부할 수 없으나, 조기 반선으로 인한 손해에 대한 보상 청구는 가능하다(Gorton, 2009). 반대로 반

---

31) 예를 들면 용선 기간이 "about 4~6 months"일 경우 5일의 증감이 허용될 수 있으며, "about 6 months"일 경우에는 12일의 증감이 허용 가능할 것으로 판단됨(www.charterama.nl, 2015. 1. 4).

선이 지연되었을 경우 시장 요율이 계약 요율보다 높을 경우 선주는 추가의 용선료를 청구할 수 있다. 그 반대일 경우에는 계약 요율이 그대로 적용된다. 만약 마지막 항차(last voyage)의 개시에 있어 용선주가 반선 지연이 예상됨에도 항해를 지시했을 경우에는 계약 위반이 된다. 그리고 선주는 반선 지연이 예상되는 마지막 항차(즉, 위법적 마지막 항차, illegitimate last voyage)의 항해를 거부하고 계약 기간 내에 종료 가능한 다른 항차를 요구할 수 있다. 만약 위법적 마지막 항차에 대한 선주의 거부에도 불구하고 용선주가 해당 항차를 고집할 경우에는 해당 용선계약을 종료할 수 있다(Davis 2008).[32]

용선 기간 중 선원이나 선박의 문제, 기타 계약서에 명시된 사유로 인하여 선박의 이용에 차질이 발생했다면 해당 기간 동안 용선 기간이 중단된다. 이러한 용선 중단(off-hire)이 발생할 경우 용선주는 선주에 대하여 보상 청구가 가능하게 된다. 그러나 용선 기간 중 악천후, 도선사·하역인부 파업 등으로 인한 시간 지연 및 금전상의 손실은 용선주 책임이다. 그런데 용선 중단의 적용에 있어서는 일반적으로 임계값 규칙(threshold rule)이 적용된다. 이는 선박 지연이 계속하여 일정 시간 이상 초과할 경우에만 용선 중단으로 인정되는 것으로 계약상 통상 12시간 또는 24시간의 기간이 적용된다.[33] 즉, 선박 이용의 중단 기간이 계약서상에 합의된 임계값 미만이면 용선 중단으로 인정되지 않는 것이다. 일단 용선 중단이 인정되면 임계값 규칙은 용선료 공제에 관해서는 적용되지 않는다. 예를 들어 임계값이 24시간으로 결정된 경우 선박이 엔진 고장으로 35시간 정지해 있었다면 용

---

[32] 정기용선 표준 계약서 양식 가운데 하나인 GENTIME의 관련 규정을 보면 용선주가 지시한 마지막 항차가 합리적인 근거에 의거 계약 기간 내에 종료될 수 없다고 판단되는 경우에 선주는 1) 해당 항차를 거부하고 용선 기간 내에 완료 가능한 다른 항차를 요구하거나, 2) 해당 항차를 수행하되 기간 초과로 인하여 야기되는 손해에 대하여 클레임을 제기할 수 있음. 그리고 초과 기간의 시장 용선료 수준이 계약 용선료보다 높을 경우에는 그 차액을 용선주가 지급해야 함.
[33] 예를 들면 Baltime 1939 표준 양식의 경우 24시간의 임계기간이 규정되어 있으며, Linertime 표준 양식에는 선박 윈치 고장으로 인한 지연의 경우 임계값 규칙이 적용되지 않음. 반면 NYPE 93 표준 양식에는 이러한 임계값 조항이 없음.

선료 공제액은 35시간에 해당하는 용선료(35-24=11시간으로 계산하지 않음)가 된다.

한편 정기용선 기간의 계산은 용선주가 선주로부터 선박을 인도(delivery)하는 시점에서 개시되고 용선주가 선주에게 반선(redelivery)하는 시점에서 종료된다. 선박의 인도 및 반선 장소는 통상 도선사 승하선 지점(pilot station)으로 결정된다. 예를 들면 "vessel to be delivered (redelivered) on dropping inward (outward) pilot at X port" 등으로 합의되는 것이다.

만약 선박이 lay/can (laydays canceling)[34] 이전에 도착했다면 용선주는 laydays 시작일까지 선박 인수를 미룰 수 있다. 반대로 lay/can 경과 후에 선박이 도착했을 경우 용선주는 계약을 취소할 수 있으며 관련 손해에 대하여 보상 청구도 가능하다. 그리고 반선 시점(redelivery time)의 결정에 있어서는 통상 일정 기간의 여유를 두게 된다. 선박이 계약된 시점보다 늦게 반선된 경우 선주는 관련 손해 배상 청구가 가능하게 됨은 위에서 본 바와 같다.

라) 용선료 및 비용 부담에 관한 사항

정기용선계약에 있어 용선료는 용선 기간에 비례하여 산정되며 계약서상에는 통상 "X dollars per day", "X dollars per 30 days and deadweight ton" 등으로 표시된다.[35] 용선료는 매 기간별로 선지급되는 것이 원칙인데[36] 선주로서는 용선료에 대하여 담보권 행사가 매우 어렵기 때문이다. 용선료의 지급과 관련하여 화물에 대한 유치권[37] 조항을 두는 경우

---

34) Lay/can은 선주가 용선주에게 선적준비 완료 통보(Notice of Readiness: NR)를 제시해야만 하는 기간을 말함.
35) 이와 관련하여 "per month"라는 용어는 지양하는 것이 바람직한데, 월별로 28일부터 31일까지의 차이가 발생할 수 있기 때문임.
36) 정기용선계약의 표준 양식으로 흔히 이용되는 NYPE 93 및 GENTIME에 의하면 용선료는 매 15일 마다 선지급하도록 규정되어 있음.
37) 유치권은 타인의 물건이나 유가증권을 점유한 자가 특정 채권을 변제받을 때까지 그 물건이나 유가증권을 유치하여 변제를 강제하는 담보물권을 말함.

가 흔히 있다. 그러나 화물이 용선주가 아닌 제3자 소유인 경우 유치권 행사가 곤란하게 된다. 또한 용선주의 재용선(sub-charter)에 의한 재운임(sub-freight)에 대해서도 선주는 관련 정보를 입수하기 어려울 뿐만 아니라, 운임이 선지급된 경우 유치권 행사가 불가능하게 된다.

만약 용선료 지급의 지연 또는 과소 지급 상황이 발생하면 선주는 용선계약의 철회[38])가 가능하게 된다. 그러나 실무에서 용선계약 철회의 권한은 선주에게 실질적인 도움이 되지 않는 경우가 많다. 디마이스 조항(demise clause)[39])에 의하면 용선주가 아닌 제3자에 대하여 B/L이 발급된 경우 선주는 해당 화물의 운송을 완료할 의무가 있기 때문이다.

정기용선계약에서 용선주가 선주에게 지급하는 비용 항목으로는 용선료 이외에 공선보너스(ballast bonus)가 있다. 이는 선박 반선 항만(및 인근 항만)에서 화물의 확보가 불가능하거나 매우 어려울 경우에 용선주가 선주에게 지급하는 보너스이다.[40]) 공선보너스에 대한 대안으로 용선료(hire)에 반영하여 높게 책정하거나 반선 장소를 화물 확보가 가능한 항만으로 조정할 수 있다. 용선주는 반선 장소를 화물 확보가 가능한 항만으로 조정하는 대신 공선보너스를 지급하는 대안을 선택하려는 경향이 있다. 이는 반선 장소를 화물 확보가 용이한 항만으로 조정함으로써 연장되는 용선 기간 중 발생할 수 있는 악천후, 도선사의 파업으로 인한 항해 지연 등 추가적인 책임 부담의 회피가 가능하게 되기 때문이다. 선주의 입장에서도 반선 이후 항만 선택의 폭이 넓어진다는 장점이 있다. 그 이외에도 용선주는 선박의 상업적 이용자로서 운항과 관련하여 발생하는 연료비, 항비, 화물취급비 등 운항비(voyage cost)를 부담해야 한다.

---

38) 철회는 종국적인 법률 효과가 발생하고 있지 않은 법률행위나 의사표시의 효력을 장차 발생하지 않도록 막는 것을 말함.
39) demise clause는 선하증권의 계약 당사자는 선주이며 용선주는 선주의 대리인에 불과하다는 취지의 조항을 말함.
40) 정기용선계약서에는 "freight hire USD 20,000 per day plus a ballast bonus of USD 280,000 lump sum" 등으로 흔히 표시됨.

반면에 선주가 부담하는 비용으로 용선주에게 지급하는 어드레스커미션(address commission)이 있으며 이에 대해서는 앞에서 항해용선과 관련하여 살펴본 바와 같다. 그 이외에도 선주는 선박을 운항 가능한 상태로 유지하기 위한 비용 즉, 자본비(capital cost)와 운항준비비(ship operating cost)를 부담해야 한다.

표 3-4 정기용선계약에서의 선주와 용선주의 비용 부담 항목

구분	비용	
	비용 항목	세부 내용
선주	일반관리비(overhead cost)	· 육상 관리 직원 인건비 · 사무실 운영비 등
	자본비(capital cost)	· 감가상각비 · 이자
	운항준비비(operating cost)	· 선원비 · 수리비 · 부품비 등
	중개수수료(shipbroker commission)	
	어드레스커미션(address commission)	· 계약 조건에 따라 달라짐
용선주	운항비(voyage cost)	· 연료비 · 항비 · 각종 수수료 등
	용선료(hire)	

마) 선장의 지위, 기타 사항

용선주는 선박의 상업적 이용자로서 선장에게 선박의 항행 등에 대하여 필요한 지시를 한다. 이에 따라 선장은 선주와 용선주 양측의 지시를 받으며 양측의 이익을 보호해야 하는 입장이 된다. 특히 선장은 용선주의 운항 지시를 받으나 선원, 선박, 화물 및 다른 사람의 재산의 안전에 위협이 될 경우에는 해당 지시에 따르지 아니할 권한과 책임이 있다. 그리고 선장이 용선주로부터 명확하고 수용 가능한(선원, 선박 및 기타의 안전이라는 측면에서) 지시를 받지 못했을 경우에는 선주의 지시를 받는다(Gorton, 2009).

선장은 용선계약서에 명시되어 있는지의 여부를 불문하고 최단 거리 항

로를 택하여 신속하게 항해해야 할 의무를 진다. 또한 입항 시에는 대기가 발생하지 않도록 서류 등을 준비하여 행정 절차를 이행하고 용선주와 그 대리점에 대한 모든 필요 정보 및 협조를 제공해야 한다. 그 이외에도 선장 및 선원은 선주가 직접 운항할 때와 동일한 지원을 용선주에게 제공해야 하며 양하 후의 일상적인 선구 조작, 선창 청소, 적·양하를 전후한 선창 개폐 등의 업무를 수행해야 한다. 그리고 추가의 비용 청구 없이 화물을 관리하고 필요할 경우 추가의 고박(lashing), 고정 등을 수행한다.[41] 다만 선박의 지연을 회피하기 위하여 육상 근로자를 투입했을 경우 관련 비용은 용선주 부담이며, 기항지의 현지 법규나 관습이 선원의 선창 청소를 금지할 경우 용선주는 자기의 비용으로 별도의 용역을 수배해야 한다. 경우에 따라서는 용선계약 시 선창 청소에 관하여 보다 상세한 내용을 합의할 수도 있다.[42] 또한 화물 운송과 관련된 관례적인 시간 외 초과근무(overtime)도 선장 및 선원의 의무에 포함된다. 즉, 용선료에 초과근무 수당이 포함된 것으로 간주하는 방식이 일반적으로 채택된다. 초과근무 수당을 별도로 지급하는 방식의 용선계약도 있는데 이는 총괄 금액(lumpsum amount)을 매달 지불하는 방식이 대부분이다. 초과근무에 관한 기록을 유지하도록 하고 이에 따라 지급하는 방식도 가능하겠으나 선상 근무자, 선주 및 용선주에게 추가의 부담을 주게 되므로 지양할 필요가 있다.

(3) 기타 유형의 용선계약

가. 장기운송계약(Contract of affreightment: COA)

장기운송계약은 선주가 화주에 대하여 일정 기간(6개월, 12개월, 3년 등) 동안 일련의 화물을 정해진 톤당 운임으로 지정된 서비스 구간에

---

[41] 그러나 용선주는 선장 및 선원에 대하여 많은 수량의 화물에 대한 이적(shifting), 재적재(restowing) 등을 요구할 수 없음.
[42] 예를 들면 "all cleaning of holds should be for Charterers' account and carried out by extra men from ashore if the ballast voyage is shorter than X days"등이 있음.

대하여 정해진 항차 수만큼(연속적일 필요는 없음) 운송할 것을 계약하는 용선계약을 말한다. 예를 들면 매 60,000톤의 석탄을 Columbia에서 Rotterdam까지 2개월 간격으로 20회 운송하는 등의 조건의 운송 계약이 이에 해당한다.[43] COA의 주요 속성으로는 1) 특정한 거래 유형(브라질에서 한국으로 운송되는 철광석 등) 및 수량의 화물에 대한 운송의 계약이라는 점, 2) 두 차례 또는 그 이상의 운송에 대한 계약이라는 점, 3) 장기간(수개월 또는 수년간)에 지속되는 계약이라는 점 등을 들 수 있다.

COA의 체결 목적을 용선주와 선주의 관점에서 정리하면 다음과 같다 (Gorton, 2009). 먼저 용선주의 입장에서 보면 1) 최적화된 물류의 실현에 도움이 된다는 점을 들 수 있다. 즉, "just in time delivery"를 위한 신축성 확보가 가능하다는 점이다. 2) 매회 운송 시마다 협상을 해야 하는 항해용선에 비하여 노력과 시간이 절감된다는 점도 COA의 장점 가운데 하나이다. 만약 첫 선적에서 계약상의 문제가 발생하면 계약 조건의 수정 합의도 가능하게 될 것이다. 3) 운임 변동에 따른 원가 부담의 변동을 회피할 수 있게 된다. 그리고 선주의 입장에서는 1) 해운 시황 변동에 따른 경영위험 부담의 경감이 가능하게 된다. 하지만 불황 시 낮은 운임 조건으로 COA를 체결했다면 경영 수지에 마이너스 요인으로 작용하게 될 우려도 있다. 2) 장기 COA가 체결되었을 경우 선박의 확보 시 보다 유리한 조건으로 금융 이용이 가능하게 된다. COA로 화물이 장기에 걸쳐 확보된 경우 선박 투자의 위험이 감소하기 때문이다.

한편 COA의 주요 특성으로는 다음 사항을 들 수 있다. 첫째, 선박보다는 화물 중심의 계약이다. 화물량은 흔히 "minimum X and maximum Y"로, 운송 시기는 "evenly spread over the contract period" 등으로 표시된다. 이에 따라 선주는 특약이 없는 한 선박을 바꿀 수 있으며 회항 시

---

[43] COA는 특정 화주의 특정 화물을 일정 기간 반복적으로 운송한다는 점에서 industrial shipping과 유사하나, 특정화물의 운송을 조건으로 확보된 전용선을 운항하는 것은 아니라는 점에서 구분됨. 또한 industrial shipping의 경우 선박의 소유권과 운항권이 모두 화주에게 있는 경우가 많음.

다른 화물을 선적할 수도 있다. 이 점은 선박의 대체가 불가능할 뿐만 아니라 회항 시 다른 화물의 선적 가능성도 원칙적으로 배제된 전용선계약(dedicated carrier charter)과 구분되는 주요 특성이다. 그리고 운송 예정 선박이 멸실 또는 이용 불가능하게 된 경우에도 계약은 계속하여 유효하며[44] 이 경우 선주는 유사한 유형의 다른 선박을 투입해야 한다.

둘째, 항차 수가 복수라는 점이다. 그런데 반드시 연속적인 항해를 조건으로 하지 않는다는 점에서 연속적인 항해를 조건으로 하는 연속항해용선계약(consecutive voyage charter: CVC)과 차별화된다.

셋째, 장기간에 걸친 운송 계약이란 점이다. 그러나 정기용선, CVC 등에 비하여 반드시 기간이 길 필요는 없다(Gorton, 2009). 용선 기간이 비교적 길기 때문에 시황 변동 요인의 반영을 위하여 운임결정을 BDI[45]와 연계하는 변동 요율(floating rate)[46] 방식이 채택되기도 한다. 그리고 유가 변화를 반영하기 위하여 유류할증료(bunker adjustment factor: BAF) 관련 조항이 포함되는 경우도 있다. BAF란 유가의 변동에 따른 운항 수지 변화를 보전하기 위한 것이다. 그 이외에 통화할증료(currency adjustment factor: CAF) 관련 조항이 채택될 수도 있다. CAF란 운임 표시 통화의 가치 하락에 따른 손실을 보전하기 위한 계약 조항을 말한다.

COA는 운임의 등락에 따른 선주와 화주의 경영 불안정성을 해소함과 아울러, 선주의 화물 확보와 화주(용선주)의 운송 수단 확보의 안정성을 도모하기 위한 계약의 유형으로 탄생하였다. 이러한 계약의 형태는 통상 철광석, 석탄 등 대량 화물[47]의 운송에 이용된다. COA를 위한 표준 계약서식으

---

[44] 기타 일반적인 용선계약에 있어서는 대상 선박이 멸실 또는 이용 불가능하게 되면 해당 계약이 파기됨.
[45] BDI는 발틱해운거래소가 발표하는 건화물선 종합운임지수임. 이 지수는 선형별로 대표 항로를 선정하고 각 항로별 톤·마일 비중에 따라 가중치를 적용하여 1985년 1월 4일을 기준(1985. 1. 4.=1,000)으로 산정함. BDI는 선형에 따라 Baltic Capesize Index(BCI), Baltic Panamax Index(BPI), Baltic Superamax Index(BSI), Baltic Handysize Index(BHI) 등 별도의 개별 지수로 구성되어 있음.
[46] 운임, 이자 등이 특정 시장 지표와 연동하여 조정되는 경우를 말함.
[47] 대량 화물이란 원유, 제철원료, 액화가스, 발전용 석탄 등 대규모로 운송되는 주요 화물을 말함(해운법 및 해운법시행령).

로는 VOLCOA[48], GENCOA[49] 등이 주로 이용된다. 그밖에도 항해용선계약 표준서식 등에 COA 관련 추가의 조항을 삽입하거나 처음부터 COA 관련 모든 사항을 합의하여 새로운 계약서를 작성하기도 한다.

나. 연속항해용선계약(Consecutive voyage charter: CVC)

CVC는 원 용선계약(head charterparty) 하에서 두 차례 이상 계약된 항차 수만큼의 항해용선(voyage charter)을 특정된 선박이 연속적으로 수행하는 용선계약의 한 형태이다. 이러한 용선계약은 특정의 선적항으로부터 양하항까지 일정 기간 동안 운송해야 할 비교적 많은 수량의 화물이 있을 때 채택된다. 특히 탱커시장에서 주로 이용되나, 석탄, 철광석 등 벌크화물의 운송에도 이용된다. CVC의 주요 특성은 다음과 같다.

첫째, 매 항차마다 새로운 계약을 체결할 필요가 없다는 점에서 시간과 비용의 절감이 가능하게 된다. 둘째, 용선 기간 중 해운 시황의 등락에 관계없이 동일한 운임(용선료)이 적용된다는 점에서 선주와 용선주 모두 경영의 안정성을 도모할 수 있다. 다만 시황 상승 국면에서는 선주가, 반대로 하락 국면에서는 용선주가 상대적으로 불이익을 보게 된다는 점에 유의할 필요가 있을 것이다. 운임은 통상 톤당 일정 금액으로 결정되고 용선 기간이 비교적 길다는 점을 고려하여 위에서 언급된 BAF, CAF 등에 관한 조항을 계약 내용에 포함하기도 한다. 셋째, 양하항에서 화물을 양하한 후 또 다시 선적하기 위해 공선(空船)으로 선적항까지 복항해야 하므로 운임은 이 편도 공선 항해(ballast voyage)를 보상하는 수준으로 비교적 높게 책정되는 경향이 있다. 넷째, 선주는 원칙적으로 선박을 바꿀 수 없으며 따라서 선박 운용의 융통성이 제한된다. 그러나 계약 당사자가 합의할 경우 선박 교체가 가능하게 된다.

---

48) BIMCO에서 채택한 COA 표준 계약서 양식의 하나임.
49) BIMCO에서 채택한 COA 표준 계약서 양식의 하나임.

CVC는 2~3항차, 많으면 5항차, 경우에 따라서는 5~10년의 장기에 지속되는 운송에 관한 일괄 장기 계약으로 이해되기도 한다. CVC의 경우에도 일반적인 1항차 항해용선과 마찬가지로 계약에 따라 운임 및 체선료·조출료가 매 항차별로 산출 및 정산된다.

다. 전용선계약(Dedicated carrier charter)

전용선계약이란 특정 화주의 특정한 동질·대량 화물을 효율적으로 운송할 수 있도록 설계·건조된 선박을 확보하고, 이를 이용하여 해당 화물을 톤당 일정 운임으로 선박의 내용 연수 만료 시까지 해상운송하는 계약을 말한다. 전용선계약의 주요 조건 및 특성은 다음과 같다.

첫째, 선박의 소유권은 선주가 보유하나, 내용 연수까지 배선권은 화주가 행사한다. 둘째, 선박의 확보 및 운항에 필요한 비용을 원가 보상의 원칙에 의거하여 적정 운임 수준으로 약정 보상한다. 또한 장기간의 계약 기간 중 발생할 수 있는 연료비, 환율 등의 변동을 감안하여 BAF, CAF 등의 조항을 계약 내용에 포함하는 경우가 많으며 정기적으로 운임 수준이 조정되기도 한다. 그 이외에도 적·양하 항만에 대한 약정 정박 기간의 초과 및 단축에 대하여 체선료 또는 조출료가 적용되는 사례가 많다. 셋째, 화주는 선주에게 연속 만선 운항을 보장한다. 이에 따라 전용선계약은 대규모 화물의 장기적인 운송 수요를 가진 제철, 발전, 정유업체 등에 있어서 원가 보상 운임 수준으로 안정적인 운송 수단을 확보하기 위한 방안으로 이용된다.

전용선계약의 장점을 화주의 입장에서 보면 1) 장기간에 걸친 대량의 화물 운송을 위하여 안정적인 운송 수단을 확보할 수 있다. 특정 화물의 운송에 적합한 크기의 선종은 공급이 한정되어 있으므로 선박의 적기 확보가 용이하지 않게 된다. 더구나 해운 경기의 호황 시에는 운임 수준도 급등한다는 문제가 있다. 이에 따라 대량 화물 화주들은 전용선계약을 통하여 원자재 수급 관리를 효율적으로 할 수 있게 된다. 2) 운임률이 운항 원가에 의하여 산정되며 일정 기간 동안 고정되어 있어 장기적인 관점에서 운송 비용의 사전 예측이 가능하게 됨으로써 경영의 안정성을 제고할 수 있다. 3) 운송 대상 화물 및 적·양하 항만의 특성과 제약 조건에 부합되는 선형의 채택을 통하여 운송의 효율화 및 비용 절감을 도모할 수 있게 된다. 4) 자가 운송을 위한 선박 구매보다 효율적 자본 투자가 가능할 뿐만 아니라 선박 확보 시 예상되는 운송 독점에 대한 시비 등의 문제 회피가 가능하게 된다. 그런데 대량의 원자재를 수입하는 화주의 입장에서 전용선계약을 체결하기 위해서는 수입 거래의 조건을 FOB로 해야 할 것이다.

선주의 입장에서 본 장점을 들면 1) 선박의 내용 연수 기간 중 적하 보증이 됨으로써 선박 투자의 위험이 감소하며 그 결과 보다 유리한 조건으로 용이하게 선박 확보 자금을 조달할 수 있게 된다. 2) 장기적이고 안정적인 수입원이 확보되어 미래 사업에 대한 계획이 용이하게 된다. 다만 운임이 고정되어 있으므로 호황 시의 기회 이익은 포기할 수밖에 없다는 점은 유의해야 할 것이다.

한편 전용선계약은 한국과 일본 이외의 국가에서는 사례를 찾아보기 어려운 형태의 계약이다. 이에 따라 국제적으로 통용되는 표준계약서 양식을 찾아보기 어려우며 매 계약별로 모든 내용을 처음부터 협상하여 계약서를 작성하는 것이 보통이다.

라. 나용선계약(Bare boat charter: BBC)

BBC는 선체만을 임대차하고 선박의 유지 및 운항에 필요한 인적, 물적 요소를 용선주가 부담하는 용선계약 방식이다. 즉, 선주가 선박 자체뿐만 아니라 선원 배승을 포함한 선박 관리의 모든 권한을 일정 기간 용선주에게 위임하는 계약이다. 따라서 BBC는 정기용선계약의 유형에 속한다. BBC는 1) 비교적 장기간에 걸쳐 선박을 임차하여 소유권만을 제외하고 일체의 관리 및 운항권을 용선주가 가지는 단순 나용선계약(bareboat charter)과 2)

선박 건조 후 연불방식(lease)으로 선가를 상환하고 일정 기간이 경과되면 소유권을 취득할 수 있는 국적취득 조건부 나용선계약(bareboat charter hire purchase: BBC HP)으로 구분된다. 후자의 경우 순수한 용선계약이라기 보다는 일종의 선박금융으로 볼 수 있는데, 잉여 자본의 투자를 원하는 선주와 선박이 필요한 용선주 사이의 금융 계약의 특성이 있기 때문이다. BBC의 특성 및 주요 내용은 다음과 같다.

첫째, 선주는 선박 투자에 대한 자본비를 부담하고 용선주는 선박의 유지, 관리 및 운항을 담당한다. 즉, 용선주는 선원 배승, 선박 수리 및 선박보험 등과 관련된 모든 사항을 자기의 책임과 비용으로 수행함으로써 관리선주(disponent owner)로 기능하게 된다. 둘째, 선주의 경우 선박에 대한 유지, 관리 및 운항의 의무가 없으므로 해운(선박)에 대한 전문 지식이 없는 경우에도 선박 투자가 가능하다. 셋째, 용선 기간은 10~20년의 장기간으로 설정되는 경향이 있다. 넷째, 용선주가 해당 선박에 대한 유지, 관리 및 운항을 수행하는 관리 선주로 기능함에도 불구하고 선박의 소유권을 취득한 것은 아니므로 외국적선으로서 조세, 선원 배승 등과 관련된 혜택을 도모할 수 있게 된다.

BBC를 위한 표준 계약서 양식으로는 BARECON 2001[50]이 있다.

(4) 용선계약의 분류

위에서 본 용선계약의 형태는 1) 용선료가 운송 화물의 톤수를 기준으로 결정되는 용선 즉, 화물에 대한 용선과 2) 용선료가 선박의 용선 기간을 기준으로 결정되는 용선 즉, 선박에 대한 용선으로 구분 가능하다. 다만 화물에 대한 용선의 유형에 있어서도 총괄운임(lumpsum freight)으로 요율이 결정된 경우에는 화물 톤수와 관계없이 항차당 고정 운임이 적용된다.

---

50) BIMCO에서 채택한 나용선 표준 계약서 양식의 하나임.

화물에 대한 용선의 형태로는 항해용선계약, 장기운송계약, 연속항해용선계약, 전용선계약 등이 있다. 이러한 용선계약의 형태 가운데 장기운송계약의 경우는 선박의 변경이 가능하나 나머지 형태의 용선에 있어서는 선박이 지정되는 것이 원칙이다. 특히 전용선계약의 경우는 선박의 대체가 허용되지 않는다. 그리고 선박에 대한 용선계약으로는 정기용선계약과 나용선계약이 있다. 그 중에서 정기용선계약은 다시 항차 수에 관계없이 일정 기간(수개월 또는 수년간)을 대상으로 하는 period charter와 단일 항차 기간을 용선 기간으로 하는 1항차 정기용선계약(trip charter)으로 구분된다. 이러한 선박에 대한 용선계약에 있어서는 선박의 대체가 허용되지 않는 것이 원칙이며, 나용선계약의 경우는 더욱 그러하다(〈표 3-5〉 참조).

표 3-5 용선계약의 종류

구분		운임 결정 기준	선박 지정 여부	비고
화물에 대한 용선	항해용선계약 (single voyage charter)	톤당	지정	- 특정 화물을 특정 항만(1개 또는 수 개)에서 다른 항만(1개 또는 수 개)으로 운송하고, 특정 금액의 운임을 수수하는 계약 - 선박명이 명시되지 않은 채 TBN(to be nominated) 조건으로 계약될 수도 있음
	장기운송계약 (contract of affreightment : COA)		변경 가능	- 일정 기간 동안 약정된 화물량에 대해 특정 선적항(1개 또는 수 개)으로부터 특정 양하항(1개 또는 수 개)으로 화물을 운송하고 정해진 운임을 수수하는 계약 - 회항 시 다른 화물 선적 가능 - industrial shipping이라고도 함
	연속항해용선계약 (consecutive voyage charter: CVC)		지정	- 원 용선계약(head charter party)에 의거 수차례 연속적 용선 수행 - 회항 시 공선 항해 불가피 - 합의 시 선박 교체 가능 - 유류, 철광석, 석탄 등 운송
	전용선계약 (dedicated carrier charter)		지정	- 대량의 동질 화물을 효율적으로 운송할 수 있도록 설계, 건조된 선박을 대상으로 내용 연수 만료 시까지 연속 운송을 보장하고, 선박의 확보 및 운항에 필요한 제반 비용을 원가 보상의 원칙에 의거하여 적정 운임률로 약정하는 장기 해상운송 계약 - 철광석, 석탄 등 운송 - 한국과 일본에서 주로 채택되는 계약 유형

선박에 대한 용선	정기용선계약 (time charter)	기간 (일당)	지정	- 선주는 선박의 사용권을 일정 기간 용선주에게 양도하고 그에 대한 급부로서 소정의 용선료를 취득하는 계약 - 트립차터(trip charter): 1항차 정기용선 - 정기용선(period charter): 수개월 혹은 수년간의 기간
	나용선계약 (bare boat charter)		지정	- 선주가 선박 자체뿐만 아니라 선박을 운용하는 선원 및 선박관리 등의 모든 권한을 일정 기간 용선주에게 위임하는 계약 - 용선주는 선박 자본비를 제외하고 선박 운항에 소요되는 모든 비용을 부담하며, 해당 선박의 감항능력 유지 및 이용 행위를 하는 용선 형태 - 특히 용선주가 연불방식(lease)으로 일정 기간 선가를 상환한 후 소유권(국적)을 취득하는 경우 국적취득 조건부 나용선계약(bareboat charter hire purchase)이라 함 - 일종의 금융 행위

2) 용선계약서(Charter party: CP)[51]

용선계약에 있어서는 용선의 형태에 따라 다양한 표준 양식이 이용된다. 먼저 항해용선에 있어서는 GENCON 1994 표준 양식이 많이 이용된다. 즉, GENCON 1994 표준 양식을 기초로 하되, 표준 양식의 내용과 실제 합의한 내용을 비교하여 표준 양식을 수정, 보충 및 삭제하여 계약서를 작성하게 된다.[52] 참고로 GENCON CP는 BIMCO(Baltic and International Maritime Council)[53]의 전신인 BWSMC(Baltic and White Sea Conference)에서 1922년에 제정되었으며 그 후 1974년, 1976년 및 1994년에 각각 개정되었다. GENCON CP의 주요 내용은 1) 선박 및 계약 당사자, 2) 화물에 대한 설명, 3) 선박의 적하항 도착시기, 선적항 또는 지

---

51) 용선계약서(charter party)란 선주(shipowner)와 용선주(charterer) 간에 특정 선박에 대하여 특정한 항해의 화물 운송을 위하여 또는 규정된 기간 동안에 특정한 선박을 이용할 수 있도록 약정하는 선주와 용선주 사이에 체결되는 계약서를 말한다.
52) 예를 들면 항해용선계약의 주요 내용을 Fixture Note로 작성하고 "Others as per GENCON C/P 1994. But wording of this COA to supersede relevant clauses of the GENCON C/P"와 같은 조항을 추가함.
53) BIMCO는 선주, 운항업자, 해운중개인, 대리점 등 해운산업에 종사하는 세계 회원들에게 광범위한 서비스를 제공하는 해운협회(shipping association)로서 본부는 덴마크의 코펜하겐 교외에 있음. 이는 1905년에 Baltic and White Sea Conference라는 명칭으로 설립되었으나 1927년에 현재의 명칭인 BIMCO로 개칭됨.

역, 양하항, 정박 기간(laytime), 체선료, 적·양하 비용 지급 조건 등 운송 조건, 4) 운임 액수, 지급 시기 등 운임 조건, 5) 계약 미이행 시의 위약금, 6) 기타 관리상의 조건, 7) 대리점, 하역회사, 선하증권, 선용품, 파업, 전쟁 등에 관한 사항 등을 포함하고 있다.

용선계약은 통상 용선 중개인(chartering broker)[54]을 통하여 이루어진다. 용선 중개수수료는 선주가 지급하며 통상 용선료 수입의 1.25%이지만 별도로 합의된 경우 이에 따른다. 용선계약이 이루어지면 용선 중개인은 특별한 사유가 없는 한 용선 시황보고서(성약보고서, chartering report)를 작성하여 용선시장에 공개한다. 그러나 계약 당사자 중 어느 한쪽이라도 비밀로 해 줄 것을 요구한 경우에는 공개하지 않는다. 먼저 건화물에 대한 항해용선 성약보고서 사례를 보면 다음과 같다.

"Seven Islands to Hamburg – Seven Star 150,000, $20.50 per tonne, fio 7days sc, 20~30 May(SKT)"

이 경우 적재 및 양하항은 Seven Islands 및 Hamburg이고 선명은 Seven Star, 화물은 15만 톤, 운임은 톤당 $20.50임을 각각 나타낸다. 하역조건은 FIO(free in and out)로서 적·양하 모두 선주가 하역비를 부담하지 않으며, 정박 기간은 SC(sundays and holidays included)[55]로서 공휴일도 포함된다. 그리고 선박은 5월 20~30일 중 선적 대기해야 하고 용선주(화주)는 SKT이다. 만약 운송 대상 화물이 건화물이 아닌 원유일 경우에는 운임이 톤당 금액으로 표시되는 대신 WS (World Scale)[56]로 표시된다.

그리고 정기용선계약에 있어 흔히 이용되는 표준 계약서 양식으로는

---

54) 해운시장의 중개인 서비스로는 용선(chartering) 이외에 선박 매매(sales & purchase: S&P), 신조(shipbuilding), 해체(demolition), 금융·보험 중개인(finance/insurance) 등의 중개가 있음.
55) SHINC와 동의어로 사용됨.
56) WS(World Scale)은 탱커 운임을 지수화하여 운임 계산의 편의를 도모하기 위한 것임. 이는 World Scale panel이 매년 New York(서반구) 및 London(나머지 지역)에 모여서 각 항로별 표준 선형의 원가를 계산 발표하고 이를 WS 100으로 표준화하여 작성함. 예를 들면 Jubail에서 로테르담까지 표준 운임을 $18.00으로 산정했을 경우 WS 50은 $9.00(18×0.5 = 9)가 됨. WS가 결정되면 구체적인 운임은 WS Book을 참조하여 계산함.

NYPE 1993, BALTIME 2001, BOXTIME 2004(컨테이너선의 정기용선에 이용), SHELTIME 4(유조선의 정기용선에 이용) 등 다양한 형태가 있다. 그 중에서 비교적 널리 이용되는 NYPE 1993은 뉴욕상품거래소(New York Produce Exchange)에서 작성된 양식으로 해당 계약의 특성상 연료 소모량, 속력, 선박 인도(delivery) 및 반선(redelivery) 시의 유류량 및 단가, 장비 등 선박 관련 사항이 필수적으로 명기된다. 그 이외에도 용선 기간, 선박의 인도, 용선 개시 및 종료 시의 검사, 항행구역 등을 비롯하여 정기용선에 관한 주요 계약 조건이 명시되어 있다. 그리고 화물에 관한 구체적인 사항은 계약 내용에 포함되지 않는 경우가 일반적이나 위험 및 면책 화물에 대한 사항은 포함된다. NYPE 1993을 채택하여 실제 정기용선계약을 체결할 경우에는 해당 표준 양식의 내용을 기초로 하되, 합의 내용과 일치시키기 위하여 필요한 조항을 추가, 삭제 또는 수정하여 계약서를 작성한다.

정기용선의 경우에도 계약 체결 후 용선 중개인은 특별한 사정이 없는 한 이를 시장에 공개하게 되며 시황보고(성약보고) 사례를 보면 다음과 같다.

"New Busan (180,000 dwt, 14/54.7L, 14.5/47.3B, 2010 built) delivery worldwide 1 Jun~31 July 2014, redelivery worldwide, 3years, $50,000 daily(Gold Star)"

이 경우 선명은 New Busan이고, 선박 사양은 크기가 180,000DWT, 속력 및 연료 소모량은 적하 시(loaded) 14노트에서 54.7톤/일, 공선 시(ballast) 14.5노트에서 47.3톤/일이며, 2010년 신조 인도되었다. 그리고 선주는 선박을 용선주에게 2014년 6월 1일~7월 31일 사이에 인도하고(장소는 불문), 3년 후 용선주는 선주에게 반선한다(장소 불문). 용선료는 $50,000/일로 책정되었으며, 용선주는 Gold Star이다.

2. 해상운임 파생시장

1) 파생시장의 개요

파생시장은 파생상품이 거래되는 시장을 말하며 여기에서 파생상품이란 재화, 채권, 주식, 통화, 금리, 지수(지표) 등 기초자산의 성과에 의하여 그 특성과 가치가 결정되는 금융 상품을 의미한다. 파생거래에는 선도(forward), 선물(future), 옵션(option) 및 스왑(swap)거래의 4가지 기본 유형이 있고 이를 기초로 다양한 변형이 가능하다.

우선 1) 선도거래란 미래의 특정 시점에 매매하기로 하고 가격, 수량 등을 미리 정해놓는 것을 말한다. 이 거래는 거래 당사자 간의 사적인 거래이며, 공식적인 거래소가 아닌 장외(over-the-counter)에서 거래된다는 특징이 있다. 2) 선물거래는 선도 거래와 유사하나 사적인 계약이 아닌 공식적인 거래소에서 규격화된 상품으로 거래한다는 점에서 차이가 있다. 따라서 선물 거래의 경우는 거래소에서 결제의 이행을 책임지게 된다. 3) 옵션거래는 미래에 정해진 가격으로 사거나 팔 수 있는 권리를 매매하는 것이다. 살 수 있는 권리는 콜옵션(call option), 팔 수 있는 권리는 풋옵션(put option)이라고 한다. 마지막으로 4) 스왑거래는 장래 특정 일 또는 특정 기간 동안 일정 상품 또는 금융자산(부채)을 상대방의 상품이나 금융자산(부채)과 교환하는 거래를 말한다. 스왑거래는 앞에서 본 선도거래와 같이 계약 당사자 간의 사적인 거래로서 장외시장에서 거래된다. 파생거래에는 이와 같은 기본형 이외에도 두 가지 형태의 파생거래가 합쳐진 합성형 파생금융 상품도 있다. 예를 들면 선물과 옵션을 합성한 선물옵션(futures option)이나 스왑과 옵션을 합성한 스왑션(swaption)이 있다.

표 3-6 장내거래 파생상품과 장외거래 파생상품

구분	장내거래 파생상품	장외거래 파생상품
상품 종류	선물, 옵션	선도, 스왑, 옵션
이용자	개인을 포함한 불특정 다수	상대적으로 규모가 크고, 신용이 우수한 기업이나 금융기관
신용위험(credit risk)[57]	보증금 제도와 정산 제도를 도입하여 신용위험이 없음	신용위험이 있음
수익과 손실	일일 기준	계약의 수도 결제(settlement) 시
상품구조	표준화	다양한 구조와 상품의 구조화(structuring)가 용이

자료 : 김우호 외(2011).

그런데 선도거래, 선물거래 및 스왑거래 상품은 계약 당사자에게 계약 이행의 의무가 강제된다는 점에서 잠금상품(lock product)이며, 옵션거래 상품은 사거나 팔 수 있는 권리의 매수자에게 계약 이행에 관한 권리만 주어질 뿐 그 의무는 강제되지 않는다는 점에서 선택상품(option product)으로 분류된다.

한편 파생거래의 목적으로는 위험 회피(hedging), 투기(speculation), 차익 거래(arbitrage) 등을 들 수 있다.

첫째, 위험 회피적 기능으로서, 가격 변동의 위험을 회피하고자 하는 자인 헤저(hedger)는 파생상품을 이용하여 자신이 처한 위험을 투기자(speculator)에게 전가할 수 있다. 이 경우 투기자는 가격 변동의 위험을 감수하면서 보다 높은 이익을 추구하는 위험 감수자(risk taker)라 할 수 있다. 위험 회피 목적의 거래 즉, 헤징(hedging) 거래는 현물 포지션(position)[58]에서 발생하는 가격 변동 위험을 회피하기 위하여 반대 포지션

---

57) 신용위험(credit risk)이란 거래 상대방의 신용도 하락이나 부도 발생 등으로 생길 수 있는 위험을 말함.
58) 포지션(position)이란 파생상품이나 현물의 매수 예약 잔고와 매도 예약 잔고의 차이를 의미하는 것으로, 매입 예약이 매도 예약을 상회하는 경우를 매수 포지션(long position)이라고 하며 매도 예약이 매입 예약을 상회하는 경우를 매도 포지션(short position), 그리고 매수 예약과 매도 예약의 차이가 제로(0)인 경우를 스퀘어 포지션(square position)이라고 함.

의 파생거래를 하는 것을 말한다. 파생시장의 이러한 헤징 기회의 제공은 현물시장의 유동성과 안정성을 제고한다.

둘째, 투기적 목적의 거래는 손실 가능성을 감수하고 고수익을 노리는 것이다. 투기자는 헤저가 회피하고자 하는 위험을 적극적으로 수용하면서 미래의 가격 예측을 토대로 파생거래를 통하여 투기적 이익을 추구한다. 투기(speculation)와 앞에서 본 헤징의 차이는 전자가 실물 포지션이 없는 경우의 거래라면 후자는 운송 대상 실물(실물 포지션)이 있는 경우의 거래라 할 수 있다.

셋째, 차익거래는 가격 차이를 이용해 이익을 실현하는 것으로 가격의 변화에 관계없이 위험을 부담하지 않고 이익을 얻을 수 있는 거래이다. 예를 들어 1백만 달러의 현금을 달러당 1,000원의 환율로 산 다음 3개월 뒤에 만기가 돌아오는 선물을 달러당 1,050원에 매도할 경우 환율의 변화에 관계없이 3개월 뒤 달러당 50원의 차익을 실현할 수 있게 된다.

2) 해상운임 파생거래

(1) 해상운임 파생시장의 발전

해상운임 파생시장은 해상운임 파생상품(freight derivatives)의 거래 계약이 이루어지는 시장을 의미한다. 여기에서 해상운임 파생상품의 거래 계약은 당사자들이 미래의 실현된 운임과 파생거래 계약 운임의 차액을 상호 보상해 주는 계약이다.

> ⟨해상운임 파생거래의 사례⟩
>
> 한국 화주가 2014년 8월에 50,000톤의 옥수수(maize)를 미국 걸프(US Gulf)에서 한국으로 수입하는 구매 계약을 체결하고, 해당 화물의 선적은 익년 3월로 예정된 무역 거래를 상정할 수 있다. 구매 계약 당시 현물시장(spot market) 운임은 $19.00/톤이었으며, 2015년 3월 기준 $22.50/톤에 선도계약을 체결하였다(선주는 운송 서비스를 선매도, 화주는 선매입).
> 그런데 2015년 3월에 실현된 운임(기준 지표)이 $25.00/톤이라면 선주는 실제 운임보다 저렴하게 선매도하였으므로(파생거래에서 손실 발생) 화주에게 그 차액에 해당하는 톤당 $2.50($25.00/톤- $22.50/톤=$2.50/톤)를 지급하고, 화주는 실제 운임보다 저렴하게 선매입하였으므로(파생거래에서 수익 발생) 선주로부터 그 차액(톤당 $2.50)을 수취하게 된다. 만약 2015년 3월에 실현된 운임이 $15.00/톤이라면 반대로 화주가 선주에게 선물(선도)계약 운임과의 차액(톤당 $7.50)를 지급하게 된다. 이 경우 화주는 실물 포지션에 상응하는 파생거래를 하였으므로 운임 변동의 위험을 회피하기 위한 헤징(hedging) 수단으로 거래를 한 것으로 볼 수 있다. 즉 화주는 운송 대상 화물에 대하여 $22.50/톤에 운송 서비스를 선매입하였으므로 운임의 변동에 관계없이 운임 부담액을 $22.50/톤으로 확정할 수 있게 된 것이다. 위의 사례에서 본 바와 같이 선적 당시 실현된 운임이 $25.00/톤으로 결정된 경우에도 파생거래로 인한 차익 $2.50/톤을 고려하면 화주가 실제로 부담한 운임은 $22.50/톤이 되기 때문이다.

그런데 해상운임 파생시장이 성립하기 위해서는 다음과 같은 조건이 충족되어야 한다. 첫째, 신뢰할 수 있는 기준 지표(base index)가 있어야 한다. 기준 지표는 계약 이행 즉, 파생거래 청산의 기준이 된다. 따라서 기준 지표의 신뢰성이 낮거나 불명확하다면 청산과 관련된 분쟁의 발생 소지가 커지게 될 것이다. 둘째, 계약의 신속한 체결을 위하여 다수의 시장 참여자가 필요하다. 파생시장의 참여자 수가 제한적일 경우에는 거래의 성립 자체가 어렵게 될 것이다. 셋째, 계약 당사자의 의무 이행을 보장하기 위한 신용 위험의 담보 방안이 마련되어야 한다. 선물거래의 경우 공식적인 거래소를 통하여 거래가 이루어지므로 신용위험을 우려할 필요가 없을 것이다. 그러나 장외시장에서 거래가 이루어지는 선도거래나 스왑거래의 경우에는 신용위험이 수반되며, 따라서 계약 상대방의 신용 상태 조사 등의 필요성이 대두된다.

> ### 〈운임지수〉
>
> 해상운임 파생거래의 기준이 되는 운임지표로는 발틱해운거래소(Baltic Exchange)에서 제공된 지표가 이용된다. 발틱해운거래소는 1985년 Baltic Freight Index(BFI)를 산출·발표하였다. BFI는 11개 운송 루트(곡물 4, 석탄 3, 철광석 1, TC 3)의 운임 수준을 시장점유율에 따른 가중치를 부여하여 지수로 산출한 것이다. 이 지수의 산출에 필요한 데이터는 중개인 위원단(panel broker)으로부터 정기적으로 입수하였다.
> 그런데 BFI는 1999년 11월에 BDI(Baltic Exchange Dry Index)로 대체되었다. BDI는 다음과 같은 4개의 선형별 건화물 운임 지표를 종합한 것이다.
> - 17만 톤급(172,000DWT): Baltic Exchange Capesize Index(BCI)
> - 7만 톤급(74,000DWT): Baltic Exchange Panamax Index(BPI)
> - 5만 톤급(52,000DWT): Baltic Exchange Supramax Index(BSI)
>   * BSI는 당초 BHMI(Baltic Exchange Handymax Index)로 칭해졌음
> - 3만 톤급(28,000DWT): Baltic Exchange Handy Size Index(BHSI)
>
> Baltic Exchange는 이와 같은 건화물선 운임지표 이외에도 주요 항로별 건화물 및 유조선 운임지표, 정기용선료 지표 등을 발표하고 있다. 이들 지표의 작성을 위한 요율 데이터는 주요 국가들의 panel 기업들로부터 입수하고 있다(panel 기업 명단은 Baltic Exchange 웹사이트에서 확인 가능).

해상운임 파생시장은 다음과 같이 발전해왔다. 먼저 1985년 5월에 BIFFEX(Baltic International Freight Futures Exchange)[59]가 BFI(Baltic Freight Index)를 작성·발표함으로써 해상운송 선물시장(freight futures market)이 출범하였다. BFI는 건화물 현물시장 운임을 나타내는 지수로 BIFFEX 거래의 기초자산으로 이용되었다. BIFFEX 거래는 선물 거래로 표준화된 거래 조건 및 절차가 적용되었다. 그리고 신용위험 문제를 해소하기 위하여 모든 거래자들은 청산거래소(clearing house)에 등록하고 자신의 자산 구성(portfolio)을 매일 통보해야 하며 만약 자산상태가 적자일 경우 추가로 입금하도록 하였다. BIFFEX 거래의 결제 금액은 BFI 차이(실현된 BFI와 약정된 BFI의 차이)에 10달러를 곱한 액수로 하였다.

$$정산\ 금액 = 지수\ 차이 \times \$10 \times 매매\ 단위$$

---
[59] BIFFEX는 해상운임 선물거래를 위한 런던 소재의 거래소로 1985년 5월에 출범하여 2002년 4월에 거래 부진으로 폐지됨.

BIFFEX 거래의 손익은 매도 시에는 거래된 지수 이하로 하락할 경우 이익을, 반대로 그 이상으로 상승하면 손실을 입게 된다. 즉, 매도자의 입장에서는 가능하면 높은 지수에 거래하는 것이 유리하게 된다. 그리고 매입 시에는 그 반대의 결과가 나타난다. BIFFEX 거래는 1990년대 말에 해상운임선도거래(Foward Freight Agreement: FFA)로 점진적으로 대체되었고 2002년 4월에 거래가 완전히 중단되었다. FFA에 대해서는 뒤에서 자세하게 논의하기로 한다.

BIFFEX 거래의 사례로 선주가 1995년 7월 기준 BFI 1,300에 1,000 단위의 선물 매도했을 경우를 상정해 볼 수 있다. 이 경우 계약 기준일의 실제 BFI가 1,200으로 매도한 지수보다 100이 하락하였다면 선주는 실제보다 높은 지수에 매도하였으므로 다음과 같이 100만 달러의 차익 실현이 가능하게 된다.

선주의 BIFFEX 거래 차익: $(1,300-1,200) \times \$10 \times 1,000 = \$1,000,000$

BIFFEX의 도입은 선주 및 화주에 대하여 운임 변화의 위험을 어느 정도 통제할 수 있는 수단으로 기능하였다. 그러나 거래의 기초자산이 BFI라는 단일화된 지표로서, 화주의 다양한 무역 거래 유형 및 선주의 취항 항로별·화물별 운임 변동의 헤징 기능은 제한적이었다.

BIFFEX 거래의 운임 변동에 대한 헤징 기능 관련 미비점을 보완하기 위한 수단으로 1990년대 말부터 FFA가 장외거래 형식으로 이루어지기 시작하였다. 이에 따라 1990년대 말부터 2002년 4월 BIFFEX 거래가 중단되기까지는 BIFFEX와 FFA가 병행되었다.

(2) 해상운임선도거래(Foward freight agreement: FFA)

가. FFA 절차

FFA는 앞에서 언급한 바와 같이 이전의 BIFFEX를 대체한 것으로서 항로별·화물별 맞춤형 파생거래라 할 수 있다. 즉, FFA는 해당 계약의 매입자와 매도자가 주요 항로에 대한 미래 일정 시점의 항해용선(voyage charter)이나 정기용선(time charter) 계약에 대하여 해당 항로의 정산 운임(정산 용선료, settlement price)을 기준으로 정산하는 계약을 말한다. FFA 거래가 성립하기 위한 기본적인 계약 조건은 다음과 같다.

- 항로: 예를 들면, Richards Bay to Busan
- 운임: 예를 들면, $33/톤
- 결제 기준 연·월: 통상 월평균 정산 운임 지표가 결제 기준(기초자산)이 되나, 파나막스 선형의 경우는 월평균 정산 운임 지표와 결제 기준월 마지막 7일간의 평균 정산 운임 지표의 두 가지 결제 기준이 있음. 케이프사이즈 선형의 경우는 C4와 C7에 대하여 월평균 정산 운임 지표 이외에 7일간 평균 정산 운임 지표가 결제 기준으로 이용되었으나 2011년 6월 3일 이후 7일간 평균 정산 운임 지표의 산정이 중단됨
- 화물량: 예를 들면, 150,000톤
 * 기간: 정기용선일 경우

FFA의 기준이 되는 정산운임 지표는 발틱해운거래소의 주요 독립 해운중개 기업으로 구성된 평가단(panelist)으로부터 취합된 세계 해운시장에서 거래되고 있는 주요 노선별 운임을 기초로 산정된다. FFA는 이전의 BIFFEX와는 달리 항로 묶음(basket of routes)의 지표뿐만 아니라 항로별 운임을 기초자산으로 하고 있다. 따라서 특정 항로의 화물 운송과 관련된 맞춤형 거래라 할 수 있으며, 개별 거래의 운임 변동 위험의 관리가 가능하다는 장점이 있다.

FFA의 기초자산이 되는 정산 운임 지표와 구성 항로는 다음과 같다. 다만 구성 항로는 세계 해상운송 체계의 변화 및 FFA 거래 동향에 따라 조정 가능하다는 점에 유의할 필요가 있다.

표 3-7 FFA의 기초자산(Underlying asset)

선박 종류	지표명	구성 항로
Capesize	BCI	C3, C4, C5, C7, C9_3, BCI T/C average
Panamax	BPI	P1A, P2A, P3A, BPI T/C average
Supramax	BSI	BSI T/C average
Handysizex	BHSI	BHSI T/C average
Dirty Tanker	BDTI	TD3, TD7, TD8, TD9, TD16, TD17, TD19, TD20
Clean Tanker	BCTI	TC2_37, TC4, TC5, TC6, TC7, TC12, TC14
LPG	LPGI	BLPG1

주 : 1) 2006년 Handymax 지표가 Supramax 지표로 전환
2) 개별 항로 이외에 묶음 항로(basket of routes) 거래도 빈번히 이루어짐
자료 : The Baltic Exchange(www.balticexchange.com, 2015. 2. 17)

위 표에 나타난 바와 같이 선박 종류별·크기별로 다양한 항로가 있는데 각 선형별 기초자산에 대한 항로 구성은 다음과 같다. 다만 항로 구성은 해상운송 체계 및 FFA 거래 동향에 따라 변화될 수 있고, 그 내용은 발틱해운거래소 웹사이트에서 확인 가능하다. 다음 〈표 3-8〉 및 〈표 3-9〉는 건화물선부문의 케이프사이즈 및 파나막스 선형의 기초자산 항로를, 〈표 3-10〉 및 〈표 3-11〉은 탱커부문의 기초자산 항로를 각각 예시한 것이다.

표 3-8 건화물선 케이프사이즈 선형의 기초자산(Underlying asset) 항로

항로	화물	항로
C3	150,000톤	Tubarao(브라질)–BeilunBaoshun(중국)
C4	150,000톤	Richards Bay(남아프리카)–Rotterdam
C5	150,000톤	서호주–BeilunBaoshun(중국)
C6	30,000톤	
C7	150,000톤	Bolivar(콜롬비아)–Rotterdam
C9_03	172,000DWT TC	극동지역을 향하면서 ARA–지중해에서 인도, 일본–중국에서 재인도 : 기간 65일

주 : ARA는 Amsterdam–Rotterdam–Anterwerp지역을 말함
자료 : The Baltic Exchange(www.balticexchange.com, 2015. 2. 17).

표 3-9 건화물선 파나막스 선형의 기초자산(Underlying asset) 항로

항로	선형	항로
P1A	74,000DWT	Trans Atlantic round voyage
P2A	74,000DWT	Continent trip to Far East
P3A	74,000DWT	Trans Pacific round voyage

자료 : The Baltic Exchange(www.balticexchange.com, 2015. 2. 17).

표 3-10 Dirty tanker의 기초자산(Underlying asset) 항로

항로	화물	항로
TD3	265,000톤	M.E. Gulf to Japan
TD7	80,000톤	North Sea to Continent
TD8	80,000톤	Kuwait-Singapore (Crude/DPP Heat 135F)
TD9	70,000톤	Caribs to US Gulf
TD16	30,000톤	Black Sea to Mediterranean
TD17	100,000톤	Baltic to UK-Continent
TD19	80,000톤	Cross Mediterranean
TD20	130,000톤	W. Africa to Continent

주 : USAC는 US Atlantic Coast 지역을 말함
자료 : The Baltic Exchange(www.balticexchange.com, 2015. 2. 17).

표 3-11 Clean tanker의 기초자산(Underlying asset) 항로

항로	화물	항로
TC2	37,000톤	Continent to USAC
TC4	30,000톤	Singapore to Japan
TC5	55,000톤	Middle East to Japan
TC6	30,000톤	Algeria/Euro Mediterranean
TC7	30,000톤	Singapore to East Coast Australia (CCP)
TC12	35,000톤	Naptha Sikka (WCI) to Japan
TC14	38,000톤	U.S. Gulf to Continent

주 : ARA는 Amsterdam-Rotterdam-Anterwerp지역을 말함
자료 : The Baltic Exchange(www.balticexchange.com, 2015. 2. 17).

한편 발틱해운거래소는 FFA의 결제 기준이 되는 정산 운임 지표 평가 리포트를 매일 발표하고 있는데 다음 표는 해운시황이 정점으로 치닫고 있던 시기의 평가 리포트 사례이다. 표에서 보면 2007년 8월 31일 기준 케이프사이즈 C4 항로(Richards Bay - Rotterdam)의 석탄 150,000톤 운송에 대한 현물시장(spot market) 운임은 $35.20/톤, 동년 11월물 FFA 운임은 $35.28/톤, 12월물 운임은 $35.02/톤 등의 수준에서 거래되고 있으며, 2008년 전체 평균은 $28.79/톤으로 나타났다. 따라서 시장 분위기로 볼 때 당분간은 운임 수준이 보합 수준에서 유지되나 2008년 이후 약세를 보일 것으로 예상되었다. 따라서 당시 시황 변동의 기본 방향은 맞게 예상되었으나 2008년 하반기 이후의 급격한 폭락 가능성에 대한 인식은 부족했음을 알

수 있다. 그리고 탱커(유조선)의 경우는 TD3 항로(M. E. Gulf to Japan)의 250,000톤을 기준으로 하였을 때 WS가 현물시장의 경우 57.94이나 11월물은 72.80, 12월물은 87.20에 각각 거래되고 있는 것으로 조사되었다. 그리고 2008년 전체에 대한 WS 평균치는 74.00으로 나타났다. 따라서 당시 시장에서 탱커 운임은 2008년 이후 완만한 약세를 보일 것으로 예상되었음을 알 수 있다.

한편 평가 리포트의 운임 지표는 FFA 매도 및 매수자의 거래를 위한 참고 자료일 뿐 이를 준수해야 하는 것은 아니라는 점에 유의할 필요가 있다.

표 3-12 발틱해운 거래소의 FFA 운임 지표 평가 리포트사례(2008년 7월 31일자)

	Capesize	VLCC
Parcel	150,000	250,000
Route	C4	TD3
Unit	$/ton	WS
Period/Route	CS RABY-RDM	ME Gulf - Japan
Spot	35.20	57.94
Nov(07)	35.28	72.80
Dec(07)	35.02	87.20
Jan(08)	34.55	87.00
Feb(08)	32.83	80.00
Mar(09)	31.85	76.60
Apr(09)	31.09	76.80
May(09)	30.29	67.00
Jul(09)	28.69	70.00
Cal 08	28.79	74.00
Cal 09	23.87	69.80
Cal 10	18.66	

주 : 평가 리포트는 매일 발간됨
자료 : Stopford(2009)

FFA와 관련하여 일반적으로 적용되는 관행 내지 원칙을 보면 다음과 같다. 첫째, 중개인은 매수 및 매도 의향을 가진 당사자들의 거래 조건을 조율하여 합의를 도출한다. 특히 1) 항로, 2) 결제 기준 연·월, 3) 화물량 또는 정기용선의 기간, 4) 결제 기준 운임 수준 등은 중요한 합의 사항이 된다. 둘째, 계약이 확정되면 2영업일(business days) 이내에 서명을 위한 계약서가 발행되며 계약서의 발행은 통상적으로 매도자 측 중개인의 책임으로 이루어진다. 셋째, 결제는 계약 기준일 종료 후 런던 은행 근무일(London banking days) 기준 5영업일 이내에 상호 지급 및 수취되어야 한다. 넷째, FFA에 있어서는 계약의 가격과 조건이 상호 합의가 되기 전까지는 거래 당사자의 신분을 노출하지 않는 것을 원칙으로 하고 있다. 다섯째, 거래는 통상 중개인을 통하여 이루어지는데 FFA 매도자와 매수자가 동일한 중개인을 지정하거나 각각 별도의 중개인을 지정할 수도 있다. 중개인에 대한 수수료는 통상 매도자와 매수자가 각각 0.25%씩 지급하지만 수수료에 대한 별도의 계약이 이루어질 경우에는 이에 따른다. 여섯째, 거래의 목적으로 볼 때 FFA는 거래 도입 당시 주로 해운물류기업들이 위험을 헤징하기 위한 수단으로 이용되었다. 그러나 근래에는 투기 목적으로 전 세계 유수의 투자은행 등 금융기관, 상사(trade house) 등이 FFA에 나서고 있다. 그 결과 헤징보다는 투기적 동기의 거래 규모가 상대적으로 크게 증가하게 되었으며 거래의 유형도 특정 항로나 화물에 대한 거래보다 널리 이용되는 표준화된 거래가 더욱 일반적이다.

한편 FFA 거래에서 사용되는 계약서 표준 양식으로는 FFABA[60], ISDA Master Agreement[61] 등이 있다..

나. 청산소(Clearing house)

한편 FFA는 청산소의 이용 여부에 따라 청산소를 통하지 않는 거래와 청산소를 통한 거래로 크게 나눌 수 있다.

---

[60] FFABA 2007은 파생상품 거래를 위한 가장 보편화된 계약서 양식으로서 발틱해운거래소 회원들에 의하여 1997년에 처음으로 작성되었으며 그 후 수차례의 수정 보완 과정을 거쳤음.
[61] ISDA는 세계적인 장외 파생상품시장 참가자들의 협회이며 ISDA Master Agreement는 해당 협회의 본부(뉴욕 소재)에서 작성한 파생상품 거래 표준 계약서 양식임.

첫째, 청산소를 통하지 않는 거래는 계약 당사자 간에 합의 및 청산이 이루어지는 거래를 말한다. 이러한 유형의 거래는 계약 당사자 간의 거래로서 중개인의 역할은 단순한 중개 업무에 국한하며 계약 불이행에 대해서는 어떠한 책임도 지지 않는다. 그런데 이와 같이 청산소를 통하지 않는 거래의 경우 거래 상대방의 신용위험이 높아질 수밖에 없다. 따라서 거래 당사자들은 신용위험을 줄이기 위하여 은행의 보증이나 신용장 발행, 상호 신용보증 등의 방법을 이용한다. 신용위험에도 불구하고 청산소를 통하지 않는 거래가 이루어지는 이유로는 1) 계약자가 필요로 하는 계약 조건에 맞추어 거래를 설계할 수 있다는 점, 2) 청산소를 통한 거래 시 요구되는 이행 증거금(거래 금액의 15~20%) 부담을 회피할 수 있다는 점 등을 들 수 있다.

둘째, 청산소를 통한 거래는 FFA에서 청산소를 개입시킴으로써 신용위험을 해소하는 방안이다. FFA를 취급하는 청산소로는 LCH.Clearnet[62], SGX[63], NOS[64], NYMEX[65] 등이 있고 이러한 청산소를 이용하기 위해서는 먼저 청산소의 회원으로 가입해야 한다. 다만 회원이 아닌 경우에도 회원(법인, 개인 등)을 통하여 거래를 할 수 있다. 거래소 회원이 되기 위해서는 자기자본과 전문 지식의 확보 등 일정 요건을 충족하여야 한다. 청산소를 통한 거래의 경우 중개인은 청산소에 계약 내용을 통보하고, 청산소는 매수자와 매도자가 각각 지정한 결제 은행을 통하여 계약 금액의 15~20%에 해당하는 개시 증거금(initial margin)을 납입하도록 한다. 매수자와 매도자는 결제 은행의 지정에 있어 청산소 회원사 은행 중에서 선정해야 한다. 청산소는 매일 거래자의 포지션에 대한 시가 평가(marking-to-market)를 통하여 유지 증거금(maintenance margin)을 설정함으로써 신용위험을 관

---

[62] LCH.Clearnet은 London Stock Exchange Group (LSE.L) 소유의 국제적 청산소로 다양한 장외거래를 포함한 주요 거래를 위한 플랫폼을 제공함.
[63] SGX(Singapore Exchange Limited)는 싱가포르 소재의 투자 지주회사로 주식, 파생상품 등의 거래와 관련된 서비스를 제공함.
[64] NOS(Norwegian Futures and Options Clearing House)는 오슬로에 소재한 운임 및 상품에 관한 청산소임.
[65] NYMEX(New York Mercantile Exchange)는 뉴욕에 소재한 선물 거래소임.

리하며, 증거금이 부족할 경우 추가의 증거금 납입을 요구하게 된다. 만약 개시 증거금이 유지 증거금을 초과하면 해당 초과분에 대해서는 인출이 가능하다.

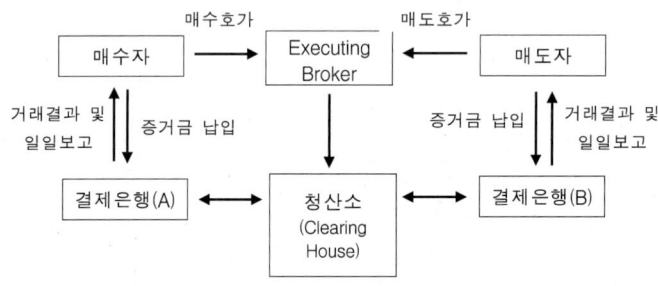

그림 3-1 FFA 거래 구조(청산소를 통한 거래의 경우)

FFA는 당초 청산소 없이 거래가 시작되었고[66] 그 때문에 거래 상대방의 신용위험에 대한 관리가 어려운 상황이었다. 더구나 2008년의 세계 금융 위기 이후 거래 상대방의 부도로 인한 계약 불이행 사례가 급증하였다. 따라서 그 이후 청산소를 통한 거래의 비중이 급증하였고 현재 대부분의 거래는 청산소를 통하여 이루어지고 있다. 그런데 청산소를 이용할 경우 증거금 부담이 거래의 제약 요인으로 작용할 수 있다. 실제로 세계 금융 위기 이후 FFA가 급감하였는데, 이는 신용위험에 대한 경각심의 증대로 청산소를 통하지 않는 거래가 급감한 반면 청산소 거래로의 전환은 증거금 부담으로 인하여 제한적이었기 때문이다.

또한 청산소를 통한 거래의 한 형태로서 Imarex (International Maritime Exchange)가 제공하는 전자거래를 들 수 있다. Imarex를 통한 거래는 전산 시스템에 의하여 실시간으로 이루어진다. 그 이외에도 Imarex 브로커를 통한 거래도 가능하다. 모든 거래는 익명으로 이루어질 수 있으며

---

66) FFA의 첫 거래는 1992년도에 이루어진 것으로 알려져 있으나 관련 청산 서비스가 제공된 것은 2001년 NOS Clearing이 설립되면서부터임.

'직접 청산(straight-through clearing)'으로 알려진 과정을 통하여 NOS (Norwegian Futures and Options Clearing House) 가 자동적으로 거래를 청산하고 있다. 이 전자거래 시스템은 2001년에 탱커시장을 대상으로 도입되었고 2002년에는 건화물시장으로 확대되었다. 그런데 Imarex의 운영은 전자거래 체제로 이루어지나 거래소 내의 전문 중개인을 통한 거래도 가능하다는 점에서 혼합 거래소(hybrid exchange)로 평가된다. 이러한 Imarex 거래를 통하여 가격 투명성과 거래의 신속성이 제고되었고 비교적 작은 단위(lot)로 FFA 거래가 가능해짐으로써 시장 참여자 확대에 기여하고 있는 것으로 판단된다.

(3) 컨테이너선 해상운임 파생상품

해상운임 파생상품은 이미 언급된 바와 같이 BIFFEX에서 시작하여 FFA로 발전하였고, FFA는 건화물선 시장과 유조선 시장의 파생거래 위주로 운영되었다. 2010년 1월에는 기존의 건화물선 시장과 유조선 시장 이외에 컨테이너선 시장에 대한 FFA가 CSL(Clarkson Securities Ltd.)[67]에 의하여 도입되었다. 그리고 2011년 6월 28일 상해항운교역소(Shanghai Shipping Exchange: SSE)는 컨테이너선 해상운임 파생상품의 거래를 위한 전자거래소(electronic platform)를 설립하였다. 이 전자거래소는 SSFEC(Shanghai Shipping Freight Exchange Co.)[68]에서 운영하고 있다. SSFEC에 의하여 운영되는 컨테이너 해상운임 파생상품 거래에 있어서 결제 기준이 되는 운임지표는 SCFI(Shanghai Containerized Freight Index)이다. SCFI는 CLS와 상해항운교역소가 공동으로 개발한 것으로 상해에서 출발하는 15개 주요 항로의 운임(달러)을 나타낸 것이다.

또한 CLS는 상해항운교역소와 공동으로 CFSA(Container Freight

---

67) CSL는 FFA 및 화물 파생상품의 거래를 중개하는 중개회사임.
68) SSFEC는 상해항운교역소에 의하여 설립된 해상운임 파생상품 거래 플랫폼임.

Swap Agreement)라는 파생상품을 내놓았다.[69] CFSA는 스왑거래로서 특정 기간 동안에 합의된 컨테이너 항로에 대하여 결제 운임 수준을 합의하고, 합의된 운임 수준과 실제 운임 수준과의 차이만큼 보상해 주는 것이다. 즉, 스왑거래의 매입자는 실현된 운임이 합의된 운임 수준보다 상승하는 경우 그 차액을 매도자로부터 보상받을 수 있으며, 반대로 매도자는 실현된 운임이 합의된 운임 수준보다 하락하는 경우 그 차액을 매수자로부터 보상받을 수 있다. 여기에서 '스왑'이라는 용어는 지수(지표)에 의하여 산출된 금전을 교환할 것을 약정하는 계약이라는 의미에서 사용된 것으로 보인다. 따라서 운임 스왑거래는 기본적으로 FFA와 동일한 것으로 볼 수 있다. CFSA 역시 FFA와 같이 장외거래 형태로 이루어지며, 결제 기준이 되는 기초자산은 SCFI이다.

(4) FFA 사례

위에서 본 FFA에 대한 이해를 돕기 위하여 해운물류기업이 운임 변동의 위험을 헤징하기 위한 FFA 사례를 살펴본다. 예를 들어 H사는 케이프사이즈 살화물선을 현물시장(spot market)에서 운항하면서 2014년 8월 말에 석탄 150,000만 톤을 Richards Bay(남아프리카)에서 Rotterdam으로 운송(9월 말 선적분)하는 항해용선계약을 당시 현물시장 운임 수준인 $17.20/톤에 체결하였다. 해당 선박은 Rotterdam에서 하역이 끝나면 새로운 화물을 찾아야 하는데 유럽에서 살화물을 확보하기는 쉽지 않으므로 Richards Bay까지 공선으로 회항한 후 11월 말경 다시 석탄을 선적하여 유럽으로 운송할 계획을 가지고 있었다. 그런데 당시의 운임 변동 추세를 감안할 때 11월말 선적 예정인 화물의 운송 계약 체결이 예상되는 10월

---

[69] CFSA는 거래 상대방과 현금 흐름을 교환한다는 점에서 스왑이란 용어를 사용하고 있으나 실질적인 내용 면에서 보면 FFA와 동일한 것으로 이해될 수 있음. 다만 교환을 1회 이상 주기적으로 시행하는 형태가 있는데 이는 FFA가 연속적으로 결합된 것으로 볼 수 있음.

말이 되면 운임 수준이 현재보다 하락할 가능성이 있을 것으로 우려되었다. 이에 H사는 케이프사이즈 항로 C4(Richards Bay에서 Rotterdam까지 150,000톤 석탄 운송)에 대한 11월물 FFA를 매도하기로 결정하였다. 항로 C4에 대한 11월물 FFA의 거래 기준 가격은 $17.28/톤으로 평가되었으며, 실제로 계약된 매도 가격도 $17.28/톤으로 결정되었다. 즉, FFA는 H사가 예상하고 있는 시황 변화의 방향과는 반대로 0.47% 할증되어 거래되고 있는 것이다. 이는 FFA 운임에 따르면 11월 말 선적분의 운임 수입이 $2,592,000(150,000톤×$17.28/톤)가 된다. 이와 같이 11월 선적분의 운임을 $17.28/톤($2,592,000)으로 고정시킨 선주는 10월 31일에 11월 말 선적분에 대한 새로운 운송 계약을 체결하였는데, H사가 예상했던 대로 운임은 $17.00/톤으로 하락하였다. 이에 따라 H사는 $2,550,000(150,000톤×$17.00/톤)의 운송 수입을 얻게 된다. 그런데 FFA를 실제로 실현된 운임 수준($17.00/톤)보다 높은 수준($17.28/톤)에 매도하였으므로 톤당 $0.28, 전체 $42,000(150,000톤×$0.28/톤)의 FFA 이익을 실현하였다. 따라서 H사의 전체 수입은 운송 수입 $2,550,000와 FFA 수입 $42,000를 합하여 $2,592,000가 되었다. 즉, FFA에 의하여 헤징된 운임 수입과 일치하게 된 것이다.

H사는 이러한 FFA 거래를 수행하면서 중개인 수수료(commission)로 $6,480 ($2,592,000×0.25%)을 지불하게 된다. 따라서 H사의 최종적인 순수입은 $2,592,000에서 $6,480을 공제한 $2,585,520이 되었다. H사는 FFA 체결을 통하여 11월 물 현물시장의 운임 수입 $2,550,000보다 $35,520가 많은 $2,585,520의 수입을 획득할 수 있게 된 것이다.

만약 위와는 반대로 H사의 예상과는 달리 현물시장 운임이 FFA 거래가격보다 상승했을 경우에는 FFA를 통하여 오히려 손실을 면하지 못하게 되었을 것이다.

표 3-13 FFA를 활용한 운임 변동 위험 헤징 사례

	현물시장	FFA시장	합계
2014년 8월 31일 케이프사이즈 항로 C4에 대한 FFA 11월 물 매도	C4에 대한 8월 31일 현물 운임은 $17.20/톤임	8월 31일 거래 기준 C4에 대한 FFA 11월 물 운임은 $17.28/톤	-
2014년 11월 말 케이프사이즈 항로 C4 선적분	C4에 대한 11월말 선적분 현물 운임은 $17.00/톤으로 결정됨	$17.28/톤 ($0.28/톤 차익 실현)	-
수지 수지 수지	수입	$2,550,000 (150,000톤×$17.00/톤)	$42,000 (150,000톤×$0.28/톤)	$2,592,000
	지출 (중개수수료)	-	$6,480 ($2,592,000×0.25%)	$6,480
	순수입	-	-	$2,585,520

3. 선박매매시장

1) 선박매매시장의 개념과 특성

선박매매시장은 중고선의 매매가 이루어지는 시장을 말하며 신조선 및 해체선 거래는 제외된다. 다만 조선소에서 건조 중이거나 건조가 완료되어 인도된 신조선에 대한 매매(resale)는 선박 매매의 범주에 포함된다. 선박 매매의 목적을 매도자(선주)의 입장에서 보면 다음과 같다.

첫째, 선주의 운항 목적에 부합하지 않게 된 선박의 처분을 들 수 있다. 특히 국제 무역 환경이 급격하게 변화함에 따라 선주의 요구 선형도 변화하게 된다. 더구나 친환경 선박, 에너지 절감형 선박 등의 개발은 선주의 보유 선대 교체 욕구를 자극하는 요인이 될 수 있다.

둘째, 선가가 하락할 것으로 예상했을 때 선박 매매 차익 즉, 자본이득(capital gain)[70]을 실현하기 위한 목적으로 선박을 매도하게 된다. 해운 호황기 선가가 급등했을 때의 선박 매도는 이러한 자산차익거래(asset play

---

70) 자본이득(capital gain)은 부동산, 주식 등 자산의 처분에 있어 매도가격이 매수가격을 초과할 경우 그 차액을 말함.

차원의 거래 목적에서 주로 이루어진다. 자산차익거래란 저평가된 자산(기업)을 발굴하여 매입 후 가치가 상승했을 때 매도하는 투자 전략을 말한다(www.finance-glossary.com, 2015. 1. 5).

셋째, 보유 선대의 선령을 일정 수준 이하로 유지하려는 경영 지침상 노후 선박을 매도하는 경우를 들 수 있다. 보유 선대의 선령 관리는 선박 유지·보수비의 절감, 선박 운항과 관련된 안전사고의 예방, 기업의 대외 이미지 제고 등의 목적으로 이루어진다.

넷째, 해운시장의 불황기에 자금난의 해소를 위하여 불가피하게 선박을 매도하지 않을 수 없는 상황을 들 수 있다. 특히 2008년 하반기 이후 해운 시황이 급락함에 따라 많은 선주들은 심각한 자금난에 직면하게 되었으며, 이전의 호황기에 고가로 매수한 선박을 저가에 매도하는 사례가 다수 나타났다.

이에 반해 매수자의 입장에서 선박 매매 목적은 다음과 같다.

첫째, 경영(운항) 목적에 부합하는 선박의 확보를 위하여 중고 선박을 확보한다. 즉, 새로운 장기 운송 화물의 집화에 대비하거나 해운시장의 전반적인 운송 수요 증가에 대비한 선박의 확보 등이 이에 해당한다.

둘째, 선박 매매 차익 즉, 자본이득의 실현을 위한 선박 투자 적기라고 판단했을 때 선박매매시장에 참여한다. 이러한 목적의 선박 매수는 주로 선가가 낮은 수준에서 형성되는 해운시장의 불황기에 이루어지는데 향후의 선가 상승 시 매도하여 그 차익을 실현하기 위한 것이다. 이와 같이 특정 운항 목적이 아닌 매매 차익 실현의 목적에서 선박의 매수가 이루어질 경우 선박의 종류, 크기, 기타 사양 등과 관련한 매수자의 요구 조건은 비교적 유동적이다. 그런데 매매 차익의 실현을 위한 목적으로 불황기에 선박을 매수함에 있어서는 몇 가지 고려해야 할 사항이 있다. 1) 선박 확보 이후 상당 기간 동안 운송 수요의 감소 현상이 지속됨으로써 화물 확보에 어려움을 겪을 가능성이 크다는 점을 들 수 있다. 자체적으로 운항하는 대신에 정기용선(time charter)으로 대선(charter out)할 경우에도 용선료가 상대적으로 낮은 수준에서 결정될 수밖에 없을 것이다. 따라서 향후의 시황 회복 시까지 견딜 수 있는 자금력이 뒷받침되지 않으면 안 된다. 2) 해운 불황은 한 번 시작되면 장기간에 걸쳐서 지속되는 경향이 있어, 단순히 선가가 하락했다고 하여 시황 회복이 요원한 시점에서 지나치게 조급하게 투자할 경우 실패할 우려가 있다. 투자의 기본 원칙으로 경기변동에 반하는 투자(counter-cycle investment 또는 anti-cycle investment)가 요구되는 것은 사실이나, 경기 하락의 시작 초입에 서둘러 투자하는 것은 바람직하지 않다. 특히 해운 불황의 장기화 경향은 불황기 선주들의 조급한 선투자가 주요 원인인 경우가 대부분이다. 해운 불황기에 선박의 초과공급이 해소되지 않은 상황에서 이루어지는 선투자로 인하여 선박의 초과공급 상황의 해소가 지연되기 때문이다.

한국의 경우 대부분의 선박 투자는 향후 매각 시의 선가 차익 실현보다는 해당 선박의 운항을 통한 운임 수입의 획득을 목적으로 한다. 따라서 해당 선박의 내용 연수에 해당하는 장기간의 기대 운임 수입이 주요 관심의 대상이 된다.

선박매매시장의 주요 특성을 보면 다음과 같다.

첫째, 선박매매시장은 해운 시황과 밀접한 연관성을 갖고 변화하므로 호황기에는 매매 건수가 증가할 뿐만 아니라 선가도 상승한다. 매수자의 입장에서 보면 호황기에는 선박 확보를 통한 운임 수입의 증대를 실현하려는 유인이 커지는 반면, 매도자의 입장에서는 선가의 상승으로 매매 차익을 실현할 수 있는 기회가 되기 때문이다. 반대로 해운 불황기에는 해상운송 수요의 감소 및 선가 하락으로 매수세와 매도세 모두 위축되는 경향이 있다. 다만 불황기에 심화되는 자금난의 해소를 위한 매도 및 향후 시황 호전 시 매매 차익을 실현하기 위한 저가 매수세가 나타남으로써 제한적인 매매가 이루어질 수 있다.

둘째, 선박 매매는 고가의 선박을 대상으로 하므로 금융 조달이 중요하다. 선박 매매에 있어서 매수자는 통상 선가의 10~30%만 자기 자금으로 조달하고 나머지는 금융을 통하여 조달한다. 그런데 선박 대형화의 진전은 척당 선가의 상승을 초래한 결과 선박금융 조달의 용이성 정도 및 금융 조건에 따라 선박 매매의 성약 여부가 크게 좌우되는 경향이 있다.

셋째, 운송 화물의 특성 및 구성, 무역 거래 관행 등의 변화는 선박매매시장에 영향을 미친다. 예를 들면 컨테이너화의 진전은 신조선시장뿐만 아니라 중고선시장에서의 컨테이너선 거래를 활성화하는 요인으로 작용하였다. 그리고 LNG선(liquified natural gas carrier) 매매의 경우 LNG 개발 프로젝트와 밀접한 관련성을 갖고 이루어진다.

2) 선박 매매의 절차

선박 매매의 통상적인 절차를 보면 다음과 같다.

첫째, 선박 매도 의향을 가진 선주가 매도할 선박을 시장에 내놓는다. 매도 대상 선박의 공개는 통상 선박 매매 중개인을 통하여 이루어진다. 선박 매수자는 적정 선박을 직접 물색하거나 중개인을 통하여 물색을 의뢰한다. 선박 매매 중개인은 매매 대상이 되는 중고 선박에 대한 정보를 유통(circulation)하고, 관련 선박의 세부 사항(description)을 DB화하여 관리한다. 이어 자신의 고객 요구(inquiry)에 부합하는 선박을 제시한다. 필요에 따라 매수자는 특정 선박에 대한 세부 사양(full detail)을 해당 선박을 유통한 중개인에게 요구할 수 있다.

둘째, 적정한 선박을 발견하면 중개인을 통하여 선가를 비롯한 매매 조건을 협상한다. 중개인의 지정과 관련하여 매수자와 매도자가 동일한 중개인을 지정하거나 각각 별도의 중개인을 지정하여 이용할 수 있다. 협상은 매수자와 매도자 간에 오퍼(offer)를 주고받음으로써 진행된다. 즉, 매수자가 일단 오퍼를 던지고 매도자가 카운트 오퍼(counter offer)를 주는 방식이 그것이다. 오퍼에는 확정 오퍼(firm offer)와 자유 오퍼(free offer)가 있다. 확정 오퍼의 경우 유효 기간(validity date)이 명시되고, 유효 기간 내에는 다른 곳에 오퍼를 내지 못하며, 임의적 변경(amendment), 취소(cancellation)[71] 또는 철회(revocation)[72]가 불가능하다. 그리고 상대방이 승낙할 경우 계약 이행 의무가 확정된다. 확정 오퍼의 경우 "We offer you firm" 등과 같은 문구가 삽입된다. 이에 반하여 자유 오퍼는 유효 기간이 명시되지 않으며 동시에 여러 곳에 오퍼가 발행될 수 있고, 임의적 변경, 취소 또는 철회가 가능하다.

셋째, 매매 협상을 통하여 매매 조건에 대한 합의가 도출되면 중개인은 합의 내용의 요약(recap: recapitulation)을 작성하여 매도자 및 매수자에게 제시한다. 매매 당사자들은 해당 요약 내용이 실제로 합의된 내용과 일치하는지의 여부를 확인한다.

넷째, 중개인은 선박 매매 합의 각서(memorandum of agreement: MOA)를 작성한다. 계약서 양식으로는 Norwegian Sales Form[73]이 주로 이용된다. 계약 이행의 세부 내용으로는 선박의 인수·도 장소, 시간, 선급 기록(classification record) 조회, 기타 조건 등이 명시된다. 선박 매매 계약서에는 단서 조항(예를 들면 "subject to ------")을 달게 되며, 따라서 단서 조항이 충족되기 이전까지는 해당 계약서가 법적으로 최종적인 구속력을 갖지는 않는다. 통상 MOA는 팩스를 통하여 서명하게 되고 원본은 국제항공특송을 통하여 전달된다.

다섯째, 선박 검사가 시행되는데 합의된 계약서에 허용된 모든 검사가 가능하다. 선체 검사의 경우 건선거 검사(dry dock inspection) 또는 잠수부를 이용한 수면 아래 검사(underwater inspection)가 이루어진다. 선박

---

[71] 취소란 착오, 무능력 등 법률요건에 반하는 법률행위의 효력을 그 행위의 시점까지 소급하여 소멸하게 하는 의사표시를 말함.
[72] 철회란 법률 행위의 효력이 발생하기 이전에 그 효력 발생을 저지시키는 행위.
[73] Norwegian Sales Form은 노르웨이 선박중개협회에서 작성한 것으로 1956년 BIMCO(Baltic International Maritime Council)에 의하여 채택됨. 이 표준 양식은 1993년 및 2012년에 각각 개정됨.

기관 및 구조물의 이력 확인을 위하여 선급 기록 조회도 시행된다. 선박 검사는 해운 시황 호황기에는 대충 이루어지는 반면 불황기에는 강화되는 경향이 있다. 호황기에는 통상 매도자 우위의 마켓(seller's market)으로서 매도자의 협상력이 상대적으로 커질 뿐만 아니라 매수자는 해당 선박의 인수 및 해운시장 투입을 가능한 한 앞당기려고 할 것이기 때문이다. 반대로 불황기에는 비교적 자세한 검사가 이루어지며 검사 결과 결점 발견 시 선가 재협상 등의 절차에 들어가는 경향이 있다.

여섯째, 선박 매매 계약의 마무리 단계로서 필요한 각종 서류, 도면, 기술 매뉴얼(technical manual) 등을 준비하여 전달한다. 특히 선박 인수도 의정서(Protocol of Delivery Acceptance: PODA)가 중요하고 PODA가 교환된 후에 공식적인 매매로 등록된다.

계약금은 통상 선가의 10%로서 계약 체결 후 3일 이내에 송금한다. 본선을 접수하면 연료유 잔량을 확인하고 총 선가에서 계약금을 제외한 나머지 90%와 잔유량에 대한 대금을 송금한다. 송금은 매도인이 선박 인도 1일 이전까지는 확인할 수 있도록 일정을 잡는다. 잔금 결제가 완료됨으로써 선박의 인수·도가 이루어지며 수입 통관을 거쳐 매매 절차가 종료된다.

그런데 위에서 본 선박 매매 절차는 비교적 일반적으로 적용되고 있는 것을 나타낸 것이며 모든 선박 매매에 있어서 반드시 지켜져야 하는 것은 아니다. 경우에 따라서는 매매 협상의 진행 이전에 선박 검사 및 선급 기록 조회 절차를 선행하는 경우도 있다. 이 경우 매수자의 선박 검사 요청에 따라 매도자는 선박 스케줄을 통보하며, 매수자는 적당한 일정을 잡아 검사자(inspector)의 신원, 여권 번호, 도착 일정을 통보하여 승선 허가를 받는다. 검사자는 검사 후에 검사 보고서를 작성·발급하게 된다.

3) 중고선 가격의 결정

선박 매매에 있어 선가의 결정은 기본적으로 매수자와 매도자 사이의 협상에 의하여 이루어진다. 따라서 양자의 협상력에 영향을 미치는 요인이 중고선 가격의 결정 요인이라고 할 수 있다.

첫째, 양자 협상의 역학 관계에 비교적 큰 영향을 미치는 요인으로 해운 시황 즉, 운임 수준을 들 수 있다. 중고선 가격과 운임 수준 사이에 정(+) 상관관계가 존재한다는 점은 과거의 실적 자료에서도 쉽게 확인 가능하다 (Greenwood & Hanson, 2013 등 참조). 선박 운항을 통한 운임 수입을 목적으로 하는 매수자라면 제시할 수 있는 선가의 최대치는 해당 선박의 잔여 내용 연수 동안 기대 수익의 현재 가치(present value)[74]가 될 것이다. 특히 해운 시황의 호황기에는 이러한 운임 수입의 획득을 목적으로 하는 수요가 증대하며 선가도 상승한다. 반대로 불황기에는 운임 수입의 획득을 위한 수요가 급감하는 반면, 자금난의 해소를 위하여 불가피하게 처분되는 선박의 공급이 증가함으로써 중고선 가격도 하락하게 된다.

선령 5년 선박의 경우 해당 선박 1년 용선료의 4~6배 수준에서 선가가 결정되는 것으로 알려져 있다(Stopford, 2009). 이러한 선가의 용선료에 대한 비율은 호황기에는 낮아지고 불황기에는 높아지는 경향이 있다.

해운 시황의 호황기에 중고선 가격은 신조선 가격을 상당 폭 상회하기도 한다.[75] 호황기에 조선소들은 일반적으로 4~5년 정도의 수주 잔고를 가지고 있는 만큼, 수요자 입장에서는 4~5년 이후에나 인수 가능한 신조선보다 시장에 즉각적으로 투입할 수 있는 중고선을 선호하기 때문이다.

둘째, 선령이 선가에 영향을 미친다는 것은 너무나 당연하다. 선령이 높을수록 잔여 내용 연수는 단축되기 때문이다. 화물선의 폐선 선령과 관련된

---

74) 현재 가치(present value)란 미래에 수취할 총금액을 적정한 할인율(예를 들면 시장 이자율)로 할인한 가액을 말함.
75) 예를 들면 해운 시황이 호황을 보였던 2004~2008년 중에는 중고선 가격(5년 선령 기준)이 신조선 가격을 대체로 상회하였음(Clarkson, 각호).

주요 특징을 보면 1) 해운 시황 호황기에는 연장되고 불황기에는 단축되는 경향이 있다. 건화물선의 평균 폐선 선령을 보면 해운 시황이 극도로 악화되었던 2000년대 초의 경우 26년 내외이었으며, 시황이 크게 호전되었던 2007년을 전후해서는 34년을 초과하기도 하였다(www.bimco.org, 2014. 1. 18). 불황기에는 운임 수준이 낮아 노후선의 유지·보수비 증가를 고려할 때 운항 채산을 맞추기 어렵게 되는 반면, 호황기에는 운임 수준의 상승으로 증가된 유지·보수비에도 불구하고 운항 채산의 확보가 가능하게 되기 때문이다. 2) 선형별로 보면 소형선(핸디사이즈)이 대형선(파나막스 및 케이프사이즈)에 비하여 평균 폐선 선령이 높은 것으로 나타난다. 이는 소형선의 경우 유지·보수가 대형선에 비하여 용이하기 때문이다. 그리고 3) 여객선의 경우 화물선보다 폐선 선령이 높다. 그 이유는 여객선의 경우 승객의 안전 등과 관련된 유지·보수가 양호할 뿐만 아니라 화물 취급 시 발생할 수 있는 선체 손상 등의 위험이 낮기 때문으로 판단된다. 4) 담수 운항 선박의 폐선 연령 역시 해수 운항 선박에 비하여 높게 나타나는 경향이 있다. 이는 선체나 설비·부품의 부식 가능성의 관점에서 담수가 상대적으로 유리하기 때문이다.

한편 이러한 물리적인 노후화뿐만 아니라 선령이 높은 선박의 경우 운항 효율의 저하, 연료 소모량의 증가, 안전·환경 관련 위험의 증가 등 기술적 노후화(technical obsolescence)[76] 및 경제적 노후화(economic obsolescence)[77]로 인한 문제가 많아지게 된다. 이에 따라 중고선은 신조선으로의 대체 압력에 끊임없이 직면하게 된다. 한편 중고선 가격은 선령의 경과에 따라 매년 5~6% 하락하는 것으로 알려져 있다(Stopford, 2009).

셋째, 중고선 가격의 변동 추세를 보면 등락폭이 비교적 크다는 특성을

---

[76] 기술적 노후화(technical obsolescence)란 기술 변화에 의하여 신기술 제품이나 자산에 비하여 성능이 떨어지거나, 불편하거나, 유행에 뒤지는 등의 문제가 발생함으로써 이용이 기피되는 현상을 말함.

[77] 경제적 노후화(economic obsolescence)란 해당 제품이나 자산의 문제가 아닌 외적 요인 즉, 규제의 변화, 기술의 변화 등에 의하여 그 가치가 하락하는 것으로 말함.

갖는다. 예를 들면 파나막스 벌크선(선령 5년)의 경우 2007년 12월의 평균 선가는 9,200만 달러로 1977년의 평균 선가 600만 달러 대비 15.3배에 달하였다(Clarkson, 각호). 이와 같은 중고선 가격의 급등락은 주로 시장 참여자의 기대(expectation) 변화에 따른 것으로 판단된다. 그런데 시장 참여자들의 기대는 비합리적으로 높아지는 경향이 있으며 그 결과 선가도 기대 수익의 현재 가치를 초과하여 오버 슛(overshoot)되는 경향이 있는 것으로 조사된 바 있다(Greenwood & Hanson, 2013). 특히 호황기에는 시장 참여자들의 지나치게 낙관적인 기대로 과잉 투자가 유발됨으로써 향후의 수익률을 저하시키는 경향이 있다.

넷째, 경제 전반의 인플레이션도 중고선 가격 결정의 요인 중 하나가 된다. 인플레이션은 원자재 가격의 변동을 통하여 선박의 건조 원가에 영향을 미치고, 이는 다시 중고선 가격에도 영향을 미치기 때문이다.

4. 신조선시장

1) 신조선시장의 개념과 특성

신조선시장은 조선소와 선주(미래의) 사이에 새로운 선박의 건조 거래가 이루어지는 시장을 말한다. 신조선 발주의 동기를 보면 다음과 같다.

첫째, 해당 선박의 내용 연수 기간 중 기대 수입의 현재 가치가 기대 비용의 현재 가치를 초과할 경우를 들 수 있다. 즉, 해상운송 수요가 증가하거나 운임이 상승하여 신조선 투입의 채산성이 확보된 경우가 이에 해당한다.

둘째, 신규 사업 수행에 필요한 선박의 확보를 위한 경우를 들 수 있다. 특히 제철소, 발전소 등의 건설, LNG 도입 등 특정의 새로운 운송 수요 발생에 대응하기 위한 발주가 이루어진다. 물론 이 경우 신규 사업의 채산성 확보를 위해서는 해당 신조 선박의 내용 연수 기간 중 기대 수입의 현재 가치가 기대 비용의 현재 가치를 초과하지 않으면 안 될 것이다.

셋째, 투기적인 목적으로 신조선 발주가 이루어진다. 해운 시황의 불황기에는 낮은 선가로 투기적 목적의 선박 투자를 위한 적기라고 할 수 있다. 특히 재무구조가 양호한 우량 기업의 경우 유리한 조건의 금융 확보가 가능하므로 불황기 투자를 고려해 볼 수 있다. 그런데 불황기의 신조선 투자 역시 앞의 중고선 매수와 관련하여 언급한 바와 같이 몇 가지 유의할 사항이 있는데, 1) 불황의 장기화에 대한 대비, 2) 지나치게 조급한 선투자의 지양 등이 그것이다.

넷째, 중고선 시장에서 원하는 선형의 선박을 구할 수 없을 경우를 들 수 있다. 특히 선박 기술의 발전에 따라 운항의 환경성 제고, 에너지 절감 선형의 개발 등이 이루어지고 있으며 이러한 첨단 선박의 확보를 위한 발주가 증가하고 있다.

다섯째, 해운 시황의 호황기에 중고선 가격이 신조선 가격을 크게 상회하여 중고선 매수 대신에 신조선을 선택하는 경우를 들 수 있다.[78] 이 경우 선주들은 대체로 미래의 시황 전개를 지나치게 낙관하여 선박에 대한 과잉 투자를 함으로써 불황을 야기하는 경향이 있다. 특히 해운 시황의 호황기에는 조선소들이 4~5년 치의 일감을 확보하고 있는 상황이므로 신조 발주한 선박이 인도되는 시기에는 이미 시황이 불황으로 전환하여 투자 손실 및 자금난에 직면하는 상황이 전개될 우려가 있다.

여섯째, 선령을 일정 수준 이하로 유지하려는 해운물류기업의 경영 방침에 따른 경우도 있다. 특히 영국을 비롯한 유럽의 해운물류기업들은 선령 10~15년 사이에 선박을 교체하려 하는 경향이 있다(Stopford, 2009). 선령을 낮은 수준으로 유지할 경우 자본비 부담은 증가하는 반면 유지·보수비는 절감된다. 따라서 대부분의 유럽 해운물류기업들은 선박의 유지·보

---

[78] 예를 들면 2007년의 경우 케이프사이즈선 신조선 가격은 9,700만 달러였으나 5년 중고선 가격은 1억 5,000만 달러에 달했음(Clarkson 자료).

수에 따른 비용 부담 및 운항 차질의 문제를 회피하려는 성향이 상대적으로 높다는 것을 알 수 있다. 뿐만 아니라 앞에서 언급한 바와 같이 선령이 낮을 경우 운항과 관련된 안전사고의 저감 및 해운물류기업의 대외 이미지 제고에도 도움이 될 것으로 기대되기 때문이다.

신조선의 공급을 담당하는 조선소를 보면 세계 선박의 건조 능력은 수요를 초과하는 경향이 있다.[79] 선박의 초과공급을 유발하는 요인으로 다음 사항을 들 수 있다. 1) 세계적 신조 능력의 과잉은 선박의 초과공급을 유발하는 요인 가운데 하나가 된다. 특히 조선소들은 2) 에너지 절감 선박, 친환경 선박 등을 개발하여 신조 수요를 유발하고 있다. 3) 컨테이너선을 중심으로 한 선박 대형화 경쟁 역시 해상운송 수요와 무관하게 신조선 발주를 초래하는 주요 요인이 된다. 특히 선주들은 불황기 타개를 위한 방안으로 에너지 절감 선박의 발주를 통한 연료비 절감, 선박 대형화를 통한 규모의 경제 실현 등을 추구하는데, 이러한 선주들의 해운 불황 타개 노력이 해운 불황을 더욱 심화시키는 요인이 된다. 4) 친환경 선박의 도입 역시 선주의 대외 이미지 개선 등의 효과를 통하여 경쟁력을 확보하기 위한 수단으로 이용되는 경향이 있어 선박의 초과공급 유발 요인으로 작용한다. 한편 조선소들은 해운 불황기의 화물선 신조 수요 감소에 대응하여 해양플랜트, 연구·조사선 등의 건조를 모색하는 등 사업 다각화(diversification)[80] 노력도 기울이고 있다.

신조선시장이 해운 부문의 다른 시장과 차별화되는 가장 큰 특징은 존재하지 아니한 상품(선박)에 대한 거래라는 점이다. 즉, 신조선은 발주 후 일정 기간이 지난 후에 조선소로부터 인도되는 것이다. 이에 따라 신조선 거래의 대금은 건조 공정에 따라 수차례 나누어 결제된다(〈표 3-14〉 참조).

---

79) 전세계 대형 조선소(고용 인원 200명 이상)는 300여 개에 달하며 그 외에도 수많은 소형 조선소가 존재함 (Stopford, 2009).
80) 사업 다각화(diversification)란 한 기업이 다른 여러 산업에 참여하는 것을 말함. 다각화에는 제품이나 판매 지역 측면에서 관련된 산업에 다각화하는 관련다각화와 서로 관련되지 않은 산업에 참여하는 비관련다각화가 있음.

선박 사양의 결정에 있어서는 조선소는 가능한 한 표준 선형(standard design)을 권유하는 경향이 있다. 즉, 조선소는 시장의 수요를 대표하는 사양의 표준 선형을 정해 놓고 동일한 선형의 시리즈(series) 선 건조를 선호하는 것이다. 표준 선형의 건조에 있어서는 추가적인 설계가 불필요할 뿐만 아니라 건조 공정의 표준화 및 자동화가 어느 정도 가능하며 원자재 조달에 있어서도 대량 구매에 따른 이점이 있다. 이에 따라 표준 선형의 건조에 있어서는 비용 절감과 공기 단축이 가능하게 된다. 표준 선형의 이러한 이점은 동일한 선형의 발주량이 증가할수록 커지게 되며, 이러한 표준선 건조 방식은 선박 건조 원가를 최고 40%까지 절감할 수 있는 것으로 알려지고 있다(황진회, 2006). 특히 일본의 경우 해운물류기업과 조선소 간에 긴밀한 협력관계가 구축되어 있는데[81] 그 결과 거래 당사자 상호 합의에 의한 표준 선형의 건조 비중이 높은 편이다. 일본의 이러한 표준 선형 건조 방식은 신조선 건조 원가절감에 기여한 것은 사실이나, 장기적인 관점에서 설계 및 맞춤형 건조 기술의 낙후라는 문제점을 야기한 요인이 되기도 하였다. 표준 선형의 건조에 있어서는 새로운 설계 및 건조 기술의 적용 여지가 거의 없기 때문이다.

또한 신조선의 계약 절차 및 내용은 상대적으로 복잡하다는 특징이 있다. 이는 1) 계약 대상이 되는 선박이 고가로서 계약의 이행과 관련하여 거래 당사자들의 이해관계가 크게 좌우된다는 점, 2) 존재하지 않은 상품(선박)에 대한 계약으로서 건조 대상 선박의 자세한 구체적 사양이 계약 내용에 포함되어야 한다는 점, 3) 선박 건조에 비교적 장기간(통상 1년 내외 또는 그 이상)이 소요되므로 건조 기간 중의 시장 여건 변화를 고려해야 한다는 점 등에 따른 것으로 판단된다.

---

[81] 예를 들면 NYK는 미쓰비시중공업(三菱重工業; Mitsubishi Heavy Industries, Ltd.), MOL은 이시카와지마 하리마 중공업(石川島播磨; Ishikawajima-Harima Heavy Industries Co., Ltd.), K-Line은 가와사키 중공업(川岐重工業; Kawasaki Heavy Industries, Ltd.)에만 발주하는 방식임(황진회, 2006).

2) 신조선 계약의 절차

신조선 계약에 있어서는 통상 직접 협상하는 방식이 이용되지만 중개인이 개입되는 경우도 있다. 신조선 협상의 개시에 있어서 일반적인 절차는 다음과 같다.

첫째, 조선소들로부터 입찰서(tender)를 받은 다음 그 중에서 1개 업체를 선정한 후 자세한 계약 조건(선박 디자인, 사양, 대금 지급 등)을 협의하는 절차를 거치는 경우가 일반적이다. 그러나 강세장(매도자 시장)에서는 조선소의 입찰서를 받을 수 없게 된다. 신조선 발주자들이 제한된 조선 도크를 두고 경쟁하기 때문이다. 경우에 따라(특히 매도자 우위의 강세장에서) 조선소는 자체 표준 선형을 강요하기도 한다. 앞에서 언급한 바와 같이 표준 선형을 채택할 경우 조선 원가절감 및 공기 단축이 가능하기 때문이다.

둘째, 신조선 협상의 주요 내용으로는 가격, 사양, 계약 이행 조건, 조선소에 의하여 제공되는 신조선 금융 등을 들 수 있다. 일반적으로 신조선 협상에 있어서는 비교적 고가의 선박을 대상으로 하는 특성상 거액의 이해관계가 걸려 있을 뿐만 아니라 계약 내용이 복잡한 편이다. 따라서 협상에 6~12개월의 장기간이 소요되는 경우도 흔히 있다.

신조선 대금의 지급 조건은 신조선 시황 여건, 발주 기업과 조선소의 재무 상황, 거래 관계 등에 따라 크게 달라질 수 있다. 계약금은 통상 선가의 10~50% 수준이지만 신조선 시황의 호황기에는 증대하고 불황기에는 감소하는 경향이 있다. 호황기에는 조선소(매도자)가 불황기에는 발주자(매수자)가 협상력의 우위에 있기 때문이다.[82] 중도금은 공정에 따라 4번 정도 나누어 지급된다. 다음 표는 계약금을 20%로 상정했을 경우의 일반적인 지급 스케줄을 예시한 것이다.

---

[82] 신조선시장이 극도로 침체되었던 2002년의 경우 계약금 10%, keel(용골) lay 10%, launch 10%, 나머지 70%를 인도 시 지급하기도 하였음.

표 3-14 신조선 대금의 일반적 지급 스케줄(예시)

건조 단계	지급액
계약서 서명	20%
강재 절단	20%
용골 설치(keel laying)	20%
진수(launching)	20%
인도(delivery)	20%

셋째, 신조선 협상이 일단락되면 의향서(letter of intent: LOI)를 작성하고 이를 기반으로 세부 사항의 협의에 들어간다. 일반적으로 의향서는 법적 구속력이 없다. 그러나 설계에 많은 비용이 소요되었을 경우에는 미묘한 문제가 발생한다. 여객선(크루즈선), 대형 컨테이너선 등의 경우 설계비용이 많이 소요되는 것으로 알려져 있다. 이와 같이 계약 확정 이전에 설계비용이 과다하게 소요된 경우에는 이에 대한 별도의 합의를 하기도 한다.

넷째, 이와 같은 과정을 거쳐 신조선 거래에 대한 세부 내용이 합의되면 계약서(contract)가 작성된다. 계약서 작성은 통상 표준 양식을 기초로 하는데, SAJ form[83], AWES form[84] 등이 많이 이용된다. 특히 일본조선공업협회에서 제정한 SAJ form이 널리 이용되고 있는데 그 배경으로는 일본이 1950년대부터 1990년대 말까지 선박 건조 부문에서 세계 1위를 유지했다는 점을 들 수 있다.[85] 신조선 계약서는 통상 70~80 페이지에 달하는 것으로 알려져 있다(Stopford, 2009).

---

83) 일본조선공업협회(Shipbuilders' Association of Japan: SAJ)에서 1974년에 제정한 신조선 표준 계약서임.
84) 서유럽조선공업협회(Association of West European Shipbuilders): AWES)에서 1972년에 제정한 신조선 표준 계약서임. 단, AWES는 2004년 7월에 유럽조선공업위원회(Committe of European Shipyards' Association: CESA)로 명칭이 변경됨.
85) 1990년대 말(1999년) 신조선시장 점유율 1위는 한국으로 넘어갔으며 그 이후에도 한국, 중국, 일본 등 아시아 국가들이 세계 조선시장을 지배함에 따라 유럽에서 제정된 AWES form의 이용은 활성화되지 못하고 있는 것으로 판단됨.

3) 신조선 가격의 결정

신조선 가격의 결정에 영향을 미치는 요인은 다음과 같다.

첫째, 운임 수준(해운 시황)이 큰 영향을 미치는 것으로 조사된 바 있다(Xu et al., 2011). 즉 해운 시황의 호황기에는 선복 수요가 증가하며 그 결과 신조선 발주량(신조 수요)이 증가함으로써 신조선 가격도 상승하게 된다. 불황기에는 반대로 신조선 수요가 감소하여 신조선 가격도 하락한다.

둘째, 세계 금융시장 여건도 신조선 가격에 영향을 미치는 것으로 판단된다. 유동성이 풍부하고 금리가 낮은 시기에는 신조선 금융비용이 상대적으로 낮으며 따라서 그만큼 선가 상승의 여지가 생기게 된다.

셋째, 경제 전반적 물가 수준도 신조선 가격에 영향을 미치는 요인이 된다. 예를 들어 인플레이션으로 철재를 비롯한 원자재 가격이 상승하면 신조선 원가가 상승하며 그만큼 신조선 가격의 상승 압력으로 작용하게 될 것이다. 따라서 인플레이션 정도는 공급 측 요인이라 할 수 있다.

넷째, 신조선시장의 분위기(market sentiment)도 신조선 가격에 영향을 미치는 요인이 된다. 신조선시장의 분위기는 발주자와 조선소의 협상력에 영향을 미침으로써 신조선 가격의 결정 요인으로 작용하기 때문이다. 즉, 신조선 시황의 호전이 예상될 경우에는 조선소의 협상력이 상대적으로 커지며 선가 협상에서도 우위를 점하게 됨으로써 신조선 가격이 상승하는 경향이 있다. 반대로 시황의 후퇴가 예상될 경우에는 발주자의 협상력이 상대적으로 커짐으로써 신조선 가격은 하락하는 경향이 있다.

다섯째, 대형 조선소의 경우 해양플랜트 등에 사업을 다각화하고 있어 이들 사업 부문에 대한 수요(발주량)의 증감에 따라 신조선 가격이 상승 또는 하락할 수 있다. 특히 2008년 하반기 이후의 해운 불황기에 있어 주요 조선소들은 신조선 발주량의 감소에도 불구하고 해양플랜트의 수주를 통하여 일감을 확보하고 있는 실정이다. 그 결과 조선소 간의 지나친 신조선 수주경쟁이 지양됨으로써 신조선 가격도 어느 정도 유지되었던 것으로 판단된다.

한편 신조선 가격과 선령 5년 중고선 가격을 비교해 보면 후자가 전자의 80% 정도로 나타나는 경향이 있다(Stopford, 2009).[86]

5. 해체선 시장

해체선 시장은 해체 대상이 되는 선박의 거래가 이루어지는 시장이다. 따라서 해체선 시장은 기본적으로 앞에서 본 선박매매시장과 유사한 특성을 가지며 거래 대상 선박이 해체된다는 점에서 차이가 있을 뿐이다. 여기에서는 일반적인 선박매매시장과 차별화되는 해체선 시장의 주요 특성에 대하여 살펴보고자 한다.

선박의 해체는 철재 및 부품의 재활용을 목적으로 이루어진다. 그런데 선박의 해체 및 재활용과 관련하여 환경 문제, 종사자들의 건강 및 안전 문제가 제기된다. 그런 점 때문에 해체 조선소는 후발 개발도상국에 집중되어 있는 경우가 많다. 이들 국가에 있어서는 비교적 저렴한 노동력을 용이하게 확보할 수 있기 때문이다. 뿐만 아니라 후발 개발도상국에 있어서는 고철에 대한 수요도 많은 편이다. 주요 국가별 고철에 대한 수급 상황을 보면 경제 발전 단계의 초기에는 수요가 공급을 초과하여 순수입국으로 기능하나 경제발전이 성숙 단계에 접어들면 반대로 공급이 수요를 초과하여 순 수출국으로 전환되는 경향이 있다.[87] 즉, 후발 개발도상국의 경우 선박 해체 작업을 위한 저임금 노동력의 확보가 용이할 뿐만 아니라 해체된 고철 및 부품에 대한 수요도 풍부하여 해체 조선소의 입지에 유리한 여건을 갖추고 있는 것이다.

해체선에 대한 수요는 철재(고철) 가격 및 해체 비용에 직접적인 영향을

---

86) 1990년대 초 불황기에는 선령 5년의 중고선 가격이 신조선 가격의 60% 내외로 떨어지기도 했음(Clarkson, 각호).
87) 세계 주요 고철 수출국은 미국, 유럽, 일본, 러시아 등인데 반하여 주요 수입국은 중국, 한국, 터키, 인도 등으로 나타남(World Steel Association, 2013).

받는다. 세계 고철 가격은 단기적인 등락은 있으나 대체로 상승 추세를 나타내고 있는데, 이는 중국을 비롯한 개발도상국들의 경제발전으로 고철에 대한 수요가 증가하고 있기 때문이다.[88] 그리고 해체 비용은 인건비, 환경 및 안전 규제와 관련된 비용 등에 의하여 결정된다.

이에 비하여 해체선의 공급을 결정하는 요인으로는 철재(고철) 가격, 운임 수준(해운 시황), 세계 선대 구성(선령, 선종·유형 등), 국제무역 여건 변화, 조선 기술 변화 등을 들 수 있다. 1) 일반적으로 시장의 수급은 가격을 매개로 하여 조정된다는 점에서 고철 가격이 해체선의 수요뿐만 아니라 공급을 결정하는 주요 요인이 됨은 물론이다. 그리고 2) 운임 수준 역시 해체선의 공급을 결정하는 주요 요인이 되는데, 해운 시황의 호황기에는 해체선령이 연장되는 반면 불황기에는 단축되는 현상이 나타남은 앞에서 언급한 바와 같다. 따라서 해운 시황의 호황기에는 해체선 공급이 감소하고 불황기에는 증가하게 된다. 3) 세계 선대의 선령 구성 변화가 해체선 공급 결정의 요인이 될 수 있다. 예를 들면 세계적인 해운 시황의 호황기에 대량으로 발주된 선박은 비슷한 시기에 내용 연수가 다함으로써 해체선 시장에 쏟아져 나올 우려가 있다. 그리고 4) 선박의 종류 및 선형 구성은 국제무역 체제에 의하여 결정되는 만큼 국제무역 체제가 변화할 경우 선박의 종류 및 선형에 대한 수요가 변화하게 된다. 그 결과 특정 선종 및 선형에 대한 수요가 감소함으로써 즉, 경제적 노후화 현상이 나타남으로써 해당 선종 및 선형의 해체선 공급이 증가하기도 한다.[89] 5) 에너지 절감 선박의 개발을 통한 연료비 절감, 선박의 대형화(특히 컨테이너선의 경우)를 통한 규모의 경제(economies of scale) 실현 등 조선 기술의 발전 역시 기존 중고선의 해

---

88) 한국의 수입 고철 가격은 2000년대부터 세계 경제위기(2008년) 발생 시까지 급등한 사례가 있음(e-나라지표: http://index.go.kr, 2014. 1. 19).
89) 예를 들면 1980년대 초를 전후하여 곡물, 광석 등 국제 원자재 가격이 급등함에 따라 이들 화물의 거래 단위가 감소하였고, 그 결과 대형 벌크선에 대한 수요가 감소하여 이들 선형의 해체가 촉진되기도 하였음. 그리고 1960년대 들어 선박의 컨테이너화가 급속도로 진전됨에 따라 그동안 널리 이용되었던 multi-decker의 수요가 감소함으로써 대규모로 폐선되었음. 그 이외에도 1970년대의 석유위기(제1차 석유위기: 1973년 10월, 제2차 석유위기: 1978년 12월)로 유가가 급등함에 따라 에너지 효율이 낮은 증기터빈 유조선이 대규모로 폐선됨.

체를 촉진하는 요인이 된다. 이러한 신기술 선박에 비하여 기존 중고선은 가격경쟁력(price competitiveness 또는 cost competitiveness)[90]을 상실하기 때문이다.

해체선 거래에 있어서는 앞에서 언급한 중고선 매매 표준 계약서인 Norwegian Sales Form이 이용되기도 하지만 중개인들이 자신의 계약서 양식을 개발하여 이용하기도 한다.

---

[90] 가격경쟁력(price competitiveness 또는 cost competitiveness)이란 경쟁 업체에 비하여 얼마나 낮은 가격으로 해당 제품이나 용역을 공급할 수 있는가의 정도를 말함.

제 4 장

해상운임의 결정

1. 해운 서비스에 대한 수요
2. 해운 서비스의 공급
3. 해운시장의 균형
4. 해운 경기

1. 해운 서비스에 대한 수요

1) 해운 서비스 수요의 결정

(1) 해운 서비스 수요(무역)의 유발 요인

가. 생산원가의 차이

해운 서비스는 국제무역의 결과 유발되는 유발수요다. 즉, 국제무역은 해운 서비스에 대한 수요를 유발하는 요인이 된다. 그런데 국제무역이 이루어지기 위해서는 특정 재화(서비스)의 국제적 가격 차이가 운송 비용(해상보험료 포함)과 관세의 합계보다 크지 않으면 안 된다. 개별 국가들은 상대국가와 비교하여 저렴하게 생산할 수 있는 재화(서비스)를 수출하고 반대로 생산비가 높은 재화(서비스)를 수입하는데 국가 간 가격 차이가 운송비와 관세를 합한 금액 이상이 되어야 무역이 가능하게 된다. 즉, 국제무역은 상대 국가에 비하여 일정 수준 이상(가격 차이가 운송비와 관세 합계액보다 큰 경우)의 경쟁력의 우위를 가진 재화(서비스)를 수출하고 경쟁력 열위의 재화(서비스)를 수입하게 되는 것이다.

그런데 경쟁력 결정에 관한 이론은 절대우위(absolute advantage)와 비교우위(comparative advantage) 이론으로 구분된다. 먼저 절대우위 이론은 아담스미스(Adam Smith)[1]가 『국부론』(*An Inquiry into the Nature and Causes of the Wealth of Nations*)에서 주장한 것으로 각국은 생산비가 타국에 비해 절대적으로 낮은 상품의 생산에 각각 특화(specialization)하여 교역하면 모두에게 이익이 발생한다는 이론이다.[2] 여기에서 특화란

---

[1] 아담스미스(Adam Smith, 1723~1790)는 영국(스코틀랜드 출신)의 정치경제학자로서, 국부론(*An Inquiry into the Nature and Causes of the Wealth of Nations*)의 저자임. 그는 일반적으로 경제학의 아버지로 여겨지며 자본주의와 자유무역에 대한 이론적 기초를 제공했음.

[2] 예를 들면 식품 1톤을 생산함에 에 있어 A국은 노동 3단위, B국은 노동 4단위가 소요된다면 식품 생산에 있어 A국이 절대우위를 가진 것으로 봄. 이에 비하여 의복 1꾸러미를 생산함에 있어 A국은 노동 6단위, B국 노동 2단위가 소요된다면 의복 생산에 있어서는 B국이 절대우위를 갖게 됨. 이 경우 A국은 식품을 수출하고 B국은 의복을 수출하게 됨.

생산의 효율성 제고를 위하여 경쟁력을 확보한 부문(생산의 효율성이 높은 부문)에 생산을 집중하는 것을 말한다. 특화에는 완전특화(complete specialization)와 불완전특화(incomplete specialization)가 있다. 전자는 모든 경쟁력 미확보 부문의 생산을 포기하고 전적으로 경쟁력을 확보한 부문에만 생산요소를 투입하는 것을 말하고, 후자는 경쟁력을 확보하지 못한 부문에 대해서도 일정 수준의 생산을 지속하는 것을 말한다. 이와 같이 생산의 특화에 의하여 교역을 시행할 경우 노동의 국제적 분업이 촉진됨으로써[3] 원가절감이 가능하게 된다.

이에 비하여 비교우위 이론은 한 나라가 두 재화(서비스) 모두 절대우위에 있고 상대국은 모두 절대열위에 있는 경우에도 생산비가 상대적으로 더 적게 드는(기회비용이 상대적으로 더 적은) 재화(서비스)에 특화하여 교역하면 상호 이익을 얻을 수 있다는 이론이다. 이 이론은 리카도(Ricardo)[4]가 『정치경제와 과세의 원리』(Principles of Political Economy and Texation)에서 주장한 이론이다. 한 국가의 생산원가가 두 산업 부문 모두 높은 경우 기존의 절대우위 이론에 의하면 해당 국가는 무역을 하지 않고 보호 정책(쇄국 정책)을 선택할 수밖에 없을 것이다. 그러나 비교우위 이론에 의하면 이 경우에도 해당 국가가 상대적으로 높은 경쟁력을 가진 부문(비교우위 부문)의 제품을 생산·수출하고, 상대적으로 경쟁력이 낮은 부문(비교열위 부문)의 제품을 수입함으로써 상호 이익의 획득이 가능하게 된다.

비교우위 이론의 사례로 식품 1톤의 생산에 있어 A국은 노동 3단위, B국은 노동 4단위가 소요되며, 의복 1꾸러미의 생산에 있어서는 A국은 노동 1단위, B국은 노동 2단위가 각각 소요된다고 가정해 보자. 이 경우 절대원가를 보면 A국이 양 부문 모두 우위(절대우위)에 있다. 그러나 A국의 B국에 대한 상대원가를 보면 식품은 B국의 3/4(75%), 의복은 B국의 1/2(50%)이

---
[3] 절대우위 이론은 노동가치설에 입각한 이론으로서 생산요소로 노동만을 고려하였음.
[4] 리카도(David Ricardo, 1772년~1823년)는 영국의 경제학자로 아담 스미스와 함께 영국 고전파의 이론 체계를 완성하였음.

된다. 따라서 A국은 의복 생산의 상대 원가가 낮으며 의복에 비교우위를 갖게 된다. 이에 반하여 B국은 식품에 비교우위를 갖게 된다. 그 결과 A국은 의복(식품)을 수출(수입)하고, 반대로 B국은 식품(의복)을 수출(수입)하게 된다.

이 경우 한 가지 의문이 제기된다. 앞에서 수입품의 상대국 가격(생산비)은 수입국 가격(생산비)보다 저렴해야 하며, 그 차이가 운송비와 관세를 합한 금액 이상이 되어야 무역이 가능하게 됨을 언급한 바 있기 때문이다. 그런데 위의 비교우위 사례에 의하면 A국이 수입하게 되는 식품의 B국 가격(생산비)은 노동 4단위로 자국 가격(생산비)인 노동 3단위보다 높은데 과연 자국보다 높은 가격의 재화 수입이 가능할 수 있을까? 그런데 이러한 문제는 환율이라는 매개 기능을 통하여 조정될 수 있다. 즉, 자국(A국) 통화와 B국 통화의 교환가치가 조정됨(자국 통화가 B국 통화에 비하여 고평가됨)으로써 자국 통화로 평가된 B국 식품의 가격은 자국 생산의 식품보다 저렴하게 되는 것이다.

한편 비교우위 이론은 '헥셔-오린 정리'(Heckscher-Ohlin Theorem)에 의하여 더욱 정교하게 발전하였다. 헥셔-오린 정리의 내용은 노동이 상대적으로 풍부한 국가는 노동집약적인 부문에서 비교우위를 가지며 자본이 상대적으로 풍부한 국가는 자본집약적인 부문에서 비교우위를 가진다. 그리고 각 국가는 비교우위(열위)부문의 재화 및 서비스를 수출(수입)한다는 것이다. 헥셔-오린 정리가 성립하기 위해서는 1) 두 재화(또는 서비스)의 생산함수는 두 요소의 투입이 비례적으로 변화할 경우 수확불변(constant returns to scale)이다. 다만 한 요소만이 변화할 경우에 개별요소에 대한 수확체감(diminishing returns to individual factor)이 적용된다. 2) 재화(서비스) 생산의 요소 투입 비율에는 차이가 있다. 즉, 자본집약재와 노동집약재가 존재한다. 3) 두 국가의 요소 부존 비율(자본/노동)에는 차이가 있다. 4) 그 이외에도 요소 집약도 역전이 없어야 한다. 여기에서 요소 집약도 역전이란 요소 집약도가 반대로 바뀌는 현상을 말하는 것으로, 한 재화가 임금-이자 비율이 어떤 수준 이상일 경우에는 자본집약적으로 생산되고 그 수준 이하일 경우에는 노동집약적으로 생산되는 경우를 예로 들 수 있다. 5) 그 이외에도 생산요소의 국가 간 이동은 불가하며, 양국 후생함수는 동일하고 동질적(homothetic)[5]이라는 등의 가정이 요구된다. 이 경우 상대적 요소 부존량에 따라 특화 부문이 결정되는데, 풍부한 요소(즉, 저렴한 요소)를 집약적으로 사용하는 부문에 특화한다는 것이다.

헥셔-오린 정리가 적용되는 사례로서 좁은 국토에 비교적 많은 인구, 부족한 지하자원(깊은 심도의 광산, 저품질의 광물)을 가진 A국(한국, 일본, 스위스 등과 같은)과 넓은 국토에 풍부한 지하자원(채굴 조건이 좋은 광산, 고품질의 광물)을 가진 B국(미국, 캐나다, 오스트레일리아 등과 같은)을 상정해 보자. 만약 무역이 없었다면 양국이 농업과 다양한 제조업을 영위함으로써 자급자족하는 경제 체제를 구축하게 될 것이다. 이 경우 A국은 물적 자원이 제한되어 있으므로 생산 증대에 따른 원가 상승 압박을 크게 받는 반면, B국은 풍족한 자원으로 인하여 원가 상승 압박을 덜 받게 될 것이다.

그런데 양국 사이에 무역이 이루어질 경우 A국은 제한된 자원으로 인하여 제조업에 비교우위를 갖게 되며 따라서 농업과 광업에 투입되었던 노동을 제조업으로 전환함으로써 제조업에 특화하게 될 것이다. 그리고 B국은 농업과 광업에 비교우위를 갖고 제조업에 투입되었던 노동을 농업과 광업으로 전환함으로써 농업과 광업에 특화하게 된다. 그 결과 A국은 제조업 제품을 수출하고, 식량과 제조업의 영위를 위한 자원은 B국에서 수입하게 된다. 물론 B국은 이와 반대의 무역 유형을 나타내게 될 것이다. 그리고 이와 같은 무역을 통하여 양국은 무역 이전보다 풍족한 생활이 가능하게 된다.

---

5) 동질적 함수란 모든 변수를 λ배 할 때 함수 값이 λn배가 될 경우 n차 동질적함수라 함. 특히 n=1이면 선형동질적(linearly homothetic) 함수가 됨.

〈자원의 저주(Resource Curse)〉

천연자원이 풍부한 국가의 경우 자원으로 인하여 경제발전이 오히려 지연될 뿐만 아니라 빈부 격차의 확대, 난개발로 인한 환경 악화 등 여러 가지 문제가 발생하는 현상을 흔히 '자원의 저주'라고 한다.

예를 들면 네덜란드는 1959년에 북해에서 다량의 가스전을 개발하면서 주요 천연가스 수출국이 되었다. 그 결과 외화 유입으로 인하여 자국 통화 가치가 크게 상승함으로써 자국 제조업이 경쟁력을 상실하게 되었을 뿐만 아니라 임금 상승, 노사 갈등 등의 문제가 나타났다. 그리고 기업의 투자 위축으로 국가 경제가 심각하게 침체되었다. 이와 같은 현상을 '네덜란드병'(Dutch Disease)이라고 부르기도 하였다. 그 이외에도 대다수 OPEC 국가들은 석유 수출에 대한 의존도 심화의 결과 제조업 발달의 저하, 빈부 격차로 인한 사회 갈등 등의 문제를 겪고 있다. 러시아의 경우도 천연가스, 석유 등 자원 수출에 대한 의존도가 심화된 결과 정부의 확고한 지원을 받고 있는 군수산업과 우주항공산업 등 일부 전략 산업을 제외한 일반 제조업이 낙후되어 있다.

자원의 저주를 야기하는 요인으로는 첫째, 대규모의 자원 수출 대금 유입으로 자국 통화의 평가 절상(환율 하락), 인플레이션, 임금 상승 등의 파급 효과가 나타나며 그 결과 자국 제조업이 경쟁력을 상실한다. 더구나 중소 국가들의 경우 제한된 인력과 기반 시설이 자원 개발에 집중되면서 다른 산업은 성장의 기회를 상실하게 된다. 둘째, 자원 수출의 혜택은 일부 계층에 집중되는 경향이 있으며 그 결과 부의 분배에 문제가 야기됨으로써 사회 갈등이 커진다. 이러한 분배의 문제는 국가의 경제·사회 발전을 저해할 뿐만 아니라 경우에 따라서는 자원의 소유권을 둘러싼 내전을 유발하기도 한다. 셋째, 국민의 근로 의욕 감소도 문제가 된다. 자원 부국들은 부의 집중에 따른 사회 불안 해소를 위하여 막대한 복지적 재정 지출을 단행하는 경향이 있다. 그 결과 고급 인력 개발의 부진, 국민의 근로 의욕 감소 등의 문제가 초래된다. 그 이외에도 원자재 가격 변동에 취약한 국가 경제구조, 자원 고갈 이후의 경제적 파국 문제 등이 있다.

그런데 경험적 검증 결과를 보면 헥셔–오린 정리에 의하여 기대되는 결과와는 반대의 현상이 나타나기도 하는데 이를 '레온티에프 역설'(Leontief paradox)이라고 한다. 즉, 레온티에프는 자본이 풍부한 미국을 대상으로 한 실증분석의 결과 헥셔–오린 정리에 의하여 기대되었던 무역 패턴과는 반대로 자본집약재를 수입하는 반면에 노동집약재를 수출한다는 것을 밝혀내었다.[6] 이와 같은 역설적인 결과가 나타난 요인에 대해서는 다음과 같

---

[6] 레온티에프는 자본이 풍부한 미국의 1947년 자료를 기초로 분석한 결과 수출재 산업의 경우 노동자 1인당 자본

은 다양한 해석이 있다. 1) 생산요소의 이질성을 들 수 있는데 미국은 기업 가정신의 우수성, 교육의 우수성 등 노동의 질적 측면을 고려할 때 노동이 상대적으로 풍부한 국가라는 견해, 2) 천연자원과 자본 사이의 보완적 관계로 인하여 결과된 현상이라는 견해, 3) 수요 편향(demand bias)에 주목하여 미국이 자본집약재에 대하여 수요 편향적이라면 이자/임금 비율이 상대적으로 높게 되며 그 결과 자본집약재를 수입하고 노동집약재를 수출하게 될 것이라는 견해, 4) 생산요소 가격의 변화에 따라 생산요소의 투입 비율이 달라지는 요소 집약도 역전 가능성 등의 견해를 들 수 있다.

이와 같은 비교우위 이론의 시사점은 세계 각국이 요소 부존(요소 가격) 비율이 완전히 일치하지 않는 한 무역을 통하여 경제적 후생의 증대를 도모할 수 있다는 점이다.[7] 무역의 결과 한정된 자원에 대한 이용의 효율성이 개선되기 때문이다. 따라서 세계 각국은 개방을 확대해 나가게 될 것이며, 그 결과 해상운송 수요도 지속적으로 증가하게 될 것으로 예상할 수 있다.

나. 해운 서비스 수요(무역)의 유발 요인에 관한 기타 이론

국제무역 즉, 해운 서비스에 대한 수요의 유발 요인을 설명하는 국제분업(international specialization)에는 수직적 분업(vertical international specialization)과 수평적 분업(horizontal international specialization)이 있다. 전자는 최종생산물 또는 공산품과 원재료와의 국제 무역 즉, 산업 내 공정 간 무역을 말하며, 후자는 공정과는 관계없이 자국 생산품을 타국 생산품과 교환하는 것을 말한다. 수직적 분업의 예로서 개발도상국이 원자

투입량은 13,991달러, 수입재 산업은 18,184달러였음. 즉, 수입재 산업이 더욱 자본집약적으로 나타났는데 이는 요소 부존 상태에 따라 비교우위가 결정된다는 헥셔-오린 정리와는 반대되는 결과였음(Kwok and Yu, 2005).
7) 다만 자유무역이 특정 이해집단에 불리하게 작용할 우려는 상존하는데 이는 보호무역을 결과하는 요인이 되기도 함. 예를 들면, 1970년대 및 1980년대에 유럽과 아시아는 조선 등 중화학공업 부문에서 경쟁하여 유럽이 패배하였으며 그 결과 유럽의 조선소 노동자들의 대량 실업이 유발됨. 그러나 유럽은 금융 부문의 비교우위를 확보함으로써 새로운 일자리를 창출함. 국내에서도 국제경쟁력을 확보하지 못한 중소기업이나 영세 농·어민의 피해는 무역 자유화에 있어서 정치 문제화되는 경우가 흔히 있음.

재나 노동집약적인 상품을 선진국에 수출하고, 선진국은 이를 정제·가공하여 개발도상국에 다시 수출하거나 자국에서 소비하는 형태의 무역을 들 수 있다. 기타 이론으로 다음과 같은 것을 들 수 있다.

첫째, 규모의 경제를 들 수 있다. 즉, 무역은 국제 분업 및 시장 확대에 의한 규모의 경제 실현을 가능하게 함으로써 원가절감에 기여한다는 것이다. 이는 비교우위가 존재하지 않는 경우에도 규모의 경제가 존재함에 따라 무역이 발생하고, 그 이익의 획득이 가능하다는 근거가 된다. 규모의 경제에는 내부 규모의 경제(internal economies of scale)와 외부 규모의 경제(external economies of scale)의 두 가지로 구분 가능하다(Karlsson and Nilssn, 1999). 전자는 특정 기업의 생산량이 증가함에 따라 평균 생산 비용이 감소하는 현상을 말하며, 후자는 산업 전체의 생산량이 증가함에 따라 개별 기업의 평균 생산 비용이 감소하는 현상을 말한다. 그 중에서 내부 규모의 경제 발생 요인으로는 대규모 설비의 경제성, 대량 구매에 따른 운임 및 원료 비용 절감, 분업에 의한 생산요소의 전문화 등을 들 수 있다. 그리고 외부 규모의 경제 발생 요인으로는 관련된 서비스·시설의 전문화된 공급업자들의 출현, 숙련·미숙련 인력의 집중 및 공동 이용, 지식·기술의 창출·확산, 정보의 공유 등을 들 수 있다. 외부 규모의 경제는 산업 전체의 생산량이 증가함에 따라 긍정적 외부 효과(external effects)[8] 즉, 외부경제(external economies)[9] 효과가 발생함으로써 실현되는 평균 생산 비용이 감소하는 효과를 말한다.

이러한 규모의 경제에 의한 무역의 사례로서 1) 미국은 대형차 생산에 특화하는 반면 유럽은 소형차 생산에 특화하는 경우를 들 수 있다. 즉, 미국

---

[8] 외부 효과(external effects)란 특정 경제 주체가 자신의 경제활동 과정(생산 또는 소비)에서 보상이나 대가 없이 다른 경제 주체의 효용이나 생산에 직접 영향을 미치는 현상을 말함. 외부 효과는 다른 경제 주체에게 이익을 가져다주는 외부경제(external economies)와 손해를 끼치는 외부불경제(external diseconomies)로 구분됨.

[9] 외부경제(external economies) 효과란 생산자나 소비자의 경제활동이 시장거래에 의하지 않고(보상이나 대가 없이) 제3자의 효용이나 생산에 긍정적인 영향을 미치는 효과를 말함. 이에 반하여 그 영향이 부정적일 경우에는 외부불경제(external diseconomies) 효과라 함.

의 소비자들은 대형차를 선호하는 경향이 강하여 내수용 소형차의 생산에 있어서는 규모의 경제를 달성하기가 어렵게 된다. 따라서 미국은 대형차 생산에 특화하여 이를 유럽에 수출하고 소형차는 유럽에서 수입함으로써 규모의 경제를 보다 효과적으로 달성할 수 있게 된다. 반면 유럽은 소형차에 대한 선호도가 높으므로 소형차에 특화하여 내수 시장은 물론 미국에 수출함으로써 규모의 경제를 강화할 수 있게 된다. 이러한 사례는 내부 규모의 경제 실현의 사례라 할 수 있다. 2) 외부 규모의 경제 실현의 예로서 할리우드(Hollywood)의 영화산업을 들 수 있다. 영화산업이 할리우드에 집중된 결과 개별 영화 제작 업체들은 관련 시설, 인력, 서비스, 기술 등의 측면에서 긍정적 외부 효과(즉, 외부경제 효과)를 실현함으로써 경쟁력의 우위를 확보할 수 있게 된 것으로 판단된다.

둘째, 소비의 다양성에 부응한 제품 차별화(product differentiation)도 국제무역을 유발하는 주요 요인이 된다. 즉, 동일한 품목의 생산에 있어 디자인, 품질, 마케팅 등의 차별화를 통하여 경쟁력의 우위 확보가 가능하며 그 결과 무역이 발생할 수 있다. 그런데 제품 차별화에는 창의성이 필요하기 때문에 모방에 많은 시간과 비용이 필요한 경우 주효한 전략이 된다. 제품 차별화는 독점적 경쟁(monopolistic competition)[10]의 상태를 유발하는 하나의 조건이 되기도 한다.

특히 산업내무역(Intra-industry trade)[11]은 무역 상대국 간 요소 부존 상태가 동일할 경우에도 발생하는 것으로 위에서 본 규모의 경제 및 제품 차별화에 의하여 설명 가능하다. 산업내무역과 산업 간 무역의 상대적 중요

---

10) 독점적 경쟁(monopolistic competition)이란 제품의 품질, 디자인 등과 관련된 차이로 인하여 발생하는 불완전 경쟁(incomplete competition)의 한 형태로 완전 경쟁과 독점의 중간적 시장 형태임. 독점적 경쟁 시장에서 단기에는 기업들이 독점과 같이 행동할 수 있지만, 장기에는 다른 기업들이 시장에 진입해오기 때문에 점점 완전 경쟁의 형태에 가까워져 독점적인 지위를 누릴 수 없게 됨.

11) 산업내무역(Intra-industry trade)은 동일한 산업 내에 속하는 재화 간의 수출과 수입이 동시에 이루어지는 무역을 의미함. 산업내무역은 수평적인 산업내무역(horizontal intra-industry trade)과 수직적인 산업내무역(vertical intra-industry trade)이 있음. 전자는 품질은 비슷하지만 디자인과 기능 등 제품의 속성에서 차이가 나는 경우를, 후자는 제품의 속성과 품질 모두에서 차이가 나는 경우를 각각 의미함.

성은 무역 대상 국가의 요소 부존 상태의 유사성에 의해 결정된다. 즉, 양국 간 요소 부존도의 차이가 크면 산업 간 무역이, 요소 부존도의 차이가 작으면 산업내무역이 발생할 가능성이 높다.

셋째, 클러스터(cluster)의 구축에 의한 경쟁력의 우위 확보를 통한 무역을 들 수 있다. 클러스터란 특정 업종에 대하여 관련 업체, 금융기관, 공공기관, 연구소 등이 집적되어 네트워크를 형성하는 것을 말한다. 이 경우 부문 간 소통, 교류 확대 등 시너지 효과(synergy effect)[12]로 경쟁력의 확보가 가능하며 이는 무역 증대를 위한 기반이 된다. 예를 들면 로테르담항 및 인근 배후단지의 항만물류산업 클러스터의 경우 해운·항만, 보관, 가공, 유통 등 물류 관련 기업, 교육기관, 공공기관 등이 집적하여 경쟁력 우위를 확보함으로써 유럽지역에서 물류 서비스 생산의 경쟁력 우위를 확보하고 있다.

그 이외에도 기후 변화 등으로 인한 농산물 수급 불균형과 같은 일시적 불균형으로 인하여 무역이 발생한다. 농산물 이외에도 시멘트와 같은 장치산업의 경우 생산량의 조절이 쉽지 않아 수급 조절 차원에서 수출입이 이루어지는 경우가 흔히 있다.

(2) 해운 서비스 수요의 변화

가. 수요 변화의 결정 요인

해운 서비스에 대한 수요는 위에서 언급한 경제적·경제 외적 여건 변화의 영향을 크게 받는다. 여기에서는 수요 변화의 주요 교란 요인 및 구조적 변화 요인에 대하여 살펴보기로 한다.

첫째, 교란 요인은 경제적 요인과 경제 외적 요인으로 다시 구분 가능하다. 경제적 요인의 예를 들면 1) 투기적 요인으로서 유류, 철광석, 곡물 등 원자재의 경우 재고투자의 투기적 변동이 시장을 교란하는 요인이 된다.

---

[12] 시너지 효과(synergy effect)란 1+1이 2 이상의 효과를 나타내는 효과를 말함.

2) 경제 전반의 경기변동 역시 해운 서비스 수요에 대한 교란 요인이 된다. 예를 들면 대공황(1929)을 비롯한 세계 경제 불황 시(1973, 1975, 1983, 1988, 2009 등) 해상운송 수요의 감소로 해운 불황이 유발되었다. 특히 2003~2008년 중에는 중국 경제의 고도성장에 따른 원자재 수요의 증가로 해운 시황이 유례없는 호황을 경험하기도 했다.[13] 해운 수요는 경제활동에 의하여 유발되는 유발수요(derived demand)라는 점에서 경제적 여건 변화에 크게 좌우될 수밖에 없는 것으로 판단된다.

해운 수요의 교란을 유발하는 요인 가운데 경제 외적 요인으로는 먼저 1) 정치·외교적 문제, 전쟁 등 다양한 우발적 사건을 들 수 있다. 예를 들면 수에즈 운하가 봉쇄되었을 때(1956. 10.~1957. 8. 및 1967. 5.~1975. 6.)에는 페르시아만-유럽 간 거리가 6,000마일에서 11,000마일로 증가함으로써 톤·마일 기준의 운송 수요가 급증했다. 전시(한국 전쟁: 1950~1953, 이란-이라크 전쟁: 1982, 이라크 쿠웨이트 침공: 1990, 이라크 전쟁: 2003~2011 등)에는 우회 항로의 선택에 따른 운송 거리의 증가(예를 들면 중동지역 분쟁의 경우 수에즈운하 이용 제한 등)를 결과함으로써 역시 톤·마일 기준의 운송 수요가 증가하는 경향이 있다. 그리고 분쟁 지역 인근을 경유하는 항로의 경우 보험 프리미엄 인상 등에 따른 선주의 운임 인상 요구가 수반되는 경우가 흔히 발생한다. 또한 전쟁은 원자재 및 완제품에 대한 투기적 수요의 유발, 군수 물자 운송 수요의 증가 등에 따른 수요 변화를 야기하는 요인이 되기도 한다. 2) 자연재해, 계절적 요인 등도 해운 서비스 수요의 교란 요인이 된다. 계절적인 요인으로 인한 단기 운송 수요의 변화를 보면, 곡물의 경우 매년 9~12월 중 운송 수요가 춘하절기 대비 50% 정도 증가하게 된다. 그리고 유류 등 에너지에 대한 운송 수요도 9~12월 사이에 집중되는 경향이 있다. 그 이외에 자연재해, 송유관 폐쇄 등도 곡물,

---

13) 중국은 2001년 11월 WTO 가입을 계기로 경제 개방을 확대하였을 뿐만 아니라, 2008년 베이징 올림픽의 개최로 주택 및 사회간접자본에 대한 투자가 2003~2008년 상반기 중 급증하였음. 이에 따라 경기가 활성화됨으로써 원자재 수입 및 완제품 수출을 크게 늘렸음.

에너지 등의 운송 수요 변화를 유발한다.

둘째, 해상운송 수요의 구조적 변화를 유발하는 요인으로 경제발전 단계 따른 수요의 양적·질적 변화를 들 수 있다. 운송 수요의 총량은 산업화 초기에 가속적으로 증가한 후 성숙 단계에서 증가세가 둔화된다. 즉, 경제성장의 초기에는 주로 자동차, 가전제품 등 내구재, 산업기반시설 투자재 등을 중심으로 운송 수요가 가속적으로 유발된다. 성숙 단계에서는 경제 구조가 의료, 레저 등 서비스업 위주로 변화함으로써 물류 수요가 위축될 뿐만 아니라 화물 구성도 첨단 고부가가치 화물의 비중이 높아진다. 이에 따라 성숙 단계에서는 운송 수요 증가세가 둔화되는 현상이 나타난다. 유럽 및 일본의 경우는 1970년대 및 1980년대 이후 운송 수요 증가세가 둔화되는 현상이 나타났다. 특히 유럽에 있어서는 자국 자원의 고갈로 원자재 수입이 증가하는 현상이 나타난 결과 1960년대 이후 철광석 수입국으로 전환되었다. 미국의 경우도 1980년대 이후 원유 수입이 증가 추세를 보이고 있다.

표 4-1 경제발전 단계와 물류

단계	특징	물류
전통적 사회 (Traditional society)	- 생산 중심은 농업, 사회는 부(wealth)가 지주에게 집중된 봉건제 - 기술 발전이 없어 1인당 생산 한계; 현대적 과학 및 기술 미개발 또는 이용 체계 미비	- 식품, 직물 등이 거래되고, 결제 수단으로 곡물, 설탕, 기름, 동, 황마(jute), 목재 등 이용
도약 준비 단계 (Pre-conditions of take-off)	- 생산의 중심이 농업에서 공업으로 이동하는 과도기 - 생존 수준 이상의 잉여, 교육 및 자본 축적으로 성장 기반 마련 - 17세기 영국: 투자에 대한 태도 변화, 은행 등 금융기관 출현	- 교역량은 미미하나 활발해지며, 고도 성장세를 나타냄 - SOC 개발로 철광석, 석탄, 임산물 등 거래 증가
도약 단계 (Take-off)	- 투자율 증대로 생산 증가율이 인구 증가율을 상회 - 새로운 산업 등장 및 전통 산업의 침체 또는 사양화 - 인권이 신장하여 정치·경제의 제도적인 기틀 확립 - 장기간의 지속적·변동적 과정으로 기술이 경제활동 전분야로 확산 - 조선, 자동차 등이 선도 산업으로 발달 - 1950년대 일본, 1960년대 한국	- 대외무역의 변화; 수입재의 국내 생산이 이루어지거나, 신규 수출품의 생산을 위한 신규 수입 수요 발생 - SOC 개발로 철광석, 석탄, 비철금속, 임산물 등 거래 증가
성숙 단계 (Maturity)	- 도약 단계 시작 약 60년 후 시작 - 중공업, 경공업 체계가 국내에 정비 - 석탄, 철강, 중공업에서 기계, 화학, 전자장비 등으로 산업 중심 이동 - 독일, 영국, 프랑스, 미국 등은 19세기말 또는 그 직후 성숙 단계 통과	- 자원의 고갈로 원자재 수입, 제조업 제품 수출
고도 대량 소비 단계 (High mass consumption)	- 자동차, 냉장고 등 내구소비재 및 서비스로 산업 중심 이동 - 인구의 많은 부분이 기본 생계 수준 이상의 소비 가능 - 취업 구조도 사무 및 서비스업 위주로 개편	- 물동량 증가세 정체

자료 : 삼성경제연구소(2002)
주 : Rostow의 발전 단계설에 의한 구분임

나. 주요 화물별 수요 변화의 추세

주요 해상운송 화물에 대한 장기적인 운송 수요의 변화 추세는 다음과 같다.

첫째, 원유 무역은 1960년대에 들어 경제성장률보다 2~3배 높은 증가세를 시현했는데 이는 경제발전에 따라 석탄을 유류로 대체하는 현상이 나타났기 때문이다. 그러나 1970년대에 발생한 석유위기(oil crisis)[14]로 유가가 상승하자 석유가 다시 석탄 등 다른 에너지로 대체됨으로써 원유 교역량의 감소 현상이 나타났다. 그리고 유류의 운송 거리가 단축되었다(Stopford, 2009). 1960년대에 유럽, 미국 등에 비하여 중동(유럽까지 11,000마일, 미국까지 6,500마일) 생산 원유의 시장점유율이 확대됨에 따라 운송 거리가 급증(1960년대 초 4,500마일에서 1970년대 초 7,000마일로)하였지만, 1970년대 들어 수요지와 가까운 리비아, 북해, 멕시코, 베네수엘라, 인도네시아 등의 원유 생산 증대로 운송 거리의 단축(1985년 4,500마일에서 근래 5,400마일로 다소 증가)이 이루어졌다.

둘째, 철광석 무역에 있어 중국은 1990년대까지는 자국산 철광석을 이용하였다. 이후 경제발전으로 수요가 크게 증가함에 따라 브라질, 호주산 등으로 대체하였으며 그 결과 교역량이 급증하고 있다. 수입 철광석은 고품질로서 내륙 운송비를 포함한 원가절감도 가능하기 때문이다. 철광석의 생산은 1960년대 스칸디나비아반도에서 주로 이루어졌으나 점차 브라질, 오스트레일리아 등으로 주요 생산국이 변동하고 있다.

셋째, 주요 자원의 가공품 무역을 보면 1) 알루미늄의 경우 자원 보유국들 사이에 보크사이트(bauxite)[15] 대신 알루미나(alumina)[16]로 가공 수출하는 현상이 확산됨에 따라 운송 수요가 감소하고 있다. 그리고 가공품은 상대적으로 고가이며 따라서 대량 주문에 따른 재고비 부담 경감을 위하여 대형선보다 소형선을 주로 이용하는 경향이 나타나고 있다. 참고로

---

14) 석유위기는 원유 값이 급등하여 세계 각국에 경제적 타격을 준 현상을 말함. 제1차 석유위기는 1973년 10월 제4차 중동전쟁 발발 이후 페르시아만의 6개 산유국들이 가격 인상과 감산에 돌입함으로써 배럴당 2.9달러였던 원유(두바이유) 고시가격이 4달러를 돌파하였으며 1974년 1월에는 11.6달러까지 폭등함으로써 발생하였음. 그리고 제2차 석유위기는 1978년 12월 호메이니 주도로 회교 혁명을 일으킨 이란의 석유 수출이 중단됨에 따라 배럴당 13달러 대였던 유가가 20달러를 돌파함으로써 발생하였음.
15) 보크사이트(bauxite)는 주로 수산화알루미늄(Al2O3 + 2H2O)으로 이루어진 알루미늄의 주요 광물임.
16) 알루미나(alumina)는 보크사이트(bauxite) 광물을 원료로 하여 제조된 산화알루미늄(Al2O3)으로서 주로 알루미늄 금속을 만들기 위한 재료로 사용되고 일부는 내마모재, 세라믹스, 유리 등의 소재로 사용됨.

보크사이트는 40~60%의 알루미나를 포함하고 있다. 그리고 알루미나를 가공하여 알루미늄으로 정제하면 무게가 약 절반으로 감소한다(www.aliminiumleader.com, 2014. 1. 19). 따라서 4톤의 보크사이트가 약 2톤의 알루미나로, 그리고 이는 약 1톤의 알루미늄으로 변환된다. 참고로 보크사이트의 산지는 캐리비안에서 오스트레일리아, 서아프리카 등지로 이동하였다. 2) 석유의 경우 전체 물동량은 큰 변화가 없으나 가격 상승에 따른 재고 유지비 부담을 고려하여 운송 단위는 소량화되고 있으며 이에 따라 소형선에 대한 수요가 증가하고 있다. 그 이외에도 3) 목재 역시 원목보다는 산지에서 가공한 후 수출하려는 경향이 확산됨에 따라 원목선 대신 제재목 운반선의 이용이 일반화되고 있다.

2) 해운 서비스 수요곡선

해운 서비스의 수요곡선은 일반적인 수요곡선과 마찬가지로 우하향하는 곡선의 형태이다. 그런데 해운 수요는 단기적으로 운임 수준에 크게 영향을 받지 않는 것으로 알려져 있다. 그 결과 단기적인 해운 수요의 가격(운임) 탄력성은 비교적 낮게 나타나며 따라서 해운 서비스에 대한 단기적 수요곡선은 기울기[17]의 절댓값이 커서 거의 수직선에 가까운 형태가 된다. 해운 수요가 단기적으로 운임 수준에 크게 영향을 받지 않는 요인은 다음과 같다.

첫째, 화물의 고부가가치화로 대부분의 경우 수출입 가격에서 차지하는 운임의 비중이 비교적 낮아[18] 운임부담력이 높은 편이라는 점을 들 수 있다. 따라서 운임 수준이 변화할 경우에도 수출입 가격(CIF 가격)에 미치는 영향은 크지 않으며 그 결과 수출입 거래에 대한 영향도 비교적 작게 된다.

---

17) 수요곡선은 일반적으로 우하향 형태이며 기울기는 마이너스(−) 값을 갖게 됨.
18) 중가(mid range) 의류의 경우 컨테이너화물 가액에 대한 운임의 구성비는 0.08~0.86%인 것으로 조사된 바 있음(OECD, 2005).

둘째, 단기적으로 운송 수요는 화주의 수출입 계약에 의하여 결정되므로 일단 수출입 계약이 이루어지면 운임 수준에 관계없이 이를 이행할 수밖에 없다는 점을 들 수 있다. 화주는 운임 수준이 예상보다 높게 상승할 경우에도 이미 결정된 수출입 거래를 이행해야 할 뿐만 아니라 하락할 경우에도 추가의 운송 수요 발생 가능성은 거의 없게 된다.

셋째, 일반적인 수출입 화물의 경우 해운을 대체할 운송 수단이 거의 없다는 점을 들 수 있다. 일부 접경무역을 제외하면 국제무역은 주로 해상운송에 의하여 이루어지며 해상운송 대상 화물과 항공운송 대상 화물은 대체로 명확하게 구분된다. 따라서 해상운임 수준이 비교적 큰 폭으로 변동할 경우에도 해운이 항공운송으로 대체될 가능성은 극히 낮고 그 반대의 경우도 항공운송이 해운으로 대체될 가능성은 높지 않다.

그러나 시간의 경과에 따라 해운 서비스 공급의 운임 탄력성은 커지며 그 결과 완만하게 우상향하는 곡선으로 바뀌게 된다. 여기에서 장기란 생산 기술의 변화 및 무역 거래 계약의 조정이 가능한 기간을 의미한다.

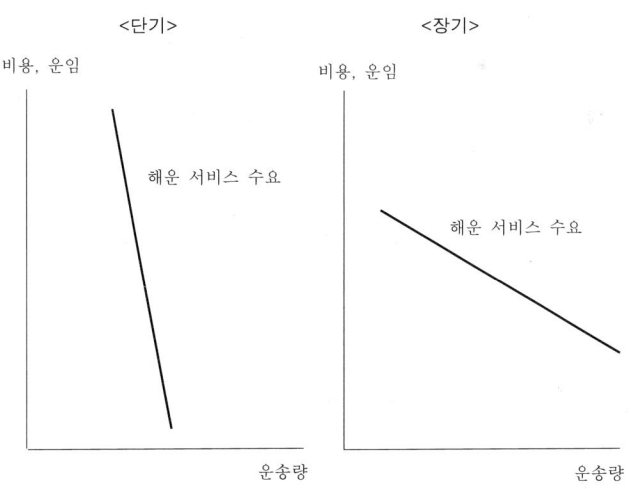

그림 4-1 해운 서비스 수요곡선(단기 및 장기)

2. 해운 서비스의 공급

1) 해운 서비스 공급의 결정

(1) 선복의 공급

해운 서비스의 공급은 선박의 공급량과 생산성에 의하여 결정된다. 그 중에서 선박의 공급은 신조선 발주에 의하여 증가하고 해체·멸실에 의하여 감소한다. 먼저, 선주의 신조선 발주 결정은 앞에서 본 바와 같이 1) 해당 선박의 내용 연수 기간 중 기대 수입의 현재 가치가 기대 비용의 현재 가치를 초과할 경우, 2) 선가 상승 기대에 따른 단기적인 시세 차익의 실현이 기대되는 경우 등에 이루어진다(제3장 4절 참조). 그런데 신조선은 발주와 완공 인수 사이에 상당한 시일이 소요된다. 근래에는 조선 기술의 발전으로 빠르면 발주에서 인수까지 1년 이내에 완료되는 경우도 있으나 경우에 따라서는 4~5년이 소요되는 경우도 있다. 해운 호황기에는 신조선 발주의 폭주로 수주량이 최대 5년간의 작업분까지 증가하는 경향이 있기 때문이다. 그러므로 해운 서비스의 공급 증대는 수요의 증대에 비하여 늦게 반응하고, 변화의 속도도 느리다는 특성이 있다. 또한 선박 공급의 의사결정과 이의 실현 사이의 시차는 해운시장의 수급 불균형을 야기하는 주요 요인이 됨으로써 해운 경기변동을 유발하기도 한다.[19]

신조선과는 반대로 선박의 해체 및 멸실은 선복 공급을 감소시키는 요인으로 작용한다. 그런데 선박 해체량은 해운 불황기에 급증하는 경향이 있다. 불황기에는 해상운송의 수요 감소 및 운임 하락으로 해운물류기업들은 선박의 운항 채산성이 악화될 뿐만 아니라 심각한 자금난에 직면하는 경우도 많아 불가피하게 보유 선박을 처분하게 되는 경향이 있다. 그리고 불황

---

[19] 가격 변동에 대해 수요와 공급이 시간차를 두고 대응하는 과정은 거미집 이론(cobweb theory)로 설명 가능한데 공급의 탄력성이 수요의 탄력성보다 작은 경우에는 수렴적 변동, 그 반대인 경우에는 발산적 변동.

기에는 운항 목적의 선박에 대한 수요의 감소로 선령이 상대적으로 높은 선박의 경우 계속 운항되기보다는 해체되는 사례가 많아지게 된다. 불황기에 해운물류기업이 대규모로 선박을 처분할 경우 선가 하락으로 인한 손실뿐만 아니라 선원 인력 조절의 어려움 등의 문제가 수반된다. 참고로 선박의 내용 연수는 최장 60~70년에 달하며 일반적으로 선령이 25년 내외가 되면 폐선되기 시작한다. 그러나 해운 불황기에는 폐선 선령이 단축되고 경우에 따라 선령 10년 전후의 선박이 폐선되기도 한다.[20]

선박은 물리적 노후화뿐만 아니라 기술적 노후화 또는 경제적 노후화에 의하여 폐선되기도 한다. 예를 들면 1960년대 들어 컨테이너화[21]의 확산에 따른 영향으로 복층 선반의 선창 구조를 가진 multi-decker가 경제성을 상실함에 따라 대규모 폐선이 이루어졌다. 그리고 1970년대 연료유가 상승[22]으로 에너지 효율이 상대적으로 낮은 증기터빈 기관 유조선이 대거 퇴출되기도 했다.

(2) 선박의 생산성

해운 서비스의 공급을 결정하는 또 하나의 요인으로는 선박 생산성의 변화를 들 수 있다. 선박 생산성은 DWT 당 평균 운송 톤·마일에 의하여 나타낼 수 있다. 이의 결정 요인으로는 1) 운항 속도, 2) 항만에서의 체류 시간, 3) 선복 이용률, 4) 적화 항해 기간 등을 들 수 있다.

첫째, 선박의 운항 속도를 조정함으로써 해운 서비스 공급을 증감할 수 있다. 선박의 운항 속도는 운임, 유가 수준 등에 따라 적정 속도(경제속도)

---

20) 선령 10년 선박이 폐선되는 경우는 극도의 해운 불황기라 할 수 있으며 선가의 최저점으로 판단할 수 있음. 왜냐하면 선가의 최저점은 고철 가격으로 볼 수 있는데, 비교적 상태가 양호한 10년 선령 선박의 가격이 고철 가격과 같다는 것은 더 이상의 선가 하락 가능성이 없다는 의미이기 때문임.
21) 세계 최초의 컨테이너선은 미국 Malcolm McLean사의 Ideal X호로 1956년 4월 26일 갑판에 컨테이너 58개를 싣고 Port Newark→Houston 항로에 취항함.
22) 1970년대 유가의 급등은 제1차 유류파동(1973년 10월)과 제2차 유류파동(1978년 12월)의 두 차례에 걸쳐 일어났음.

가 결정되는데 운임 수준이 상승(하락)할수록 경제속도도 높아(낮아)진다 (아래의 글상자 참조). 특히 해운 시황의 회복기에 있어 선복 공급의 증대는 단기적으로[23] 운항 속도의 향상에 의하여 가능하게 된다(계선된 선박이 없다고 전제할 경우). 신조 선박의 발주에서 완공 인도까지는 상당한 시차(최소한 1년 내외)가 있기 때문이다. 그런데 선박 운항 속도의 조정은 극히 제한적인 범위 내에서만 가능하다. 선박의 속도는 기술적으로 제한된 범위 내에서만 가능할 뿐만 아니라 속도 증가에 따른 연료 소모량의 급증으로 운항 채산성 확보가 쉽지 않기 때문이다. 참고로 단위시간 당 선박 운항의 연료 소모량은 속도의 약 3승에 비례하는 것으로 나타나고 있다. 따라서 선박의 속도 상승에 의한 생산성 향상에는 한계가 있다는 것을 알 수 있다. 반대로 해운 불황기에는 선박 운항의 감속이 선박 공급의 조절 및 연료비 절감의 수단으로 흔히 이용되고 있다.[24] 그러나 감속 운항 역시 기술적 여건상 한계가 있을 뿐만 아니라 운송 시간 지연으로 인한 서비스 수준의 저하라는 문제가 있다.

표 4-2 파나막스 벌크선의 속도와 연료 소모량

속도(노트)	주기관 연료 소모량(톤/일)
16	44
15	36
14	30
13	24
12	19
11	14

자료 : Stopford(2009)

---

23) 시장 균형의 장기 및 단기의 구분은 생산시설 능력의 변화를 고려하는지의 여부에 의하여 결정됨. 해운의 경우 생산시설은 선박이라고 할 수 있으므로 장기 균형은 신조선 발주-인수 및 폐선을 고려한(선복량 변화가 이루어지는) 기간이며, 단기 균형은 그보다 짧은 기간으로서 선복량의 변화가 없는 기간을 의미함.
24) 예를 들면 2013년 기준 컨테이너선의 평균 운항 속도는 13노트 내외인 것으로 조사된 바 있음.

〈선박 운항의 경제속도〉

선박은 운항 속도를 높임에 따라 단위시간당 연료 소모량이 급격하게 증가함으로써 연료비 부담이 커진다. 단위 시간당 연료 소모량은 속도의 약 3승에 비례하기 때문이다. 그런데 단위 시간당 운송량은 운항 속도의 상승에 따라 증가하며 그 결과 운임 수입도 증가한다. 따라서 연료비 부담과 운임 수입 증가 사이에는 운항 속도에 따른 상충(trade off)관계가 존재하고 운항 속도를 적정 수준으로 조정함으로써 채산성의 개선을 도모할 수 있게 된다. 그리고 운항 채산성의 극대화가 이루어지는 운항 속도는 한계비용(화물 1단위(톤·마일) 추가 운송에 소요되는 추가 비용)과 한계수입(완전경쟁 시장의 경우 운임 수준)이 일치하는 점에서 결정되며 이를 선박 운항의 경제속도라 한다. 선박 운항의 경제속도의 도출과 관련하여 다음의 수식이 성립된다(Alderton, 1981).

$$16kPV^3 + kDV^2 + 8F = 0$$

여기에서 k는 연료 소모량과 연료 가격을 반영하는 계수, P는 항만 체류 일수(재항 일수), V는 선박 속도, D는 항해 일수, F는 운임 수입을 각각 나타낸다. 이 식의 의미를 보다 직관적으로 이해하기 위하여 $P = 0$라 두면 위 식은 다음과 같이 단순화된다.

$$MPS = (8F/kD)^{1/2}$$

여기에서 MPS는 이윤 극대화가 이루어지는 속도(the most profitable speed) 즉 경제속도를 의미한다. 위의 두 수식이 시사하는 바에 의하면 선박의 경제속도는 1) 운임의 상승에 따라 상승하며, 2) 재항 일수의 증가에 따라 낮아지고(재항 일수 증가의 경제속도에 대한 영향은 항해 일수가 증가함에 따라 감소함), 3) 연료 소모량 및 연료비의 증가(k값의 증가)에 따라 낮아지며, 고정비용과는 무관하다는 점 등이다.

둘째, 선박의 항만 체류시간은 하역 생산성, 기항 항만 수, 항만 체선[25] 여부 등에 의하여 크게 달라질 수 있다. 그런데 선박의 항만 체류 시간은 컨테이너화 및 하역 기술의 발전으로 인하여 하역 생산성이 향상됨으로써 단축되고 있다.[26]

---
[25] 특히 오스트레일리아의 석탄 및 철광석 선적항, 브라질의 철광석 선적항, 중국의 석탄 및 철광석 양하항 등에서 체선 현상이 많이 발생함.
[26] 예를 들면 일반화물선의 선석당 연간 화물 처리량은 20만~50만 RT이지만, 컨테이너선의 경우 연간 화물 처리량은 50만~100만 TEU가 됨. 따라서 TEU당 화물량 16.4RT(2012년 기준; www.spidc.go.kr, 2014. 1. 20)

셋째, 선복 이용률은 해당 해운물류기업의 집화 능력 및 해운시장의 선복 수급 여건에 의하여 주로 결정될 것으로 판단된다. 그 이외에도 선복 이용률을 결정하는 요인으로는 연료유 및 선용품 적재량, 파트 카고(part cargo)[27] 운송 상황 등을 들 수 있다. 특히 유류 및 선용품은 통상 취항 항로의 기항 항만 중에서 가격이 가장 저렴한 곳에서 보급하게 되는데 경우에 따라서는 화물 적재량을 줄이는 대신 연료유나 선용품 확보를 늘리는 경우도 있다. 또한 심각한 해운 불황기에는 효율이 낮은 비경제선의 경우 운임 수준이 운항비를 보전하지 못할 정도로 하락하게 되는 상황이 발생하면 해당 선박에 대해 계선(繫船, lay up)을 통한 공급 감축을 도모할 수 있다. 그런데 계선의 경우에도 자본비(capital cost), 운항준비비(operating cost, running cost) 등 고정비용 부담은 불가피하다는 문제가 있다.

넷째, 적화 항해 기간의 비율은 선박의 특성, 취항 항로, 해운시장 수급 여건 등에 의하여 결정된다. 즉, 선박의 상태에 따라 유지·보수로 인한 운항 손실 기간이 달라지며 이는 적화 항해 기간을 결정하는 주요 요인이 된다. 그리고 선박이 취항하는 왕·복 항로의 화물 균형 정도, 항로 네트워크의 효율성 등 항로 여건에 따라서도 이 비율은 변화하게 된다. 또한 이 비율은 해운물류기업의 집화 능력에 따른 영향도 받게 될 것이다.

(3) 해운 서비스 공급 변화의 유발 요인

가. 단기적 교란 요인

해운 서비스의 공급은 위에서 살펴본 바와 같이 선복량 및 선박 생산성의 영향을 받아 변화하게 된다. 그런데 선복량이 고정된 단기적 관점에서 볼 때 해운 서비스 공급의 변화를 유발하는 교란 요인으로 선박 운항 속도의 변화, 계선 또는 계선된 선박의 운항 재개, 항만 체선 상황의 변화 등이

을 기준으로 할 때 컨테이너선 부두의 생산성이 일반화물선 부두에 비하여 20~80배로 높게 나타남.
[27] 파트 카고(part cargo)란 선박 한 척의 선복 전체를 채우기에 부족한 수량의 화물을 말함.

있다. 그 중에서 선박 운항 속도 및 계선과 관련된 사항은 수급 불균형을 완화하는 방향으로 영향을 미친다. 즉, 초과공급으로 해운 불황이 되었을 경우에는 운항 속도 저감, 계선 등으로 인하여 과잉 공급 현상이 다소나마 완화되는 경향이 있다. 과소 공급일 경우에는 반대로 운항 속도 상승, 계선된 선박의 운항 재개 등으로 공급 증대 효과를 나타낸다. 그런데 위의 공급 교란 요인 가운데 항만 체선의 경우는 해운 서비스 수급 불균형을 심화시키는 요인으로 작용한다는 점에서 다른 요인들과 구분된다.

항만 체선은 항만 물동량[28]이 표준 처리 능력을 상회함으로써 유발되는데 특히 일반 경제의 호황으로 철광석, 석탄 등 주요 대량 화물[29]의 물동량이 급증하는 시기에 발생한다. 선복의 공급 부족(해운 서비스의 초과수요) 현상이 나타나는 해운 호황기에는 주요 대량 화물의 수출입 항만에 체선이 발생함으로써 공급 부족 현상이 심화되는 경향이 있다.[30] 즉, 물동량 증가가 선복 수급 불균형을 결과함으로써 운임 상승을 유발하고, 물동량 증가세가 지속됨에 따라 항만 체선 현상이 본격화됨으로써 선복 수급 불균형 현상이 심화되어 다시 운임의 추가적인 상승으로 이어지게 되는 것이다. 2007~2008년의 건화물선 운임 폭등은 이와 같은 수급 불균형의 변화 현상을 잘 반영한 사례이었다.[31]

한편 위에서 본 단기적 요인들의 해운 서비스 공급에 대한 영향은 비교적 제한적인 것으로 판단된다. 운항 속도의 조절, 계선 등은 제한된 범위 내에서 이루어지는 경향이 있으며 항만 체선의 경우도 석탄, 철광석 등 일부 화물에 국한된 현상이기 때문이다.

---

28) 항만 물동량이란 해상 물동량과 구분되는 개념으로 항만에서 처리되는 물동량을 가리키며 적하와 양하가 각각 별도로 계산됨. 따라서 항만 물동량은 일반적으로 해상 물동량의 2배가 됨. 만약 해상운송 도중에 환적이 1회 이루어질 경우에는 항만 물동량이 해상 물동량의 4배(환적 시의 적·양하도 각각 추가로 계산됨)가 됨.
29) 해운법 및 그 시행령에 의하면 원유, 제철원료, 액화가스 및 발전용 석탄을 대량 화물로 규정하고, 해당 화주 및 계열사의 해운업 진출을 규제하고 있음.
30) 예를 들면 해운 시황이 정점에 달했던 2007~2008년의 경우 오스트레일리아의 주요 철광석 및 석탄 수출 항만에서는 1개월 이상 선박이 접안 대기하는 현상이 발생하기도 했음.
31) 1985년 1월~2003년 상반기 중 1,000~2,000에 머물렀던 BDI가 2008년 5월 20일에 11,793까지 상승한 것은 철광석, 석탄 등 주요 대량 화물의 물동량 증가 및 이들 화물의 수출입 항만 체선의 심화에 기인한 것이었음.

나. 만성적 초과공급 유발 요인

장기적 관점에서 선복의 만성적인 초과공급을 유발하는 주요 요인으로 선박의 대형화와 에너지 절감 선박의 개발을 들 수 있다. 먼저 선박의 대형화는 컨테이너선 부문에서 주로 추진되고 있다. 특정 해운물류기업이 대형선을 투입하여 규모의 경제를 달성함으로써 가격경쟁력의 우위를 점하고, 이를 바탕으로 시장점유율을 확대하게 되면 경쟁 해운물류기업들도 대형화 대열에 동참하지 않을 수 없게 된다. 경쟁 해운물류기업들 역시 가격경쟁력을 확보하기 위해서는 대형화를 통한 규모의 경제 달성이 요구되기 때문이다. 선박의 대형화 경쟁은 규모의 경제 실현을 통한 원가절감의 목적 이외에 해당 기업의 이미지 제고를 위한 전략이기도 하다. 초대형선을 확보한 해운물류기업과 그러하지 못한 해운물류기업에 대한 시장의 이미지는 달라질 수 있기 때문이다. 그런데 문제는 이러한 대형화 경쟁의 결과 운송 수요의 증가와는 무관하게 선박의 추가 투입이 지속된다는 점이다. 컨테이너선 시장의 만성적인 공급과잉 상태 지속은 이러한 대형화 경쟁과 관련되어 있는 것으로 판단된다.

그런데 컨테이너선 이외의 기타 선박 즉, 광탄선, 곡물선, 유조선 등의 경우는 대체로 1970~1990년대에 대형화 추세가 마무리되었다. 컨테이너선 이외의 대부분의 선종에서 대형화가 마무리된 배경에는 원자재 가격의 상승으로 인한 화주들의 거래 단위 감소를 들 수 있다. 즉, 화주들은 원자재 가격의 상승으로 증가하는 재고비 부담을 완화하기 위하여 거래 단위를 소량으로 조정하는 대신에 거래 빈도를 보다 높이는 소량·다주문 방식으로 전환함으로써 평균 재고 수량을 하향 조정하였다. 이에 따라 선박의 대형화 추세에 제동이 걸렸으며 오히려 소형화되는 현상마저 나타나고 있다.

에너지 절감 선박의 개발 역시 선복 공급의 과잉을 유발하는 요인으로 작용한다. 해운물류기업들은 선복 공급이 과잉된 해운 불황기에 원가절감을 위한 수단으로 에너지 절감 선박의 신조 발주 유혹에 빠지는 경향이 있다. 즉, 해운 서비스 수요의 증가에 대응하기 위한 목적보다 원가절감을 위한 목적으로 에너지 절감 선박의 신조 발주가 이루어지고, 이는 선박 공급 과잉 및 해운 시황을 더욱 악화시키는 요인으로 작용하게 된다.

표 4-3 해운 서비스에 대한 수급 결정 요인

수요	공급
- 세계 경제 여건 　· 유발수요(derived demand)로서, 경제활동의 정도에 따라 변화 - 다양한 우발적 사건 　· 정치·외교적 문제, 전쟁, 자연재해 등 - 계절적 요인 　· 곡물, 에너지 등 - 경제발전 단계에 따른 변동 　· 개발도상국 급증, 선진국 둔화 - 원자재 수급구조의 변화 　· 평균 운송 거리(톤·마일) 변화 　· 원자재 대신 가공 후 수출 비중의 증대 등	- 세계 선대 　· 신조선 　· 내용 연수 중 운임 수입의 기대 가치가 비용 지출의 기대 가치보다 클 경우 　· 선가 상승에 따른 매매 차익이 예상되는 경우 　· 선박의 해체 및 기타 멸실: 운임 수준 등의 영향을 받음 - 선박 생산성 　· 운항 속도: 운임 수준 등의 영향을 받음 　· 항만 체류 시간: 하역 생산성, 기항 항만 수 등의 영향을 받음 　· 선복 이용률: 집화 능력, 연료, 유·선용품 적재량 등의 영향을 받음 　· 적화 항해 기간 비율: 선박의 특성, 취항 항로, 시장 여건 등의 영향을 받음

2) 해운 서비스 공급곡선

해운물류기업은 해운 서비스 공급의 한계비용이 한계수입과 일치하는 점에서 이윤을 극대화할 수 있다. 그런데 개별 기업이 운임 수준에 영향을 미치지 못하는 완전경쟁 시장에서는 한계수입이 운임 수준과 일치하게 된다. 따라서 해운물류기업의 공급곡선은 한계비용곡선으로 나타낼 수 있다. 다만 한계수입(완전경쟁시장의 경우 평균 운임)이 평균 가변비용(운항비: voyage cost)보다 낮을 경우에는 해운 서비스 공급이 중단될 수밖에 없다. 여기에서 운항비는 선박의 운항에 따라 발생하는 가변비용으로 적·양하비, 선내 하역비, 창내 청소비 등 화물 비용, 화물 중개료, 선원의 시간외 수당, 연료비, 부두 사용료, 대리점료, 선박 입항료, 예선료, 도선료, 통선료 등 항만 비용 및 통신비, 할증 선박보험료, 전쟁보험료 등 잡비를 포함한 것이다. 한계수입(완전경쟁시장의 경우 평균 운임)이 운항비보다 낮을 경우 해운물류기업은 선박의 운항으로 인하여 발생하는 추가 비용(운항비)이 운임 수입을 초과하기 때문이다. 결국 해운물류기업의 공급곡선은 한계비용곡선에서 평균 운항비를 초과하는 부분으로 나타낼 수 있다.

해운물류기업은 선박 운항 여부에 관계없이 고정비용(평균 고정비용=평균 총비용-평균 가변비용)을 부담할 수밖에 없으므로 단기적으로 운임 수준이 평균 총비용(=평균 가변비용+평균 고정비용)에 미치지 못할 경우에도 평균 가변비용을 보전할 수 있을 경우 운항이 가능하게 된다. 그러나 운임 수준이 평균 가변비용보다 낮을 경우(그림에서 운임 수준이 P_1보다 낮은 경우)에는 계선(lay up)이 이루어지는데, 이는 운항으로 인한 손실(=고정비용+운항비와 운임 수입의 차액)이 계선으로 인한 손실(=고정비용)보다 커지기 때문이다. 즉, 운임 수준과 평균 가변비용(운항비)이 일치하는 점이 계선점이 된다.

다음 그림에서 보면 해운물류기업의 단기 공급곡선은 한계비용곡선에서 굵게 표시된 부분 즉, 곡선 aD로 나타나 있다.

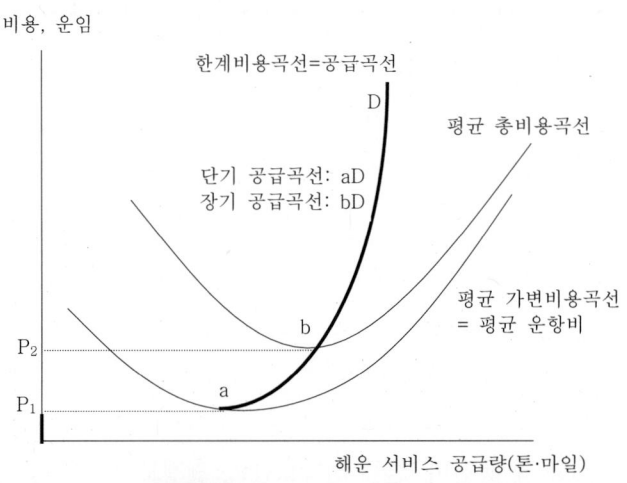

그림 4-2 해운물류기업의 비용 및 공급곡선

운임 수준과 선박 운항과의 관계를 보면 운임이 1) 일정 수준(운항비) 이하로 떨어지면 계선되고, 2) 일정 수준 이상에서는 전속(full speed)으로 운항되며, 3) 그 중간의 운임 수준에서는 계선과 전속 운항 사이에서 운항 속도가 조정된다.

그런데 위에서 언급된 바와 같이 선박의 계선점은 운임 수준이 운항비와 일치하는 점이다. 운임 수준이 운항비보다 낮을 경우 선박을 운항하기보다 계선하는 것이 손실을 줄이는 방안이 되기 때문이다. 선박의 계선점은 선박의 특성에 따라 차이가 발생하는데 1) 선령이 낮은 선박보다 선령이 높은 노후선의 경우 연료비 등 운항비가 상대적으로 높을 뿐만 아니라, 낮은 생산성으로 인한 수입의 저하로 계선점이 높은 편이며, 따라서 운임 수준이 하락할 경우 먼저 계선되고, 2) 대형선의 경우 규모의 경제 달성 가능성이 크며, 따라서 운임 수준 하락 시 소형선에 비하여 늦게까지 계선되지 않고 운항의 계속이 가능하게 된다.

한편 완전경쟁시장을 가정할 때 평균 운임이 계선점을 넘어 상승함에 따라 선박의 운항 속도는 기술적으로 가능한 최저 속도[32]에서 시작하여 점차 높아지게 된다.[33] 그리고 운임 수준이 일정 수준 이상으로 높아지면 해운물류기업은 운항 속도를 최대한으로 높여서 단위 시간당 가능한 많은 화물을 운송함으로써 채산성을 극대화할 수 있게 된다. 선박의 운항에 따른 연료 소모량은 운항 속도의 약 3승에 비례하며 이는 운항 속도의 상승에 따라 가속적으로 증가한다. 이에 따라 운임 수준이 낮을 경우에는 속도를 낮추어 연료비(운항비)를 절감하는 편이 채산성 확보에 유리하게 된다. 반대로 운임 수준이 높아지면 운항 속도의 상향 조정을 통하여 선박 회전율을 향상시킴으로써 운송량의 증대 및 운임 수입의 증대를 도모하는 편이 보다 유리하게 된다. 이 경우에는 운임 수입 증가의 플러스(+) 효과가 연료비 추가 부

---

32) 벌크선의 경우 11노트 내외가 됨.
33) 운임 수준이 상승하면 앞에서 본 경제속도도 높아지게 되며 따라서 해운물류기업은 선박의 운항 속도를 높임으로써 채산성을 향상시킬 수 있게 됨.

담의 마이너스(-) 효과보다 커지기 때문이다.

만약 선박의 신조 발주 · 인도 및 해체가 이루어질 수 있는 기간 즉, 선복량의 조정이 가능한 장기간을[34] 고려한다면 해운물류기업의 공급곡선은 평균 총비용곡선을 상회하는 부분의 한계비용곡선이 된다. 장기적으로 운임수입이 총 비용(=가변비용+고정비용)보다 낮으면 기업 경영의 지속이 불가능하기 때문이다. 위 〈그림 4-2〉에서 해운물류기업은 운임 수준이 P_2 이상일 경우에만 장기적으로 해운 서비스 공급이 가능하게 된다. 따라서 그림에서 해운물류기업의 장기 공급곡선은 bD로 표시된 부분이 된다.

그리고 해운시장의 전체 해운 서비스 공급을 나타내는 시장 공급곡선은 이와 같은 개별기업의 공급곡선을 수평으로 합계한 것이다. 개별 기업별로 공급곡선(한계비용곡선)의 형태에는 다소의 차이가 있겠으나, 다수 개별 기업의 공급곡선을 수평으로 합계한 시장 공급곡선의 형태 역시 개별 공급곡선과 유사한 형태의 우상향 곡선이 될 것이다. 다만 시장 공급곡선의 기울기는 다수의 우상향 곡선에 대한 수평 합계의 특성상 개별 공급곡선보다 완만한 기울기를 갖게 된다.

그런데 시장 공급곡선은 단기적으로 볼 때 J-커브(J-curve) 형태를 나타내게 된다(〈그림 4-3〉 참조). 운임 수준의 변화와 관련된 해운시장 공급곡선의 형태를 보면 1) 해운 시황이 악화되어 운임이 일정 수준 이하로 하락하면 운항비가 많이 소요되는 비효율적인 선박(즉, 한계 선박)부터 계선에 들어가기 시작한다. 그리고 운임 수준의 추가적 하락에 따라 계선되는 선복량도 급격하게 증가할 것이다. 이에 따라 공급곡선의 아랫부분에서는 기울기가 급격하게 낮아짐으로써 수평에 가까운 형태가 된다. 반대로 2) 해운 시황이 호전되어 운임이 상승하면 운항 효율이 낮아 계선되었던 선박의

---

[34] 미시경제에서 장기(long term)라 하면 생산설비와 같은 자본 투입량이 변할 수 있는 기간을 고려한 것임. 즉 모든 투입요소가 가변적인 기간을 말함. 이에 비하여 단기(short term)이란 고정된 투입요소가 존재하는 상황을 고려한 기간을 말함. 해운시장의 경우 장기는 신조선 인도, 선박 해체 등으로 선복 투입량이 변할 수 있는 기간을 대상으로 하며, 단기는 선복 투입량이 불변인 기간을 대상으로 하는 것으로 이해될 수 있음.

운항이 재개되며 운항 중인 선박의 속도도 상승하게 된다. 운임 수준의 상승에 따라 선박의 경제속도가 높아지기 때문이다. 그리고 3) 운임 수준의 상승세가 더욱 진전되어 일정 수준 이상으로 높아지면 모든 선박이 기술적으로 가능한 최고 속도로 운항하게 된다. 이 경우에는 속도 상승으로 인한 연료비의 추가 부담보다 운송량 증가로 인한 운임 수입이 커지기 때문이다. 이에 따라 해운 서비스 시장 공급곡선의 위쪽에서는 공급의 운임 탄력성이 제로(0)에 수렴함으로써 수직선에 가까운 형태가 된다.

그러나 신조선의 건조 및 선박 해체가 이루어질 수 있는 장기간을 고려하면 해운 서비스 공급의 운임 탄력성은 증대됨으로써 완만하게 우상향하는 곡선의 형태로 바뀌게 된다.

다음은 해운 서비스 공급곡선을 즉시(momentary), 단기(short-term) 및 장기(long-term)로 나누어 나타낸 것이다. 여기에서 1) 즉시란 선박이 선적 대기 상태에 있으며, 속도 조절 등 공급 조절의 여유가 없는 시간을 말한다(Voudris 2006). 2) 단기란 선복량은 불변으로 전제되나 기존 선박의 계선, 계선된 선박의 재운항, 겸용선의 용도 전환, 운항 속도 조절 등이 이루어질 수 있는 기간을 의미한다. 마지막으로 3) 장기란 계선(및 계선 해제), 용도 전환 및 속도 조절뿐만 아니라 선복량의 조정(신조 및 해체)까지 가능한 기간을 고려한 것이다.

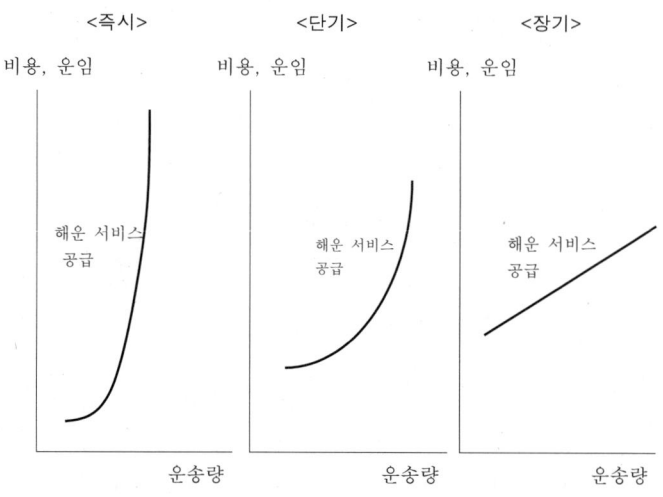

그림 4-3 해운 서비스 공급곡선(즉시, 단기 및 장기)

3. 해운시장의 균형

일반적으로 시장의 균형은 수요량과 공급량이 일치되는 점에서 수요곡선과 공급곡선이 교차함으로써 이루어진다. 그리고 균형점에 해당하는 가격을 균형가격(equilibrium price) 또는 시장 청산가격(market-clearing price)이라 하며, 이때의 거래량을 균형 거래량(equilibrium quantity)이라 한다. 해운시장의 균형은 해운물류기업과 화주 상호 간에 운임 수준과 운송량이 합의됨으로써 결정된다. 이에 따라 해운 서비스 공급곡선과 수요곡선이 균형 운임 수준(합의된 운임 수준)에서 교차하게 되는 것이다. 그런데 균형 운임 수준은 해운 서비스의 공급자와 수요자가 그들의 입장을 조정할 수 있는 시간적 여유를 얼마나 가졌는지에 의하여 달라진다. 따라서 해운시장의 균형은 고려 대상 기간에 따라 즉시 균형(momentary equilibrium), 단기 균형(short-run equilibrium) 및 장기 균형(long-run equilibrium)으로 구분 가능하다.

첫째, 즉시 균형은 공급량의 조정이 불가능한 짧은 기간의 균형으로서 거래가 즉시 이루어지지 않으면 안 되는 경우에 해당된다. 해상운송 시장의 경우 현물시장(spot market)에서 선박 및 화물이 운송 및 선적 대기 상태에 있으며, 속도 조절 등을 포함한 공급 조절이 불가능한 상황에서 거래가 이루어지는 것이 즉시 균형이다(Voudris 2006). 이 경우 해운물류기업은 선택의 여지가 매우 제한적이고, 화주가 제시한 운임 수준을 받아들이거나 차후의 보다 유리한 거래를 위하여 대기할 수 있을 것이다. 화주의 입장에서도 해상운송 서비스의 이용이 급박하게 요구되는 상황으로서 선택의 여지가 제한적이기는 마찬가지이다. 이와 같이 극히 제한된 기간을 대상으로 할 경우 시장 분위기가 운임 수준의 결정에 큰 영향을 미치게 된다. 만약 선주가 낙관적인 태도를 견지할 경우 보유 선박의 일부를 시장에 내놓지 않고 대기하는 대안을 선택할 수 있다. 실제로 해운물류기업들은 보유 선박의 일부만을 시장에 내놓음으로써(일부 선박만 화물중개인에게 의뢰하고 나머지 선박은 유보함) 선복 공급을 실제보다 적게 인식되도록 하는 전략을 선택하는 경우가 많은 것으로 알려져 있다. 그리고 운송 계약을 가능한 한 미루면서 운임의 상승 기회를 노리게 된다.

다음 그림에서 보면 선복의 공급곡선은 선주의 긍정적 기대로 인하여 좌측으로 이동하며, 그 결과 균형 운임 수준은 P_1에서 P_2로 비교적 큰 폭의 상승을 보이게 된다. 이러한 운임 상승에도 불구하고 운항 선복량의 감소는 Q_2-Q_1으로 극히 미미하다는 것을 알 수 있다. 즉, 미세한 공급 조정을 통하여 비교적 큰 폭의 운임 변동을 유발할 수 있게 되는데 이는 선복 수요의 운임 탄력성(절댓값)이 단기적으로 극히 작기 때문이다. 그림에서 수요곡선의 상단부가 좌측으로 굽은 것은 일정 수준 이상의 운임 수준에서는 화주의 운송 계획이 유보 내지 취소되는 현상을 나타내는 것이다. 이와 같이 즉시 균형에서는 시장의 분위기가 운임 수준의 등락에 비교적 큰 영향을 미치게 된다.

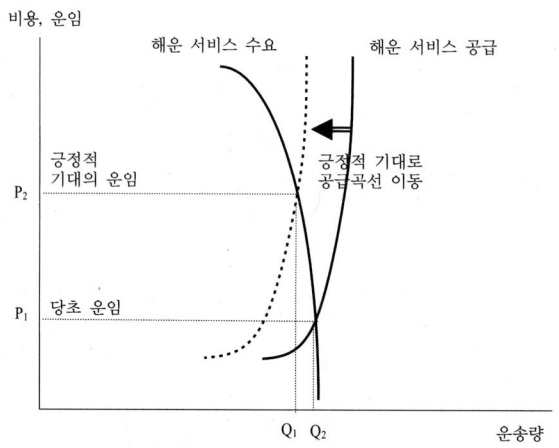

그림 4-4 해상운임의 결정(즉시 균형)

그런데 이와 같이 해운물류기업의 긍정적 기대와 이에 대한 화주의 동조로 운임 수준이 급등했을 경우에도 과잉 선복이 단기간에 해소되지 못하면 시장은 곧 붕괴되고 말 것이다. 따라서 시장 분위기에 의한 일시적 운임 변동은 지속적이지 못하다는 점에 유의할 필요가 있다.

둘째, 단기 균형은 보유 선복량이 불변인 상태에서 기존 선박의 계선, 계선된 선박의 재운항, 겸용선의 용도 변경, 운항 속도 조절 등을 고려한 기간에서 이루어지는 균형이 된다. 따라서 해운 서비스 공급의 운임 탄력성은 즉시 균형 상태에 비하여 다소 커지며 공급곡선의 기울기도 그만큼 낮아진다. 〈그림 4-5〉는 수요곡선의 이동에 따른 운임 수준의 변화를 나타낸 것이다. 그림에서 수요곡선이 경제 여건의 변화 등으로 D_1에서 D_2로 소폭 이동(증가)하면 운임 수준은 P_1에서 P_2로 비교적 크게 상승함을 알 수 있다. 이와 같이 단기적으로 해운시장 수급상의 미세한 변동이 운임의 결정에 큰 영향을 미치는 것은 이미 언급한 바와 같이 해운 서비스에 대한 공급 및 수요의 운임 탄력성 절댓값이 비교적 작기 때문이다.

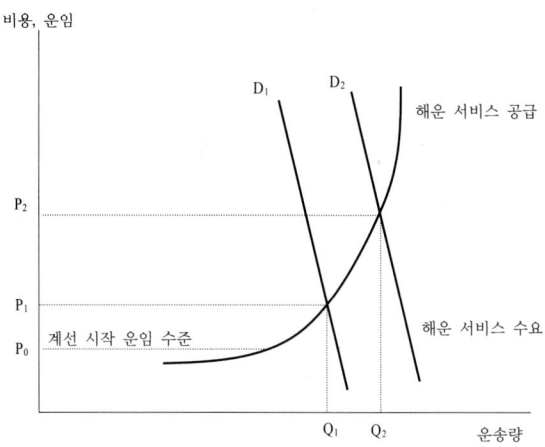

그림 4-5 해상운임의 결정(단기 균형)

셋째, 장기 균형은 해운물류기업의 선박 신조 인도, 폐선 등 선복량 조절과 화주의 무역 거래 조절이 가능한 비교적 장기간에 걸쳐서 이루어지는 균형이 된다. 따라서 장기 균형의 경우 선복 수급은 신조선시장 및 해체선시장에 영향을 받는다. 먼저 해운 불황기 운임 수준이 하락하면 선박 운항의 수익성이 낮아지거나 손실이 확대된다. 이에 따라 선가도 하락하며 일부 비효율적인 선박은 해체용으로 거래된다. 그리고 일부 선박은 운송 대신에 계선되거나 저장용(특히 탱커의 경우)으로 이용된다. 또한 운임 수준의 하락에 따라 선박 운항의 경제속도[35]가 낮아지므로 선박 운항 속도도 하향 조정된다. 해운 불황기 해운물류기업의 이러한 일련의 행태는 선복 공급을 감축시키는 요인으로 작용함으로써 결국 수급 개선을 위한 기반이 된다.

반대로 호황기에는 해운 서비스에 대한 초과수요(선복량 부족)로 운임이 상승하며 해운물류기업들이 선박 확보를 도모함에 따라 선가가 상승한다. 그

---

35) 선박 운항의 경제속도란 속도의 변화에 따른 단위 시간당 연료 소모량의 증감과 운임의 증감(속도 변화에 따른 단위 시간당 운송량 변화로 인한)을 고려하여 가장 채선성이 높게 나타나는 속도를 말함. 선박 운항의 경제속도 계산은 차터베이스(charter base: C/B)를 기준으로 가장 높은 값을 나타내는 속도를 도출함으로써 이루어짐. 참고로 차터베이스는 항해의 수익을 1개월(30일), 1DWT로 환산하여 나타낸 것으로 C/B=((운임 수입−운항비)/항해 소요일수×DWT)×30일로 표시됨.

리고 호황이 더욱 진전됨에 따라 중고선 가격이 신조선 가격를 상회하는 현상이 나타나고, 중고선 확보에 실패한 많은 선주들은 신조선을 발주하게 된다. 이에 따라 신조선 발주량이 급증하는데 호황의 절정기에는 세계 주요 조선소에 4~5년 작업량의 신조선 발주가 적체되기도 한다. 그 결과 호항기에 진입한 다음 1~2년이 지나면서부터는 선복의 신규 공급량이 증가함으로써 선복 부족 현상이 해소되고, 결국 공급과잉이 유발되어 불황으로 전환된다.

해운물류기업은 당시(가까운 과거를 포함한) 시황을 기초로 미래 시황에 대하여 판단하고 선박에 대한 투자를 단행하는 경향이 있다. 즉, 시장이 호항이면 미래를 낙관하여 선박 투자를 늘리고 불황이면 비관적 견해가 확산됨으로써 선박 투자가 위축되는 것이다. 특히 호황기에는 선박 투자에도 불구하고 공급량은 신조선 인수까지 불변인 상태가 지속되며 그동안 운임 수준도 신조 발주와는 무관하게 높은 수준이 유지된다. 이에 따라 해운물류기업은 조급한 감정에 사로잡힌 나머지 신조선 발주량을 더욱 확대하는 경향이 있는데, 이러한 신조선 발주와 인수의 시차가 해운 경기변동을 유발하는 주요 요인이 된다. 경기 정점에서 과도한 투자가 이루어짐에 따라 발주 선박의 인도 시 공급 과잉이 유발되기 때문이다.

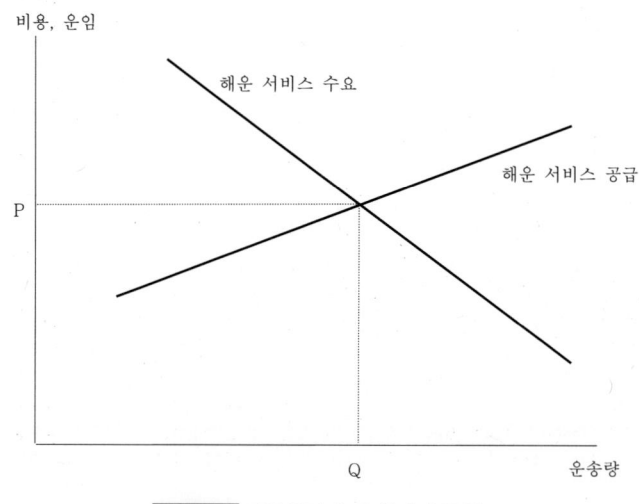

그림 4-6 해상운임의 결정(장기 균형)

한편 해상운임 수준의 장기 추세를 보면 지난 수십 년 동안 단기적인 등락은 있었으나 전반적인 수준은 크게 변하지 않았음을 알 수 있다.[36] 그동안 인건비, 유류비, 화물취급비, 선가(원자재 가격) 등 원가 상승 요인에도 불구하고 해상운임 수준이 크게 상승하지 않았던 것은 해운물류기업 및 관련자들의 원가절감 노력에 의한 것으로 판단된다. 즉, 물류 기술·기법의 발전(정보화, SCM[37] 등), 선박 기술의 발전(대형화, 전용화, 컨테이너화, 에너지 절감형 엔진 개발 등), 하역 기술 발전 등이 그동안의 원가 상승 요인을 대부분 상쇄했던 것으로 보인다.

〈장기적 운임 수준과 해운 서비스 공급 원가〉

- 초기(고전학파[38]): 장기적으로 운임 수준은 원가를 커버하는 것으로 보았음
  ■ Adam Smith는 시장가격(market price)은 변동이 심하나 결국 원가 회수가 가능한 자연가격(natural price)에 수렴하는 것으로 봄
- Marshall(신고전학파[39]): 자연가격 수렴 가설을 받아들이지 않음
  ■ 기술 변화, 우연적 사건의 발생 등 시장 여건의 변화로 자연가격은 달성되기 어려운 것으로 봄
※ 자연가격 : 어떤 상품을 생산·가공하고 시장에 출하기 위해 사용된 지대, 임금, 이윤을 자연요금(natural rate)에 따라 반영한 가격을 상정한 것임. 자연요금이란 사회 구성원들이 자연스럽게 용인하는 적절한 원가 수준을 말함

---

36) 예를 들면 건화물선 시황을 나타내는 운임지수인 BDI(Baltic Dry Index)가 있는데 이는 1985년 1월 4일 운임 수준을 1,000으로 표준화한 것임(자세한 설명은 제1장 참조). BDI는 2003~2008년 중의 일시적인 급등을 제외하면 지난 30년 가까이 대체로 1,000~2,000에서 등락하는 양상을 나타냈으며, 2015년 1월 30일 현재는 608을 나타냄.
37) 공급사슬관리(supply chain management: SCM)란 원자재 공급자에서 시작하여 제품의 소비자까지 이어지는 모든 물류, 자재, 제품 및 가치의 흐름을 계획하고 관리하는 활동을 말함.
38) 고전학파 경제학(classical economics)에서는 인위적인 개입이 없는 자유 시장에 의하여 균형이 이루어진다고 봄.
39) 신고전학파 경제학(neoclassical economics)은 한계효용 이론과 자유경쟁 체제에 의한 시장 균형 분석을 받아들인 경제이론임.

4. 해운 경기

1) 일반 경제의 경기변동

(1) 경기순환의 주기

경기순환(business cycle, economic cycle) 또는 경기변동은 고용, 생산 등 전반적인 경제활동이 장기적인 추세 성장을 중심으로 상승과 하강을 반복하며 변화하는 현상이다. 경기변동의 과정은 저점(trough)에서 정점(peak, plateau)까지의 팽창 국면(up-trend, mark-up)과 정점에서 저점까지의 위축 국면(down-trend, mark-down)으로 크게 나눌 수 있다. 그리고 팽창 국면은 다시 회복기(recovery)와 확장기(expansion)로, 위축 국면은 후퇴기(contraction)와 수축기(recession)로 세분 가능하다. 그리고 이러한 일련의 과정을 순환주기(cycle period)라고 한다. 따라서 순환주기는 저점에서 다음 저점까지 또는 정점에서 다음 정점까지의 기간을 말한다. 또한 정점과 저점의 차이를 진폭(순환심도, amplitude)이라고 한다.

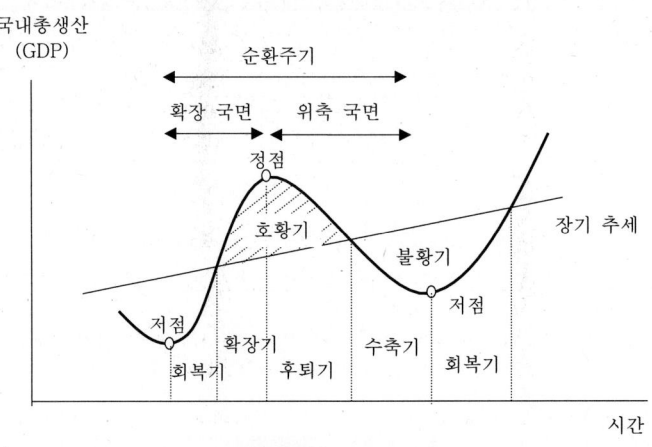

그림 4-7 경기순환 과정

일반 경제의 경기변동 순환 국면별 일반적인 특징을 보면 팽창국면에서는 생산이 증가함으로써 실업률 감소 및 소득 증가 현상이 나타나며 이는 다시 총수요[40]를 증가시키고, 총수요의 증가는 시간의 경과에 따라 결국 인플레이션을 야기함으로써 사회 갈등과 자원 배분의 비효율을 결과한다. 인플레이션의 주요 문제점으로는 빈부 격차의 심화, 경제성장의 저해, 국제수지의 악화 등을 들 수 있다. 따라서 정책 당국은 이러한 문제에 대처하기 위하여 긴축 정책을 실시하게 되고 결국 경기는 후퇴 국면으로 전환된다.

확장 국면: 생산 증가 ⇒ 실업률 감소, 소득 증가 ⇒ 총수요 증가⇒ 인플레이션 ⇒ 갈등과 비효율 ⇒ 긴축 정책 ⇒ 후퇴 국면

〈경기변동과 인플레이션〉
- 상호 관계: 일반적으로 경기 호전 시 인플레 압력이 높아짐
- 인플레이션의 문제점
  - ■ 소득 및 부(富)의 재분배
    - 물가 상승이 임금 상승을 상회 ⇒ 정액 소득자(근로자)에게 불리, 기업가에게 유리
    - 화폐 가치의 하락으로 채무자에게 유리, 채권자에게 불리
    - 공급이 제한된 부동산 등 자산 가격이 상대적으로 크게 상승 ⇒ 자산가에게 유리, 가난한 서민에게 불리
  - ■ 경제성장의 저해
    - 물가 상승은 단기적으로 소비 조장, 저축을 통한 자본축적 방해. 특히 총수요의 부족보다는 공급의 애로가 경제발전의 저해 요인으로 작용하는 후발 개발도상국의 경우 문제 심각
    - 중·장기적으로 구매력 저하로 인한 소비 감소. 특히 총수요의 부족이 문제가 되는 선진국의 경우 문제 심각
    - 생산에 대한 투자보다는 부동산 투기 등 자원 배분의 문제점 유발
    - * 그러나 완만한 인플레이션은 기업 이윤을 증가시켜 투자 의욕을 자극함으로써 경제성장을 촉진하는 효과를 유발할 수 있음
  - ■ 국제수지 악화 : 국내 물가 상승 ⇒ 수출품의 가격경쟁력 저하 및 수입품의 가격경쟁력 제고 ⇒ 수출 저해, 수입 촉진
- 대책: 총수요 억제, 경쟁 촉진, 소득정책(income policy)[41], 기타(환율 안정화, 산업 합리화, 공공요금 인상 억제 등)

---

[40] 총수요(aggregate demand)란 국내 생산물에 대한 내·외국인의 수요를 모두 합친 것으로, 소비+투자+정부지출+순수출(수출−수입)로 산출됨.
[41] 소득정책이란 임금, 배당 등 소득 인상을 통제함으로써 인플레이션을 억제하려는 정책을 말함.

위축 국면에서는 생산이 둔화됨으로써 실업률이 상승하고, 이에 따라 소득이 감소하며, 이는 수요 감소를 초래함에 따라 재고 누적 등과 함께 물가도 안정화 내지 하락하는 현상이 나타난다. 그 결과 기업은 채산성 확보가 어렵게 될 뿐만 아니라 비관적인 분위기가 확산됨으로써 투자가 위축되고 기업 파산은 증가한다. 이러한 불황 국면을 타개하기 위하여 정책 당국은 경기 확장 정책을 구사하게 되며, 경기는 다시 팽창 국면으로 전환하는 계기를 맞게 된다.

위축 국면 : 생산 둔화 ⇒ 실업률 상승 ⇒ 소득 감소 ⇒ 총수요 감소, 재고 누적 ⇒ 물가 하락, 투자 위축, 기업 파산 ⇒ 확장 정책

경기변동과 주요 경제지표와의 관계를 보면 다음과 같다(http://www.index.go.kr, 2015. 1. 10). 1) 광공업 생산, 소매 판매, 비농림어업 취업자 수 등은 경기변동과 동행하는 경향이 있으며, 취업과 역의 관계에 있는 실업률은 역행하게 된다. 2) 경기에 선행하는 경향이 있는 구인구직 비율, 건설 수주액, 재고순환 지표 등의 경우는 회복기에 접어들면서 상승하고 번영기의 막바지를 지나면서 하락세로 반전되는 경향이 있다. 3) 생산자 제품 재고 지수, 회사채 유통 수익률, 가계 소비지출 등은 경기변동을 사후에 확인하는 지표로서 이용된다.

한편 경기순환의 유형은 주기에 따라 다음과 같이 장기 순환, 단기 순환, 계절 변동으로 구분이 가능하다.

첫째, 장기 순환(long-term, Kondratieff cycle 또는 secular trend)은 40~60년 주기로 발생하는 경기순환을 의미한다. 예를 들면 Faber (2002)는 산업혁명(제1파: 1787~1842), 철도 건설을 축으로 한 증기기관과 철강 기술(제2파: 1842~1896), 전기·화학·자동차(제3파: 1896~1949), 석유화학 및 전자공학(제4파: 1949~2004), 정보 기술(제5파: 2004~2058) 등을 장기 순환의 요인으로 보았다. 이와 같이 장기 순환은 기술혁신, 자본 축적, 인구 증가 등의 요인에 의하여 발생한다. 특히 기술혁신 즉, 창조적

파괴(creative destruction)$^{42)}$가 장기 순환을 유발 및 확산시키는 주요 요인으로 인식되고 있다.

한편 기술혁신이 비교적 장기적인 경기 상승을 유발한다는 것은 어느 정도 사실인 것으로 판단된다. 그러나 기술혁신이 일정한 주기를 갖고 나타난다는 점은 납득하기 곤란하다. 또한 극심한 장기 불황이 새로운 기술혁신을 유발하여 경기를 반전시킬 것이라는 점에 대해서는 불황 극복의 노력이 있겠으나 이것이 반드시 기술혁신으로 나타날지는 의문이다. 한편 일반 경기의 장기 변동과 해운 시황의 변동은 매치되지 않는데, 운임 수준은 경제 여건에 의하여 결정되는 해운 서비스의 수요뿐만 아니라 선복 공급과의 격차에 의하여 결정되기 때문이다.

둘째, 단기 순환(short-term cycle 또는 business cycle)은 3~12년(또는 5~10년)의 주기로 나타나는 경기변동을 말한다. 이는 재고 변동, 설비투자 변동 등으로 발생한다. 일반적으로 경기변동이라 하면 단기 순환을 의미한다.

셋째, 계절 변동(seasonal cycle)은 계절적 요인으로 나타난다. 예를 들면 크리스마스 전후의 경기 상승, 하절기(휴가철)의 경기 하강 등이 이에 해당한다. 해운 시황의 경우에도 계절 변화가 있다. 즉, 6~8월에는 곡물, 석유거래 등의 위축으로 저조해지며, 9~10월에는 북미 지역의 수확철로 곡물 및 냉장 화물(reefer trade), 석유 등의 운송 수요 증가에 따라 호전되는 경향이 있다. 그런데 이러한 계절 변동은 경제활동이 집중된 지구 북반구 중심으로 이루어진다.

한편 경기순환은 일반적으로 규칙적인 주기적 변화의 양상을 나타내기보다는 매우 불규칙적인 우연 변동의 특성이 강하다. 이러한 경기변동의 불규칙성을 감안하여 경기순환(business cycle)이라는 관점 대신에 경

---

42) 창조적 파괴(creative destruction)란 기업가들의 혁신적 활동을 말하고 여기에서 혁신이란 기업가들의 행위로 촉발된 사회전체적인 변화를 의미한다. 기업가들의 혁신으로 기존 가치의 파괴가 일어나지만 이는 장기적으로 경제발전의 원동력이 되는 것으로 봄(Schumpeter, 1942).

제변동(economic fluctuation)이라는 관점에서 접근하는 경향이 높아지고 있다(Gregory, 1989). 특히 프리드먼은 경기변동의 불규칙성을 강조하여 경기순환이라는 용어를 사용하는 것은 옳지 않다는 주장을 한 바 있다(Friedman, 1970a).

(2) 경기변동의 유발 및 확산 요인

경기변동을 유발하고 확산시키는 요인은 다양하며, 따라서 학자에 따라 다양한 이론을 전개해 왔다.

첫째, 고전학파 경제학자들은 보이지 않는 손(invisible hand)에 의해서 시장의 균형이 이루어지며 경기변동은 자연재해, 전쟁 등 외생적(exogenous) 요인에 의한 것이라고 보았다.

둘째, 케인즈(Keynes)는 투자, 소비, 정부 지출 등 총수요(aggregate demand)[43]의 변동에 주목했는데, 특히 민간 기업의 투자 지출 변동이 경기변동을 유발하는 주요 요인이라고 보았다. 그는 경기변동을 발생시키는 요인으로 투자승수 효과(multiplier effect)를 들었다. 새로운 투자가 유효수요의 확대로 잇따라 파급되어 처음의 투자 증가분($\triangle I$)의 몇 배나 되는 소득증가($\triangle Y$)를 초래하게 되는데 이 배율($\triangle Y/\triangle I$)을 투자승수라 하며 그 효과를 투자승수 효과라 한다. 투자로 인한 소득의 증가($\triangle Y$)는 다음과 같이 계산된다.

$$\triangle Y = \triangle I(1+b+b^2+b^3+\cdots\cdots\cdots) = \triangle I[1/(1-b)]$$

그리고 투자승수는 $\triangle Y/\triangle I = 1/(1-b)$가 된다.

여기에서 b는 한계소비성향[44]을 나타낸다. 따라서 투자승수[$1/(1-b)$]는

---

[43] 총수요란 국내에서 생산된 재화와 서비스(이하 재화)를 사용하려는 욕구의 총량으로서, 가계의 소비, 기업의 투자, 정부의 정부지출, 해외 부문의 수출을 모두 합계한 것임. 즉, 총수요 = 소비+투자+정부지출+수출−수입이 됨.
[44] 한계소비성향(marginal propensity to consume)이란 소득의 증가분에 대한 소비의 비율을 의미함. 이와 관련하여 소비성향(propensity to consume)이란 전체 소득에 대한 전체 소비의 비율을 의미함.

한계저축성향(1-b)[45]의 역수가 되며 따라서 한계저축성향이 작을수록(한계소비성향이 클수록) 투자승수는 커진다.[46] 케인즈가 경기 회복을 위한 수단으로 소비를 강조한 것도 투자승수 효과와 관련된 것으로 볼 수 있다.

한편 투자로 인한 소득의 증가가 소비재 수요의 증가를 유발하고, 이는 다시 투자 유발 효과를 파급적으로 발생시키는데 이를 가속도원리(acceleration principle)라 한다. 이 가속도원리에 의거 투자의 소득 증가 효과는 더욱 증대된다.

셋째, 슘페터(Schumpeter)[47]는 기술혁신 즉, 창조적 파괴(creative destruction)가 경기변동을 유발하는 요인이라고 생각했다. 그에 의하면 기업가는 획기적인 방식으로 기존 자원의 새로운 결합(new combination) 즉, 혁신을 수행함으로써 기존의 균형 상태를 무너뜨린다. 혁신의 유형으로는 1) 새로운 재화 또는 새로운 품질의 재화 생산, 2) 새로운 생산 방법의 도입, 3) 새로운 판로의 개척, 4) 원료 혹은 반제품의 새로운 공급원 확보, 5) 독점적 지위의 구축과 같은 새로운 시장구조의 실현 등 5가지를 들었다. 이러한 혁신은 과거의 지식이나 기술, 투자를 쓸모없게 만드는 것이므로 창조적 파괴의 개념이 성립된다. 슘페터는 기업가의 창조적 파괴 행위가 바로 자본주의의 역동성과 경제발전을 가져오는 원동력이라고 본 것이다. 그에 의하면 호황은 혁신에 의한 경제발전의 과정이며 불황은 혁신 이후 경제가 균형점을 찾아가는 시기로 볼 수 있다. 그런데 슘페터가 강조한 혁신(창조적 파괴)은 50~60년 주기의 장기 순환(콘드라티예프 파동)을 유발하는 주요 요인인 것으로 평가된다.

---

45) 한계저축성향(marginal propensity to save)이란 소득의 증가분에 대한 저축 증가분의 비율을 의미함. 이와 관련하여 저축성향(propensity to save)이란 전체 소득에 대한 전체 저축의 비율을 의미함.
46) 일반적으로 1년간 2 정도의 투자승수 효과가 추정되고 있음. 따라서 1의 투자가 이루어질 경우 그 2배 정도의 소득 증가가 1년 만에 나타난다는 것을 알 수 있음.
47) 슘페터(Joseph Alois Schumpeter, 1883년~1950년)는 한계효용학파의 경제학자로 수리적 균형 개념을 도입하였고, 혁신적 기업가가 이윤을 창조한다는 이론을 전개하여 창조적 파괴(creative destruction)라는 용어를 경제학에 확산시킴.

넷째, 루카스(Lucas)[48]를 비롯한 합리적 기대(rational expectation)[49] 학자들은 불완전한 정보가 경기변동의 유발 및 전파 요인이라고 생각했다. 즉, 합리적 기대를 하는 경제 주체들이 불완전한 정보로 인하여 제품과 생산요소의 공급 및 수요를 변화시킴으로써 불균형 현상이 일시적으로 나타나 경기가 변동한다는 것이다. 그리고 경기변동은 정보가 완전하지 못하여 시장 균형에서 경제가 이탈했을 때와 다시 균형으로 조정되는 과정으로 보았다.

다섯째, 프리드먼(Friedman)[50]을 비롯한 통화주의(monetarism)[51] 학파는 통화량의 변화에서 경기변동의 원인을 찾았다. 즉, 정부의 무리한 통화정책 때문에 경기가 변동하며[52] 따라서 정부의 시장 개입은 바람직하지 않다는 입장을 취했다.

한편 한국에 있어서 경기순환의 주요 유발 요인으로 두 가지를 들 수 있다. 첫째, 경제발전의 과정에서 국가 경제에 대한 정부의 개입이 비교적 많은 편이었으며 그 결과 정부의 성장 및 분배 정책 변화에 따라 경기변동이 유발된 측면이 강하다. 정부의 국가 경제에 대한 과도한 개입은 다양한 긍정적 효과와 함께 부정적 효과도 유발하였고 이러한 정부의 개입은 경기변동을 유발한 주요 요인이 되었던 것으로 판단된다. 둘째, 해외 경기, 국제 유가, 원자재 가격, 환율 등도 경기변동을 유발하는 주요 요인이었다. 이는 한국경제의 대외 의존적인 구조에 기인된 것이다. 한국은 대외 부문이 경제

---

[48] 루카스(Robert Emerson Lucas, Jr., 1937년 생)는 정부의 인위적 경제 개입을 줄이는 대신 시장경제 원리에 따라야 한다고 주장하면서 1961년 합리적 기대이론(rational expectation theory)을 제기했다.
[49] 합리적 기대(rational expectation)란 사람들이 사용 가능한 모든 정보를 이용하여 미래를 합리적으로 예측하며, 이러한 예측이 약간 틀린다 하더라도 체계적인 오차가 발생하지는 않게 된다는 것을 말함. 이 이론에 의하면 단기적인 재정, 통화 정책으로 GDP, 실업률 등을 어느 정도 통제할 수 있다는 케인즈주의자들의 주장은 성립하지 않게 되며, 장·단기 구별 없이 고전파 이론에서 말하는 균형이 달성 가능하게 됨.
[50] 프리드먼(Milton Friedman, 1912년~2006년)은 통화주의 학파의 창시자로서, 개인의 자유와 합리적 의사결정을 옹호하고 정부의 과도한 시장 개입을 비판했음.
[51] 통화주의(monetarism)는 거시 경제의 변동에 화폐 공급량의 역할을 중시하는 경제학파를 말함. 특히 경제 상황에 대한 중앙은행의 인식의 지연과 정책 시행의 지연, 그리고 효과 파급의 지연 등으로 통화 정책은 불필요한 변화를 만들 수 있는 것으로 봄. 따라서 재량적인 화폐 공급 및 금융정책에 부정적인 반면 규칙에 기반한 정책을 펼쳐야 한다고 주장함.
[52] 크루그먼(Krugman)은 통화량은 내생적이며, 불경기가 되면 화폐의 유통이 감소하고 통화량이 줄어들게 되는데 통화주의자들이 이를 잘못 해석하여 인과의 오류를 범했다고 비판했음.

성장의 선도 역할을 할만큼 무역 및 자본 거래에서 개방성이 높은 국가이기 때문이다.

> 〈경기종합지수〉
>
> 경기종합지수(composite economic index)는 국가 경제 전체의 경기동향을 쉽게 파악하기 위하여 경제 부문별(생산, 투자, 고용, 소비 등)로 경기에 민감하게 반영하는 주요 경제지표들을 선정한 후 이 지표들의 전월 대비 증감률을 합성하여 작성한다. 경기종합지수에는 선행(leading), 동행(coincident) 및 후행(lagging)종합지수가 있다. 이들 각 지수의 산정을 위한 구성 지표는 다음과 같다(2015년 1월 10일 기준).
> 첫째, 선행종합지수는 앞으로의 경기 동향을 예측하는 지표로서 구인구직 비율, 재고순환 지표, 소비자 기대지수, 기계류 내수 출하지수, 건설 수주액(실질), 수출입 물가 비율, 국제 원자재 가격지수(역계열), 코스피, 장단기 금리차 등과 같이 앞으로 일어날 경제 현상을 미리 알려주는 9개 지표들의 움직임을 종합하여 작성한다.
> 둘째, 동행종합지수는 현재의 경기 상태를 나타내는 지표로서 비농림어업 취업자 수, 광공업 생산지수, 서비스업 생산지수, 소매 판매액 지수, 내수 출하지수, 건설기성액(실질), 수입액(실질) 등과 같이 국민경제 전체의 경기변동과 거의 동일한 방향으로 움직이는 7개 지표로 구성된다.
> 셋째, 후행종합지수는 경기의 변동을 사후에 확인하는 지표로서 상용 근로자 수, 생산자 제품 재고지수, 도시 가계 소비지출(실질), 소비재 수입액(실질), 회사채 유통수익률 등과 같은 5개 지표로 구성된다.

2) 해운 경기의 변동

(1) 해운 경기의 순환 국면

해운 부문의 경기순환 양상도 일반 경기순환 양상과 기본적으로 다르지 않으나 해운 경기순환에서 나타나는 고유의 특징이 있다. 해운 경기순환의 국면별 주요 특징을 보면 다음과 같다. 먼저 해운 시황의 저점(trough) 부근에서는 1) 화물을 확보하지 못한 선박이 주요 선적항에서 대기하는 현상이 나타나며, 2) 선박의 저속 운항(slow steaming)이 확산되고, 3) 운임 수준이 운항비(voyage cost)[53]까지 하락할 수 있으며, 4) 해운물류기업의 마

---
[53] 운항비(voyage cost)는 항비, 화물비, 연료비, 중개료, 선원 시간외수당, 통신비, 할증보험료 등 해상 운송에 소요되는 직접경비를 말한다.

이너스 현금 흐름 등의 현상이 비교적 널리 나타난다. 이에 따라 5) 운임 수입이 운항비를 보전하지 못하는 비효율적 선박은 계선되며, 6) 업계 전반에 비관론이 지배함으로써 선주는 보유 선박의 저가 매각 및 노후선 해체 등을 통한 현금 흐름 개선을 도모하게 된다. 그리고 7) 금융기관은 해운물류기업에 대한 금융 제공을 회피하거나 기존의 채권을 회수하려는 움직임을 보이게 된다. 그런데 해운시장 참여자들의 이러한 일련의 행태는 신조선 발주의 감소 내지 중단, 선박 해체량의 증가 등 향후의 선복 공급 감소 요인으로 작용함으로써 해운 시황 회복을 위한 기반이 된다.

해운 시황이 저점을 지나 회복기(recovery)를 맞이하면 운임 수준 회복, 계선량 감소 등의 긍정적인 신호가 나타난다. 이에 따라 시장 참여자들 사이에는 시황 회복에 대한 기대와 회의론이 교차하는 가운데 선가는 서서히 상승하게 된다. 여기에서 주의할 점은 시황 회복의 거짓 신호(false signal)[54]가 나타날 수도 있다는 점이다. 따라서 시황 회복에 긍정적인 신호가 몇 가지 나타날 경우에도 선박 투자 등 주요 의사결정에 있어서는 섣불리 판단하기보다 해당 신호의 진위 여부를 신중하게 확인할 필요가 있다.

해운 시황의 정점을 전후해서는 1) 물리적으로 운항 불가능한 선박만 계선되고 나머지 모든 선박이 운항되며, 2) 운임이 운항비의 2~3배(경우에 따라 10배 이상)까지 상승함에 따라 해운물류기업들은 선박 운항 속도를 최대한으로 높임으로써 운임 수입의 극대화를 추구하게 된다. 그리고 3) 해운 시장 참여자들 사이에 흥분 상태가 점증함에 따라 금융기관은 해운물류기업에 대하여 금융 제공을 제의하는 현상이 나타나며, 4) 해운물류기업의 주가가 상승하고, 5) 중고선 가격이 신조선 가격을 상회하며, 6) 중고선은 검사 없이 매매가 이루어지기도 한다. 아울러 7) 신조선 발주가 증가(초기 점진적, 말기 급증)함에 따라 조선소는 3~5년 작업량의 신조 물량을 확보하

---

[54] 거짓 신호(false signal)란 미래의 경기변동을 나타내는 선행지표가 실제 경기변동의 방향과 일치하지 않는 경우를 말함.

는 현상이 나타난다. 이러한 현상은 경우에 따라 수주일 또는 수년 동안 지속되다가 결국 선박 공급의 과잉을 초래하는 요인으로 작용함으로써 후퇴기(collapse)를 맞이하게 된다.

해운 시황이 정점을 지나 후퇴기에 진입하면 선박 공급이 수요를 상회하게 되고 항만 체선도 완화된다. 특히 호황기에 발주된 선박의 대량 인도가 이루어짐에 따라 급격한 운임 하락 현상이 나타난다. 화물을 확보하지 못한 선박들은 집화를 위하여 주요 적하항에서 대기하게 된다. 이러한 해운 불황은 일반 경제의 침체와 맞물려 악화되는 경향이 있다. 해운 시황 후퇴기의 초기에는 해운물류기업들이 혼란 상태를 겪게 되며, 호황이 끝났다는 것을 수용하지 않으려는 태도를 당분간 견지하는 경향이 있다.

(2) 해운 경기변동의 특징

경기변동의 특징은 규칙성 정도, 순환주기, 확장 국면과 수축 국면(또는 호황 국면과 불황 국면)의 대칭성 정도, 순환 심도(순환 진폭)[55], 다른 부문 경기변동과의 관계(선행, 동행 및 후행성) 등의 관점에서 파악할 수 있다. 이러한 관점에서 해운 경기변동의 주요 특징을 보면 다음과 같다.

첫째, 해운 경기변동의 높은 가변성을 들 수 있다. 해운 경기의 순환은 확장과 수축의 지속 기간이 매우 불규칙할 뿐만 아니라 순환 심도의 편차도 크게 나타난다. 다음 그림은 BDI[56] 및 WS[57] 추세로서 해운 시황 변동의 양상에 대한 이해를 돕기 위한 것이다.

---

55) 경기순환의 정점과 저점 간의 차이를 순환 심도 또는 순환 진폭이라 함.
56) BDI (Baltic Exchange Dry Index)는 발틱해운거래소(Baltic Exchange)에서 발표하는 건화물선부문의 대표지수를 의미함.
57) WS(World Scale)은 유조선 부문의 주요 항로별 유조선 해운 원가를 기준치 100으로 지수화하여 나타낸 것임. WS지수와 실질 운임의 관계는 과거 6개월간의 연료비와 항비의 변동을 조사하여 매년 1월 1일과 7월 1일 2회에 걸쳐 발표하는 기준 운임표에 의하여 환산할 수 있음.

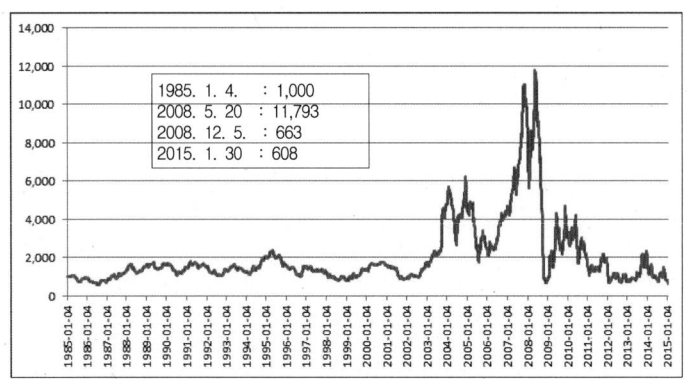

자료 : Baltic Exchange(한국해양수산개발원에서 재인용)

그림 4-8 BDI 추세(1985. 1. 4.-2015. 1. 30., 일간자료)

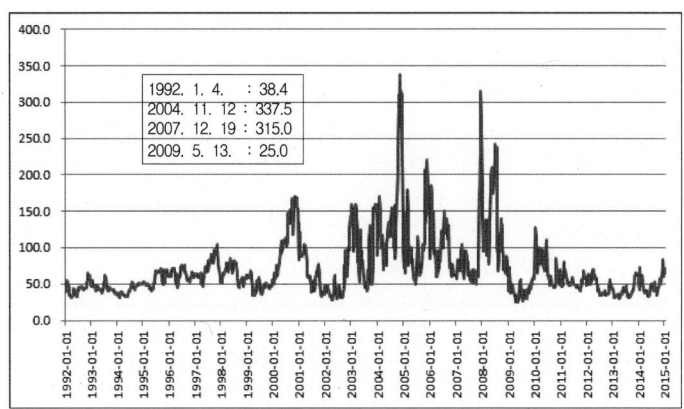

자료 : Baltic Exchange(한국해양수산개발원에서 재인용)

그림 4-9 WS 추세(1992. 1. 4~2015. 1. 28; VLCC 중동-극동, 주간자료)

해운 경기변동의 가변성이 높게 나타나는 원인으로는 앞에서 본 바와 같이(〈표 1-1〉 참조) 1) 해운 서비스에 대한 단기적 수요의 운임 탄력성[58] 절댓값이 매우 작을 뿐만 아니라, 2) 단기적 공급의 운임 탄력성 절댓값도 매우 작으며, 3) 일반 경제의 경기변동, 원자재의 투기적 거래, 정치·외교,

---

58) 수요(공급)의 운임 탄력성(e)이란 운임의 변화율($\Delta F/F$)에 대한 수요(공급)의 변화율($\Delta Q/Q$)을 의미함. 즉, $e=(\Delta Q/Q)/(\Delta F/F)$가 됨.

자연재해 등 다양한 우발적 요인들이 비탄력적인 수요 및 공급곡선을 이동(shift)시키는 요인으로 작용한다는 점을 들 수 있다(〈그림 1-3〉 참조). 역사적으로 보면 수에즈운하의 봉쇄[59], 전쟁 발발(특히 중동지역)[60], 석유위기[61] 등은 해운 경기의 급격한 변화를 유발한 주요 요인이 되었다.

둘째, 해운 경기의 변동은 규칙성이 결여되어 있으므로 특정 순환주기를 도출하기 어려운 것으로 판단된다.[62] 다만 단기간에 급변하는 특성을 감안하면 비교적 짧은 기간을 기준으로 한 순환주기의 도출이 가능할 것이다. 그런데 상대적으로 긴 불황기를 감안하면 비교적 장기간의 순환주기를 고려할 수도 있을 것으로 판단된다. 예를 들면 건화물선 시황의 경우 1970년대 말부터 2003년 중반까지 20년 이상 침체기를 벗어나지 못했으며, 2003년 하반기~2008년 상반기까지 4~5년간의 비교적 짧은 호황기를 거쳐 수축기에 접어든 것으로 볼 수 있다. 따라서 1970년대 말의 호황기부터 2008년 중반에 나타난 해운 시황의 정점과 정점 사이의 순환주기는 30년 내외로 볼 수 있을 것이다.

셋째, 호황 국면과 불황 국면의 대칭성 정도를 보면 장기간의 불황 국면에 비하여 극히 짧은 호황기가 나타난다는 특징이 있다. 위의 그림에서 본 바와 같이 건화물선 부문의 경우 1970년대 말부터 2015년 초까지 약 35년의 기간 중 호황기는 2003년 하반기~2008년 상반기로 4~5년 정도에 불과하였으며 나머지 대부분의 기간은 불황기로 볼 수 있다. 유조선 부문의 경우도 〈그림 4-9〉에 표시된 1992년 1월~2014년 1월의 약 12년의 기간 중 손익분기점을 의미하는 기준치 100을 상회하는 기간은 2003년 하반기~2008년 상반 중에 집중적으로 나타났고 그 지속기간은 길지 않았다.

이와 같이 호황 국면에 비하여 불황 국면의 지속 기간이 길게 나타나는

---

59) 수에즈운하의 봉쇄는 제1차(1956년 10월~1957년 4월) 및 제2차(1967년 5월~1975년 6월)에 걸쳐서 일어났음.
60) 비교적 근래에 일어난 전쟁으로는 이란-이라크 전쟁(1980년 9월~1988년 8월), 이라크의 쿠웨이트 침공(1990년 8월), 이라크전쟁(2003년 3월~2011년 12월) 등을 들 수 있음.
61) 석유위기는 제1차(1973년 10월) 및 제2차(1978년 12월)에 걸쳐서 일어났음.
62) Stopford(2009)는 해운 경기의 순환주기를 8년으로 추정한 바 있음.

요인으로는 1) 호황기의 대규모 신조선 발주를 들 수 있다. 일반적으로 호황기에는 해운시장에 낙관론이 지배함으로써 신조선 발주가 이루어지는데 발주와 인도 사이에는 상당한 기간이 소요되기 때문이다.[63] 즉, 일정 기간 동안은 발주량의 증가와는 무관하게 선복 부족 현상이 지속되므로 그동안 선주들은 호황의 지속에 대한 비이성적인 믿음을 갖게 됨으로써 지나친 신조발주를 감행하게 되는 것이다. 이에 따라 대량 발주된 신조선이 본격적으로 인도되고 나면 선복 과잉 공급의 해소에 장기간이 소요된다. 2) 해운 불황기 선주들의 성급한 선박 투자 재개를 들 수 있다. 해운 불황기에 신조선 가격은 호황기의 1/3 이하로 하락하는데, 이와 같이 선가가 하락하면 선주들은 해운 시황의 저점으로 잘못 판단하고 신조 발주를 불황의 초기에 재개하는 경향이 있다. 즉, 해운 불황기에 선박 투자는 시황 변동에 반하는 투자(counter-cycle investment)로서 원칙적으로 옳은 결정이 될 수 있다. 그러나 불황의 초기에 섣불리 투자를 단행하는 것은 시황의 호전을 지연시키는 결과를 초래하는 것이다. 사실상 해운 시황의 회복에 수십 년의 장기간이 소요되는 경우가 많은데 이는 주로 불황기 시황 회복에 대한 선주들의 섣부른 기대에 따른 선투자에 의한 것으로 판단된다. 본격적인 시황 회복이 이루어지기 위해서는 선주들의 시황 회복에 대한 기대마저 사라지지 않으면 안 되는 것이 아닐까 한다. 즉, 대부분의 선주들이 시황 회복에 대한 기대를 접고 부정적인 시각을 갖게 되었을 때 비로소 해운 시황은 회복기에 접어드는 기반이 마련될 수 있을 것으로 판단된다.

한편 이와 같이 비교적 짧은 호황기와 긴 불황기가 교차하는 특성에 비추어 해운산업을 "궁핍과 잔치의 산업(industry of poverty and feast)"이라고 칭하기도 한다는 점은 앞에서 본 바와 같다.

넷째, 해운 경기변동의 고저 진폭이 비교적 크다는 특징을 갖는다. BDI

---

63) 선박의 건조에는 통상 1년 내외의 기간이 소요되며 호황기에는 발주량이 조선소 시설 능력을 크게 초과함에 따라 5년 이상의 기간이 소요되기도 함.

의 경우 〈그림 4-8〉에 표시된 기간을 기준으로 하면 1985년 1월~2015년 1월 중 최고치(11,793)는 최저치(608)의 19.4배에 달하였다. 그리고 WS의 경우도 1992년 1월~2014년 1월 중 최고치(337.5)는 최저치(25.0)의 13.5배에 달하였다. 여기에서 BDI는 일간 자료가 사용된 반면 WS의 경우 주간 자료가 사용되었다는 점에 유의할 필요가 있다. 주간 자료의 경우 5일치 일간 자료의 평균이라는 점에서 진폭이 다소 감소할 가능성이 있다. 또한 WS는 해운 원가 상승에 따라 조정되는 값이므로 명목 운임의 변동 효과를 그대로 반영하지 못하게 된다. WS는 항만 이용료, 연료비, 인건비 등 제반 비용을 정기적으로 산정하여 손익분기점 운임을 100으로 지수화한 것이기 때문이다. 즉, BDI는 명목 운임 수준을 나타내는 반면 WS는 실질 운임 수준을 나타내는 것이다. 따라서 이 두 가지 운임지수의 변화추세를 그대로 비교하는 것은 의미가 없는 것으로 판단된다. 위에서 BDI의 진폭이 WS의 진폭보다 큰 것으로 나타났으나 실제 명목 운임(톤당 명목 운임)의 변동 양상은 이와 다를 수 있는 것이다. 위의 그림에서도 BDI보다 WS의 변동이 더욱 불규칙적이며, 급변하는 양상을 보이고 있음을 알 수 있다.

그런데 이와 같이 해운 경기변동의 진폭이 크게 나타나는 현상은 다음과 같은 요인 때문으로 판단된다. 1) 앞에서 언급한 바와 같이 해운 서비스에 대한 단기적인 수요 및 공급의 지속 기간이 매우 작기 때문이다. 운임에 대한 해운 서비스 수요 및 공급의 비탄력적인 특성으로 인하여 수요 또는 공급 요인 가운데 어느 한 쪽이라도 미세한 변화가 발생하면 운임 수준에 급격한 변화가 야기될 뿐만 아니라 변화의 정도도 크게 된다. 2) 선복 수급의 조정에는 일정 기간의 시차가 있으며 불균형이 일단 발생하면 쉽게 균형을 회복하기 어렵다는 점도 해운 경기변동의 진폭을 확대시키는 요인이 된다. 예를 들면 선복의 공급 부족 현상이 나타났을 경우 새로운 선박의 건조를 위해서는 상당한 기간(1~2년)이 소요되며, 공급 과잉의 경우에도 선령 구성 등을 감안할 때 해체량은 제한적인 경우가 많다. 3) 해운 원가 가운데 가변비용(고정비용)의 구성 비중이 비교적 낮다(높다)는 점은 시장운임 수준이 원가 이하로 크게 하락할 수 있는 가능성을 높이는 요인이 된다. 해운 불황의 경우 해운물류기업들은 단기적으로 해운 원가의 극히 일부에 불과한 가변비용(운항비)만 회수 가능하다면 운송 서비스의 제공이 가능하기 때문에 그만큼 낮은 운임 수준의 형성이 가능하게 된다.

다섯째, 주요 해운 부문별로 경기변동의 양상을 비교해 보면 유조선 부문의 경기변동성이 가장 크고 이어서 건화물선 부문, 정기선 부문의 순으로 나타나는 경향이 있다. 유조선 부문의 경우 경기변동성을 확대시키는 요인으로 원유의 투기적·계절적 거래에 의한 시장 교란 요인을 들 수 있다. 건화물선 부문 역시 원자재의 투기적 거래에 의한 시장 교란 요인이 있으나 화물 구성이 철광석, 석탄, 곡물 등으로 비교적 다양하여 변동 요인이 상호 상쇄되는 효과가 있다. 그리고 정기선 부문은 공표된 요율표에 의하여 운임이 책정되는 특성상 운임 수준의 변동성이 가장 낮게 나타나는 것으로 볼 수 있다.

3) 해운 경기의 예측

(1) 일반 경제의 경기예측 방법

일반 경제의 경기예측 방법은 크게 세 가지로 구분 가능하다. 첫째, 경제지표에 의한 방법이 있는데, 경기종합지수(composite index: CI)의 경기선행지수(composite leading indicators), 경기확산지수(경기동향지수, diffusion index: DI) 등이 이에 해당한다. 먼저 경기종합지수에는 미래 경기의 예측에 이용되는 선행지수, 현재 경기 상황의 파악을 위한 동행지수, 경기 동향의 사후적 확인에 이용되는 후행지수가 있으며 이에 관한 사항은 앞에서 본 바와 같다. 그 중에서 경기선행지수는 경기의 변화 방향을 가리키므로 지수가 전기보다 올라가면 경기 상승, 내려가면 경기 하강이 예상됨을 의미한다. 그리고 증감률의 크기는 경기변동의 진폭을 나타낸다. 이에 따라 경기선행지수는 미래의 경기예측에 어느 정도 도움이 될 수 있을 것이다.

그리고 경기확산지수는 경기동향지수라고도 하는데 주요 경제지표 가운데 전체 경제 변동과의 대응성이 높은 지표를 선정하여 변화 방향을 종합한 지수이다. 한국의 경기확산지수 작성 사례로는 관세무역개발원에서 제공하는 무역경기확산지수가 있다(www.trass.or.kr, 2015. 1. 12). 경기확산지수가 기준치 50을 넘으면 확장 국면, 이보다 낮으면 수축 국면, 50이면 경기 전환점으로 각각 판단한다.

DI=[〈증가 지표 수+(0.5×보합 지표 수)〉/구성 지표 수]×100

둘째, 설문 조사에 의한 경기예측 방법으로는 기업경기실사지수(business survey idex: BSI), 소비자동향지수(consumer sentiment index: CSI) 등의 지수나 델파이(Delphi) 기법이 주로 이용된다. 그 중에서 기업경기실사지수는 기업가들의 경기에 대한 판단, 계획 등을 설문 조사하여 지수화한 것이다. 따라서 기업경기실사지수는 기업가들의 경기에 대한 인식이 단기적인 경기변동에 중요한 영향을 미친다는 경험적 사실에 기초한 것이다. 기업경기실사지수는 0~200 사이의 값을 가지며 기준치 100 이상인 경우는 미래 경기의 확장을 그 이하인 경우는 수축을 각각 의미한다.

BSI=[〈〈긍정적 응답 수-부정적 응답 수)/전체 응답 수〉]×100+100

소비자동향지수는 소비자태도지수, 소비자신뢰지수, 소비자심리지수 등으로 일컬어지기도 하는데 소비자의 현재와 장래의 재정 상태, 경제 전반에 대한 상황, 물가, 구매 조건 등에 대하여 설문 조사를 하여 지수화한 것이다. 따라서 소비자동향지수는 소비자의 경기에 대한 인식이나 태도가 소비 행태를 결정함으로써 향후 경기변동에 영향을 미친다는 점에 착안한 것이다. 소비자동향지수 역시 경기실사지수와 마찬가지로 0~200 사이의 값을 가지며, 100 이상인 경우는 미래 경기의 확장을 그 이하인 경우는 수축을 각각 의미한다.

그 이외에도 델파이 기법이 이용될 수 있으며 이는 전문가 풀(pool)을 구성하여 문답 결과를 취합한 후 집계 통계를 환류시키는 방식이다. 즉, 의견 수정 후 정보의 통제 환류에 의한 학습 과정을 적정 수준 도달 시까지 반복함으로써 의견 수렴을 유도한다. 이는 전문가들의 주관성을 객관화하고 문제 인식에 대한 공감대를 구축하여 집단적 의견을 도출하기 위한 것이다.

셋째, 계량모형에 의한 경기예측 방법은 분석 대상이 되는 경제 변수와 이를 설명하는 변수 사이의 수학적 함수관계를 구축하여 추정하여 예측하는 방법이다. 여기에서 분석 대상이 되는 경제변수를 종속변수(dependent varible) 또는 피설명변수라 하고 이를 설명하는 변수를 독립변수(independent variable) 또는 설명변수(explanatory variable)라 한다. 그런데 계량모형은 다시 인과모형(causal model)과 시계열모형(time series model)으로 구분된다. 그 중에서 1) 인과모형은 분석 대상이 되는 종속변수가 독립변수(들)의 영향을 받아 결정될 경우에 적용 가능하다. 즉, 독립변수(들)와 종속변수 상호 간의 인과관계를 분석하여 이를 기초로 함수관계를 추정하는 기법이다. 따라서 경기예측에 관한 인과모형의 설명변수로는 투자, 소비, 금리 등 주요 경제지표가 이용될 수 있다. 2) 시계열모형은 과거 자료의 역사적 추세에 입각하여 법칙성을 발견하고 이를 모형화하여 미래를 예측하는 기법이다. 따라서 시계열모형의 설명변수로는 시간, 종속변수로는 과거 실적치(시차변수)가 이용된다.

표 4-4 경기예측 기법의 주요 사례

방법	사례
경제지표에 의한 예측	경기선행지수, 경기확산지수(DI) 등
설문 조사에 의한 예측	기업경기실사지수(BSI), 소비자동향지수(CSI), 델파이(Delphi) 기법 등
계량모형에의한 예측	인과모형, 시계열모형 등

한편 경제예측의 결과는 대부분 부정확하며 일부 정확한 것으로 판명된

경우에도 부정확한 몇 가지 기본 가정 및 방법론이 우연히 상호 상쇄되어서 그럴듯하게 도출된 결과일 뿐인 경우가 흔한 것으로 판단된다.[64] 이와 같은 현상은 예측의 역설에 의해서도 설명 가능한데 미래에 대하여 예측할 수 없을 때 예측이 필요하게 된다는 점이 그것이다. 예를 들면 발전소와 석탄 운송에 대한 전용선계약(dedicated carrier charter)이 되어 있는 선주의 경우는 석탄 물동량을 예측할 필요가 없게 될 것이다. 결국 예측이 빗나가는 것은 지극히 자연스런 현상이며 만약 언제나 정확한 예측을 하는 사람이 있다면 그는 이상한 사람 취급을 받을 것임에 틀림없다.

이와 같이 경기예측에 있어서는 정확성을 기하기 어려운데 그 원인은 미래 예측과 관련된 여러 가지 한계점 때문이다. 먼저 위에서 본 모든 예측 방법에 있어 공통적으로 대두되는 주요 한계점은 다음과 같다.

첫째, 우선 정치·외교적 요인, 자연 현상 등 우발성이 강한 요인들에 의한 영향을 배제할 수 없다는 점을 들 수 있다. 이러한 우발적 요인들을 예측 모형에 반영한다는 것은 사실상 불가능하기 때문이다.

둘째, 경제예측은 미래도 과거와 같은 유형으로 전개될 것이라는 전제 위에 이루어진다. 즉, 과거를 근거로 미래를 예측하게 되며 미래의 경제구조 변화를 감안하기 어렵다는 점에서 경제예측은 한계를 가질 수밖에 없다. 통계적인 분석을 비롯하여 대부분의 경제예측은 앞으로도 과거와 같은 일이 향후에도 반복될 것이라는 전제 아래에서 이루어진다는 한계가 있는 것이다.

셋째, 경기의 실현은 예측을 대하는 경제 주체들의 행태에 좌우되는 측면도 있다. 경제예측 기관에서 예측 내용이 발표되면 정책 당국, 가계, 기업 등 경제 주체들이 이에 반응하게 되는데 그 반응의 행태에 따라 결과가 달라진다. 예를 들면 경기 침체가 예상되었을 때 가계, 기업 등 경제 주체들이 소비와 투자를 축소함으로써 미래 불경기에 대응하려고 한다면 경기 침체의 예측은 한층 정확하게 맞아떨어질 것이다. 반대로 정부가 불경기에

---

64) 경영학의 아버지로 불리는 Drucker도 "미래에 대한 예측은 인간의 능력 범위 밖이며, 비록 짧은 기간이라 할지라도 미래 예측자료는 가치가 없는 것이다"라고 설파한 적이 있음(Drucker, 1992).

대비하여 확장적 재정 및 금융정책을 펼친다면 불경기가 도래하지 않을 수도 있을 것이다. 그런데 이러한 경제 주체들의 반응까지 감안하여 경기예측을 한다는 것은 매우 어려운 과제가 된다.

넷째, 시황의 극점에서 이루어지는 경제 주체들의 의사결정은 비이성적인 경우가 많다는 점도 문제가 된다. 예를 들면 1990년대 후반 닷컴 버블(dot-com bubble)[65] 시기에는 관련 투자자들이 지나친 낙관론에 지배됨으로써 과도한 투자가 이루어지기도 하였다. 그리고 과거 주요 경제예측기관들의 예측치와 실적치를 비교해 보면 경제 변동성이 큰 기간에 이루어진 예측일수록 정확성이 낮다는 조사결과가 있다(http://magazine.hankyung.com, 2015. 1. 12).

특히 장기 예측 결과에 대해서는 정확성이 더욱 저하된다는 문제가 있다. 우선 시간의 경과에 따른 다양한 우연 변동의 가능성을 반영할 수 없게 된다. 그리고 예측 기간이 길어지면 경제 여건의 변화로 인하여 경제구조 변화의 가능성이 커진다. 또한 경제 주체들의 행태 변화도 반영하기 어렵게 된다. 이에 따라 위에서 언급된 세 가지 예측 방법 모두에서 시간의 경과에 따라 부정확성이 증대하는 문제점이 야기된다. 특히 계량모형의 경우를 보면 모형의 적합성에 문제가 생길 수 있다. 즉, 시간의 경과에 따라 설명변수 추정치의 정확성에도 한계가 야기될 우려가 커진다. 장기 예측의 정확성에 관련된 문제는 인과모형보다 시계열모형에서 더욱 커지는 경향이 있다. 장기간을 고려할 경우 시계열 변화 추세 자체가 비교적 크게 달라다는 점에서 시계열모형 예측의 정확성에 심각한 문제가 발생할 우려가 있다.

그리고 앞에서 본 경기예측의 방법에 따라 발생하는 주요 문제점을 보면 다음과 같다.

첫째, 경제지표에 의한 방법의 경우 선행지수가 예고하는 경기 흐름의

---

[65] 닷컴 버블(dot-com bubble)은 인터넷 관련 분야가 성장하면서 1990년대 후반부터 2000년경에 걸쳐 관련 산업의 주식 가격이 급격한 상승을 나타낸 거품 경제 현상을 말함.

방향과 실제 경기 흐름의 방향이 언제나 일치하는 것은 아니다. 한 국가(또는 일정 권역) 내의 모든 경제활동이 항상 동일한 방향으로 움직이는 것은 아니기 때문이다. 선행지수가 실제 경기 흐름과 다를 경우 거짓 신호(false signal)가 나타난 것으로 해석된다.

둘째, 설문 조사에 의한 예측 방법에 있어서도 설문지 설계, 문항 순서, 응답자의 태도 등에 따라 신뢰성(reliability)[66] 및 타당성(validity)[67]에 있어서 편차가 심하게 나타난다(Fowler, 1990). 그 이외에도 피설문자의 주관적 판단에 의한 편차가 있는데 이는 설문 대상자의 전문성, 추출된 표본의 대표성 등과 관련된 문제이다.

셋째, 계량모형에 의한 예측 방법의 경우 예상되는 문제점으로는 다음과 같은 것이 있다.

1) 모형의 부정확성에 따른 위험(risk of invalid model)을 들 수 있다. 이는 예측을 위하여 구축된 함수관계가 과연 경제 현상을 얼마나 정확하게 반영하고 있는가의 문제로서 정확한 모형의 구축은 쉽지 않은 것으로 판단된다. 모든 변수를 경제모형에 다 반영할 수 없을 뿐만 아니라, 복잡한 인과관계 및 시계열 유형을 계량모형에 반영한다는 것도 불가능한 것으로 보아야 할 것이다. 즉, 아무리 정교한 계량모형이라도 이는 현실을 지극히 단순화한 것에 지나지 않는다는 한계가 있다.

2) 과소식별(under-identification)[68] 등으로 인한 모형 구축의 어려움이 있다(특히 인과모형의 경우). 예를 들면 운임 수준의 결정은 해운 서비스 수요곡선, 공급곡선 및 수급 균형식(수요량=공급량)의 세 가지 수식을 연립

---

[66] 신뢰성(reliability)은 비교 가능한 독립된 측정 방법에 의해 대상을 반복적으로 측정할 경우 비슷한 결과가 나오는 정도를 의미함.
[67] 타당성(validity)은 1) 변수 간에 통계적으로 관계를 고려한 통계적 결론 타당성 (statistical conclusion validity), 2) 변수 간에 인과관계 (causal relationship)를 나타내는 내적 타당성 (internal validity), 3) 선택된 측정 수단이 조사하고자 하는 개념이나 규명하고자 하는 현상을 제대로 반영하고 있는가의 문제와 관련된 개념 타당성 (construct validity), 4) 조사결과가 일반화될 수 있는지의 문제와 관련된 외적 타당성 (external validity) 등으로 구분 가능함(Cook & Campbell, 1979).
[68] 과소식별 (under-identification)은 식별 정보가 필요한 것보다 적은 경우로서 투입 행렬의 수보다 추정해야 할 모수(parameter)의 수가 많은 경우에 나타남.

방정식 체계에 의하여 추정함으로써 도출 가능하게 된다. 그러나 시장에서 관찰 가능한 것은 수요곡선과 공급곡선의 균형점(균형점에서 결정된 운임수준과 운송량)이다. 따라서 수요곡선과 공급곡선을 각각 별도로 추정할 수 없다는 문제가 있다. 즉, 추정해야 할 수식은 3개인데 관찰 가능한 변수는 운임과 운송량의 2개이며, 따라서 과소식별의 문제가 생기기 때문이다.

(2) 해운 경기예측의 방법과 절차

해운 경기의 예측에는 다음의 여러 가지 기법이 적용될 수 있다.

첫째, 설문 조사 기법을 고려해 볼 수 있을 것이다. 설문 조사 기법으로는 해운 기업가들을 대상으로 한 기업경기실사지수나 해운 전문가들을 대상으로 한 델파이 기법이 적용 가능할 것이다. 이 경우 앞에서 본 바와 같은 설문 조사 방법의 한계 내지 문제점을 염두에 두어야 할 것이다. 특히 해운 부문의 기업경기실사지수 작성과 관련된 문제점으로 해운물류기업가들의 해운 경기에 대한 판단이나 계획이 해운 경기변동에 어느 정도 영향을 미치는지 명확하지 않다는 점을 들 수 있다. 일반 산업 부문에 있어서는 기업가들의 경기에 대한 판단이나 계획이 투자의 변화로 이어져 수요 및 고용의 변화를 결과함으로써 경기변동을 유발하는 요인으로 작용하게 된다. 즉 기업가들의 경기에 대한 판단 내지 계획과 경기변동 사이에 정(+)의 상관관계가 존재하는 것이다. 이에 반하여 해운 경기는 해상운송 서비스의 수요(물동량) 및 공급(선복량) 관계에 의하여 결정되는 것으로, 이러한 수급 요인은 단기적으로 해운물류기업가들의 경기에 대한 판단 내지 계획과 무관하게 결정된다. 따라서 해운 기업가들을 대상으로 작성된 기업경기실사지수의 해운 경기에 대한 선행성은 이론적으로 뒷받침되기 어렵게 된다. 다만 해운물류기업가들의 해운시장에 대한 인식이 시장 분위기 형성에 영향을 미칠 가능성은 있다. 해운물류기업가들의 해운 경기에 대한 판단은 화주와의 관계에서 협상력을 좌우하는 요인이 될 수 있기 때문이다. 따라서 해운물류기업가들이 해운 경기에 대하여 긍정적인(부정적인) 판단을 할 경우 운임 협상에서 상대적으로 우위를(열위를) 점함으로써 운임 상승을(하락을) 결과할 가능성은 있는 것으로 판단된다. 따라서 단기적인 관점에서 볼 때 해운 경기실사지수는 해운 경기의 변동과 미약하나마 정(+)의 관계를 보일 가능성이 있다.

그리고 장기적인 관점에서 보면 1) 해운물류기업들이 해운 경기의 호전을 예상할 경우 중고선 도입, 신조 발주 등이 촉진됨으로써 선복의 공급 과잉을 초래하여 시황을 악화시키는 효과를 나타낸다. 반대로 2) 해운 불황을 예상할 경우에는 선박의 처분이 촉진됨으로써 선복 공급이 감소되며, 이는 선복 수급의 개선 및 시황의 부양 효과를 나타낼 것이다. 즉, 해운물류기업가들을 대상으로 한 기업경기실사지수와 해운 경기는 장기적으로 역(-)의 관계에 있다.

<피그말리온 효과와 해운 경기변동>

일반 경제의 경기변동에 있어서는 자기실현적 예언(self-fulfilling prophecy) 현상이 흔히 나타난다. 예를 들어 주식시장에서 다수의 투자자들이 장래 주가가 하락할 것이라고 예상한다면 주식 보유자들은 앞 다투어 주식을 처분하려 할 것이고 매수자들은 매수를 미루게 될 것이다. 그 결과 주식시장에는 공급 초과 현상이 유발됨으로써 주가는 하락하게 된다. 그리고 일반적인 경기변동의 경우에도 경제 주체들이 장래의 경기 전개에 대하여 비관적인 견해를 갖고 있으면 소비와 투자가 감소하여 경기는 위축될 것이며, 반대로 낙관적인 견해를 갖고 있는 경우에는 소비와 투자가 증가함으로써 경기 호전이 초래될 것이다.

이러한 자기실현적 예언은 피그말리온(Pygmalion) 효과라고도 한다. 피그말리온은 신화에 나오는 뛰어난 조각가였는데 아무리 아름다운 여인이라도 조금씩 부족함이 있다는 것을 알고 실망하여 스스로 완벽한 여인 조각상을 만들어냈다고 한다. 그러나 이 조각상은 무생물에 지나지 않았으므로 그는 이에 생명을 불어 넣어 달라고 간절히 기원함과 동시에 그 실현을 믿었다고 한다. 그의 애절한 염원에 감동한 미의 여신 아프로디테는 그 조각상에게 생명을 불어넣어 주었고 마침내 피그말리온은 이 여인과 결혼하게 되었다는 것이다. 이와 같이 미래에 대한 예상이나 믿음이 실현되는 현상을 피그말리온 효과라고 하는 것이다.

기업경기실사지수(BSI), 소비자동향지수(CSI) 등은 이와 같은 경기변동의 자기실현적 예언의 특성을 이용한 것이다. 이들 선행지수는 경제 주체들의 기대와 전망에 대한 설문 조사 결과를 기초로 작성되기 때문이다.

그럼에도 불구하고 해운 부문에 있어 기업경기실사지수는 기대 효과(expectation effect) 또는 자기실현적 예언(self-fulfilling prophecy)과 같은 효과가 나타날 가능성이 비교적 낮은 것으로 판단된다. 해상운송 서비스에 대한 수요는 해운물류기업가들의 경기에 대한 예상과는 무관하게 결정되는 외생변수이며, 장기적으로 선복 공급은 경기 예상과 동일한 방향으로 변화하기 때문이다. 예를 들어 해운기업가들이 장래 해운 경기를 낙관(비관)한다면 신조선 발주가 증대(감소)하여 해운 경기는 장기적으로 후퇴(상승)하게 될 것이다. 이와 같이 해운 부문에 있어서는 장기적 관점에서 피그말리온 효과와는 반대의 결과가 초래된다. 다만 단기적으로 볼 때 해운물류기업가들의 해운시장에 대한 기대 내지 판단이 시장 분위기에 영향을 미침으로써 경기변동과 정(+)의 상관관계를 나타낼 가능성은 있는 것으로 판단된다.

둘째, 해운 경기에 선행하는 지표를 개발하여 이를 미래의 해운 경기예측에 이용하는 방법이 고려될 수 있을 것이다. 예를 들면 신조 발주량(마이너스 요인), 경기종합지수(플러스 요인) 등으로 구성된 해운 경기 선행지수의 개발을 생각해 볼 수 있다.

셋째, 계량모형(인과모형 또는 시계열모형)에 의한 예측 방법이 적용될 수 있다. 특히 계량모형은 복잡한 경제 현상을 비교적 정확하게 나타낼 수 있다는 점에서 널리 이용된다.

해운 경기예측의 과정과 절차는 위에서 본 예측 방법에 따라 상이하게 될 것이다. 여기에서는 비교적 널리 이용되는 방법인 계량모형에 의한 해운 경기예측의 통상적인 절차를 살펴보고자 한다.

첫째, 예측 모형을 검토하게 되는데, 계량모형에는 인과모형과 시계열모형이 있음은 앞에서 본 바와 같다.

둘째, 계량모형이 결정되면 인과모형의 경우 운임 등 예측하고자 하는 종속변수(피설명변수)에 영향을 미치는 독립변수(설명변수)를 검토하고 관련 데이터를 수집한다. 시계열모형의 경우에는 예측하고자 하는 변수의 과거 실적치 변화 추세를 고려하여 내재된 법칙성을 도출한다.

셋째, 모형을 추정(estimation)하게 되는데 이는 설정된 모형(함수)의 계수들에 대하여 특정한 값을 부여하는 과정이다.[69]

넷째, 모형의 추정 결과에 대한 통계적 검정을 통하여 적합성 여부를 판단한다. 검정 통계량으로는 모형의 설명 가능성 정도를 나타내는 결정계수(R^2), 설명변수에 대한 회귀계수의 통계적 유의성 정도를 나타내는 t-통계량, 자기상관(계열상관) 여부를 나타내는 Durbin Watson 통계량 등이 흔히 이용된다.

다섯째, 추정된 모형에 의한 예측을 수행한다. 즉, 설명변수에 일정한 값(설명변수의 예측치)을 부여하여 예측치를 도출해낸다. 다만 예측된 수치가 직관적 예상치와 큰 차이가 나면 채택이 곤란하게 된다. 그런데 예측을 위한 계량모형은 엄밀하게 말하면 최적의 모형이 유일하게 존재하며, 따라서 적합한 하나의 모형을 선택하여 예측하여야 할 것이다. 그러나 예측자는 어

---

[69] 추정의 방법으로는 통상최소자승법(ordinary least square: OLS), 일반화최소자승법(generalized leased squares: GLS), 최우법(maximum likelyhood estimation: MLE) 등이 이용됨.

떤 모형이 최적 모형인지 알 수 없는 경우가 대부분이며, 따라서 몇 개의 모형을 고려하여 추정한 다음 모형별 예측 결과를 직관적 예상치와 비교 검토하여 최적 대안을 선택하는 경우가 흔히 있다.

마지막으로 적합한 예측 결과가 도출되면 예측 보고서를 작성한다.

한편 해운 경기의 예측은 계량분석과 전문가의 직관적인 판단을 병행하여 수행하는 것이 바람직한 것으로 판단된다. 해운 시황을 결정하는 다양하고 복잡한 정보들을 수집·분석·가공·평가함에 있어 오랜 경험과 식견을 가진 해운 전문가의 직관(intuition)이 오히려 정확할 가능성을 배제할 수 없기 때문이다. 그러나 전문가의 직관에 의한 방법 역시 위험 부담이 큰 것으로 판단되는데 개인의 경험이나 지식에는 한계가 있을 뿐만 아니라 편향된 시각을 갖기 쉽기 때문이다. 따라서 바람직한 해운 경기예측 방법은 객관적인 시장 정보에 의한 계량적인 분석과 전문가의 직관을 병행하여 수행하는 것으로 판단된다.

(3) 해운 경기예측의 한계와 대응 방안

해운 경기의 예측에 있어서는 해운시장의 특성상 여러 가지 어려움이 따른다.

첫째, 해운 경기변동의 높은 가변성을 들 수 있다. 앞에서 본 바와 같이 해운 경기의 변동은 확장과 수축의 지속 기간이 매우 불규칙하고 진폭이 클 뿐만 아니라 그 편차도 크게 나타난다. 따라서 이러한 해운 경기변동의 시계열 추세를 반영한 법칙을 도출해내기는 어려운 것으로 판단된다.

둘째, 해운시장을 둘러싼 환경은 복잡하며 운임 수준 결정에 영향을 미치는 요인도 다양하다는 점을 들 수 있다. 해운 서비스에 대한 수요는 경제적 요인 이외에도 정치·외교적 요인 등 우발성이 강한 경제 외적 요인에 의한 영향도 크게 받는다. 공급은 주로 신조 발주 및 폐선에 의거 결정되며

(선박 운항 속도의 조정 등은 극히 제한적인 범위 내에서 가능), 이는 선주의 기대 등이 반영된 결과이다. 그런데 선주의 의사결정은 비이성적으로 이루어지는 경우가 많다. 특히 해운 시황의 정점에 해당하는 극도의 호황 또는 불황기에는 비이성적인 의사결정의 경향이 높아진다. 그리고 시장 분위기(market sentiment) 등 계량적으로 파악하기 어려운 변수가 존재한다는 점도 해운 경기의 예측을 어렵게 하는 요인이 된다. 따라서 인과모형을 적용할 경우에도 설명변수의 도출이 쉽지 않다는 특성이 있다.

셋째, 예측에 이용 가능한 통계자료가 제한되어 있을 뿐만 아니라 지나치게 늦게 입수 가능하여 예측 자료로 이용함에 한계가 있다.

이와 같이 해운 경기의 예측이 쉽지 않은 상황에서 이해관계자들의 대응 방안은 다음과 같다.

첫째, 해운 시황 변동의 위험(risk)[70]을 관리해 나간다는 자세가 필요할 것이다. 특히 선주들의 경우 선박 투자에 대한 위험을 수용할 수 있는 수준으로 유지하지 않으면 안 된다. 즉, 선박 투자로 인하여 발생할 수 있는 위험을 분석(risk analysis) 및 평가(risk assessment)하고 관련 위험으로부터 기업을 보호할 수 있는 대안을 선택하는 위험 관리(risk management)가 필요할 것이다.

둘째, 해운 경기의 변동이 불규칙적일 뿐만 아니라 우연적인 요인의 영향을 크게 받는 것은 사실이나, 향후 1~2년간의 해운 서비스 수급 상황은 어느 정도 예측 가능할 수 있다. 해운 경기가 다양한 우연적인 요인에 의한 영향을 받기는 하지만 기본적으로 물동량(수요)과 선복량(공급)에 의하여 결정된다. 그 중에서 경제 여건에 의하여 결정되는 해운 수요는 해운시장과 관계없이 결정되는 외생적 요인으로서 논외로 하더라도 향후 1~2년간의 선복 공급은 어느 정도 예측 가능하기 때문이다. 선복 공급은 신조선 발

---

[70] 위험(risk)이란 내·외적 취약성으로 인하여 야기되는 손상, 위해, 책임, 손실, 기타 부정적인 사건의 개연성 또는 위협으로서, 사전 조처를 통하여 회피 가능한 것을 말함(www.businessdictionary.com, 2014. 1. 25.).

주와 노후선 해체량에 의하여 결정되며 그 중에서 선조선 발주량이 선복 공급에 결정적인 영향을 미친다. 신조선 발주 및 인도 스케줄은 공개된 자료가 입수 가능하며 관련 자료를 분석함으로써 향후 1~2년간의 선복 공급에 대한 정보를 확보할 수 있을 것으로 판단된다.

선박 공급 이외에 해운 경기를 결정하는 기타 요인에 대해서도 비록 완전할 수는 없겠으나 적정한 시장 정보의 확보 및 관리 체계를 구축할 필요가 있다. 이 경우 해운시장에 대한 이해의 폭과 정도가 향상됨으로써 해운 경기변동에 대한 예측 가능성도 그만큼 높아지게 될 것이다.

셋째, 해운 경기의 예측을 언제나 정확하게 할 수는 없겠으나 경쟁자에 비하여 조금이라도 정확한 예측을 할 수 있다면 수익성 확보에 큰 도움이 될 것이다. 따라서 해운 경기예측의 목표를 100% 정확한 예측으로 잡는 대신, 경쟁 기업보다 정확한 예측으로 잡고 수용 가능한 범위 내에서 위험을 감수하는 전략도 필요할 것이다. 특히 중고선 매매의 경우 제로섬 게임(zero sum game)[71]이므로 경쟁 상대에 비하여 조금이라도 나은 선택을 할 수 있다면 이윤의 확보가 가능하게 될 것이다.

---

[71] 제로섬 게임(zero sum game)이란 승자의 득점(+)과 패자의 실점(−)의 합이 제로(0)가 되는 게임을 말함.

제 5 장

해운물류기업의 경영 수지

1. 해운물류기업의 비용과 수입
2. 해운물류기업의 재무 성과

1. 해운물류기업의 비용과 수입

1) 해운비용

　해운비용(shipping cost)은 자본비(capital cost), 운항준비비(operating cost) 및 운항비(voyage cost)로 구분 가능하다. 그 중에서 자본비와 운항준비비는 고정비용이며 운항비는 가변비용으로 분류된다.[1]

　첫째, 자본비는 자금 조달 비용, 감가상각 및 자기자본에 대한 기회비용(opportunity cost)으로 구성된다. 여기에서 1) 자금 조달 비용은 차입금에 대한 이자 및 금융 관련 부대 비용을 말한다. 이 비용은 선박의 취득원가, 자기자본 비율 및 금리 수준에 따라 결정되며 취득원가가 낮을수록 자기자본 비율이 높을수록 이자율이 낮을수록 절감된다. 금융에 있어서는 담보가 제공되는 것이 일반적이다. 담보의 종류로는 융자 대상 선박, 다른 선박이나 자산, 운항 수입, 정기용선 수입, 보증서(정부 기관[2]), 조선소, 해운물류기업, 선주 등), 보험(신용보험) 등이 있다. 2) 감가상각비는 시간의 흐름에 따른 자산(선박)의 가치 감소를 비용으로 반영하는 것으로서,[3] 해당 선박의 내용 연수에 걸쳐 이루어진다. 선박의 내용 연수는 통상 25년 정도로 보고 있으며, 따라서 감가상각 기간도 이에 준하여 결정되는 경향이 있다. 감가상각비는 선박 취득 가격에 따라 크게 영향을 받는다. 따라서 선박의 취득원가를 낮추는 것이 감가상각비를 줄이는 방안이 된다. 한편 전체 감가상각비의 연도별 배분은 감가상각 비율이나 금액을 조정함으로써 가능하게 될 것이다.[4] 감가상각은 비용으로서 이윤에는 영향을 미치나 현금 흐름과는

---

[1] 한국의 경우는 자본비와 운항준비비를 합하여 선비라는 항목으로 표시하기도 함.
[2] 한국의 경우 한국무역보험공사(정부출연기관)에서 제공하는 수출신용보증이 있음. 그리고 영국의 경우에는 Export Credits Guarantee Department (ECGD)에서 수출 금융(U.K. Export Finance)을 운용함으로써 자국 수출업체들을 위한 보증(guarantee), 보험(insurance) 및 재보험(reinsurance) 등의 서비스를 제공함.
[3] 감가상각을 회계학의 관점에서 보면 취득한 자산의 원가를 자산의 사용 기간에 걸쳐 비용으로 배분하는 과정으로 이해될 수 있음.
[4] 감가상각에는 해당 자산의 내용 연수 기간 중 매년 동일한 비율을 적용하는 정률법, 동일한 금액을 적용하는 정액법 등이 있고 세법에 의하여 일정한 규제를 받게 됨.

무관하다는 특성이 있다. 3) 자기자본에 대한 기회비용은 선박 투자로 인하여 포기해야 하는 대체 투자의 기대 이윤을 말하는 것으로 정상이윤[5]으로 평가될 수 있다. 기회비용은 경제적 비용(economic cost)[6]의 개념에는 포함되나, 회계적 비용(accounting cost)[7]에는 포함되지 않는다.

둘째, 운항준비비는 선박을 운항 가능한 상태로 유지하기 위하여 소요되는 비용과 운항 중 변동을 보이지 않는 비용을 말한다. 운항준비비의 구성요소로는 선원비(manning cost), 선박 수선비(repairs and maintenance cost), 선용품비(stores cost), 보험료(insurance), 일반관리비(administrative cost) 등이 있다. 그 중에서 1) 선원비는 임금, 사회보험, 연금, 식비, 송환 비용 등이 포함된 것이다. 선원비는 승선 인원, 임금 수준, 예비원 비율 등에 의하여 결정된다. 대형 외항선의 경우 척당 승선 인원은 선박 운항의 자동화 진전에 따라 감소하고 있다. 즉, 1950년대에는 척당 승선 인원이 40~50명에 달하였으나 1980년대 초에 28명 내외, 그리고 근래에는 17명 내외까지 감소하였다. 일부 실험선의 경우 척당 승선 인원 10명 정도로 운항되기도 한다. 선원의 임금 수준을 낮추기 위하여 선진국들은 개발도상국 출신의 선원을 고용하는 경향이 있다[8]. 예비원은 휴가, 상병, 교육·훈련 등을 위하여 육상에서 대기 중인 선원 즉, 승무 중이 아닌 선원을 말한다. 예비원의 비율은 휴가, 교육·훈련 등의 기간이 증가(감소)할수록 높아(낮아)지는데 예비원의 비율이 높을(낮을)수록 선원비는 증가(감소)하게 된다. 또한 노후선의 경우 선박의 일상적인 유지보수를 위하여 상대적으로 많은 선원이 필요 하게 된다. 2) 선박 수선비는 선령의 경

---

[5] 정상이윤은 기업가로 하여금 해당 사업을 계속하게 하는 유인으로서 충분한 정도의 이윤을 말함. 그런데 정상이윤은 잠재적 비용에 포함되는 것으로 봄.
[6] 경제적 비용(economic cost)은 명시적 비용(회계적 비용)에 기업가가 보유하는 생산요소에 대한 기회비용인 잠재적 비용을 합한 것임.
[7] 회계적 비용(accounting cost)은 직접 지출된 비용으로서 명시적 비용(explicit cost)이라고도 함.
[8] 주요 선진국 선주들을 중심으로 소유 선박을 다른 나라(라이베리아, 파나마, 키프로스, 바하마, 버뮤다 등 편의치적국)에 등록하는 편의치적(flag of convenience)제도를 이용해 왔으며 이는 선원 배승 등의 규제 회피, 조세 절감 등을 목적으로 한 것임.

과에 따라 증가하게 된다. 수선비의 구성은 일상적인 유지보수비 이외에 정기적 유지보수비(periodic maintenance cost)가 있는데, 매 2년마다 수행되는 정기 검사(regular survey)와 매 4년마다 수행되는 특별 검사(special survey)를 위한 비용이 그것이다. 그런데 선박에 대한 정기적 유지보수비는 선박 수선비와 분리하여 별도로 나타내기도 한다. 3) 선용품비는 일반 선용품과 윤활유 조달을 위한 비용으로 구성된다. 선용품 조달은 기항 일정, 화물 선적 및 운송 일정을 고려하여 결정되나 통상 해당 선박의 기항 항만 가운데에서 가장 저렴한 항만(주로 외국)에서 이루어진다.[9] 4) 보험료는 선체보험(hull & machinery insurance), 책임 손해를 담보하는 선주상호보험(protection and indeminity: P&I), 전쟁 또는 기타 적대 행위에 의해 야기될 수 있는 위험을 담보하는 전쟁위험보험(war risk insurance) 등이 있다. 선체보험은 선박 운항 관련 전체 보험료 부담의 약 2/3를 차지한다. 그리고 선박 충돌의 경우 피해 선주에게 지급한 피해 보상 금액의 3/4을 선체보험에서 보상하고 나머지 1/4은 P&I 보험에서 보상한다. 보험료 부담의 약 1/3을 차지하는 P&I 보험은 제3자에 대한 책임으로서 승객·기타 제3자의 부상·사망, 화물의 도난·손상, 선박 충돌, 해상 오염 등 선체보험으로 커버되지 않는 부분과 선원에 대한 고용주로서의 책임이 부보 대상이 된다. 그 이외에도 전쟁위험보험은 전쟁(war), 변란(warlike operation), 체포(arrests), 구속(restraints), 억류(detainments), 해상 탈취(taking at sea) 등의 위험이 예상되는 해역의 항해 또는 항만의 기항에 대비한 것이다. 전쟁위험보험의 요율(premium)은 시기, 선박, 항로 등에 따라 변경된다. 5) 일반관리비는 해운물류기업의 유지를 위한 관리 활동 부분에서 발생하는 비용으로서 사무실 임차 유지비, 일반 보험(선박 관련 보험 제외), 관리직 임직원 임금 등으로 구성된다.

---

[9] 해운산업의 산업연관 효과가 다른 부문에 비하여 대체로 낮게 추정되는 경향이 있는데, 그 주요 요인으로는 선용품의 해외 조달(후방연관 효과) 및 제3국간 화물의 운송(전방연관 효과) 등을 들 수 있음.

셋째, 운항비는 화물의 운송을 위하여 특정 항만 구간을 운항함으로써 발생되는 가변비용적인 성격을 가진 비용 항목을 말한다. 운항비에는 1) 선박의 항해에 소요되는 연료비가 있는데 연료비는 운항비 중에서 가장 큰 비중을 차지한다. 선박 운항의 에너지 소모를 보면 배기열로 약 30%, 엔진 냉각으로 약 27%, 프로펠러에서 약 10%, 선체 마찰로 약 10%가 낭비되고, 추진동력으로 사용되는 비율은 23%에 불과한 것으로 추정된다(Stopford, 2009). 따라서 에너지 효율이 좋은 첨단 기술의 선박은 에너지 소모량이 상대적으로 적으며 노후선은 에너지 소모량이 상대적으로 많게 될 것이다. 참고로 디젤엔진(내연기관)은 과거 1970년대 건조된 터빈엔진에 비해 연료효율이 2배 정도로 향상되었다. 그리고 동일한 선박이라도 선체를 깨끗하게 관리하는 것이 연료비 절감을 위하여 유리하다. 선박의 에너지 효율성 향상을 위하여 배기열을 이용한 보일러로 보조 엔진을 가동하는 폐열 이용 시스템(waste heat system)을 적용하거나, 항해 중 발전기(generator) 가동에 있어 보조 엔진 대신 주 엔진을 이용하는 등의 방안이 도입되고 있다.

단위 시간당 연료 소모량은 개략적으로 선박 속도의 3승에 비례하며 일정 항해 구간에 대한 전체 연료 소모량은 선박 속도의 약 2승에 비례하게 된다(Faber et al., 2012). 일정 구간을 기준으로 할 때 항해 시간은 선박 속도에 반비례하기 때문이다. 즉, 연료 소모량은 선박의 속도가 높아짐에 따라 가속적으로 증가하는데 연료비의 절감을 위해서는 선박의 운항 속도를 낮출 필요가 있다. 특히 운임 수준이 상대적으로 낮은 해운 불황기에는 선박 운항 속도를 낮춤으로써 운항 채산을 개선하려는 움직임이 있다. 반면에 해운 호황기에는 연료비의 증가를 감안하더라도 운항 속도를 높여서 항차 기간을 단축함으로써 단위 기간 당 화물 운송량을 증가시키는 것이 채산성 확보에 유리하게 된다. 2) 항만 기항과 관련되어 발생하는 비용으로서, 항비(port due), 등대세(light due), 예선료(tug cost), 도선료(pilotage), 운하통과료(canal due), 대리점료(agency fee), 선박 입출항 관련 비용 등이 있다. 항비는 화물량, 선박 크기 등에 의거 결정되며 선박입항료, 정박료, 접안료(dockage), 화물입출항료(wharfage) 등이 있다. 화물입출항료의 경우 통상 수입 화물(수출 화물은 제외)에 대해서만 부과된다. 예·도선료, 대리점료 등은 항만에서 이용하는 서비스에 대한 비용이 된다. 3) 화물과 관련된 비용으로 하역 비용(cargo handling cost), 화물 적부 비용(cargo stowing cost), 클레임(claim) 비용 등이 있다. 그 중에서 화물 적부 비용은 선박의 안전, 선복 이용의 극대화 및 양하 시 화물에 대한 접근성을 보장하는 방법으로 화물을 적재함에 있어 소요되는 비용을 말한다. 클레임 비용은 화물의 손상, 멸실 등에 대한 법적 보상과 관련된 비용이다. 한편 화물과 관련된 이러한 비용을 운항비와 분리하여 별도로 표시하기도 한다.

표 5-1 해운비용(Shipping cost)의 구성

구분	구성 항목	
고정 비용	자본비 (capital cost)	■ 자금 조달 비용: 차입금 이자, 금융 관련 부대비용 ■ 감가상각비 ■ 자기자본에 대한 기회비용: 회계적 비용에는 포함되지 않음
	비용운항준비비 (operating cost)	■ 선원비: 임금, 사회보험, 연금, 식비, 송환 비용 등 ■ 선박 수선비: 일상적인 유지보수비, 정기적 유지보수비(정기검사 및 특별검사 비용) ■ 선용품비: 일반 선용품비, 윤활유비 ■ 보험료: 선체보험료, P&I 보험료 ■ 일반관리비: 사무실 임차 유지 비용, 일반 보험(선박 관련 보험 제외), 관리직 임직원 임금 등
변동 비용	운항비 (voyage cost)	■ 항해 관련 비용: 연료비 ■ 항만 기항 관련 비용: 항비, 등대세, 예선료, 도선료, 운하 통과료, 선박 입출항 관련 비용 등 ■ 화물 관련 비용: 하역 비용, 화물 적부 비용, 클레임 비용 등

한편 주요국 선주들은 선박을 자국에 등록하는 전통적인 방법 대신에 편의치적(flag of convenince)이 허용되는 외국에 등록하거나, 자국 내 국제

선박등록제도(제2선적제도, international ship registry system)에 등록하는 방법을 통하여 선원비, 조세 등의 비용 절감과 아울러 각종 규제 회피를 도모하고 있다. 편의치적과 국제선박등록제도에 의하여 등록된 선박은 2014년 초 기준 세계 선대의 약 73%를 차지하였다.[10] 첫째, 편의치적은 선주가 자국이 아닌 편의치적국(파나마, 라이베리아, 바하마, 몰타, 키프로스 등)에 선박을 등록함으로써 각종 비용 절감 및 규제 회피를 도모하는 것을 말한다. 편의치적을 통하여 기대되는 편익으로는 1) 재무 상태, 거래 내역 등의 보고 의무의 회피, 2) 선박 기항지에 대한 제약의 회피, 3) 자국 선원 배승 의무의 면제, 4) 각종 조세의 면제(등록 시의 등록세와 매년 징수하는 소액의 톤세만 부담), 5) 해당 선박에 대한 유치권 행사의 용이성으로 인한 국제 금융 조달의 편의, 6) 안전·환경, 선원 근로 기준 등과 관련된 규제의 회피 등을 들 수 있다.

둘째, 국제선박등록제도는 자국 내에 기존의 등록 제도와는 별도로 제2선적제도인 새로운 선박 등록 제도를 설치하고 해당 등록 선박에 대하여 각종 혜택을 부여하는 제도를 말한다. 국제선박등록제도의 등록 대상 선박은 자국 선주 소유의 선박뿐만 아니라 외국 선주 소유의 선박도 포함하는 경우가 많다. 국제선박등록제도의 주요 혜택으로는 1) 각종 세금 및 공공부담금의 감면, 2) 선원에 대한 소득세의 감면, 3) 외국 선원 배승 규제 완화 등이 있다. 그러나 국제선박등록제도에 의하여 등록된 국제선박에 대해서도 안전·환경과 관련된 규제는 전통적인 자국적 선박과 동일한 기준이 적용되고 있다. 안전 및 환경 관련 사항은 타협의 여지가 없다는 인식이 널리 받아들여지고 있기 때문이다. 국제선박등록제도를 시행하고 있는 국가로는 한국 이외에도 EU의 노르웨이, 영국, 덴마크, 아시아의 일본, 싱가포르, 홍콩 등을 들 수 있다. 이와 같이 주요국들이 국제선박등록제도를 별도로 운용하

---

[10] 2014년 1월 1일 기준 1,000GT 이상 세계 총 상선대 1,676,853천 DWT 중에서 선주와 선적국이 동일한 선박은 45,3732천 DWT이고, 외국적 선박은 1,219,425천 DWT(전체 선박의 72.9%)임(UNCTAD, 2014).

는 것은 1) 각종 비용 경감을 통한 자국 선박의 국제경쟁력 강화, 2) 해외로 이적된 자국 선박의 자국적 등록 유도, 3) 외국 선주 소유 선박의 자국 내 유치를 통한 조세수입, 기타 선박 관리 수수료의 확보, 4) 선박 안전·환경 기준의 유지 등을 위함이다.

한국의 경우 1997년 8월부터 국제선박등록제도를 시행하고 있다. 그리고 2002년 4월부터는 국제선박등록제도 내에 세제 혜택을 보다 강화한 제주선박등록특구를 추가로 운용하고 있다. 1) 한국의 국제선박등록제도의 등록 대상 선박은 한국 국민이 소유한 선박, 한국 법률에 따라 설립된 상사법인이 소유한 선박, 한국에 주된 사무소를 둔 기타 법인으로서 그 대표자 (공동대표인 경우에는 그 전원)가 한국 국민인 경우에 그 법인이 소유한 선박, 외항운송사업자가 국적 취득을 조건으로 임차한 외국 선박(국적취득 조건부 나용선, bare boat charter hire purchase: BBC HP) 등으로 한정하고 있다.[11] 이와 같이 한국의 경우 국제선박등록제도의 등록 대상 선박은 원칙적으로 국내 선박이며 외국 선박은 한국 법률에 따라 설립된 상사법인이 소유한 선박으로 한정된다. 국제선박등록제도에 등록된 국제선박에 대한 주요 혜택으로는 1) 취득세·공동시설세의 면제, 재산세의 1/2 감면, 국제선박 매각차익 손금 산입을 통한 과세 이연 등 조세혜택이 있다. 그리고 2) 외국인 선원의 승선 범위를 확대하였는데 국제선박을 국가필수 국제선박[12], 지정 선박[13] 및 일반 선박으로 나누고, 그 중에서 국가필수 국제선박은 척당 부원 6명 이내에서, 지정 선박은 척당 부원 8명 이내에서, 일반 선박은 선·기관장을 제외하고 모두 외국인 선원의 고용이 가능하게 하였다. 2) 제주선박등록특구제도는 제주자치도 내 개항을 선박등록특구로 지정한 선박 등록 제도로서 국제선박등록법에 의하여 등록된 국제선박과 대통령령

---

11) 국제선박등록법에 의거 시행되고 있음.
12) 국제선박등록법에 의거 지정된 선박을 말함.
13) 한국인 선원의 고용 안정과 적정 규모의 유지를 위한 노사 합의서에 의하여 지정된 선박을 말하며 2014년 기준 지정 대상 선박은 300척임. 지정 선박에 대해서는 부원 8명까지 외국인 선원의 고용이 가능함.

이 정하는 외국 선박[14]을 등록 대상으로 한다.[15] 제주선박등록특구에 등록된 선박에 대해서는 취득세, 재산세, 지역자원시설세, 지방교육세 및 농어촌특별세를 면제할 수 있게 하고 있다.

> 〈국가필수국제선박〉
>
> 국가 비상사태에 대비하여 국제선박과 선원의 효율적 활용을 위하여 필요하다고 인정된 국제선박으로서 일정 기준에 의하여 지정된 선박을 국가필수국제선박이라 한다. 국가필수국제선박 소유자들은 비상사태 발생 시 정부의 소집 명령에 응하여야 한다. 그리고 국가필수국제선박에 대해서는 외국인 선원의 승선이 제한된다(부원 선원 6명 이내로 제한). 이 경우 외국인 선원의 승선 제한으로 인한 선박 소유자들의 임금 추가 부담 손실은 정부로부터 보상받는다.

2) 해운 수입

(1) 운임 수입

해운 수입은 선박의 운항을 통하여 획득하는 운임 수입, 선박의 대선(charter out)을 통하여 획득하는 대선료 수입, 선박의 처분으로 인한 수입 및 부대 수입으로 구분 가능하다. 그 중에서 운임 수입과 대선료 수입은 일반적으로 해운 수입의 가장 큰 비중을 차지한다. 보유 선박을 계선하지 않는 한 운임 수입과 대선료 수입은 항차 또는 기간 단위로 계속하여 발생하며, 따라서 이들은 해운물류기업의 경영을 지속해 나감에 있어 중요한 수입 항목이 된다. 특히 운임 수입은 운송 화물의 수량을 기준으로 결정된다. 경우에 따라서는 운임이 운송량에 비례하여 결정되는 대신에 일정 금액으로 고정되는 총괄운임(lumpsum freight)으로 결정되는 경우가 있으나 이는

---

[14] 제주선박등록특구제도의 등록 대상이 되는 외국 선박은 국제선박등록법에 따라 등록된 국제선박으로서 한국 법률에 따라 설립된 상사 법인이 소유한 선박을 말함(제주특별자치도 설치 및 국제자유도시 조성을 위한 특별법 시행령 및 국제선박등록법 관련 규정).

[15] 제주특별자치도 설치 및 국제자유도시 조성을 위한 특별법에 포함된 등록선박특구의 지정에 관한 조항을 근거로 시행되고 있음.

예외적인 것이라 할 수 있다. 화물 톤당으로 운임이 결정되는 용선계약으로는 항해용선계약(single voyage charter), 연속항해용선계약(consecutive voyage charter: CVC), 장기운송계약(contract of affreightment: COA), 전용선계약(dedicated carrier charter) 등이 있다. 이러한 유형의 용선계약에서는 운임 수입이 톤당 운임 수준과 운송량에 의하여 결정되는데, 수입 증대를 위해서는 다음과 같은 노력이 요구된다.

첫째, 톤당 운임을 높게 책정해야 하며 이를 위해서는 운임부담력[16]이 큰 고가 화물을 집화하는 것이 유리하다. 특히 일반화물선과 컨테이너선 운항의 경우 전기 · 전자 제품, 첨단 부품, 냉동 · 냉장 화물(컨테이너선의 경우) 등 고가 화물의 집화가 요구되고 이를 위해서는 서비스의 개선, 신조선 위주의 선대 개편 등이 요구된다.

둘째, 적재 항해 일수의 비율 증대 등을 위한 노력이 요구된다. 즉, 단위 기간당 운송량을 증가시키기 위해서는 유지보수 고장 등으로 인한 비운항 일수(off hire days), 화물을 적재하지 않은 상태의 공선 운항 일수(ballast days), 항만에서 소요되는 재항 일수(port days) 등의 비율은 낮추는 대신에 화물을 적재한 상태의 항해 일수의 비율은 높일 필요가 있다. 그 중에서 재항 일수는 입 · 출항에 소요되는 기간(입출항 수속, 도 · 예선 등), 접안 하역에 소요되는 기간 등으로 구성되는데, 하역에 소요되는 기간은 운송의 컨테이너화, 전용화, 하역장비의 효율화 등에 의하여 단축되는 경향이 있다.[17] 특히 선박 크기와 관련하여 항해 중에는 규모의 경제가 성립하나 항만에서는 규모의 불경제(diseconomies of scale)가 작용한다. 항해 중에는 선박의 크기에 비례하여 운송량이 증가하는 반면, 항해 중 발생하는 해운

---

[16] 운임부담력이란 화주가 특정 화물에 대하여 지출 가능한 운임을 말하는 것으로 통상 화물 가액에 대한 운임의 비율이 낮을수록 운임부담력이 큰 것으로 평가됨. 운송 대상의 운임부담력에 의하여 운임을 부과하는 것은 운송비용(운송원가)을 기준으로 운임을 결정하는 원가주의에 대립하는 개념임.

[17] 하역 효율은 화물 종류별로 차이가 있어 컨테이너화물의 경우 600톤/크레인 · 시간(시간당 24박스(36TEU), 적 · 공컨테이너 평균 16.7톤/TEU 적용(2013년 실적, www.spidc.go.kr)), 철광석 6,000톤/시간, 백 설탕(bagged sugar) 12~15톤/갱 · 시간 등임.

비용은 선박의 크기에 대하여 체감하므로 규모의 경제가 작용하는 것이다. 이에 비하여 항만에서의 하역 효율은 선박의 크기에 비례하여 증가하지 못하는 반면에(하역장비의 설치 대수 등은 선박의 적재 중량보다 길이에 의하여 결정. 그리고 다수 하역장비가 설치될 경우 장비 상호 간의 간섭으로 효율이 저하될 우려가 있음), 재항 기간 중 발생하는 해운비용은 선박의 크기에 거의 비례하여 발생하므로 규모의 불경제가 나타나게 된다. 따라서 선박이 대형화 될수록 전체 항차 기간 중에서 차지하는 재항 일수(port days)의 비율을 낮추지 않으면 안 된다. 그리고 단일 화물에 특화된 선박의 경우 복항 시 화물을 확보하기 어렵게 되는 경향이 있어 공선 운항의 가능성이 높게 된다. 특히 연속항해용선계약의 경우 원칙적으로 복항 시 공선 운항을 하게 되며, 전용선계약에서도 공선 복항이 일반적이다.

셋째, 선복 이용률(소석률) 역시 운임 수입 및 채산성에 큰 영향을 미친다. 컨테이너선과 같이 다수의 화주로부터 화물을 집화하는 경우 항차별 운송량은 집하 능력에 의하여 결정된다. 따라서 컨테이너선 운항의 경우에는 가능한 한 많은 화물을 집화하는 세일즈 능력이 관건이 될 것이다. 그리고 화주의 무역 거래 단위에 의하여 항차당 운송량이 결정되는 로트 화물(lot cargo)[18]의 경우는 다른 화물과의 혼재가 허용되기 어려우므로 해당 화물의 수량에 적합한 선형의 선박을 투입하는 것이 중요하다. 그런데 주요 원자재의 가격 상승으로 재고비의 부담이 증가함에 따라 화주의 무역 거래 단위는 감소하는 경향이 있다. 무역 거래 단위가 감소하면 운송에 대한 규모의 경제 달성의 미흡으로 운송비용은 증가하는 반면, 평균 재고량의 감소로 재고유지 비용은 감소하게 된다. 화주의 입장에서 운송비용 부담보다 재고유지 비용의 부담이 더욱 큰 문제가 됨에 따라 무역 거래 단위를 축소 조정하고 있는 것이다. 특히 단위 가격이 높은 화물의 경우 무역 거래 단위가 소

---

18) 로트 화물(lot cargo)은 곡물, 석탄, 철광석, 석유화학제품 등과 같이 1회 운송량이 화주의 무역 거래량 단위에 의하여 결정되는 화물로 해당 항차에서는 해당 화물 이외에 다른 화물이 혼재되지 않음.

규모로 조정되는 경향이 현저하게 나타난다.[19] 한편 로트 화물의 미적재 선복(dead space)에 대한 운임 부담은 해운 불황기와 호황기에 달라질 수 있다. 불황기에는 선주들이 파트 카고(part cargo)로 만족할 수밖에 없으나 호황기에는 미선적분에 대한 운임 보상을 요구하기도 한다.

(2) 대선료 수입

용선 기간을 기준으로 용선료가 결정되는 용선계약으로는 정기용선계약과 나용선계약이 있다. 그 중에서 정기용선계약의 경우 선주는 대선 기간 중 화물의 확보 여부에 관계없이 일정한 용선료 수입이 보장된다는 장점이 있다. 다만 대선 기간 중에는 용선료 수준이 고정되므로 시황이 개선될 경우에도 대선료 수입 증대를 실현할 수 없다는 한계가 있다. 따라서 용선 기간 및 용선료의 결정에 있어서는 현재의 시황뿐만 아니라 용선 기간 중 예상되는 시황의 변화까지도 고려하지 않으면 안 된다.

한편 나용선계약의 경우는 선박 확보를 위한 일종의 금융 조달의 수단으로 이용되는 경우가 많다. 나용선계약에 있어 해운물류기업의 입장에서는 선박을 임대(charter out)하는 경우보다는 임차하는 경우가 일반적이다. 특히 한국 선주들이 흔히 이용하고 있는 국적취득 조건부 나용선의 경우는 장기 할부 조건에 의한 선박 취득의 수단이라 할 수 있다.

(3) 자산 처분 수입

선박 또는 다른 자산의 처분으로 인한 수입이 있는데, 특히 해운물류기업은 보유 선박을 운항 목적의 중고선시장에서 매각하거나 해체 목적의 해체선시장에서 매각함으로써 수입을 획득할 수 있다. 보유 선박을 매각하는 목적은 크게 세 가지로 구분 가능하다.

---

19) 예를 들면 화학제품 운반선의 선형은 5,000~35,000DWT인데 이는 일반적인 유류제품운반선이나 원유운반선에 비하여 소형선임.

첫째, 사업 내용의 변화로 인하여 보유 선박이 새로운 사업 내용에 적합하지 않게 되었거나 불필요하게 되었을 경우가 이에 해당한다. 둘째, 해운 불황으로 인한 자금난을 극복하기 위하여 불가피하게 보유 선박을 매각하지 않을 수 없게 되는 경우가 있다. 셋째, 처음부터 자본이득(capital gain)을 목적으로 매수했던 선박에 대하여 차익을 실현하고 매도하는 경우가 있다. 특히 세 번째 경우의 선박 매매는 선가가 하락했을 때(해운 불황기) 매수하고 상승했을 때(해운 호황기) 매도하여 그 차익을 실현하고자하는 것이다. 이는 흔히 차익 목적 매매 즉, 자산차익거래(asset play)[20]라고 하며 일부 선주들은 운항을 통한 운임 수입보다 매매 차익 실현을 목적으로 선박을 보유하기도 한다. 해운경영에서의 대규모 이윤 실현은 선박의 운항(운송)보다는 선박 투자를 통한 자산차익거래에서 가능하다는 것이 정설이다(Thanoipoulou, 2002; Stopford, 2009). 해운 시황의 변동에 따른 선가의 변동은 대규모 이윤 실현 기회를 제공하기 때문이다.

(4) 부대 수입

해운물류기업의 부대 수입 획득은 각종 부가가치 서비스(value added service)의 제공 및 사업다각화를 통하여 획득 가능하게 된다. 부가가치 서비스는 기업의 필수적인 핵심 서비스가 아닌 선택적·부가적인 서비스를 의미한다. 부대 수입 실현의 항목으로는 항해용선계약 시의 계약 조건에 따른 체선료(demurrage), 소량 컨테이너화물(less than container load: LCL)[21]의 경우 컨테이너 화물 작업장(container freight station: CFS)[22] 사용료, 보유 장비(컨테이너, 트레일러 등)의 무료 사용 기간(free time) 경과 시 부과되는 지체료(detention charge) 등이 있다.

---

20) 자산플레이(asset play)는 차익목적 매매라고도 할 수 있으며 실질 가치보다 저평가된 자산(주식, 생산설비, 부동산 등)에 투자하여 매매 차익을 실현하는 것을 말함.
21) LCL(less than container load) 화물이란 컨테이너 1개를 채우기에 부족한 소량 화물을 말함.
22) CFS는 LCL화물(컨테이너 하나에 채우기 부족한 화물)을 모아서 FCL화물(컨테이너 1개를 가득 채울 수 있는 화물)로 만들거나, 반대로 컨테이너에서 꺼내어 분류 작업을 하는 장소를 말함.

그 이외에도 사업다각화에 의한 수입으로 항만 터미널 운영 사업, 선박 관리, 선용품 제조, 해양관광, 배송·보관·유통 등을 포함한 제3자물류 서비스 확대 등을 통한 수입의 확보가 가능할 것이다. 이와 같은 해운물류기업의 사업다각화는 수익성 증대, 기업의 성장, 리스크 분산 등의 효과도 기대된다. 그 이외에도 자금, 인력, 기술 등 경영자원의 효과적인 사용을 위한 방안도 될 수 있다.

2. 해운물류기업의 재무 성과

1) 해운물류기업의 재무 성과 개선 방안

(1) 개요

해운물류기업의 재무 성과 개선은 수입의 증대와 비용의 감소를 통하여 실현 가능하게 됨은 물론이다. 그러나 이의 달성은 결코 쉬운 일이 아니다. 해운시장은 저수익 과당경쟁 현상이 상시적으로 나타나는 전형적인 레드오션(red ocean)[23] 이라 할 수 있다. 해운물류기업들이 재무 성과를 개선하기 위해서는 레드오션을 탈피하는 것이 가장 바람직할 것이다. 즉, 경쟁이 없는 독창적인 새로운 시장을 창출하고 발전시키는 블루오션 전략(blue ocean strategy)이 요구된다. 블루오션 전략은 구매자와 기업에 대한 가치를 획기적으로 증대시켜 시장점유율 경쟁에서 자유로워지고, 이를 통하여 경쟁이 없는 새로운 시장 공간과 수요를 창출하고자 하는 전략이다.

블루오션 전략은 기업들이 끊임없이 거듭해 온 경쟁의 원리에서 벗어나게 하는 것으로 1990년대 중반에 제기된 가치혁신(value innovation) 이론에 기반을 두고 있다. 여기에서 가치혁신이란 차별화와 원가절감을 통하

---
[23] 레드오션(red ocean)은 기존에 존재하는 시장으로서 경쟁이 치열한 시장이나 상황을 의미함. 이는 새로이 탄생하여 경쟁자가 별로 없는 시장 즉, 블루오션(blue ocean)과 반대되는 개념임.

여 고객 및 기업의 가치를 획기적으로 증대시키는 것을 말한다. 그런데 고객의 가치는 효용의 크기에서 가격을 차감한 크기로 평가되며, 기업의 가치는 가격에서 비용을 차감한(즉, 이윤) 크기로 평가된다. 따라서 가치혁신을 위해서는 효용, 가격 및 비용에 대한 검토와 조정이 요구된다. 해운물류기업의 블루오션 창출을 위한 방안으로는 1) 서비스 차별화(service differentiation)에 의한 고객 충성도 제고 및 운임 경쟁의 지양, 2) 자산차익거래(asset play)의 활용 등을 통하여 기존의 해상운송 서비스 중심의 경영 체제에서 탈피 등을 도모할 필요가 있다. 그 이외에도 3) 선사 간 협조체제의 구축을 통한 기업 자원 이용의 효율화, 과당경쟁의 지양 등의 방안이 모색되어야 할 것이다.

그리고 해운물류기업의 비용 절감을 위해서는 무엇보다 1) 저선가 선박의 확보 및 금융 조건의 개선을 통한 자본비의 절감이 요구된다. 해운물류기업은 자본집약적인 특성상 자본비의 비중이 상대적으로 높기 때문이다. 더구나 자본비 이외의 비용 항목 즉, 운항준비비, 운항비 등은 모든 해운물류기업들에게 있어 거의 동일한 수준으로 나타나며 이의 절감에는 한계가 있다. 아울러 2) 적정 선박의 확보도 중요하다. 특히 컨테이너 운송 부문에서 나타나는 선박의 대형화를 통한 규모의 경제 달성이 요구된다. 그 이외에도 3) 선박 운항의 시간당 연료 소모량은 속도의 약 3승에 비례하므로 연료비 절감을 위해서는 저속 운항(slow steaing)이 큰 도움이 될 수 있다. 물론 저속 운항에 있어서는 운송 시간의 지체로 인한 서비스 수준 저하라는 문제점이 수반된다는 점에 유의해야 할 것이다. 그 밖에 4) 운항 효율성의 제고를 포함한 다양한 비용 절감 방안이 고려될 수 있다.

(2) 주요 경영전략

가. 수입 증대 방안

가) 서비스 차별화(Service differentiation)

해운물류기업의 서비스 차별화는 다른 해운물류기업들의 서비스에 대하여 고객이 인식하는 가치보다 더욱 높은 가치를 제공하여 경쟁 우위를 획득하는 전략이다. 즉, 고객에게 독특한 가치를 제공함으로써 차별화에 소요된 비용 이상으로 높은 가격 프리미엄을 얻는 것을 말한다. 해운물류기업의 서비스 차별화는 제공되는 서비스 특성의 차별화와[24] 기업 이미지의 차별화[25]라는 두 가지 측면에서 고려될 수 있다.

그런데 해운물류기업의 서비스 차별화는 쉽지 않은 것으로 인식되고 있다. 해상운송 서비스의 경우 품질의 차이를 고객에게 제시하기 어려울 뿐만 아니라 고객도 높은 수준의 서비스보다 일반적인(표준화된) 서비스 수준에서 낮은 운임을 요구하는 경향이 높기 때문이다. 따라서 해운물류기업의 서비스 차별화는 전통적인 해상운송부문에서 찾기보다 앞에서 언급된 부가가치 서비스에서 찾아야 할 것이다. 부가가치 서비스는 핵심 서비스 구매 고객에게 해당 핵심 서비스에 기초하여 부가적으로 제공되는 서비스라 할 수 있다.

해운물류기업의 서비스 범위는 당초 항만에서 항만까지 해상운송 구간으로 한정되었으나 점차 문전에서 문전까지(door-to-door)의 서비스로 변화하였다. 그리고 1990년대 중반 이후부터는 공급사슬관리가 널리 확산됨에 따라 화주의 공급사슬 전 과정에 걸쳐 화주의 요구를 충족하는 통합물류(integrated logistics) 서비스를 제공하는 형태로 서비스의 범위가 확대되고 있다. 즉, 통합물류 서비스는 1) 고객의 필요를 예측하고, 2) 고객의 필요를 충족하기 위하여 요구되는 자본, 자재, 인력, 기술 및 정보를 획득하며, 3) 고객의 요청(requests)에 부응하여 재화 또는 서비스 생산의 네트워크를 최적화하고, 4) 고객의 요청을 적시에(timely) 충족하기 위하여 그

---

[24] 이러한 차별화는 유형(tangible)의 차별화에 해당하는 것으로, 속도, 정시성, 안전성 등 서비스의 속성으로 측정할 수 있는 차별화를 말함.
[25] 이러한 차별화는 무형(intangible)의 차별화에 해당하는 것으로, 고객의 감정적이고 심리적인 차이를 갖도록 유도하는 차별화를 말함.

네트워크를 이용하는 과정이다.

따라서 통합물류는 운송, 보관, 배송, 통관, 물류 정보 등 물류사슬(logistics chain)의 다양한 기능을 각 부문별로 관리하는 대신에 단일 시스템으로 관리하는 것이다. 통합물류 서비스는 화주의 공급사슬관리를 지원하는 서비스 지향적인(service-oriented) 과정이라 할 수 있다. 서비스 차별화를 통하여 해운물류기업은 고객의 충성도를 높임으로써 운임 경쟁을 회피할 수 있게 된다. 즉 만성적인 레드오션에서 탈피할 수 있게 되는 것이다. 그런데 해운물류기업의 서비스 차별화 전략은 상대적으로 고가 화물이 운송 대상이 되는 컨테이너 정기선 부문에서 주로 채택 가능한 전략이다.

한국 해운물류기업의 경우 door-to-door 서비스까지는 제공하고 있으나, 위에서 언급한 통합물류 서비스의 제공까지는 아직 이르지 못하고 있는 것으로 판단된다. 한국뿐만 아니라 대부분의 개발도상국 해운물류기업들은 통합물류 서비스의 제공 능력을 확보하지 못하고 있다. 따라서 한국 해운물류기업의 서비스 차별화는 통합물류 서비스의 제공을 통하여 달성될 수 있을 것이다. 그리고 통합물류 서비스의 제공을 위한 역량의 확보는 우수 전문인력의 확보와 연구·개발(R&D), 기발시설 및 설비에 대한 투자를 통하여 가능하게 될 것이다.

이와 같은 서비스 특성의 차별화 이외에도 기업의 이미지 제고를 위한 노력도 필요하다. 이를 위해서는 1) 적절한 홍보 전략 이외에도 2) 대형선의 확보, 3) 적정한 환경 관리, 4) 사회 기여 활동 등 기업의 사회적 책임(cooperate social responsibility) 이행 활동을 적극 고려해 볼 수 있다.

특히 대형선의 확보는 물류 서비스 선도 기업으로서의 이미지 이외에 환경 친화적 기업으로서의 이미지 부각에도 도움이 되고 있다. 대형선의 경우 운송 단위당 에너지 소모량이 절감됨으로써 운송 부문의 온실가스 배출 저감에 기여하기 때문이다. 그리고 적정한 환경 관리를 통한 녹색마케팅

(green marketing)²⁶⁾은 녹색고객(green customer)²⁷⁾을 겨냥한 친환경 기업의 이미지를 고객에게 인식시킴으로써 기업의 매출 증대 및 수익성 개선을 도모하는 것이다. 또한 기업의 사회적 책임 이행은 재무적 이해관계자(stakeholder)의 이익뿐만 아니라 비재무적인 이해관계자의 이익을 추구하는 자발적인 행위라고 할 수 있다. 그 이외에도 기업의 사회적 책임 이행은 기업의 이미지 제고뿐만 아니라, 종업원의 충성심 제고에도 도움이 되는 것으로 판단된다.

나) 자산차익거래(Asset play)의 활용

자산차익거래란 저평가된 자산(기업)을 발굴하여 매입 후 그 가치가 상승했을 때 매도하는 투자 전략을 말한다(www.finance-glossary.com, 2015. 1. 26). 주요 해운 선진국들의 해운물류기업들은 전통적인 해운경영의 영역으로 인식되고 있는 화물 운송 이외에 선박 매매를 통한 자본이득의 실현에 적극 나서고 있다. 선가는 해운 시황의 변화에 따라 큰 폭의 등락을 나타내게 되는데 이러한 선가 변동에 대한 예측 및 금융 동원 능력이 뒷받침된다면 막대한 매매 차익의 실현 기회가 주어지기 때문이다.

예를 들어 대표적인 불황기이었던 2001년과 호황기의 정점에 접근했던 2007년의 파나막스 벌크선 가격 추이를 보면 신조선 가격은 그동안 2.7배, 선령 5년의 중고선 가격은 6.6배로 각각 상승하였다(〈그림 6-5〉 참조).²⁸⁾ 특히 해운 호황기이었던 2007년에 중고선 가격이 신조선 가격을 크게 상회하였던 것은 당시 발주 후 인수까지 5년 정도 소요되었던²⁹⁾ 신조선보다 즉

---

26) 녹색마케팅(green marketing)은 환경적 역기능을 최소화하면서 소비자가 만족할 만한 수준의 성능과 가격으로 제품을 개발하여 환경적으로 우수한 제품 및 기업 이미지를 창출함으로써 기업의 이익 실현을 도모하는 마케팅을 말함.
27) 녹색고객(green customer)은 환경을 중요하게 생각하고 환경에 미치는 영향을 고려하여 제품을 구매하려는 고객을 말함.
28) 파나막스 벌크선 선령 5년의 중고선 가격 변동폭을 보면 2001년 말 1,400만 달러에서 2007년 11월에는 9,200만 달러로 6.6배로 상승하였음. 그리고 신조선 가격은 2001년 말~2002년 초 2,050만 달러에서 2007년 말~2008년 9월 중에는 평균 5,500만 달러로 그동안 2.7배로 상승하였음.
29) 신조선 발주 후 완공 인도까지는 통상 1년 정도의 기간이 소요되나 호황기에는 수주량의 적체로 그 기간이 연장됨.

각 시장에 투입이 가능한 중고선에 대한 수요가 컸기 때문이다. 이러한 선가 변동에 따른 차익을 실현하기 위해서는 그에 상응하는 위험을 감수해야 하겠으나 해운물류기업의 수익 실현을 위한 기회가 된다는 점은 분명하다. 더구나 금융 조달을 통한 레버리지 효과(leverage effect)[30]까지 감안한다면 위험 부담도 증가하겠으나 수익 실현의 기회도 그만큼 커질 것이다.

다) 기업 간 협조 체제의 구축, 기타

해운 수입의 증가를 위한 방안으로 위에서 본 대안 이외에 여러 가지가 있을 것이다.

첫째, 해운시장에는 위에서 언급된 바와 같이 과당경쟁의 경향이 있어 이의 완화를 위한 기업 간 협조 체제의 구축이 요구된다. 과당경쟁은 운임 수입의 감소 효과로 인하여 해운물류기업의 채산성 악화 및 해운산업의 건전한 발전을 저해할 뿐만 아니라 해운시장의 불안정성을 심화시킴으로써 화주에게도 부정적인 영향을 미치기 때문이다. 위에서 본 서비스 차별화 역시 지나친 가격경쟁을 회피하기 위한 전략의 하나로 이해될 수 있다. 기업 간 협조 체제의 구축은 전략적 제휴, 해운동맹 등을 통하여 모색될 수 있다. 이러한 기업 간 협조 체제 구축의 결과 지나친 가격경쟁이 지양됨으로써 안정적인 운임 수입의 확보가 이루어질 수 있다. 그리고 기업 간 협조 체제 구축은 운임 수입의 증가뿐만 아니라 선복 및 장비·설비의 공동 이용을 통하여 이들 기업 자원의 이용 효율성 제고에도 도움이 된다. 특히 선박의 적재가능톤수 활용의 극대화를 통하여 운임 수입의 증가를 도모할 수 있게 될 것이다.

둘째, 회항 시 공선 운항을 최소화함으로써 선박 회전율을 증대시키는 것이 중요하다. 이를 위해서는 항로 체제 구축의 합리화, 집화 능력의 강

---

[30] 레버리지 효과란 차입 등 다양한 금융 수단을 동원하여 투자 수익률을 높이는 효과를 말하는 것으로 수익 대신 손실이 발생할 경우에는 손실률도 높아지므로 위험 부담이 크게 됨.

화 등이 요구된다. 예를 들면 항로 체계의 구축에 있어 단순한 왕복 서비스(shuttle service)[31] 대신에 화물의 흐름을 따른 시계추 서비스(pendulum service)[32] 또는 다양한 비대칭 항로 체계[33] 등을 개발함으로써 공선 운항 구간을 최소화하는 방안의 모색이 요구된다.

셋째, 적·양하 시간의 단축을 통한 선박의 회전율 증대가 필요하다. 컨테이너 전용터미널의 경우 대부분의 항만에 있어 공휴일 없이 24시간 가동되고 있으나 기타 터미널에 있어서는 그렇지 못한 경우가 많다. 선박의 재항 시간(port time) 중에는 항만 관련 비용(항비, 대리점 료 등)뿐만 아니라 고정비용(자본비 및 운항준비비)도 발생한다. 또한 선박 회전율 저하에 따른 화물 운송량 감소로 인한 운임 수입 획득 기회의 상실(즉, 기회비용)도 고려되어야 할 것이다. 따라서 야간 하역 시행 시의 초과근무 수당과 미시행 시의 재항 시간 연장에 따른 비용을 고려하여 전자가 유리하다고 판단될 경우 야간작업을 감행할 필요가 있다.

넷째, 일반화물선(general cargo ship)[34]의 경우 중량화물(weight cargo)과 용적화물(measurement cargo)을 적정하게 혼재할 경우 해당 선박 DWT의 약 1.5배 정도까지 선적 가능하게 된다. [35]앞에서 언급한 바와 같이 중량화물($1m^3$의 무게가 1톤(metric ton)이 넘는 화물)은 무게(1 metric ton) 기준으로 운임이 부과되는 반면, 용적화물($1m^3$의 무게가 1톤에 미치지 못하는 화물)은 용적($1m^3$) 기준으로 운임이 부과되기 때문이다.[36]

---

31) 왕복 서비스(shuttle service)란 특정 항만(들) 사이의 구간을 왕복하는 항로 체계에서 운항하는 서비스를 말함.
32) 시계추 서비스(pendulum service)란 시계추의 움직임과 같이 특정 항만(들)을 중심에 두고 양측 항로를 번갈아 가면서 운항하는 서비스 형태를 말함. 예를 들면 극동지역 항만들을 중심으로 하여 유럽-극동 항로 서비스에 이어서 극동-북미 항로 서비스를 반복하여 실시하는 형태의 서비스가 있음.
33) 예를 들면 삼각형 형태를 비롯한 다양한 다각형 형태의 항로 체계를 고려할 수 있음.
34) 일반화물선(general cargo ship)이란 일반화물(general cargo 또는 break bulk cargo) 즉, 기계류, 잡화 등과 같이 단위화되어 있거나 포장된 화물을 운송하는 선박을 말함.
35) 예를 들어 20,000DWT 일반화물선에 건설자재를 운송하는 경우를 상정하면, 철근 등 중량화물을 15,000RT 선적한 후 나머지 스페이스(철근은 부피가 적으므로 대부분의 스페이스가 비어 있게 됨)에 용적화물인 목재, 단열재(스티로폼) 등을 15,000RT 정도를 추가로 적재 가능하게 됨.
36) 이와 같이 적용된 톤수를 운임톤(revenue ton)이라 함.

나. 비용 절감 방안

가) 저선가 선박의 확보 및 금융 조건의 개선을 통한 자본비 절감

해운경영에 있어 비용 절감을 위해서는 저선가에 선박을 확보하고 보다 유리한 조건으로 금융을 동원하는 것이 중요하다. 해운산업은 자본집약적인 특성을 갖고 있는데 1) 자본비의 절감이 비용 절감의 가장 중요한 부분이며, 2) 자본비는 선가와 금리 수준에 의하여 주로 결정되기 때문이다. 더구나 3) 해운경영에서 해운물류기업별로 크게 차이가 나는 원가 항목은 자본비이며 기타 비용 항목 즉, 연료비, 화물비, 선원비 등은 큰 차이가 없는 경우가 일반적이다.

그런데 금융 조건은 해당 기업(및 소속 국가)의 신용 상태에 의하여 결정되는 경향이 있으므로 통제하기 어려운 요인이라고 할 수 있다. 반면 선가는 선박의 투자 시기에 따라서 크게 달라지므로 적정한 선박 투자 시기의 선택이 중요하다. 앞에서 언급한 바와 같이 선가는 해운 시황에 따라 크게 변동한다. 신조선가를 기준으로 하면 해운 호황기의 선가는 불황기의 3배 내외로 급등하며 5년 선령의 중고선가를 기준으로 하면 6배 이상의 격차가 발생한다. 따라서 선박 투자 시기의 선택에 따라서 자본비는 크게 달라질 수밖에 없으므로 시황에 반한 투자(counter-cycle investment)가 기본 원칙이라 할 수 있다. 다만 불황기 진입의 초기에 이루어지는 지나친 선투자는 위험 부담이 클 뿐만 아니라 시황 회복을 지연시키는 요인이 될 수 있다는 점에 유의해야 할 것이다.

선가 이외에도 이자율 등 금융 조건 역시 자본비를 결정하는 주요 요인이 된다. 그러나 금융 조건의 경우 해당 기업의 신용 상태 및 당시 금융시장 여건에 의하여 결정된다는 점에서 해운물류기업의 통제 범위 밖에 있는 요인이라고 할 수 있다. 즉, 금융 조건은 외생변수(exogenous variable)[37]로

---

[37] 외생변수(exogenous variable)는 어떤 체계(모형) 내의 변수와는 무관하게 결정되는 변수로서 그 값이 외부에서 결정되어 주어짐.

볼 수 있다. 다만 선박 확보 시 장기운송계약, 전용선계약 등의 형태로 화물을 확보할 경우 선박 투자위험이 경감되며 따라서 보다 유리한 조건으로 금융을 동원할 수 있다는 점은 염두에 둘 필요가 있다.

또한 금융비용(회계적 비용[38] 개념의)의 부담뿐만 아니라 투자위험의 경감을 위한 방안으로 부채비율을 낮추는 대신에 자기자본 비중을 높이는 방안도 적극 고려될 수 있다.

나) 적정 선박의 확보(특히 선박의 대형화를 통한 규모의 경제 달성)
(가) 선형(船型)
① 선박 대형화의 동인

선박의 크기는 운송 화물의 톤당 운송 원가를 최소화하는 방향으로 끊임없이 조정된다. 해운시장의 치열한 경쟁에서 생존하고 나아가 성장 발전하기 위해서는 원가절감을 통한 경쟁력의 확보가 절대적으로 요구되기 때문이다.

해운비용은 선박의 대형화에 따라 운송 화물의 단위당 비용이 체감(遞減)하는 항목과 체증(遞增)하는 항목으로 구분 가능하다. 먼저 체감하는 비용 항목으로는 1) 선원비, 선용품비, 유지보수비, 일반관리비 등 운항준비비와 2) 운항비 가운데 항해와 관련되어 발생하는 연료비를 들 수 있다. 이들 비용은 선박의 대형화에 따라 증가하기는 하지만 체감적으로 증가하게 된다. 이와 같이 체감적으로 증가하는 해운비용 항목은 선박의 대형화를 통하여 절감 효과를 달성할 수 있다. 따라서 이들 비용 항목이 상승할 경우 선박의 대형화가 촉진된다.

반면에 1) 선가 및 금융 조건에 의하여 주로 결정되는 자본비(감가상각비 및 이자 부담)와 2) 운항비 가운데 재항 시간 중 발생하는 항만 비용 즉, 하

---

[38] 회계적 비용이란 현금 지출이 명시적으로 수반되는 비용을 말함. 이에 대립되는 개념으로 경제적 비용이 있다. 이는 자기자본에 대한 기회비용까지 포함한 비용을 말함.

역비, 선박입항료, 접안료 등 선박의 재항 비용(항만 비용, 在港 費用)은 선박의 대형화에 따라 운송 단위당 비용이 체증적으로 증가하게 된다. 선박의 해상운송(hauling operations) 중에는 선박 크기에 비례하는 운송 생산성의 증가가 이루어지는 반면 항만에서의 하역 작업(handling operations) 생산성 증가는 선박 크기의 증가에 미치지 못하기 때문이다.[39] 특히 자본비의 경우 선박 크기에 비례하거나 오히려 체감하는 경향이 있음에도 불구하고[40] 운송 단위당 부담액은 커지는바, 이는 고정 비용의 특성상 정박 기간(생산성이 상대적으로 낮은) 중에도 일정하게 발생하기 때문이다. 즉, 선박의 재항 시간 중에는 규모의 경제 대신 규모의 불경제(diseconomies of scale)가 나타나는 것이다. 따라서 선박의 대형화에 있어서는 자본비의 절감을 위한 이자율의 하락과 재항 비용의 절감을 위한 하역 생산성의 제고가 전제되지 않으면 안 된다. 그런데 하역 생산성의 향상을 위해서는 하역 기술의 발전에 의한 효율의 향상뿐만 아니라 일일 하역 시간의 연장도 필요하게 될 것이다.[41]

선박 크기의 결정에 있어 물리적·기술적 제약 요인이 없다고 전제하면 최적 선형은 해상운송의 규모의 경제성과 하역 작업의 규모의 불경제성의 상충관계(trade off)에 의하여 결정된다. 즉 선박의 크기가 클수록 단위당 운송비용은 감소하지만 단위당 항만 비용은 증가함으로써 상호 간에 상충관계가 발생하게 된다. 따라서 최적 선형은 운송 화물 단위당 평균 해상운송비용과 평균 항만비용을 합한 총 평균비용이 최소화되는 수준에서 결정되는 것이다(〈그림 5-1〉).

---

[39] 예를 들면 선박의 크기를 2배로 증대시켰을 경우 항해 중에는 정확하게 2배의 생산성을 달성할 수 있으나(운항 속도는 동일하다고 전제), 항만에서의 하역 생산성은 선박의 크기 변화에 따른 차이가 크지 않음. 하역 생산성은 하역장비의 투입 대수와 장비의 효율에 의하여 결정되는데, 선박의 크기 변화에도 불구하고 선박의 길이에는 큰 변화가 없으므로 장비 투입 대수에 큰 변화가 없을 뿐만 아니라 다수의 하역장비가 투입될 경우 상호 간의 간섭현상으로 하역 효율이 낮아지게 됨..
[40] 벌크선 신조선가를 보면 2013년 기준 케이프사이즈선(180,000DWT)은 5,350만 달러, 파나막스선(76,000DWT)은 2,780만 달러, 핸디선(35,000DWT)는 2,230만 달러로 각각 나타남. 따라서 DWT당 선가는 선박 크기가 증대할수록 낮아지는 경향이 있다는 것을 알 수 있음.
[41] 세계 대부분의 컨테이너 항만에 있어서는 1일 24시간 운영 체제가 채택되고 있음.

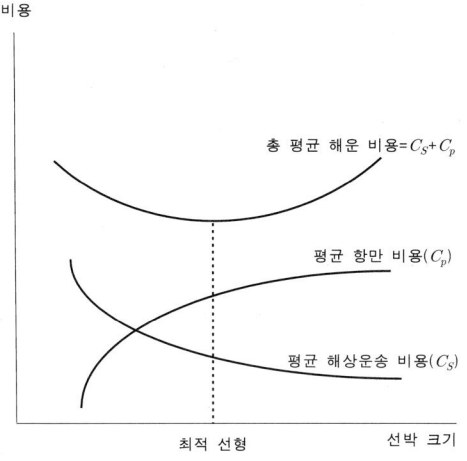

자료: Jasson and Shneerson (1987)

그림 5-1 최적 선형의 결정

선박의 대형화에는 이러한 비용 요인 이외에도 다양한 물리적·기술적 요인들이 영향을 미친다. 물리적·기술적 측면에서 선박 대형화의 촉진 요인을 보면 다음과 같다.

1) 선박의 대형화에 있어서는 조선 기술이 뒷받침되어야 하므로 조선 기술의 발전 정도는 당연히 대형화에 영향을 미칠 수밖에 없을 것이다. 즉, 조선 기술의 발전은 선박 대형화를 촉진하는 요인이 된다.

2) 해상 물동량의 증가는 선박 대형화를 촉진하는 요인이 된다. 대형화된 선복(space)을 채우기 위해서는 화물의 집화 가능성이 증대되어야 하기 때문이다. 개발도상국을 중심으로 한 세계 경제의 성장과 시장 개방의 확대는 세계 해상 물동량 증가에 기여할 것으로 전망된다. 뿐만 아니라 운송의 컨테이너화(containerization) 진전 역시 컨테이너 해상 물동량을 증가시키는 요인이 된다.

3) 항만 하역 기술의 발전은 대형화를 위한 주요 전제 조건 가운데 하나이다. 하역 기술의 발전을 통하여 하역의 효율성이 향상되면 선박의 재항

시간이 단축됨으로써 항만 비용의 절감이 이루어지기 때문이다. 즉, 항만 하역 기술의 발전은 선박의 재항 시간 중 발생하는 규모의 불경제를 완화할 수 있게 되는 것이다. 이미 언급한 바와 같이 하역 기술의 발전은 항만 비용의 절감과도 관련되어 있다. 한편 하역 기술의 발전 이외에 일일 하역 시간의 연장 역시 선박의 재항 시간 단축에 기여함으로써 이와 동일한 효과를 나타낼 것이다.

4) 진입 항로 수심, 접안 부두(안벽), 하역장비 등 기항 항만의 시설 및 하역장비 능력이 대형선을 수용할 수 있어야 한다. 그런데 세계 주요 항만들은 대형선의 유치를 위하여 항만 시설의 확충 및 하역장비의 대형화를 통한 아웃리치(out-reach)[42] 확보 등을 추진하고 있다.

5) 환경에 대한 국제적 관심의 증대 및 규제의 강화 역시 선박의 대형화를 촉진하는 요인이 되고 있다. 대형선의 경우 운송 화물 단위당 에너지 소모량이 절감됨으로써 온실가스의 배출량도 감소하기 때문이다. 특히 기후변화협약(United Nations Framework Convention on Climate Change: UNFCCC)[43]에 따라 주요국들은 온실가스 감축 정책을 추진하고 있다. 주요 해운물류기업들의 경우도 이에 부응하여 선박의 대형화를 통하여 온실가스 배출량 감축에 동참하고 있다. 뿐만 아니라, 이러한 해운물류기업들의 온실가스 배출량 감축 노력은 기업의 이미지 제고에 기여함으로써 장기적으로 경영 수지의 개선에도 도움이 될 것으로 기대된다. 기업의 환경 친화적 경영 노력은 녹색 소비자(green consumer)[44]의 존재를 기반으로 하는 녹색마케팅(green marketing)[45]을 위한 것인데, 고객이 기업(최종 소비자가 아닌)인

---

[42] 하역장비가 도달할 수 있는 수평 거리를 말하는 것으로 대형선에 대한 화물의 하역을 위해서는 out-reach가 긴 하역장비가 요구됨.
[43] 1992년 리우에서 체결되었으며 한국은 1993년 12월에 47번째 회원국으로 가입함. 한국은 2009년말 코펜하겐 기후변화당사국총회를 기점으로 중기 감축 목표를 2020년 BaU(business as usual) 대비 30%로 결정·발표하였음.
[44] 녹색 소비자(green consumer)는 환경 친화적인 방법으로 생산된 재화를 우선적으로(가격이 다소 높을 경우에도) 구매하려는 소비자를 말함.
[45] 녹색 마케팅 또는 그린 마케팅(green marketing)이란 환경적 역기능을 최소화하면서 소비자가 만족할 만한 수준의 성능과 가격으로 제품을 생산하여 환경적으로 우수한 제품 및 기업 이미지를 창출함으로써 기업의 이익 실현을 도모하는 마케팅을 말함.

해운물류기업의 경우에도 이러한 전략이 채택될 수 있을 것이다.

이와는 반대로 선박 대형화를 저해하는 물리적·기술적 요인들은 다음과 같다.

1) 해상운송 거리 즉 선박의 항해 거리는 선박의 크기를 결정하는 주요 요인이 된다. 선박 대형화에 의한 규모의 경제는 해상운송에 대하여 발생하므로 해상운송 구간이 길수록 대형화의 비용 절감 효과가 크게 나타나기 때문이다. 자유무역협정(free trade agreement: FTA) 등 권역 단위의 역내 경제협력(regional economic cooperation) 강화는 역내무역(regional trade) 및 역내 해상 물동량의 비중 증대를 결과한다. 역내 항로는 거리가 상대적으로 짧으므로 대형선에 의한 규모의 경제 달성이 제한적이다. 따라서 역내 운송에 투입되는 선박은 대형선보다는 중소형선이 보다 경제적인 것으로 평가된다. 다만 역내 운송에 투입되는 선박의 경우도 기타 요인의 변화 즉, 선박 및 운송 기술 변화, 역내 물동량 증가, 하역 효율 향상, 비용 구조의 변화 등으로 인하여 제한적인 범위 내에서 나름대로의 대형화가 이루어지고 있다.

2) 선박의 자동화가 진전되면 승선 인력의 감축으로 인건비 부담이 경감됨으로써 대형화의 유인을 약화시키는 요인으로 작용할 가능성이 있다. 그러나 선박 자동화로 인한 승선 인력의 감소 대신 승선 대기 예비 인력의 증가 및 육상 지원 인력의 증가로 인하여 전체 인력의 절감 효과는 대부분 상쇄될 것으로 보인다. 승선 대기 예비 인력은 선박 자동화에 따른 육상 유지 관리 업무의 증가, 선원 복지 향상에 따른 휴가 일수의 증가 등으로 인하여 증가하는 경향이 있기 때문이다. 뿐만 아니라 인건비의 해운 원가에 대한 비중은 상대적으로 낮은 편이므로 이의 선형 결정에 대한 영향은 크지 않은 것으로 판단된다.

3) 선박의 고속화는 선박의 대형화를 저해하는 요인으로 작용할 가능성이 크다. 선박의 속도가 상승함에 따라 해상운송 구간의 생산성이 증가하는

데(톤 · 마일 운송 효율의 향상) 이는 선박 대형화의 효과와 동일한 것이기 때문이다. 즉, 선박의 고속화는 선박의 대형화 전략에 대한 대안으로 채택될 가능성이 있다.

4) 컨테이너선의 지속적인 대형화 추세에도 불구하고 광탄선, 곡물전용선, 유조선 등 대부분의 비컨테이너선 부문에 있어 대형화 추세는 1970년대와 1990년대에 걸쳐 대체로 마무리되었다. 이와 같은 선종 간 대형화 추세의 차이는 집화 방식의 차이에 그 주요 원인이 있다. 컨테이너선의 경우는 기항 항만별로 불특정 다수의 화주로부터 화물을 집화한다. 따라서 항차별 화물 운송량은 선박의 운송 능력(space)과 집화 능력에 의하여 결정된다. 반면에 대부분의 비컨테이너선 부문에 있어서는 항차별 적재 가능한 화물 수량이 화주의 무역 계약 단위(lot)에 의하여 제한된다. 화주의 무역 계약 단위는 해당 기업의 생산, 재고, 자금 등의 관리 계획에 의하여 결정되는 것으로 해운물류기업에서 결정할 문제는 아니다. 이러한 화물을 로트 화물(lot cargo)[46]이라고 한다는 것은 이미 언급한 바와 같다. 즉, 광탄선, 곡물전용선, 유조선 등의 선형은 해운물류기업들이 통제할 수 없는 외생적 요인에 의하여 결정되며 이는 이들 선종의 대형화에 한계점으로 작용하게 된다. 그런데 국제 원자재 가격의 상승에 따라 재고 유지비가 증가하게 되어 화주는 원자재 주문(계약) 단위를 줄이는 대신 주문 빈도를 늘림으로써 평균 재고 수량을 축소 조정하고 있다. 물론 이와 같이 주문 단위를 축소할 경우 운송에 있어 규모의 경제 달성이 어렵게 됨으로써 단위당 운송비가 증가하겠으나 이는 재고 유지비의 절감을 통하여 보전 가능하게 된다. 그 결과 컨테이너선 이외의 이들 선종에 있어서 선박의 대형화는 한계에 달했으며 오히려 소형화하는 경향마저 나타나고 있다.

---

46) 항차당 운송량이 화주가 의뢰하는 일정한 수량으로 정해지는 화물을 말함. 예를 들면 POSCO의 의뢰에 의거 철광석 10만 톤을 오스트레일리아에서 한국으로 운송하는 경우가 이에 해당함. 이에 비하여 컨테이너 화물의 경우는 항차당 운송량이 해운물류기업의 집화 능력에 따라 변화하게 되는데 이는 로트 화물과는 대비되는 개념의 화물임.

표 5-2 해운 여건의 변화와 선박 대형화에 대한 영향

대형화 촉진 요인	대형화 저해 요인
- 자본비(capital costs)의 하락 　· 이자율의 하락 - 운항준비비(operating costs)의 상승 　· 선원비, 선용품비, 유지보수비, 일반관리비 등 - 항해와 관련된 운항비(voyage costs)의 상승 　· 연료비의 상승 - 조선기술의 발전 - 해상 물동량의 증가 - 하역 기술의 발전(하역 효율의 향상) - 항만시설 및 장비의 개선 - 환경 규제의 강화	- 재항 비용의 상승 　· 하역료, 선박입항료, 접안료 등 - 역내교역의 증가로 인한 해상운송 거리 단축 - 선박 자동화로 인한 인력 절감 - 선박의 고속화(톤 · 마일 운송효율 향상) - 원자재 가격의 상승(비컨테이너선 부문)

자료 : 박태원 · 정봉민(2002)을 기초로 수정 및 보완함

이와 같이 선박 대형화의 촉진 요인과 저해 요인을 종합적으로 검토한 결과 컨테이너 정기선 부문에 있어서는 전자가 후자를 압도해 나갈 것으로 예상된다. 따라서 컨테이너선의 대형화 추세는 향후에도 상당 기간 동안 지속될 전망이다.

〈적정 선형의 수리적 도출: 참고 자료〉

선박의 적정 크기 즉, 최적 선형은 화물 운송 단위당 해운 원가를 최소화시키는 점에서 결정된다. 해운 서비스의 생산에 소요되는 톤당 비용(C)을 행해 중 발생하는 톤당 비용(C_1)과 항만 체류(port time) 중 발생하는 톤당 비용(C_2) 및 화물 톤당 일정 수준으로 발생하는 화물 비용(C_3)으로 구분할 수 있다(도출 과정은 박태원·정봉민(2002) 참조).

$$C = C_1 + C_2 + C_3$$
$$= 2/(nh_1)\sum_{i=1}^{n} P_i q_i S^{ei-E_1} + (2D)/(\eta h_2)\sum_{i=}^{\mu} P_i q_i S^{ei-E_2} + C_3$$

여기에서 n은 일일 하역작업 시간, h_1은 하역 효율(상수), P_i는 i요소의 가격을 나타내는데 항만에서만 발생하는 요소 비용은 1부터 k번까지, 항만 및 항해 중에 공통으로 발생하는 요소 비용은 $k+1$부터 n번까지 그리고 항해 중에만 발생하는 요소 비용은 $n+1$부터 u번까지로 각각 전제하였다. 그리고 q_i는 효율성을 나타내는 지수, S는 선박 크기, ei는 i요소 투입량의 선박 크기에 대한 탄력성, E_1은 하역 속도의 선박 크기에 대한 탄력성, D는 항해 거리, n는 왕복항 화물 균형 정도를 나타내는 계수(왕복항 총 물동량÷왕복항 중 많은 쪽 물동량), h_2는 톤·마일 운송 효율(상수), E_2는 운송 능력의 선박 크기에 대한 탄력성을 각 나타낸다.

위 식을 선박 크기(S)에 대하여 편미분하면 다음과 같다.

$$\partial C/\partial S = 2/(nh_1)\sum_{i=1}^{n}(ei-E_1)P_i q_i S^{ei-E_1}$$
$$+ (2D)/(\eta h_2)\sum_{i=}^{\mu}(ei-E_2)P_i q_i S^{ei-E_2} = 0$$

위 식에서 알 수 있는 바와 같이 최적 선형은 선박 크기에 대한 요소 투입의 탄력성(E_1), 톤 마일 운송 능력의 탄력성(E_2) 등에 따라서 달라질 뿐만 아니라, 항해 거리(D), 왕복항 화물 균형 정도(n), 생산요소의 가격(P_j), 일일 하역 시간(n) 등의 다양한 요인이 복합적으로 작용함으로써 결정된다.

그런데 각 탄력성의 추정치는 $0.3 \leq ei \leq 1.0$, $0.19 \leq E_1 \leq 0.25$, $1.16 \leq E_2 \leq 1.17$으로 나타났다(박태원·정봉민, 2002)

그 결과 $\partial S^*/\partial D > 0$, $\partial S^*/\partial h_1 > 0$, $\partial S^*/\partial n > 0$, $\partial S^*/\partial h_2 > 0$, $\partial S^*/\partial n \rangle 0$, $\partial S^*/\partial P_i \langle 0$ (단 $i=1, 2, ---k$), $\partial S^*/\partial P_j \langle 0$ (단 $j=n+1, +2, ---, u$)가 된다. 따라서 운송 거리(D)의 증가, 하역 효율(h_1)의 향상, 일일 하역 시간(n)의 연장 등은 선박을 대형화시키는 요인으로 작용하며, 반대로 선박의 고속화 등에 의한 톤 마일 운송 효율(h_2)의 향상이나 왕복항 물동량의 평준화(n)등은 선박을 소형화시키는 요인으로 작용함을 알 수 있다.

② 선박 대형화의 영향

특정 해운물류기업이 대형선을 투입함으로써 가격경쟁력의 우위를 점하고, 이를 바탕으로 집화 활동을 전개함으로써 시장점유율을 확대하게 되면 경쟁 해운물류기업들도 대형화 경쟁에 동참하지 않을 수 없게 된다. 경쟁 해운물류기업들이 시장점유율을 유지하고 나아가 생존하기 위해서는 최소한 다른 해운물류기업들과 동일한 수준의 가격경쟁력을 확보하지 않으면 안 되기 때문이다. 이에 따라 대형선 투입의 주요 문제점으로 선복 공급의 만성적인 과잉 상태를 유발한다는 점을 들 수 있다. 선박의 추가적 투입이 운송 수요의 증가에 대응하기 위한 것이기보다는 대형화를 통한 운송 단위당 해운 원가의 절감을 위한 수단으로 추진되는 경향이 있기 때문이다. 이와 같이 선박의 대형화를 통한 운송 단위당 원가절감과 아울러 공급과잉의 유발을 통한 경쟁의 심화는 해상운임의 하락으로 이어져 해운 불황을 초래할 것이다. 그리고 이러한 선박의 대형화와 해상운임 하락의 악순환은 지속적으로 나타날 가능성이 크다. 실제로 1998년 1월 이후의 정기선 운임 수준의 장기 추세를 보면 상승 추세를 확인하기 어려우며 오히려 하락하는 경향마저 보였다.[47] 그 동안 연료비, 하역비, 인건비 등 원가상승 요인에도 불구하고 운임 수준이 제자리에 머물렀다는 것은 이러한 시장 여건을 반영하는 것이다.

한편 이와 같은 해상운임 수준의 하향 안정세 지속이 해운물류기업으로서는 감내하기 어려운 시련이 될 수 있으나 화주들의 입장에서는 물류비용의 절감을 가능하게 하는 요인이 된다. 그리고 국가 경제적 관점에서도 해상운임 수준의 안정화는 생산 및 교역 활동을 촉진함으로써 국민의 후생 증대에 도움이 될 것이다.

---

47) 컨테이너 운임 수준을 나타내는 주요 지수인 CCFI(China Contanerized FreightIndex)는 1998년 1월 1일 정기선 운임 수준을 1,000으로 표준화한 지수인바, 2015년 1월 16일 현재 1,059.3으로 과거 15년 여 동안 추세 변동이 거의 없었음.

(나) 선령(船齡)

선박의 상태에 따라 해운비용 항목의 구성비가 달라지므로 해운시장 및 해운물류기업별 경영자원 여건을 감안하여 최적의 대안을 선택할 필요가 있다. 예를 들면 노후선의 운항 시에는 선박을 운항 가능한 상태로 유지하기 위한 운항준비비 및 운항에 직접 소요되는 운항비의 부담이 증가하는 반면 자본비의 부담은 감소하게 된다. 노후선은 선박 수선비 지출의 증가, 에너지 효율의 저하 등과 같은 문제가 있는 반면에 낮은 선가로 인하여 감가상각비 및 금리 부담이 감소하기 때문이다. 따라서 노후선의 운항을 위해서는 선박 유지보수의 노하우 확보가 필요하다. 또한 유가가 상승할 경우 채산성이 저하된다는 점도 염두에 두어야 할 것이다. 이와 같이 노후선은 가변비용 항목의 부담이 상대적으로 크므로 해운 불황기에는 우선적으로 계선된다.

반면에 신조선의 경우는 자본비 부담이 증가하는 반면에 선박 수선비, 연료비 등의 부담은 경감된다. 특히 신조선은 연료비와 같은 주요 가변비용 항목의 비중이 낮아 해운 불황기에도 운항의 지속이 가능하게 된다. 다만 일반적으로 신조선의 총 해운 원가가 노후선에 비하여 높은 경향이 있다. 따라서 신조선 운항의 경우에는 운임부담력이 높은 고가화물의 확보, 집화능력 강화를 통한 선복이용률의 제고, 운항 합리화 등의 추가적 노력이 필요할 것으로 판단된다.

한편 영국을 비롯한 유럽 주요 국가들(그리스는 예외)의 선주들은 선령을 일정 수준 이하로 유지하려는 경향이 강하다(Stopford, 2009). 이와 같이 유럽 전주들이 선령을 낮게 유지하는 이유의 하나로 해운 서비스의 질적 수준을 제고함으로써 운임부담력이 상대적으로 높은 고가화물을 집화하기 위한 경영 전략적 고려를 들 수 있다. 선령이 낮은 선박의 경우 운항의 안정성이 제고됨으로써 프리미엄 서비스의 제공에 유리하며, 이를 바탕으로 운임부담력이 높은 고가화물을 비교적 높은 운임 수준에서 집화할 수 있는 가능성이 커지기 때문이다.

다) 저속 운항(slow steaing)

선박의 운항 속도를 하향 조정하는 방안 즉, 저속 운항(slow steaming)도 연료비 절감을 위한 주요 대안이 된다. 일반적으로 선박 운항에 있어 단위 시간당 연료 소모량은 개략적으로 속도의 3승에 비례한다. 따라서 정해진 항차 구간에 소요되는 연료 소모량은 항해 소요 시간을 감안할 때 속도의 약 2승에 비례하게 된다. 이와 같이 연료 소모량은 선박의 운항 속도 상승에 따라 가속적으로 증가하며 운항 속도 저하에 따라 가속적으로 감소하게 된다. 그러므로 감속 운항은 해운 불황기의 해운 원가절감을 위한 주요 수단으로 널리 활용되고 있다. [48]

반대로 운임 수준이 높은 해운 호황기에 감속 운항을 할 경우에는 선박 회전율의 하락으로 인한 운임 수입 감소의 기회비용이 감속 운항으로 인한 유류비 절감 효과보다 크게 되므로 오히려 채산성 저하가 초래된다. 해운 시황의 호황기에는 감속 운항보다는 전속 운항이 일반화된다. 따라서 선박의 운항 속도는 운임 및 유가 수준을 감안한 적정 속도(즉, 경제속도)에 맞추어져야 할 것이다.

그 이외에도 저속 운항의 경우에는 운송 기간의 연장에 따른 서비스 수준 저하라는 문제가 수반된다는 점도 고려되어야 할 것이다. 운송 기간이 연장될 경우 운송 기간 중의 재고 비용 추가 부담, 시장성 저하(특히 계절상품의 경우), 화물의 부패 등 품질 저하(신선식품의 경우) 등의 문제뿐만 아니라, 도착 지연에 따른 클레임 발생의 가능성도 있기 때문이다.

라) 운항 효율성의 제고, 기타

해운비용 절감 방안으로 앞에서 언급한 사항 이외에도 다음 사항을 들 수 있다. 먼저, 운항의 효율화 및 적·양하 시간의 단축은 선박의 회전율

---

[48] 예를 들면 컨테이너선의 경우 통상적인 운항 속도는 20노트를 상회하나 해운 불황이 극심하였던 2013년을 전후해서는 15노트 내외로 운항 속도가 하향 조정됨.

(turnover) 증대를 통한 운임 수입의 증가뿐만 아니라, 해운비용의 절감을 위해서도 중요함은 물론이다. 특히 효율적 항로 체계의 구축을 통한 공선 운항 구간의 최소화 필요성은 앞에서 이미 언급한 바 있거니와 신속한 입출항 절차의 이행, 적정 하역장비의 투입을 통한 하역 시간의 단축 등을 도모할 필요가 있다. 또한 연료유, 선용품 등의 조달에 있어 가격 수준과 함께 재고 관리의 적정화 차원의 최적 대안이 선택되어야 한다. 이를 위해서는 기항 항만별 가격 수준, 화물 적재 계획 등의 조사·검토가 필요하게 될 것이다. 연료유 및 선용품의 수량과 화물 적재 수량 사이에는 트레이드오프(trade-off) 관계가 성립하기 때문이다.

2) 해운물류기업의 재무적 위험 관리 방안

(1) 개요

위험(risk)이라 하면 인명·신체, 재산 및 환경에 대한 손상이나 손실, 책임 기타 부정적인 결과가 외부적(external) 또는 내부적(internal) 취약성(vulnerability)으로 인하여 발생할 수 있는 가능성(probability) 또는 위협(threat)을 말하는 것으로 사전적 대응 조치를 통하여 어느 정도 회피 가능한 경우가 많다(www.businessdictionary.com, 2015. 1. 14.). 위험은 발생 가능성에 대한 확률적 평가가 어느 정도 가능하다는 점에서 확률적 평가가 불가능한 불확실성(uncertainty)과 구별된다(www.cam.ac.uk, 2015. 1. 14.).

해운경영 관련 위험은 여러 가지가 있는데 그 주요 내용을 보면 다음과 같은 것들이다. 1) 운임 수준의 예기치 않은 변동에 따른 손실 발생의 위험 즉, 해운 시장위험(freight market risk)[49], 2) 선박의 고장, 기타 기술

---

49) 해운 시장위험(freight market risk)은 화물 확보 및 운임 수준의 변동으로 인한 위험으로 일반 경제의 불황, 정치·외교적 문제 등의 발생으로 인하여 유발됨. 시장위험에 대비하기 위한 방안으로는 헤징(hedging)이 있음.

적 문제로 인한 운항 중단(off hire), 항만국통제(port state control)[50]로 인한 기항 거부 등과 같은 선박 운항위험(ship operational risk 또는 ship operating risk),[51] 3) 용선, 운송 등의 거래 상대방의 신용문제 등으로부터 발생하는 거래상대방위험(counterparty risk) 또는 신용위험(credit risk), 4) 선박에 대한 과잉 투자의 결과 유발되는 과당경쟁으로 인한 경쟁위험(competitive risk), 5) 다각화된 분야에서 발생하는 다각화위험(diversification risk),[52] 6) 무역구조의 변화에 따른 적정 선형의 변화, 신조선(금리 상승에 따른 자본비 증가 등)과 노후선(운항비, 수리비 등 비용 및 규제에 따른 위험 부담 증가)의 비용 및 위험 부담 증가 등과 관련된 선형 및 선령위험(ship size and age risk), 7) 부채 상환 능력과 관련된 금융구조위험(financial structure risk), 8) 타 기업과 비교한 경영진의 능력과 성과, 경영자 승계 시의 문제 등과 관련된 경영위험(management risk) 등 다양하다.

그런데 해운경영에 있어서는 비교적 많은 위험을 부담할 수밖에 없다는 특성이 있으며 그 이유는 다음과 같다.

첫째, 앞에서 언급한 바와 같이 해운 경기의 변동은 매우 불규칙적일 뿐만 아니라 진폭의 심도도 크다는 특징이 있기 때문이다. 해운 경기변동 양상의 이러한 특성을 유발하는 요인으로는 1) 단기적으로 해운 서비스에 대한 수요 및 공급곡선이 비탄력적일 뿐만 아니라, 2) 정치·외교적 영향, 자연재해의 발생 등 우발적 요인에 의한 영향을 비교적 많이 받는다는 점 등을 들 수 있다. 그 결과 운임 수입은 극심한 변동을 보이는 반면에 선박 투

---

[50] 항만국 통제(port state control)란 개별국가 자국 관할권 내에 입항한 외국 선박에 대하여 국제협약의 기준에 따라 안전 운항 능력에 관한 점검을 실시하여 인명·재산의 안전 및 해양환경 보존에 필요한 조치를 취하는 제도를 말함.
[51] 선박 운항위험(ship operational risk)은 선박의 운항 여건의 변동과 관련하여 발생하는 위험으로 기관 고장, 선원의 과실, 황천 등으로 인한 위험을 말함. 단, 일반 산업의 경우 운영위험(operational risk)이라 함은 조직 내부의 문제로 인하여 발생하는 위험으로 주요 원인으로는 내부 절차적 문제, 인적 문제, 내부 시스템적 문제 등을 들 수 있음.
[52] 특히 제품이나 판매 지역 측면에서 관련된 산업에 참여하는 관련 다각화의 경우 다각화된 사업들의 업황이 동일한 방향으로 변동하는데 이에 따른 시장위험이 확대될 수 있음.

자의 원리금 상환 부담은 정기적으로 일정하게 발생하므로 수입과 지출이 불일치할 가능성이 높게 된다.

둘째, 해운산업은 자본집약적 산업으로서 선복 확보 등과 관련하여 막대한 외부금융(external financing)[53]의 동원이 요구되며 특히 외부 차입으로 인한 레버리지 효과(leverage effect)에 의한 위험 부담이 증대되는 경향이 있다. 더구나 선박 투자의 원리금 상환 기간(신조선의 경우 통상 12년 내외)이 해당 선박의 내용 연수(25년 이상)보다 짧게 책정된다는 점도 수입과 지출의 불일치를 초래하는 요인이 된다. 해운물류기업은 신조선을 인수한 후 원리금 상환 기간 이내에 선박 투자 자금을 회수하지 않으면 안 된다는 부담을 지기 때문이다.

셋째, 해운 시황의 변동과 선박금융 여건의 변동 사이에 동행적 특성이 있고 이로 인하여 재무적 위험이 증대되는 경향이 있다. 즉, 선가가 높아 선박 투자보다는 매각을 고려해야 할 시기인 호황기에는 금융기관의 대출이 활발하게 이루어지는 반면 선가가 낮아 선박 투자가 요구되는 불황기에는 금융기관의 대출이 중단되거나 기존 대출의 회수 움직임이 나타나는 경향이 있기 때문이다.

이와 같은 해운경영의 재무적 위험(financial risk)[54] 관리는 시장 여건, 위험에 대한 성향, 규제 및 계약상의 요구에 맞추어 위험의 양상을 변화시키고 통제함에 그 목적이 있다. 따라서 위험의 경감 내지 해소는 위험 관리의 대안 중 하나일 뿐이며 위험 관리의 목적이라고 보기 어렵다. 다만 적극적으로 위험을 감수하는 위험선호자(risk taker)[55]의 경우에도 위험의 수용은 관리 가능한 범위 내로 한정할 필요가 있을 것이다.

---

53) 외부금융(external financing)이란 기업 외부의 투자자나 대부자(차입)로부터 확보된 자금을 말한다. 이는 내부유보금에 의한 내부금융(internal financing)과 반대되는 개념임.
54) 위험은 여러 가지 기준으로 분류 가능하며 재무적 손실의 야기 여부에 따라 재무적 위험과 비재무적 위험(non-financial risk)으로 분류 가능함.
55) 위험선호자(risk taker)란 높은 수익(또는 기타 보상)을 기대하고 손실(또는 기타 위해)의 위험을 감수하는 개인, 기업 또는 기타 주체를 말한다. 이에 비하여 위험회피자(risk averser)는 이와 반대의 성향을 가진 개인, 기업 또는 기타 주체를 말함.

그리고 위험 관리의 절차는 1) 위험의 식별 및 그 특성의 이해, 2) 위험의 계량화, 3) 위험 관리 계획의 수립 및 시행, 4) 결과 측정 및 문서화 등의 단계를 밟게 된다.

(2) 주요 경영 전략

가. 자사 소유선과 용선의 포트폴리오 적정화

가) 용선계약의 유형에 따른 선주와 용선주의 위험 부담

용선계약 또는 운송 계약에 있어 선주와 용선주(화주)의 선박 운항위험 및 해운 시장위험의 부담을 보면 다음과 같다.

첫째, 화물의 운송이 계약의 주요 대상이 되는 용선계약으로 항해용선계약(single voyage charter), 연속항해용선계약(consecutive voyage charter: CVC), 장기운송계약(contract of affreightment: COA) 및 전용선계약(dedicated carrier charter)이 있다. 이러한 유형의 용선계약에 있어서는 운임(용선료)이 화물 톤당으로 결정되며[56] 이 경우 1) 선주가 선박 운항에 대한 권한과 책임을 가지므로 선박 운항위험은 선주가 부담한다. 그리고 선박 운항으로 인하여 직접적으로 발생하는 비용 즉, 운항비를 선주가 부담한다. 다만 화물입항료 등과 관련된 비용은 화주가 부담하며, 적·양하 비용은 계약 조건에 따라 결정된다. 2) 이러한 형태의 용선계약에서는 해운 시장 위험은 개별 항차 단위로 용선계약이 이루어지는 항해용선계약의 경우 선주가 부담하게 된다. 그러나 기타 용선계약(연속항해용선계약, 장기운송계약 및 전용선계약)의 경우는 일정 용선 기간 중 운임이 고정되어 있으므로 해당 계약 기간 중에 선주는 시장위험의 부담을 회피할 수 있게 된다. 후자(항해용선 이외의 기타 용선계약)의 경우 용선주는 미리 정해진 운임 수준을 감안하여 무역 거래 계약을 체결하지 않으면 안 된다는 부담을 안게

---

[56] 운임이 화물 운송 수량에 의하여 결정되는 대신 일정 금액으로 고정되는 총괄운임(lumpsum freight)으로 결정되기도 하지만 이는 예외적인 사례라 할 수 있음.

될 것이다.

둘째, 용선계약의 주요 대상이 선박 임대차인 경우에는 용선료(운임)가 용선 기간에 비례하여 결정되며 정기용선계약과 나용선계약이 이에 해당한다. 이 두 가지 형태의 용선계약에 있어 선주와 용선주의 책임 부담 관계를 보면 다음과 같다. 1) 정기용선계약의 경우는 계약 기간이 비교적 장기인 period charter와 단일 항차만을 대상으로 하는 1항차 정기용선계약(trip charter)으로 구분되고 이러한 두 가지 형태의 정기용선계약에 있어 선박 운항위험은 선주 및 용선주가 분담하게 된다. 정기용선계약에 있어서 선주는 해당 선박을 운항 가능한 상태로 유지할 의무를 지게 되며(운항준비비 부담) 따라서 선주는 이와 관련된 운항위험을 부담하게 된다(운항비 부담). 예를 들면 선체 및 기관과 관련된 문제, 선원과 관련된 문제 등은 선주의 부담이 되는 것이다. 그러나 선박의 직접 운항과 관련된 사항은 용선주의 권한과 책임이며, 따라서 용선주는 이와 관련된 운항위험을 부담하게 된다. 예를 들면 항해 중 황천 조우로 인한 운항 지연, 항만 파업·체선 등으로 인한 재항 시간 연장, 운하 통과 등과 관련된 문제는 용선주의 부담이 되는 것이다. 이에 비하여 2) 정기용선계약의 경우에 있어 해운시장위험의 부담은 계약 형태에 따라 달라진다. 즉, 비교적 장기간을 대상으로 한 정기용선계약에 있어서는 용선주가 시장위험을 부담하게 된다. 장기간의 정기용선계약에 있어서 선주는 계약 기간 동안 일정 용선료 수입이 발생하므로 시황변동에 영향을 받지 않는 대신, 용선주의 운임 수입은 시황변동에 따른 영향을 직접적으로 받는다. 이에 비하여 1항차 정기용선계약의 경우에는 선주가 시장위험을 부담하게 된다. 이 경우 선주는 매 항차 종료 시마다 새로운 용선계약이나 화물의 집화를 주선해야 할 뿐만 아니라 용선료(또는 운임) 수입도 시황에 따라 가변적인 반면, 용선주는 시황을 반영한 항차별 수지를 고려하여 용선 여부나 조건을 합의할 수 있게 된다. 3) 나용선계약에 있어서는 용선주가 선체만을 임차하여 해당 선박을 운항 가능한 상태로 유지할 뿐만 아니라 직접 운항하게 된다. 따라서 용선주가 선박 운항위험 및 해운시장위험을 모두 부담하게 된다.

표 5-3 용선계약 유형에 따른 운항위험과 해운시장위험의 부담 주체

용선계약 유형		부담 위험의 종류	
주요 계약 대상	용선계약 종류	선주	용선주
화물 운송	항해용선계약, 연속항해용선계약, 장기운송계약, 전용선계약	- 선박 운항위험 - 해운시장위험(항해 용선계약의 경우)	- 해운시장위험(연속항해용선계약, 장기운송계약 및 전용선계약의 경우)
선박 임대차	정기용선계약, 나용선계약	- 선박 운항위험(선체 및 기관과 관련된 문제, 선원과 관련된 사항) - 해운시장위험(항차 정기용선계약의 경우)	- 선박 운항위험(항해 중 황천 조우로 인한 운항 지연, 항만 파업·체선 등으로 인한 재항 시간 연장, 운하 통과 등과 관련된 사항) - 해운시장위험(장기간의 정기용선 및 나용선계약의 경우)

용선주의 관점에서 볼 때 1항차 정기용선(trip charter)이나 비교적 단기(6개월 이내)의 정기용선(period charter)의 경우에는 시황의 급변이 없는 한 시황변동에 따른 위험 부담은 비교적 낮은 것으로 판단된다. 특히 1항차 정기용선에 있어서 해운물류기업은 화주로부터 항차 단위로 화물을 집화하고(항해용선계약으로) 해당 항차 기간 중 타사 선박을 용선하여(1항차 정기용선계약으로) 투입하게 되는데, 이 때 항해용선계약의 운임 수준과 1항차 정기용선계약의 용선료 수준은 당시의 해운 시황에 따라 거의 비슷한 수준으로 결정된다. 따라서 용선주는 시황변동에 따른 위험을 거의 부담하지 않게 된다. 이와 같이 해운물류기업이 타사 소유 선박을 용선하여 운용할 경우 해당 해운물류기업은 해당 선박의 소유주에 대해서는 용선주의 자격을 갖게 되며, 화주에 대해서는 선주의 자격을 갖게 된다.

그러나 국적취득 조건부 나용선계약의 경우는 실질적으로 자사 선박의 보유와 다름이 없으며, 따라서 용선주가 모든 시장위험을 부담한다. 정기용선에 있어서도 용선 기간을 장기간(예를 들면 5~10년)으로 결정했을 경우 해당 용선 기간 중의 시황변동에 따른 재무적 위험 부담이 증가하게 된

다. 나용선계약 기간 중에는 계약된 용선료가 고정적으로 지출되는 반면 해당 선박의 운용을 통한 운임 수입은 시황의 부침에 따라 크게 변동할 수 있기 때문이다. 그런데 나용선이나 비교적 장기간의 정기용선의 경우에도 용선 기간 중 해당 선박에 대하여 화물의 운송 계약(연속항해용선계약, 장기운송계약, 전용선계약 등)이 체결되어 있을 경우에는 용선주의 위험 회피가 가능하게 될 것이다.

나) 해운물류기업의 위험 관리 전략

해운물류기업의 입장에서 자사 선박을 보유하여 운항할 것인지 또는 타사 선박을 용선하여 운항할 것인지 사이의 선택 문제가 있다. 일반적으로 자사 선박의 보유에 있어서는 막대한 초기 투자로 인한 자본비 부담으로 비교적 큰 재무적 위험을 부담하게 된다. 그런데 자사선 보유의 경우에 있어서도 보유 선박에 대한 장기 및 단기 용선계약 포트폴리오를 적정하게 구성함으로써 소극적으로 위험을 회피하거나 반대로 적극적으로 위험을 감수하는 전략을 택할 수 있다. 즉, 현물시장(spot market)에서 보유 선박을 운용할 경우에는 운임(용선료) 변동의 시장위험을 전적으로 수용할 수밖에 없게 될 것이다. 앞에서 본 항해용선계약과 정기용선계약의 한 형태인 1항차 정기용선계약(trip charter)은 현물시장에서 보유 선박을 운용하는 유형이 된다. 반대로 연속항해용선계약, 장기운송계약, 전용선계약 및 정기용선계약의 한 형태인 period charter의 경우는 수개월 또는 수년간 운임(용선료)이 고정되는 용선계약의 형태로서 용선 기간 중에는 시황변동의 위험에서 자유로울 수 있게 된다. 따라서 용선 기간을 길게 책정할수록 위험 부담은 감소하게 될 것이다. 특히 전용선계약의 경우 대상 선박의 내용 연수 만료 시까지 연속 운송이 보장될 뿐만 아니라, 운임률의 결정이 선박의 확보 및 운항 관련 모든 비용의 원가 보상 원칙에 의거하여 이루어지므로 재무적 위험의 부담이 최소화될 것으로 판단된다.

한편 해운물류기업이 자사 선박을 소유하는 대신 나용선이나 정기용선으로 임차하여 이용할 경우에 있어서는 초기 투자로 인한 자본비 부담을 회피할 수 있게 될 것이다. 그러나 용선 기간이 길어질수록 시황변동에 의한 시장위험이 증가하게 된다. 특히 나용선의 경우 용선료는 자사 선박 보유시의 원리금 상환에 해당하는 수준에서 결정될 가능성이 크며, 따라서 자사 소유 선박의 경우와 실질적으로 동일한 위험을 부담하게 된다. 장기간(10년 이상)의 정기용선에 있어서도 용선 기간 중 시황변동에 따른 위험 부담은 자사 선박 소유와 비슷한 수준이 될 것이다. 특히 호황기에 상대적으로 높은 용선료 수준에서 장기간의 정기용선계약이 체결되었을 경우에는 통상적인 자사 소유 선박의 경우보다 위험 부담이 증대될 우려도 있다. 따라서 나용선이나 장기간의 정기용선계약으로 타사 선박을 임차함에 있어서는 장기운송계약이나 전용선계약을 기초로 하는 것이 바람직하다. 이에 비하여 1항차 정기용선계약이나 3개월 또는 6개월 정도의 비교적 단기간의 정기용선계약으로 선박을 용선(임차)할 경우에는 시황변동에 따른 위험의 부담이 상대적으로 경감된다. 특히 1항차 정기용선계약의 경우는 선사의 수입(운임)과 지출(용선료)이 당시의 시황을 반영하여 비슷한 수준에서 결정되므로 시장위험의 부담은 없는 것으로 볼 수 있다. 다만 이와 같이 단기간의 용선계약에 있어서는 위험 부담이 경감되는 만큼 큰 폭의 수익 실현 가능성도 낮을 수밖에 없다.

다) 사업다각화(Businss diversification)

사업다각화를 통하여 위험의 분산 효과(pooling effect)를 추구할 수 있다. 특히 해운물류기업의 경우 해운·항만물류와 관련되지 않은 산업 부문에 참여하는 비관련 다각화(unrelated diversification)[57]를 통하여 개별 사업 부문들의 경기순환에서 오는 위험을 줄일 수 있게 된다. 반면에 해운물

---

57) 비관련 다각화는 제품 및 지역 차원에서 서로 관련되지 않는 산업에 진출하는 것을 말함.

류기업이 항만터미널 운영, 창고운영 등 해운·항만물류와 관련된 부문에 다각화했을 경우 즉, 관련 다각화(related diversification)[58]의 경우에는 다각화된 관련 사업 부문들의 경기변동이 동행하는 특성이 있으므로 위험 분산의 효과를 기대할 수 없게 될 것이다. 사업 다각화의 목적으로는 수익률의 향상, 성장 추구, 위험 회피(분산) 등을 들 수 있으며 위험의 회피 내지 분산이라는 관점에서 보면 관련 다각화보다는 비관련 다각화 전략이 보다 효과적이다. 그러나 비관련 다각화의 경우에는 해당 사업 부문에 대한 전문성의 결여로 인하여 경쟁력의 확보에 실패할 우려가 크다는 점을 염두에 두어야 할 것이다.

라) 운임 변동에 대한 헤징(Hedging)

운임(용선료) 변동에 대하여 헤징(hedging)하는 방안이 고려될 수 있다. 이를 위해서는 앞에서 살펴본 해상운임선도거래(Foward Freight Agreement: FFA) 등이 이용될 수 있다. 즉, 해당 기업의 현물 포지션(position)과 반대되는 포지션의 FFA 거래를 통하여 운임(용선료) 변동의 위험을 해소할 수 있게 된다. 물론 위험 선호자라면 미래의 운임(용선료) 예측을 토대로 자신의 실물 포지션과 관계없이 FFA 거래를 실시함으로써 투기적 이익을 추구할 수도 있을 것이다.

---

[58] 관련 다각화는 제품 및 지역 차원에서 관련된 산업에 진출하는 다각화를 말함.

제 6 장

선박금융과 투자

1. 금융시장 개관
2. 선박금융
3. 선박 투자

1. 금융시장 개관

1) 금융시장의 기능과 구조

　금융은 자금 자체를 경제 주체 간에 차입하거나 대출해주는 행위를 말하는 것으로 실물(재화나 서비스)의 이전이 수반되지 않는다는 점에서 실물 거래에 따른 자금의 이전과는 차별화된다. 이러한 금융 거래는 자금의 일시적 과부족으로 인한 문제를 완화 내지 해소해 줌으로써 경제 주체들의 소비 및 생산 활동을 안정화하는 기능을 한다. 그리고 인적·물적 자본에 대한 투자 기회의 확대에 기여함으로써 경제 주체들에 대한 소득 및 수익 실현 내지 증가의 기회를 제공하기도 한다.

　그리고 금융시장은 자금의 수요자와 공급자가 금융 거래를 하는 조직화된 장소를 말한다. 금융시장에서는 금리의 조정을 통하여 자금의 공급과 수요가 균형을 달성할 수 있게 된다. 금융시장의 주요 기능으로는 1) 자금의 이전, 2) 금융 상품의 가격(금리 등) 결정, 3) 금융자산에 대한 매매 기회의 제공을 통한 유동성 제고 4) 위험 부담의 정도가 상이한 금융 상품의 분산 투자를 통한 위험관리, 5) 금융 정보의 제공, 6) 시장 규율을 통한 시장 건전성 도모 등의 기능을 수행한다.

　금융시장은 여러 가지 기준에 의하여 분류 가능하겠으나 우선 자금 공급자와 수요자 간에 직접적으로 거래가 이루어지는 직접금융시장과 금융기관을 통하여 거래가 이루어지는 간접금융시장으로 구분될 수 있다.

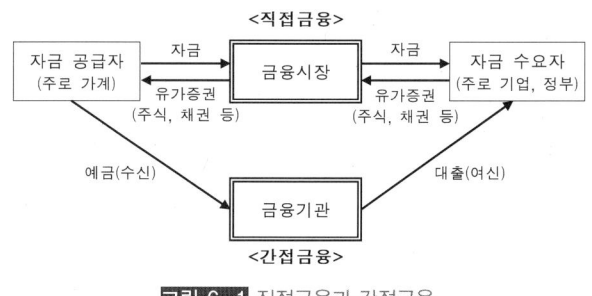

그림 6-1 직접금융과 간접금융

그리고 단기 금융 상품(통상 만기 1년 미만)이 거래되는 단기 금융시장과 장기 금융 상품(통상 만기 1년 이상)이 거래되는 장기 금융시장(자본시장)으로 구분 가능하다. 또한 금융자산(주식, 채권 등)이 새로이 발행되는 발행시장과 발행된 금융자산이 거래되는 유통시장, 거래의 내용과 조건이 표준화되어 있는 장내시장과 그렇지 못한 장외시장으로 분류될 수도 있다. 그 이외에도 거래되는 금융 상품 종류에 따라서 주식시장, 채권시장, 외환시장, 파생금융 상품시장 등으로 분류되기도 한다.

2) 장기 및 단기 금융시장

(1) 장기 금융시장

가. 개요

장기 금융시장은 장기자금의 조달 수단인 채권, 주식, 개발금융 상품, 파생상품, 보험금융 상품, 기타 특별목적 금융 등의 거래가 이루어지는 시장을 말한다.

첫째, 채권(장기 대부)시장에서는 기업 설비자금 등 장기자금의 거래가 이루어진다. 장기자금의 공급은 산업은행, 기업은행, 보험회사 등이 주로 담당하며 주요 수요처는 기업이다. 둘째, 주식시장의 경우 직접금융이 이루어지는 발행시장은 장기 금융시장에 포함된다. 그러나 주식 유통시장은 장기 금융시장에서 제외된다. 셋째, 개발금융시장은 설비투자, 자원 개발, 부동산 개발 등과 관련된 금융시장이다. 개발도상국의 경제발전을 지원하기 위한 금융도 개발금융에 포함된다. 개발금융의 대표적 사례로 프로젝트 파이낸싱(project financing)이 있다. 프로젝트 파이낸싱이란 특정한 사업(project)으로부터 미래에 발생하는 현금 흐름을 담보로 하여 당해 프로젝트를 수행에 필요한 자금을 조달하는 금융 기법을 말한다. 넷째, 파생상품시장은 기초자산 또는 지수로부터 파생된 경제적 가치를 갖게 되는 교환이나 약정이 이루어지는 시장이다(이에 관한 자세한 내용은 제3장 2절 참조). 다섯째, 보험금융시장은 보험과 연계된 금융이 이루어지는 시장을 의미한다. 보험계약대출은 이의 전형적인 형태라 할 수 있다. 마지막으로 특별목적 금융은 특별한 목적을 달성하기 위하여 이루어지는 금융으로서 펀드, 리스(금융리스 및 운용리스) 등을 통하여 이루어진다.

이러한 장기 금융시장은 기존 사업의 확장 및 신규 사업의 개척을 위한 투자, 인수합병(M&A), 기타 자본적 지출을 위한 자금의 수급 기능을 주로 담당한다. 장기 금융시장에서 특히 중요한 시장 부문은 채권시장과 주식시장이라 할 수 있다. 이들 두 시장은 흔히 자본시장(capital market)이라고 칭해지기도 하는데 자본시장은 좁은 의미의 장기 금융시장과 동의어로 통용되기도 한다. 다음에서는 채권과 주식의 발행에 대하여 보다 자세하게 살펴보고자 한다.

나. 채권 및 주식의 발행

가) 채권

채권은 정부, 공공기관, 금융기관, 특수법인, 일반기업(주식회사) 등의 비교적 장기자금 차입을 위한 수단으로 발행되며 이는 다양한 기준으로 분류 가능하다. 우선 발행 주체에 따라서 구분해 보면 국가에서 발행하는 국채, 지방자치단체에서 발행하는 지방채, 특별법으로 설립된 법인이 발행하는 특수채, 금융기관에서 발행한 금융채, 상법상의 주식회사가 발행하는 회사채 등으로 구분된다. 그리고 보증의 유무에 따라 보증채와 무보증채로 나누어지며 이자 지급 방법에 따라 이표채, 할인채, 복리채, 단리채, 거치채 등으로 구분되기도 한다. 그 중에서 이표채는 가장 일반적인 채권의 형태로서 액면가로 채권을 발행한 뒤 표면 이율에 따라 이자를 일정 기간마다 나누어 지급하는 채권을 말한다. 할인채는 발행 가격이 이자에 해당하는 액수만큼 액면가격(상환가격)보다 낮게 결정되는 채권을 말한다. 또한 금리 계산 방식에 따라 복리와 단리채로 분류되며, 원리금 상환의 거치 기간이 있는 거치채가 발행되기도 한다. 그 이외에도 금리 고정 여부, 상환 기간·방법, 표시 통화, 모집 방법, 발행 가액 등에 따라 여러 가지 종류의 채권이 있다(〈표 6-1〉 참조).

표 6-1 채권의 분류

분류 기준	종류
발행 주체	국채, 지방채, 특수채, 금융채, 회사채
보증 유무	보증채, 무보증채
이자 지급방법	이표채, 할인채, 복리채, 단리채, 거치채
금리 고정 여부	고정금리채, 변동금리채
상환 기간	단기채, 중기채, 장기채
상환 방법	만기상환채, 분할상환채
표시 통화	원화표시채, 외화표시채
모집 방법	사모채, 공모채
발행 가액	액면 발행, 할인 발행, 할증 발행

자료 : www.bondweb.co.kr(2015. 2. 2)

국채는 주무부처[1]의 장관이 각 소관 중앙부처의 요청을 받아 국회 동의를 거쳐 발행한다. 국채에는 국고채권, 외국환평형기금채권, 국민주택채권, 공공용지보상채권 등이 있다. 그 중에서 외국환평형기금채권은 환율 변동에 대비한 기금 마련을 위해 발행되는 것이다. 발행 업무는 한국은행이 대행하는바, 전문 딜러를 대상으로 한 경쟁입찰 방식에 의한다. 이 때 한은 전산망(BOK-wire)을 통한 전자 입찰이 이루어진다.

국채의 상환은 원리금 지급일에 먼저 한국은행이 한국예탁결제원에 당좌예금계좌로 입금한다. 그리고 한국예탁결제원은 국채 보유자 거래 은행에 해당 금액을 입금함으로써 상환이 이루어진다. 여기에서 한국예탁결제원은 증권거래법에 따라 설립된 준정부기관으로서 주식, 채권 등 유가증권의 집중 예탁 업무를 담당한다. 즉, 기관 투자가(외국인 투자자 포함)와 개인 투자자가 보유한 주식·채권 등의 유가증권을 종합 관리하는 것이다. 이

---

[1] 2015년 정부 조직 체계 기준 기획재정부.

는 실물 대신 발행 및 결제 등의 권리 행사를 장부상으로 할 수 있게 함으로써 실물 이동에 따른 물류 비용이나 분실 위험 등을 줄이기 위한 제도이다.

나) 주식

주식은 기업에 출자한 지분인데 이의 발행 및 유통이 이루어지는 주식시장의 경제적 기능으로는 1) 장기 산업자본의 동원, 2) 기업 경영의 위험 분산 및 제한을 통한 기업 설립의 촉진, 3) 대중자본주의 실현의 촉진을 통한 분배의 불평등 완화 및 국민경제의 균형 발전 도모, 4) 자금 배분의 효율화 등을 들 수 있다.[2]

주식시장은 장기 금융시장에 해당하는 발행시장과 단기 금융시장에 해당하는 유통시장으로 구분될 수 있고 주식 발행시장은 주식이 신규 발행되어 투자자에게 판매되는 시장이다. 특히 기업공개(initial public offering: IPO)는 불특정 다수로부터 투자자를 모집 또는 불특정 다수에 대한 주식을 매출하여 소유를 분산시키는 것을 말한다. 기업공개를 통하여 해당 기업은 사적인 특성의 기업에서 공적인 특성의 기업으로 전환되며 원활한 자금 조달, 소유와 경영의 분리를 통한 경영 합리화 도모 등이 가능하게 된다.

기업공개를 위한 절차는 선행 절차(선행 조건), 예비 절차 및 본 절차로 구분 가능하다. 1) 기업공개를 위한 선행 절차로는 금융위원회에의 등록, 동 위원회 지정 감사인에 의한 회계감사 수감, 주간사 회사(증권회사)의 선정 등을 들 수 있다. 2) 예비 절차에서는 수권 주식 수 조정, 발행 주식 종류, 신주 인수권 배제 여부, 전환사채 및 신주 인수권부 사채 발행 등과 관련한 정관 개정, 명의개서 대리인 선정, 우리사주조합 결성 등이 이루어진다. 3) 본 절차로는 주식 발행 관련 이사회의 결의, 금융위원회에 대한 유가증권 신고서 제출 등이 있다. 이러한 절차의 수행에 있어 주간사의 역할은

---

2) 주식시장의 상장 요건은 기업 설립 후 2년 이상 경과해야 하며 자본금 5억 원 이상, 주식 수 50만 주 이상이어야 함.

청약 안내 공고, 청약 접수, 주가 납입 등이며, 기업의 역할은 자본금 변경 등기, 금융위원회에 대한 유가증권 발행 실적 보고, 증권거래소 상장 신청 등이다.

(2) 단기 금융시장

단기 금융시장은 통상 만기 1년 이내의 단기자금의 수요자와 공급자 간에 금융 상품이 거래되는 시장을 말한다. 따라서 단기 금융시장은 기업, 가계, 정부, 금융기관 등 경제 주체들에 대한 비교적 단기적인 자금 과부족의 조절을 담당한다. 단기 금융시장은 콜, 환매조건부채권 매매, 양도성예금증서, 기업어음, 표지어음, 통화안정증권 시장 등으로 구성되어 있다. 그리고 채권과 주식의 발행시장은 장기 금융시장에 속하지만 이들의 유통이 이루어지는 시장은 단기 금융시장에 포함된다.

첫째, 콜시장은 금융기관 간 단기자금이 거래되는 시장으로 금융기관 상호 간 자금 부족의 해소를 목적으로 최단기(1~15일) 자금이 유통된다. 거래는 통상 전화 또는 통신망으로 이루어지는데 콜시장이라는 명칭은 전화를 통한 거래에서 유래되었다. 콜시장에는 은행, 종금사, 투신사, 증권사 등이 참여하며 거래 단위는 1억 원이다. 콜시장에서 자금 공급은 콜론(call loan), 수요는 콜머니(call money)라 한다. 콜금리는 금융기관의 신용도나 거래기간에 따라 매 건별로 상이하게 결정된다. 이는 기업어음, 양도성예금증서 등 단기 금융시장에 영향을 미치며, 궁극적으로 장기 금융시장에도 영향을 준다. 그리고 단기자금의 과부족을 나타내는 지표가 됨으로써 통화금융정책을 위한 판단 자료가 된다. 콜거래는 1) 담보 제공의 유무에 따라 담보콜과 신용콜이 있으나 대부분 신용콜이며, 2) 거래 방식에 따라 거래 상대방과 직접 이루어지는 직접거래와 한국증권금융을 통한 중개거래가 있고, 3) 결제는 한국은행 당좌계정에 이체하거나 또는 직접 거래한다.

둘째, 환매조건부채권(환매채, repurchase agreements: RP)은 금융기관이 일정 기간이 지난 후 확정 금리를 보태 되사는 조건으로 발행하는 채권을 말한다. 이는 채권을 완전히 매각하지 않고도 단기자금의 조달이 가능하다는 장점이 있다. 최단 만기일은 30일이다. 환매채는 1) 거래 상대에 따라 금융기관 간 거래와 대고객 거래로 나누어지고, 2) 거래 대상 채권에 따라 국채, 지방채, 특수채 및 회사채로 분류된다. 한국은행은 공개시장조작[3] 수단으로 환매채 거래를 활용하기도 하는데 은행, 증권사, 종금사, 보험사, 투신사 등 금융기관과 환매채의 매도(매수)를 통하여 금융기관의 단기자금을 흡수(공급)하게 된다.

셋째, 양도성예금증서(certificate of deposit: CD)는 은행 정기예금 증서에 양도성을 부여한 것이다. 양도성예금증서는 만기 30일 이상으로 발행된다(최장 만기는 무제한). 이와 같이 양도 가능한 은행 정기예금증서가 유통되는 시장을 양도성예금증서 시장이라고 한다. 양도성예금증서는 매수 주체에 따라 대 고객 양도성예금증서와 은행 간 양도성예금증서, 매출 방식에 따라 창구발행과 중개발행으로 각각 구분된다.

넷째, 기업어음(commercial paper: CP)은 신용 상태가 양호한 기업이 상거래와 관계없이 운전자금 등 단기자금을 조달하기 위하여 자기 신용을 바탕으로 발행하는 만기 1년 이내의 융통어음이다. 따라서 이는 상거래에 수반되어 발행되는 상업어음(commercial bill)과 구별된다. 다만 법률적으로는 기업어음도 상업어음과 같은 약속어음으로 분류된다. 발행 기업은 거래 은행이 지급지로 되어 있는 어음 용지를 사용한다. 종금사가 이면에 담보부임을 확인하여 지급 보증하는 경우도 있다. 기업어음의 할인 및 매출은 주로 증권회사와 종합금융회사가 담당하고 있다. 개인의 경우는 발행 단위가 거액인 데다 예금자 보호 대상에 포함되지 않기 때문에 매수를 기피하는 경향이 있다.

---

[3] 공개시장조작은 중앙은행이 국·공채나 주식 등의 유가 증권을 매각 또는 매입하는 방식으로 시중 통화량을 조절하는 통화정책 중 하나임.

다섯째, 표지어음(cover bill)은 금융기관이 보유하고 있는 상업어음[4], 무역어음[5], 팩토링어음[6] 등을 분할 또는 통합하여 이를 기초자산으로 발행하는 약속어음을 말한다. 표지어음은 원어음의 잔여 만기 이내에서 할인방식으로 발행되며 이를 발행한 금융기관은 원어음의 부도 여부와 무관하게 지급 의무를 부담한다. 표지어음 시장을 통하여 기업은 원어음을 할인받아 운전자금의 원활한 조달을 도모할 수 있으며 금융기관은 원어음의 할인에 소요되는 자금 부담을 줄이는 한편 원어음 할인금리와 표지어음 발행금리 간의 차익을 획득한다. 그리고 표지어음의 매수자는 단기자금 운용 수익을 얻게 된다.

여섯째, 통화안정증권(monetary stabilization bond: MSB)은 한국은행이 통화량 조절을 목적으로 금융기관 및 일반인을 대상으로 발행한다. 통화안정증권시장은 통화안정증권이 발행·유통되는 금융시장을 말한다. 한국은행은 시중의 유동성이 증가(감소)하여 이를 환수(공급)할 필요가 있을 경우에 통화안정증권을 순발행(순상환)하여 유동성을 흡수(공급)하게 된다. 그런데 이는 주로 중기 유동성 조절에 이용되며 초단기 유동성 조절은 앞에서 언급된 환매조건부채권이 주로 이용된다.

일곱째, 발행된 채권은 자유롭게 거래되며 비교적 단기간에 매도 및 매수가 이루어질 수 있으므로 채권의 유통시장은 단기 금융시장에 속한다. 채권의 유통은 장외시장과 장내시장을 통하여 이루어진다. 대부분의 유통은 증권회사를 통한 장외시장을 이용하게 되는데, 이는 종목 및 거래 조건의 다양성에 따라 장내시장(거래소시장)의 자동 매매 시스템의 활용이 곤란하기 때문이다. 증권회사는 고객으로부터 매도 또는 매수 주문을 받은 후에

---

[4] 경상적 영업 활동 과정에서 재화와 용역의 거래에 수반되어 발행된 약속어음을 말함.
[5] 수출신용장, 선수출계약서, 외화표시 물품공급계약서, 내국신용장 또는 수출신용장 결제 조건부 수출계약서를 근거로 발행된 환어음을 말함.
[6] 금융기관이 팩토링 대출을 취급하면서 취득한 외상매출채권 및 상거래에 수반되어 발생한 어음채권을 말함. 여기에서 팩토링 대출이란 상거래에 수반하여 취득한 매출채권을 금융기관이 매입하여 평균 만기일에 일괄 지급하고 거래 기업의 요청이 있을 경우에 매입 채권의 범위 내에서 평균 만기일 이전에 대출하는 것을 말함.

반대 거래를 원하는 상대를 찾아 거래를 중개한다. 이와 같이 전산 시스템의 이용이 어렵게 됨에 따라 유통 수익률이 즉시 고시되지 못하게 된다. 채권의 거래 단위는 관행적으로 100억 원이다. 거래 대금의 결제는 매수자가 매도자에 대한 대금 지급을 지시하고, 매도자는 증권회사를 통해 한국예탁결제원에 계좌 이채를 요청함으로써 이루어진다. 거래 당일 결제가 이루어지는 것이 일반적이다.

이에 비하여 장내시장에서의 채권의 유통은 상장 채권을 대상으로 표준화된 거래 방식에 따라 한국거래소를 통하여 거래된다. 장내시장에는 일반 채권시장과 국채전문유통시장이 있다. 일반 채권시장에서는 불특정 다수의 일반 투자자가 참여하여 소액 국공채 및 상장 전환사채(convertible bond : CB) 위주의 거래가 이루어진다. 국채전문유통시장의 경우는 직접 참여자가 증권회사로 제한된다. 일반 법인, 기관 투자자, 외국인 등은 증권회사(국채전문 딜러) 위탁계좌 개설 후에 참여 가능하다.

여덟째, 주식의 발행과 상환이 이루어지는 시장은 장기 금융시장에 해당되지만 발행된 주식이 거래되는 시장인 주식의 유통시장은 단기 금융시장에 속한다. 주식의 유통시장에 대한 참여자로는 투자자, 증권회사, 한국거래소, 코스닥시장, 제3시장 및 한국예탁결제원을 들 수 있다. 주식의 거래는 투자자(매수자)와 매도자의 증권회사를 통한 매수 및 매도 주문에 의하여 한국거래소에서 매매가 체결됨으로써 이루어진다. 결제는 매매일로부터 3일째 되는 날 한국예탁결제원을 통하여 이루어진다. 이와 같이 한국거래소를 통하여 매매가 체결되는 시장을 거래소시장이라 하며 매수호가가 매도호가 이상인 경우 거래가 체결되는 경쟁매매 방식이 적용된다. 체결 우선순위는 저가 매도호가, 고가 매수호가, 접수 시간 순이다. 가격의 결정은 매수 주문이 먼저 접수되었을 경우에는 매수호가 가격으로, 매도주문이 먼저 접수되었을 경우에는 매도호가 가격으로 결정된다.

그리고 제3시장에서는 한국거래소 상장 요건을 충족하지 못하여 제도권

시장에 진입하지 못하는 기업이 발행한 주식의 거래가 이루어진다. 이 시장에서는 매도호가와 매수호가가 일치되는 경우에만 거래가 체결되는 상대매매 방식이 채택된다. 즉, 거래가 성사되기 위해서는 호가 탐색 후 정정 주문을 통하여 매도호가와 매수호가를 일치시키지 않으면 안 된다.

주식 매수자의 결제 이행을 확보하기 위해서는 위탁증거금이 필요하게 된다. 증권회사는 위탁 주문에 대해 매수의 경우에는 현금, 매도의 경우에는 해당 매도증권 또는 현금을 위탁증거금으로 징수할 수 있다. 한국거래소 시장에 있어 위탁증거금은 증권사 자율에 의하여 결정된다. 제3시장에서는 100%의 위탁증거금이 요구된다.

3) 금융기관

금융기관은 자금의 수요와 공급을 매개하는 기관을 말한다. 금융기관의 기능으로는 다음과 같은 사항을 들 수 있다.

첫째, 거래 비용의 절감에 기여한다. 특히 금융기관은 규모의 경제와 전문적 지식의 활용을 통하여 금융 거래를 효율적이고도 저렴하게 수행할 수 있도록 한다. 둘째, 자본축적 기능을 담당한다. 이는 소액 저축자로부터 자금을 축적하여 투자 자본화하는 것으로서 공급자 기호와 수요자 기호 사이의 조정(변환 기능)과 자금 공급자의 위험 부담 경감(위험 절감 기능)을 통하여 이루어진다. 셋째, 지불수단 창출 기능을 수행하며 신용카드, 자동 이체 제도 등을 통한 지불수단 제공으로 생산과 소비를 촉진한다. 넷째, 정보의 불완전성 완화에 기여한다. 금융시장에는 정보 접근성 및 정보 분석 능력 차이에 따른 정보의 비대칭 문제가 존재하는데 금융기관은 이와 같은 문제를 경감하는 기능을 수행한다.

금융기관은 통화성 금융기관과 비통화성 금융기관으로 구분 가능하다.

첫째, 통화성 금융기관은 현금통화를 창출하는 중앙은행과 예금통화를 창출하는 예금은행으로 구분된다. 예금은행에는 1) 시중은행, 지방은행, 외국은행 국내 지점 등 은행법에 의하여 설립된 일반은행과 2) 중소기업은행, 농협중앙회 신용사업부문, 수협중앙회 신용사업부문 등 특수한 목적 달성을 위하여 설립된 특수은행이 포함된다.

둘째, 비통화성 금융기관은 1) 산업은행, 수출입은행 등 개발기관, 2) 종합금융회사, 자산운용회사, 증권금융회사 등 투자기관, 3) 은행신탁계정(고객이 위탁한 재산의 운용과 관련된 회계 계정), 저축은행, 체신예금 등 저축기관, 4) 생명보험회사, 외국생명보험 국내지사 및 법인, 손해보험회사, 체신보험 등 보험기관, 5) 증권회사, 신용보증기관, 벤처캐피탈회사 등이 있다.

〈금융정책의 해운 경기에 대한 영향: 확장적 금융정책의 사례〉

통화량이나 금리 조정을 수단으로 하는 경제 정책을 금융정책이라고 하는데 확장적 금융정책에서는 통화 공급의 증가 및 기준 금리의 인하가 이루어진다. 이러한 확장적 금융정책의 해운 경기에 대한 파급 효과는 크게 세 가지 경로를 통하여 발생한다. 첫째, 사용자 비용 경로(user cost channel)를 통한 영향을 보면 다음과 같다. 우선 일반 경제에 대한 영향을 보면 기준 금리의 인하는 장기 금리의 인하를 유발하고 이는 자본의 사용자 비용을 감소시킴으로써 기업 투자 및 가계 소비를 증가시키며 이로 인하여 생산 증가 및 물가 상승이 초래된다. 이러한 경제 상황의 변화는 해운산업에 파급되는데 1) 생산의 증가는 물동량의 증가를 통하여 해운 경기에 긍정적인 영향을 미치며, 2) 물가의 상승은 해운 원가의 상승으로 이어져 해운물류기업의 채산성을 악화시키는 요인이 될 수 있다. 3) 금리 하락은 단기적으로 해운물류기업의 원가 하락(금리부담 저감) 요인이 되겠으나 장기적으로는 선박 투자를 증가시켜 공급과잉을 유발함으로써 해운 경기의 악화 요인이 될 수 있다(채산성 악화).

둘째, 부의 효과(wealth effect) 경로를 보면 기준 금리의 인하는 자산 투자를 활성화함으로써(자산 수요 증가, 채권 수요 감소) 자산 가격의 상승을 유발하고 이에 따라 소비자의 부(wealth)가 증대됨으로써 소비도 증가한다. 그리고 소비 증가는 생산 및 기업 투자의 증가를 결과함으로써 물동량이 증가하며, 이에 따라 해운 시황에 긍정적인 영향을 미친다.

셋째, 환율 경로를 보면 기준금리의 인하는 국외 금융자산 대비 국내 금융자산의 상대적 수익률 하락을 의미하며 이에 따라 국내 화폐 가치도 하락한다(환율 상승). 그 결과 외화표시채권이 채무보다 많은 기업의 경우는 재무 상태가 개선되며 외화표시채권이 채무보다 적은 기업은 재무 상태가 악화된다. 또한 해상운임은 통상 달러 기준으로 결제되는데 외화표시 운임 수입의 원화 환산액이 증가함으로써 채산성 개선의 효과를 나타낸다. 따라서 외화표시채권이 채무보다 적은 기업의 경우는 순부채의 원리금 상환에 해당하는 마이너스 효과와 운임 수입의 원화 환산액 증가의 플러스 효과의 상대적 크기에 따라 재무 상태에 대한 영향이 달라질 것이다.

다만, 한국과 같은 소규모 개방경제의 경우 기준 금리의 인하로 인한 환율의 상승 효과가 제한적이며, 환율은 기준 금리보다는 해외 경제 여건 등에 더 크게 영향을 받는 경향이 있다는 점에 유의할 필요가 있다.

2. 선박금융

1) 개관

선박금융에 있어서는 해운산업 및 시장의 특성에 기인하는 몇 가지 문제점으로 인하여 금융 공급자 및 수요자 모두의 위험 부담이 큰 편이다. 선박금융에 영향을 미치는 해운산업 및 시장의 주요 특성으로는 1) 해운산업의 상대적으로 높은 자본집약도, 2) 해운 시황의 비교적 높은 변동성, 3) 선박의 국제적 이동성, 4) 해운기업 경영 구조의 복잡성 등을 들 수 있다.

첫째, 해운산업은 자본집약도가 높은 편이며 고가의 선박 투자에는 비교적 대규모의 자본이 소요될 뿐만 아니라 전체 투자 금액 대비 외부금융(external financing)[7]의 비중도 높은 편이다. 투자 자금의 회수도 장기간에 걸쳐 이루어진다. 앞에서 언급된 자산차익거래(asset play)[8]의 경우 비교적 단기간에 선박 투자 자금의 회수가 이루어지기도 하겠으나 이는 예외적인 경우라 할 수 있다. 이에 따라 선박 투자에 있어서는 대규모 외부자금의 조달이 불가피하게 수반된다.

둘째, 해운시장은 앞에서 언급된 바와 같이 변동성도 큰 편이다. 이에 따

---

[7] 외부금융이란 기업 외부에서 소요 자금을 충당하는 것을 말하는 것으로 차입, 채권·주식 발행 등을 말함. 이는 기업 내부 유보자금으로 충당되는 내부금융에 반대되는 개념임.

[8] 자산차익거래(asset play)는 차익 목적 매매라고도 할 수 있는데 실질 가치보다 저평가된 자산(주식, 생산설비, 부동산 등)에 투자하여 매매 차익을 실현하는 것을 말함.

라 다양한 시장위험(market risk)[9]이 존재한다. 선박금융과 관련된 주요 시장위험으로는 1) 운임의 변동, 2) 연료유, 선용품 등 해운 원가의 변동, 3) 신조선 및 중고선가의 변동, 4) 선박 및 운송기술의 변화에 따른 경제적 노후화, 5) 환율 및 통화가치의 변동, 6) 자연재해에 따른 위험 등 다양하다. 이에 따라 해운물류기업의 수익성은 변동성이 큰 편이다. 더구나 해운 시황의 변동 주기는 5~10년 또는 그 이상에 달하는 장기간의 불황과 비교적 단기간의 호황을 특징으로 한다. 이러한 해운 시황 변동의 양상은 선박금융에 따른 불확실성을 증폭시키는 요인이 된다.

한편 선박금융은 신조선뿐만 아니라 중고선의 확보에도 필요하게 된다. 따라서 선박금융은 신조선 및 중고선시장의 여건과 밀접하게 연관되어 있다. 즉, 금융시장의 여건이 악화(유동성 부족)되면 신조선 및 중고선 시장도 침체되며 반대로 개선(유통성 풍부)되면 신조선 및 중고선 시장도 호전되는 경향이 있다. 그리고 해운 시황이 침체하면 선박금융의 공급도 감소(또는 기존 대출의 회수)하는 반면, 호황으로 전환되면 선박금융의 공급도 증가하는 경향이 있다. 이와 같이 선박금융 시장에는 심각한 수급 불균형 현상이 일상적으로 나타나는 경향이 있다. 특히 해운물류기업들은 안정적인 선박금융의 조달에 어려움을 겪게 될 우려가 상존한다.

셋째, 선박금융 공급자의 입장에서 볼 때 국제적으로 이동하는 선박에 설정된 담보권의 행사에 있어서는 사법 관할권의 문제가 야기될 수 있다. 또한 선박은 종류(선종)와 사양이 다양할 뿐만 아니라 가격도 급변하게 된다는 점에서 담보 가치의 평가도 쉽지 않게 된다.

넷째, 선박금융 공급자에 있어 거래 상대방인 해운물류기업의 신용위험(credit risk)[10]도 큰 편이다. 예를 들면 1) 다양한 요인에 의한 수익성 악화의 문제, 2) 현금 흐름 관리상의 문제, 3) 자산차익거래 전략과 관련된 문

---

9) 시장위험(market risk)은 시장 여건의 변동에 따른 위험으로서 이는 회피가 불가능하다는 점에서 체계적 위험(systematic risk)이라고도 함.
10) 신용위험(credit risk)은 거래 상대방의 신용도가 하락하거나 부도가 발생함으로써 생길 수 있는 위험을 말함.

제, 4) 선박 운용 전략과 관련된 문제, 5) 레버리지(leverage) 전략과 관련된 문제 등으로 인한 신용위험이 수반된다. 뿐만 아니라 6) 해운물류기업의 경영 구조는 다른 산업부문에 비하여 복잡한 편이며 그 결과 경영의 투명성이 낮아질 가능성이 있다. 특히 선박의 투자, 소유 및 운항이 분리되어 있는 경우가 흔히 있다. 선박의 운용에 있어서도 자국 내 치적(registry)뿐만 아니라, 해외의 편의치적이 널리 활용되고 있다.

선박금융의 이러한 특성으로 인하여 선박 투자에 있어서는 금융 공급자와 수요자 모두에게 막대한 위험이 수반된다. 이에 따라 선박금융의 공급자인 금융기관의 입장에서는 선박 투자 관련 위험의 정확한 평가 및 해당 위험에 상응하는 담보의 확보가 관건이 된다. 선박금융의 담보는 해당 선박, 운임(용선) 수입, 기업 자체의 자산(신용) 등이 된다. 선박금융의 수요자인 해운물류기업의 입장에서도 투자위험의 정확한 평가 및 적정한 관리에 기초하여 투자 수익률을 극대화하는 방안이 모색되어야 한다. 이와 같은 선박금융 여건의 특수성에 따라 선박금융의 공급자인 금융기관과 수요자인 해운물류기업은 선박금융 위험의 경감 및 투자 수익률의 증대를 위하여 다양한 금융 기법을 개발해 왔다. 그런데 선박금융은 통상 만기 5년 이상의 장기자금이 거래되는 장기 금융시장에서 조달된다. 앞에서 언급된 바와 같이 장기 금융시장에는 채권시장, 주식시장, 개발금융 상품, 파생상품시장, 보험금융 상품, 기타 특수목적금융 등의 거래가 이루어진다. 그런데 선박금융의 경우 거래 자금의 규모와 기간을 고려할 때 이용 가능한 금융의 유형은 장기 금융 가운데에서도 채권, 주식, 개발금융 상품, 기타 특수목적금융 등이 될 것이다.

2) 선박금융의 유형

(1) 금융 유형별 검토

가. 은행 금융(개발금융)

가) 담보부 금융(Mortgage-backed loan)

담보부 금융은 선박, 운임, 보험 등에 대한 담보권의 설정을 기반으로 이루어지는 금융을 말한다. 그런데 선박금융의 경우는 단일선박회사(one-ship company)를 대상으로 하는 경우가 흔히 있다. 단일선박회사는 특정 선박의 투자 및 운용을 위하여 한시적으로 설립되는 특수목적회사(special purpose company: SPC)를 가리킨다. 특수목적회사는 해당 선박의 확보 및 운용 기간 동안 한시적으로 존재하는 일종의 유한회사로서 1) 금융 제공자(대부자)에 대해서는 별도의 자금 계정을 통해 자금 흐름의 투명성을 확보하고, 2) 출자자(투자자)에 대해서는 부외금융[11]의 효과를 통해 모기업의 재무 건전성을 확보하기 위한 목적으로 설립된다. 단일선박회사의 선박은 라이베리아 등 채권 행사가 용이한 편의치적 국가에 등록하게 된다. 이 경우 해당 자산(선박)을 다른 채권 클레임과 분리할 수 있어 담보권 행사가 용이하게 된다. 단일선박회사의 선박금융에 대한 담보권은 차용자(단일선박회사) 및 실질적인 선주(owner) 모두로부터 확보 가능하다.

담보부 금융에 있어 금융기관들은 담보 물건의 가치를 시장가치의 50% 이내로 제한하고 나머지는 정기용선, 다른 선박, 선주의 경영 능력 등에서 확보하려 하는 경향이 있다(Stopford, 2009). 구체적인 금융 조건은 은행 실무자와 선사 대표와의 금융 협상에 의하여 결정된다. 협상이 마무리되면 실무자는 책임 회피를 위해 "The offer is subject to credit committee approval" 등과 같은 문구를 계약서에 삽입한다. 선박금융의 주요 조건

---

11) 부외금융이란 장부 외 금융으로서 부채를 나타내지 않는 금융을 말한다. 다만 일정 요건에 해당될 경우 연결재무제표의 작성이 의무화되며 이에 따라 모회사와 사회사를 통합한 재무상태가 공개될 수도 있음.

은 다음과 같다. 1) 금융으로 제공되는 금액은 통상 선가의 50~80%가 일반적이고, 2) 대출기간은 5~10년 또는 그 이상의 장기간이 보통이며, 3) 상환 방식은 매 6개월 마다 균등액을 상환하되, 풍선지불방식(balloon repayment)과 같이 초기 상환액을 줄이는 대신 후기 상환액을 늘리는 방법 등이 이용된다. 원금 상환 거치 기간을 두는 경우가 많다. 4) 금리는 LIBOR+spread(0.2~2%)가 적용되고, 5) 금융 수수료로는 금융 결정 시 부과되는 1% 내외의 관리수수료(arrangement fee), 금융 결정 여부에 관계없이 부과되는 약정수수료(commitment fee) 등이 있다. 그 이외에도 담보(security)에 관한 사항이 금융 조건에 포함된다. 또한 선박 중개인의 선가 평가서 등이 요구되기도 한다. 그런데 선박금융을 제공하는 은행의 수익 원천은 spread와 수수료라 할 수 있다.[12] LIBOR는 은행이 해당 자금을 조달하는 직접 비용이기 때문이다.[13]

금융 계약서(financial covenant)는 긍정적 약정(affirmative covenant)과 부정적 약정(restrictive covenant)으로 구분된다. 전자는 특정 사항의 이행을 강제하는 것으로 법률 준수, 선박의 유지보수 및 선급 유지 등의 의무를 부과한 것이다. 후자는 특정 사항의 발생을 금지하는 것으로 제3자 부채, 배당 금지 조항(dividend stopper), 제3자에 대한 자산 양도 계약 제한 등을 규정한 것이다.

선박금융에 있어서는 해당 선박이 정기용선계약, 전용선계약 등이 체결되어 있을 경우 투자위험이 경감되므로 융자가 보다 용이하게 이루어질 수 있다.

---

[12] 은행의 수익성 결정에는 규모의 경제(economies of scale)가 적용됨. 금융 업무의 일반관리비(administration cost)는 대출 금액에 따른 차이가 거의 없기 때문임. 그리고 시간의 경과에 따라 원리금의 상환이 이루어짐으로써 수익성은 감소하는데 일반관리비의 감소 추세보다 대출 잔액의 감소추세가 높기 때문임. 또한 리스크 관리(risk management)에 따라 수익성은 크게 달라지며 악성 채권에 대한 대비(bad debt provision), BIS 비율에 따른 예치금 등이 필요하게 됨.

[13] 상업은행의 대출 구조를 보면 BIS(Bank of International Settlement)에 의거 대출의 8%는 자기자본으로 충당함. 그러나 이 비율은 위험이 큰 대출의 경우 12%까지 상향조정됨. BIS비율(%) = (자기자본/위험가중자산)×100으로 계산됨. 여기에서 분자는 자기자본(equity capital) 이외에 후순위채(subordinated capital notes)와 같은 보충 자본(supplementary capital)도 포함되며, 분모의 위험가중자산(risk-weighted assets)은 금융기관의 대출(보증) 금액 중 대출(보증)해준 기관(국영기업, 금융기관, 일반기업 등)에 따라 그 위험의 정도를 달리한 가중치를 곱하여 반영함.

나) 기업금융(Corporate loan)

신용상태가 우수한 기업의 경우 기업 자체의 신용으로 대출이 가능하게 되고 이를 기업금융이라 한다. 개별 선박을 담보로 한 대출의 경우는 선대의 조정에 시간과 업무 부담이 발생하는 등 불편이 야기되므로 이를 회피하기 위한 수단으로 기업금융이 선호된다. 기업금융의 경우 금융 계약서에 재무구조 건전성 유지, 부채비율 규제, 이자 지급액에 대한 수익 비율, 자산 등을 규제하게 되는 경우가 흔히 있다.

대출 규모가 커질 경우 여러 은행 사이에 협조 융자(syndicate) 형태가 되기도 한다. 협조 융자는 금융 위험의 분산에 주요 목적이 있겠으나, 선박금융에 대한 전문성이 부족한 은행도 선도 은행(lead bank)에 따라 금융에 참여 가능하다는 장점도 있다.

선박금융을 제공한 은행은 대출 채권(자산)을 매각(asset sales)하기도 한다. 즉, 특정 기업에 대한 금융 제공 후, 일정 기간 경과 시 해당 기업에 대한 위험을 감축하고자 할 경우 대출 채권액의 일정 부분을 다른 은행에 매각하는 것이다. 예를 들어 A 선사에 대한 대출 채권 1억 달러를 가진 특정 은행이 대출 채권 중에서 2,000만 달러를 다른 은행에 매각할 수 있을 것이다. 이 경우 원리금 상환 등은 정해진 조건에 따르게 된다. 이와 관련하여 채무자(선주)의 금융 조건이나 권리·의무 관계에 대한 영향은 없으며, 따라서 채무자는 대출 채권 권리 관계의 이전 사실을 알지 못하는 경우도 있다.

다) 신조선 금융

(가) 개관

선조선 금융은 건조 인도 이전 금융(pre-delivery finance)과 건조 인도 이후 금융(post-delivery finance)으로 구분된다. 건조 인도 이전 금융에 있어서는 담보 가능한 선박이 없는 상태이므로 금융 제공 은행은 조선소 주거래은행으로부터 환급보증서(refund guarantee)를 받는다. 경우에 따라서는 정부의 보증서를 받거나 정치적 위험에 대한 보험에 가입하기도 한다. 이 경우 계약금은 구매자가 자기 자금으로 지급하고 나머지 중도금은 은행 융자로 충당한다.

선박금융에 있어서는 통상적으로 정부에서 제공하는 조선 금융 지원 제도(shipyard credit scheme)가 이용된다. 정부의 신조선 금융 지원 제도로는 정부 보증, 금리 보조, 원리금 지불유예 등이 있다. 한국의 경우 한국수출입은행과 KDB산업은행에서 국내 조선소에 대한 선박 수출금융을 제공하고 있다. 금융 지원의 금액 한도는 건조 중인 선박에 대해서는 계약 선가 잔액(20% 이상의 선지급금을 제외한)의 90% 한도, 인도가 이루어진 선박에 대해서는 선가의 100%가 제공된다. 그런데 조선소는 선박의 완성도에 따른 입금 보장을 요구하고, 금융을 제공하는 한국수출입은행은 양도담보[14] 보증서의 발행을 요구하게 된다.

외국인 선주에 대한 직접 대출도 이루어지는데 2년 또는 그 이상의 기간을 상환 조건으로 하는 수출신용 서비스가 그것이다. 외국인 선주에 대한 직접 대출은 한국수출입은행이 외국 선주와 직접 대출 협상을 하고 대출금은 조선소에 지급하게 된다. 대출 한도는 계약 가격의 100%이다.

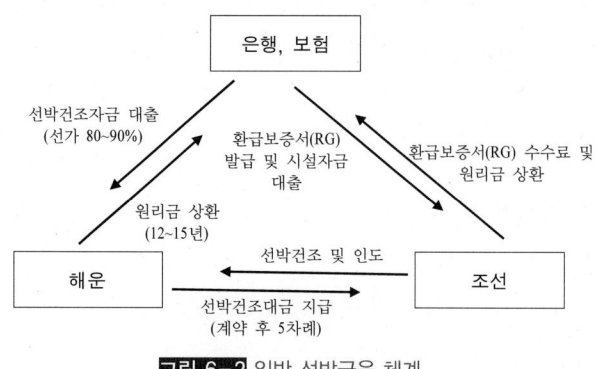

그림 6-2 일반 선박금융 체계

---
14) 양도담보는 채권 담보의 목적으로 물건의 소유권(기타 재산권)을 채권자에게 이전하고, 채무 미이행 시 그 목적물로부터 우선변제를 받을 수 있도록 한 것임.

(나) 신조선 금융정책

전통적으로 조선소들은 선주에 대하여 유리한 조건의 금융을 제공함으로써 수주 경쟁을 벌여왔다. 예를 들면 19세기부터 영국 조선소들은 자체 자금으로 신용 있는 선사에 대하여 선가의 20~30%를 3~5년 대출함으로써 조선 불황을 극복하고자 하였다(Stopford, 2009). 각국 정부에서도 기간산업인 조선산업의 발전을 지원하기 위하여 다양한 지원 방안을 모색해 왔다. 신조선 금융 지원은 정부 통제의 금융기관을 통하여 이루어지고 있다. 예를 들면 한국의 경우 수출입은행, 독일의 Hermes, 프랑스의 COFACE, 영국의 Export Guarantee Department 등이 그것이다. 주요 지원 내용으로는 정부의 금융 제공 대행, 지급 보증, 금리 보조 등이 있다. 조선 금융에 대한 국가 지원 제도는 1920년대 독일 및 프랑스 정부가 당시 조선 강국이었던 영국에 대항하기 위하여 자국 조선업체에 금융 지원을 실시함으로써 시작되었다. 제2차 대전 이후에는 일본이 1960년대에 신조선 금융 지원을 실시함으로써 널리 확산되었다.[15] 이에 따라 일본과 유럽 국가들 간에 신조선 지원을 위한 금융 경쟁이 전개되었고, 1969년부터 OECD에서 선박금융에 대한 규제를 시작하게 되었다(OECD Understanding on Export Credit for Ships in 1969). 2002년에 개정된 OECD의 신조선 금융 규제 내용을 보면 융자 한도는 선가의 80%, 상환 기간은 12년, 금리는 CIRR(상업표준금리)[16]+spread로 제한되었다.

나. 채권의 발행

채권의 발행은 선박금융을 위한 주요 수단이 된다. 은행 금융에 비하여 채권 발행이 유리한 점으로는 1) 장기 융자(10~15년)가 가능하다는 점, 2) 중도 원금 상환이 없다는 점, 3) 채권시장에서 신속한 자금 조달이 가능하

---

15) 당시의 주요 지원 조건을 보면 융자 한도는 선가의 80%, 금리는 5.5%, 8년 상환으로 되어 있었음.
16) 상업표준금리(Commercial Interest Reference Rate: CIRR)는 통상 기준 국채 수익률에 1%를 가산한 금리로 계산됨. 한국의 경우 5년 만기 국고채 수익률을 기초로 산정함.

다는 점 등을 들 수 있다. 선박금융을 위한 회사채의 모집은 공모발행과 사모발행의 두 가지 방법이 적용된다. 그 중에서 공모발행은 발행 기업이 발행 조건을 제시하고 일반 투자자를 모집하여 발행한다. 통상적으로 증권회사가 총액을 인수하는 방식(간접발행의 한 유형)을 채택하게 된다. 한편 사모발행은 발행 기업이 최종 매수자(50인 이내)와 발행 조건을 협의하여 발행한다. 회사채의 표면 금리는 흔히 유통 수익률보다 1.2% 낮은 수준에서 결정되며 이는 표면 금리에 대하여 부과되는 이자소득세의 절세 목적에 따른 것이다. 시장금리와의 차이는 할인율로 조정된다. 금리의 결정에 있어서는 발행 기업의 신용 등급이 중요한 변수로 영향을 미친다.

다. 주식의 발행

선박금융을 위한 주식의 발행은 증자의 형식으로 이루어진다. 주식의 발행에는 발행인, 투자자 및 인수인(간접발행의 경우)이 참여한다. 그 중에서 1) 발행자는 기업, 2) 투자자는 개인, 외국인, 기관(은행, 증권사, 투신, 연기금 등)으로 구성되고, 3) 인수자는 증권회사가 된다. 주식 발행시장은 인수자의 위험 부담에 따라서 총액인수, 잔액인수 및 인수주선으로 구분된다. 1) 총액인수는 발행주식 전부를 자기 명의로 취득하여 발행 업무를 담당하는 방식이며, 2) 잔액인수는 투자자 모집 결과 소화되지 못한 부분을 인수자가 취득하는 방식이고, 3) 인수주선은 단순히 발행 사무만을 담당하는 것으로 소화되지 못한 부분은 발행인에게 반환된다. 그 이외에도 주식 발행시장은 다양한 기준으로 구분 가능한데, 인수인의 존재 여부에 따라 직접 발행과 간접 발행으로 구분되며 모집 대상자에 따라 공모 또는 사모발행 방법으로 나누어지기도 한다. 공모발행은 불특정 다수의 투자자를 대상으로 주식을 분산 발행하는 방식이며 사모발행은 소수의 특정 투자자를 대상으로 주식을 발행하는 방식을 말한다.

라. 특별목적 금융

가) 선박펀드(Ship fund): 선박투자회사

선박펀드는 일반인 및 기관 투자가에게서 모은 투자 자금과 금융회사 등에서 차입한 자금으로 선박을 건조해 선박운항회사에 임대(용선)하고 그 대선료 및 선박 처분 수입에서 차입금과 부대비용을 공제한 나머지를 투자자에게 배당하는 펀드를 말한다. 선박펀드의 운용은 특수목적회사인 선박투자회사를 통하여 이루어진다. 이 특수목적회사는 해당 선박 투자를 위하여 한시적으로 설립되는 일종의 유한회사로 사업 기간(투자 대상 선박의 확보 및 운용 기간) 동안 존속한다. 이와 같이 설립된 특수목적회사는 선박을 구입하여 리스 또는 정기용선으로 대선한 다음, 최종적으로 매각을 통하여 투자 자금의 회수 및 수익의 실현을 도모한다. 이를 위한 기금은 지분 투자가들로부터 조달하며, 은행 금융으로 보충하는 경우도 흔히 있다. 선박투자회사제도는 불특정 다수로부터 선박 투자 자금을 모집하는 수단이 됨으로써 선박금융의 원활화와 국적 선대의 확충을 도모하기 위한 목적으로 도입되었다. 선박펀드(선박투자회사)제도에 의한 선박금융을 특수목적 금융으로 분류한 것은 이 제도의 이와 같은 특성을 고려한 것이다.

한국에서는 2002년에 아시아 최초로 선박펀드제도(선박투자회사제도)가 도입되었으며(선박투자회사법 제정) 2004년에 첫 출시되었다. 이 제도는 노르웨이(KS), 독일(KG) 등의 선박 전용 펀드 제도를 벤치마킹한 것이다. 이 제도에 있어서는 운용 기간 중에 배당수익의 지급 및 만기 시에 선박 매각 차익(또는 손실)의 분배가 이루어진다. 그런데 한국에서 선박투자회사 제도가 도입된 직후인 2003년 하반기부터 2008년 상반기까지 해운 시황이 급속하게 호전됨에 따라 도입 초기 투자 참여자들은 비교적 큰 폭의 수익을 실현할 수 있었다.

선박투자회사의 운용에 참여하는 주체는 다음과 같다. 첫째, 선박투자회사는 1) 주식 발행과 차입을 통해 자금을 조달하고, 2) 조달된 자금으로 선박을 매입하여, 3) 대선 운용 후에, 4) 매각함으로써, 5) 수익을 창출하고 분배하는 명목상 회사(paper company)이다. 이에 따라 선박투자회사는 법적인 선박의 소유주가 된다. 둘째, 선박운용회사는 선박투자회사의 위탁을 받아 선박금융, 선박 매입, 대선, 매각, 수익 분배 등 모든 업무 처리를 대행한다. 셋째, 선박관리회사는 선박투자회사로부터 선박의 유지·관리 업무를 위탁받는 회사이다. 선박의 유지·관리 업무는 선박운용회사가 직접 수행할 수도 있다. 넷째, 자산보관회사는 대출 기관과 다른 제3의 금융기관에 선박 소유 관련 증서, 유가증권, 현금 등의 자산 보관을 위탁받는 회사이다. 자산보관회사를 별도로 두는 것은 선박운용회사의 자의적인 자산 관리를 방지하기 위한 것이다.

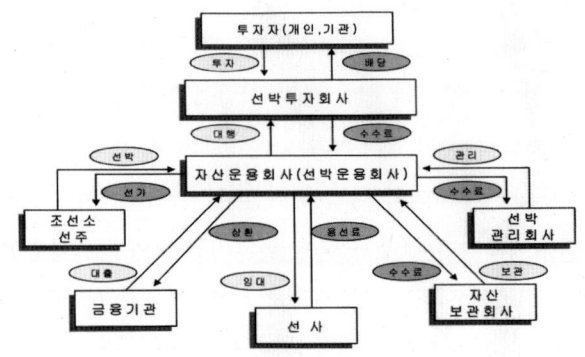

자료 : 해양수산부
그림 6-3 선박투자회사 업무 체계

나) 리스(Lease)

리스(lease)는 임차인(lessee)이 필요로 하는 특정 자산을 직접 구입하지 않고 이를 소유하고 있는 임대인(lessor)으로부터 일정 기간 동안의 사용권을 얻고 그 대가로 일정한 리스료를 지급할 것을 약정하는 계약을 말한다. 임차인은 리스를 통하여 일정한 리스료만을 지급하고 필요한 자산을 이용함으로써 자산을 직접 구입하지 않고도 구입한 것과 동일한 효과를 얻는다.

이에 비하여 임대인은 자산의 소유권은 그대로 가지고 있으면서 리스 대상 자산의 구입 대금과 이에 대한 이자, 대여에 따른 비용 등을 리스료에 포함시켜 회수하게 된다. 리스 계약에서 자산의 제작자 또는 전업 리스회사와 같이 독립된 금융회사 등이 임대인으로 참여한다. 임차하는 기업의 입장에서는 자산의 구입과 리스 계약이 서로 대체적인 자산 사용권의 획득 수단이 될 수 있다.

리스 계약은 여러 가지 형태가 있으나 일반적인 형태는 크게 운용리스(operating lease)와 금융리스(financial lease)로 구분된다.

운용리스는 서비스리스(service lease)라고도 하며 해당 자산의 사용권만을 이전하기 위한 목적으로 이용된다. 운용리스에서는 중도 해약이 가능함에 따라 특정 자산에 대한 기술적 진부화의 위험을 회피할 수 있다. 운용리스의 대상이 되는 주요 자산으로는 컴퓨터, 사무용 기계, 의료 기기, 자동차, 항공기 등과 같이 진부화의 위험이 큰 자산을 들 수 있다. 운용리스에서는 (대부분의 금융리스와 마찬가지로) 리스 대상 자산에 대한 수선 및 유지관리, 사후 관리(after service)에 대한 책임은 임대인이 부담한다.

금융리스는 특정 자산의 취득을 위하여 해당 자산을 리스회사로부터 취득한 후에 취득 원금과 이자를 갚아 나가는 방식이다. 따라서 이는 금융 계약과 실질적으로 동일한 효과를 가지는 계약이다. 운용리스와 금융리스의 중요한 차이점으로는 전자는 중도 해약이 가능한 단기 계약인 반면, 후자는 계약의 취소가 불가능한 장기 금융 계약이라는 점을 들 수 있다.

선박 리스에도 운용리스와 금융리스의 두 가지 형태가 있다. 운용리스의 경우에는 비교적 단기간의 선박 임대차가 이루어지며 유지보수는 임대인 책임이고 임차인의 사정에 따라 리스 계약의 종결이 가능하다. 해당 선박은 임차인의 대차대조표에 나타나지 않는다. 이에 비하여 금융리스로 선박을 확보할 경우에는 선박의 내용 연수를 대부분 커버하는 장기간에 걸쳐 리스 계약이 이루어진다. 그리고 임차인이 계약의 조기 종결을 원할 경우에는 계약 파기에 상응하는 보상이 필요하게 된다. 금융리스에 있어 선박의 유지보수 및 대부분의 운항 책임은 임차인이 부담하고 임대인은 소유권 이외의 권한 행사가 제한된다. 금융리스에 의하여 확보된 선박은 대차대조표에 표시된다.

선박의 확보에 있어 리스가 이용되는 것은 1) 상업은행 금융보다 장기간의 자금 확보가 이루어질 수 있을 뿐만 아니라, 2) 차터 백(charter back)[17]의 경우 조세 혜택이 가능하며, 3) 리스회사의 신용을 이용함으로써 자본비 절감 효과를 도모할 수도 있다. 그러나 임대인은 선박에 관심이 없으며 임차인의 의무 이행에 만족하는 경향이 있고, 조세 관련 규정이 변할 경우 당초 예상했던 이점이 소멸될 우려도 있다[18]는 점에 유의해야 할 것이다.

다) 유동화(증권화, Securitization)

유동화(증권화, securitization)는 자산을 담보로 유가증권을 발행하는 것을 가리키며 자산유동화(asset backed securitization: ABS)라고도 한다. 이는 본래 주택저당채권(mortgage)의 유동화에서 유래되었으나[19] 부동산 외에도 유가증권, 대출 채권, 외상 매출금 등 다양한 종류의 자산을 담보로 증권을 만든다. 해운물류기업에 있어 유동화 대상 자산은 외상매출채권, 장기용선계약에 의한 용선료 채권, 비업무용 부동산 등이 될 것이다.

선박금융을 위한 유동화에 있어서는 1) 유동화 전문 회사인 특수목적회사를 설립하여, 2) 이 특수목적회사에 유동화 대상 자산을 양도하고, 3) 해당 특수목적회사는 투자자를 대상으로 유동화증권을 발행하며, 4) 투자자에 대하여 발행된 유동화증권에 대한 원리금을 지급한다. 그리고 유동화 대상 자산은 수탁관리회사에 위탁하여 관리하도록 하고 이에 대한 수수료를 지급한다. 한편 유동화증권의 발행에 있어서는 필요한 경우 은행 또는 신용

---

17) 차터 백(charter back)이란 명목상의 회사를 설립하여 선박 소유권을 귀속시킨 후에 실질적인 선박 소유자가 이 선박을 일정 기간 용선하는 형식으로 사용하는 것을 말함.
18) 이와 관련하여 조세 규정의 변화에 대한 사항이 계약서에 명시될 필요가 있음.
19) 이를 mortgage-backed securitization: MBS라 함.

보증기관의 지급보증 등 신용 보강 조치가 이루어지기도 한다.

유동화와 일반 회사채의 차이점으로는 1) 발행 주체와 관련하여 유동화 증권은 자산 보유자가 설립한 특수목적회사인 반면 회사채는 발행 기업이라는 점, 2) 상환 자금 원천의 관점에서 유동화 증권은 유동화 자산의 수익력(현금 흐름)인 반면 회사채는 기업의 전반적인 수익과 자금 조달 능력이라는 점 등을 들 수 있다.

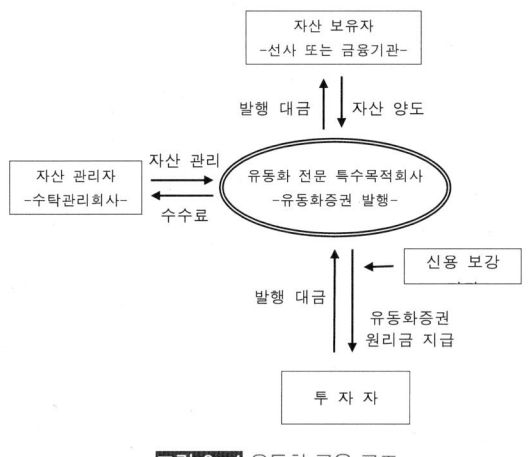

그림 6-4 유동화 금융 구조

(2) 금융 유형별 장단점

선박금융에 있어서는 투자의 수익성과 위험성, 금융 조달의 용이성·편의성 등을 고려하게 된다. 주식의 발행, 선박펀드의 모집, 사내 유보금과 같은 자기자본에 의하여 선박금융을 조달한다면 원리금 상환부담이 없게 되므로 투자위험은 최소화될 것이다. 그러나 이 경우에는 레버리지 효과(leverage effect)[20]를 기대할 수 없게 되므로 투자의 수익성은 낮아질 우려가 있다. 다만 선박펀드의 경우 흔히 투자 참여자들의 지분 이외에 금융기

---

20) 레버리지 효과란 차입 등 다양한 금융 수단을 동원하여 투자 수익률을 높이는 효과를 말하며 수익 대신 손실이 발생할 경우에는 손실률도 높아지므로 위험 부담이 크게 됨.

관 차입금을 추가함으로써 레버리지 효과를 도모하게 되며 이에 따라 투자의 수익성과 위험성도 그만큼 증가하게 될 것이다. 금융 조달의 용이성 내지 편의성의 관점에서 보면 주식의 발행이나 선박펀드의 모집은 최선의 선택이라 할 수는 없다. 선박 투자는 선가가 낮게 형성된 해운 불황기에 이루어져야 하므로 이 시기에는 투자 심리의 위축으로 주식의 발행이나 펀드의 모집이 원활하게 이루어지기 어렵기 때문이다. 따라서 선박금융에 있어 가장 확실한 재원은 자체 유보금이라 할 수 있다. 자체 유보금이 충분하게 확보되어 있다면 최적의 시기에 낮은 가격으로 선박의 확보가 가능하게 되며 매도 시기의 선택에 있어서도 현금 흐름과 관련된 압박 없이 최선의 선택을 할 수 있게 된다. 다만 이 경우에는 자체 유보금의 보유에 따른 기회비용을 고려하지 않으면 안 될 것이다.

이에 비하여 1) 담보부 금융, 기업금융, 신조선 금융 등 은행 금융, 2) 채권의 발행, 3) 특별 금융 가운데 리스, 유동화 증권의 발행 등 타인자본을 이용할 경우에는 충분한 레버리지 효과를 기대할 수 있는 반면, 원리금 상환에 따른 위험 부담도 그만큼 커지게 된다. 다만 채권의 발행에 있어서는 중도 원금 상환의 부담이 없다는 점에서 상대적으로 유리하며 신조선 금융에 있어서는 정책 금융의 혜택을 이용할 수 있다는 장점도 있다. 한편 이들 타인자본의 이용에 있어서는 해당 기업의 신용 내지 보유 자산의 담보 가치가 뒷받침되어야 한다는 점에서 금융 조달의 용이성에 한계가 있다. 특히 선박 투자의 적기라 할 수 있는 해운 불황기에는 기업의 신용 상태가 악화될 뿐만 아니라 보유 자산의 담보 가치도 하락하는 경향이 있으므로 타인자본의 동원이 여의치 않을 가능성이 높다.

3) 선박금융의 변천

선박 투자에는 대규모 자본이 소요되므로 해운물류기업의 발전에 있어서는 저렴한 비용으로 대규모의 자본이 동원되어야 한다. 19세기에 도입된 주식회사 제도는 해운물류기업의 발전을 촉진한 계기가 되었다. 주식회사 제도에 의하여 지분의 세분화와 위험의 분산(특히 투자자들의 책임 한도 제한)이 이루어짐으로써 다수의 투자자로부터 대규모 자본의 모집이 가능하게 되었기 때문이다.[21]

선박 투자에 있어서는 필요한 만큼의 금융을 보다 유리한 조건으로 일으키는 것이 관건이 된다. 해운산업은 자본집약적인 특성을 갖고 있으므로 전체 해운 원가에서 차지하는 자본비(이자+감가상각)의 비중이 높은 편이며 자본비의 절감 정도가 가격경쟁력 결정의 핵심 요인이 되기 때문이다. 따라서 보다 유리한 조건의 선박금융을 위하여 그동안 다양한 노력이 시도되었는데 그 주요 사례는 다음과 같다.

첫째, 1950년대 및 1960년대에 널리 확산되었던 용선담보부 금융(charter-backed finance)을 들 수 있다. 용선담보부 금융에서는 투자 대상 선박 이외에 정기용선(time charter)을 담보로 금융을 동원하게 된다. 이에 따라 선박금융에 대한 담보의 강화 및 위험 부담의 경감이 이루어졌다. 그 결과 보다 유리한 조건의 금융이 가능하게 됨으로써 금융 비용도 낮아지게 되었다. 이러한 금융 형태는 1920년대 노르웨이에서 선박금융 편의를 위해 탄생한 것으로 알려져 있다(Stopford, 2009). 이를 위하여 건조 예정 선박에 대한 건조 이전 정기용선(pre-construction time charter) 방식이 개발되었고 이러한 선박금융 형태의 발전은 1950년대 노르웨이의 선대 확충을 촉진한 하나의 요인이 되었다.

일본의 시꾸미센(仕組船)제도 역시 charter-backed finance의 진화된 한 형태로 볼 수 있다. 이 제도는 종전에 계획조선으로 건조 투입하던 선박을 1) 일본과 홍콩 선주 사이의 계약에 의하여 홍콩 선주가 일본 조선소에 발주하며, 2) 건조 자금은 일본수출입은행 자금과 홍콩 선주가 융자받은 상

---

[21] 주식회사 제도는 영국에서 1862년 회사법(Companies Act)의 제정에 따라 탄생하였는바, 이 법은 Tyne Steam Shipping Company, Hapag-Lloyd 등 주요 해운기업의 탄생 계기가 됨.

업자금, 그리고 약간의 선주 자기 자금으로 조달하고, 3) 건조된 선박은 편의치적국에 등록하여 제3국 선원을 고용하고, 4) 사전에 계약된 조건으로 일본 선주가 장기간 정기용선을 하며, 5) 일본 해운업체는 이 선박을 자사가 계약한 화주와의 장기운송계약에 투입하는 방식이다. 이 제도의 목적은 선원비, 조세 등 해운 원가의 절감을 도모하기 위한 것이다.

둘째, 단일선박회사(one-ship company) 역시 선박금융의 편의를 위하여 널리 채택되었던 방식이다. 이는 각 선박을 독립된 단일 회사(그룹사 소속)의 소유로 편의치적에 등록하고 관리는 대리인(agency)에 위탁하는 형태이다. 선박이 단일 기업으로 취급됨으로써 선체 및 정기용선을 담보로 제공하기에 편리했던 만큼 비교적 높은 비율의 금융 조달이 용이하게 이루어질 수 있었다. 이러한 선박금융의 형태는 일종의 charter-backed finance로 20년 이상 이용되었으나 연결재무제표[22]의 의무화 등으로 인하여 1970년대와 1980년대에 거의 사라졌다(Stopford, 2009). 다만 해운 불황기에 특수목적회사(special purpose company: SPC)[23]의 형태로 제한적인 활용이 이루어지고 있다.

셋째, 자산담보부 금융은 1970년대에 은행들이 해당 선박 이외의 담보를 거의 요구하지 않게 됨에 따라 널리 확산되었다. charter-backed finance의 경우 장기간의 정기용선계약에 대한 담보 가치는 인플레, 고장·사고 등으로 인한 용선 중단(off-hire) 등을 감안하면 제한적인 것으로 평가되었다. 특히 charter-backed finance가 장기 정기용선계약에 한정되어 이루어짐에 따라 신조선 발주가 제약을 받을 수밖에 없다는 문제가 있었다. 그런데 은행들이 선박 자체를 하나의 주요 자산으로 인식하기 시작하면서 자산담보부 금융이 일반화된 것이다. 특히 두 차례(1973년 10월 및 1983년 12

---

22) 연결재무제표는 지배와 종속 관계에 있는 개별 회사들의 재무제표를 연결해 하나로 만든 재무제표를 말함.
23) 특수목적회사(special purpose company: SPC)는 특수한 목적을 수행하기 위하여 설립된 법인임. 일반적인 회사가 영리 추구를 목적으로 광범위한 사업을 영위하는데 반하여 이들 법인은 자체적으로 존립 의의가 있는 것이 아니고 특수한 목적 달성을 위한 방편으로 도입됨.

월)의 유류파동 이후 석유달러가 선박 투자에 대거 투입되었는데[24] 이는 주로 해당 선박을 담보로 한 자산담보부 금융의 형태로 소요 자금의 확보가 이루어졌다.

넷째, 한시적인 수명을 가진(self-liquidating) 선박펀드(ship fund)인 'Bulk Transport'가 1984년에 영국에서 출현하였다. 당시 장기간의 해운 불황으로 일부 선사들의 경우 자금난으로 불가피하게 선박을 처분하게 되었는데 'Bulk Transport'는 2,125만 달러를 확보하여 4척의 ULCC[25]를 1984~85년에 구입하여 4년 후에 매각함으로써 투자금의 5배에 해당하는 수익률을 실현하였다(Stopford, 2009). 이러한 선박 펀드의 성공에 자극을 받아 1980년대 후반에는 노르웨이의 K/S, 독일의 K/G 펀드 등의 선박펀드가 등장하기도 하였다. 미국에서도 몇몇 선박펀드가 은행 주도로 조성되었다. 그러나 1980년대 후반 이후에 설립된 선박펀드들은 선박의 고가 매입으로 수익성이 낮거나 손실을 보게 되는 경우도 있었다. 이와 같은 선박펀드의 확산은 1980년대 중반 들어 시황이 회복됨으로써 일부 선박 투자자들을 중심으로 자산차익거래(asset play)에 의한 선박 매매 차익의 실현이 이루어짐에 따른 것이다. 선박은 단순히 운송 수단이 아니라 엄청난 투기 대상으로 부상한 것이다.

다섯째, 1990년대에는 기업의 경영 능력, 재무 성과, 신용 등에 기초한 기업금융(corporate finance)이 일반화되었다. 이는 과거의 선박 담보 위주의 금융 관행 대신에 기업 중심의 금융 관행이 정착되었음을 의미하는 것이다. 이에 따라 금융기관의 입장에서는 선가의 변동에 따른 담보 가치의 변동이라는 문제에서 자유롭게 되었으며, 해운물류기업의 입장에서는 차입금의 상환과 무관하게 선박을 처분할 수 있게 되었다.

---

[24] 제1차 유류파동(1973년 10월) 이후 1년간 석유달러의 의한 유조선 신조 발주량은 전체 유조선 보유량의 55%에 해당하는 1억 50만 DWT에 달함으로써 향후 15년간 불황을 초래한바 있음(Stopford, 2009). 이와 같은 석유자본의 신조선시장 유입은 제2차 유류파동 이후에도 있었음.
[25] ULCC(ultr large crude oil carrier)sms 300,000DWT 이상의 유조선을 말함.

3. 선박 투자

1) 선박 투자의 특성 및 고려 사항

(1) 개관

　선박의 확보 즉, 투자는 운항을 주요 목적으로 한 경우와 선박 자체의 매매 차익 즉, 자본이득(capital gain)[26]을 목적으로 한 경우의 두 가지로 구분 가능하다. 여기에서는 운항보다는 자본이득의 실현을 주요 목적으로 한 선박 투자에 대하여 살펴보고자 한다. 즉, 앞에서 언급된 자산차익거래 차원의 선박 투자가 분석 대상이 된다. 다만 자본이득을 목적으로 한 자산차익거래 차원의 선박 투자에 있어서도 선박의 매수와 매도 사이에 시차가 존재하므로 해당 기간 동안은 직접 운항 또는 대선(charter out)의 형태로 운용하지 않으면 안 될 것이다. 따라서 선박의 투자에 있어서는 어느 경우에나 보유 기간 동안의 시황 변화를 고려하지 않을 수 없게 된다. 해운 시황과 선박의 가격 사이에는 정(+)의 상관관계가 존재하므로(Greenwood & Hanson, 2013 등 참조) 선박 투자 수익의 실현 여부는 해운 시황의 변동과 긴밀하게 연관되어 있다. 해운 시황의 변동은 선박 투자의 시장위험을 결정하는 요인이라 할 수 있다. 선박 투자에 있어서는 시장위험 이외에도 금융 구조 위험, 기술적 노후화 위험(선형 및 선령과 관련된 위험) 등 여러 가지가 있으며(제5장 2절 참조), 선박 투자와 관련된 위험의 주요 특징은 다음과 같다.

　첫째, 시황 변화의 양상을 보면 순환심도(순환진폭)[27]가 클 뿐만 아니라 주기도 불규칙적이라는 특성을 갖는다. 더구나 불황은 장기간에 걸쳐 지속되는 경향이 있는 반면 호황은 단기간에 끝나는 경향이 있다. 다음 그림에서 보면 파나막스(Panamax)급 건살화물선(dry bulk carrier)의 선령 5년

---
[26] 자본이득(capital gain)이란 부동산, 투자 자산 등 자본자산(capital asset)의 가격 상승으로 인한 매매 차익을 말함.
[27] 순환심도는 경기의 저점과 정점의 차이를 말함.

기준 중고선 가격은 2001년 말에는 1,400만 달러에 불과했으나 2007년 11월 9,200만 달러로 최저치 대비 6.6배나 급등하였다. 특히 해운 시황이 호황을 보였던 시기에는 중고선 가격이 신조선 가격을 상회했는데 시황의 극점이었던 2007년 11월에는 신조선 가격(5,400만 달러)의 1.7배에 해당하는 9,200만 달러에 달하기도 하였다. 해운 시황의 호황기에 중고선 가격이 신조선 가격을 상회하는 것은 발주에서 인수까지 상당한 시일이 소요되는 신조선보다 즉시 시장에 투입 가능한 중고선이 선호되기 때문이다. 신조선 가격의 변동은 중고선 가격의 변동에 비하여 그 정도가 다소 낮은 편이지만 다른 산업부문과 비교하면 여전히 변동성이 큰 편이다. 파나막스급 건화물선 신조선 가격은 2001년 말~2002년 초에 2,050만 달러였으나 2007년 말부터 2008년 9월 중순까지는 5,500만 달러로 저점 대비 2.7배까지 급등하기도 하였다. 또한 그림에는 나타나 있지 않으나 해운 시황은 1979년 말부터 2003년 초반까지 20여 년간 장기 불황을 겪었으며 선박 가격도 낮은 수준에 머물러 있었다. 그리고 선박 가격이 비교적 높은 수준을 보인 기간은 2003년 후반부터 2008년 중반까지 4~5년에 불과하였다.

한편 이와 같은 선박 가격의 극심한 변동성은 선박 투자의 시장위험을 증대시키는 요인임은 물론이다. 반면에 이러한 변동성으로 인하여 그만큼 수익(자본이득) 실현의 기회도 생기는 것으로 볼 수 있다. 이러한 변동성을 적절하게 이용할 수만 있다면 선박 투자에서 비교적 큰 자본이득의 실현이 가능하게 된다. 선박 투자에 있어서는 시기의 선택(timing)이 거의 전부라 해도 과언이 아니다(Thanopoulou, 2002). 해운 불황기에 저가로 선박을 매입하여 호황기에 고가로 매도하는 전략을 시황에 반하는 투자(counter-cycle investment 또는 anti-cycle investment) 전략이라 한다. 그러나 시황의 저점과 정점을 정확하게 판단하기는 어려운 문제이며, 자칫 불황의 시작 초기에 성급한 투자를 단행했을 경우 장기간의 불황을 견디지 못하여 손실을 면하지 못할 우려도 있다.

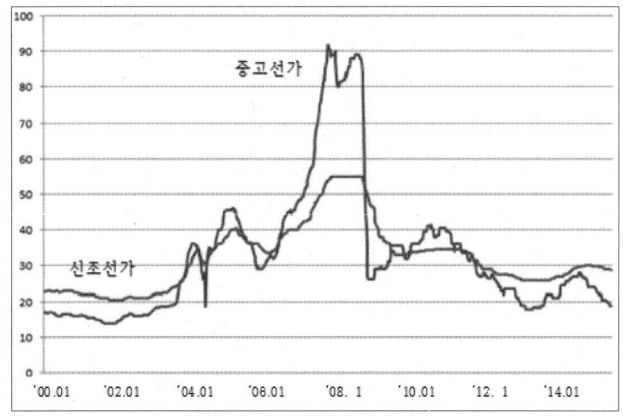

자료 : 한국행양수산개발원(Clarkson 자료 재인용)

그림 6-5 파나막스급 건살화물선 신조선가 및 중고선가격(선령 5년) 추이
(2000. 1~2015. 1, 주간자료)

둘째, 대부분의 선박 투자에 있어서는 매입 시점에서 매도 시점까지 상당한 시차가 존재하기 때문에[28] 해당 기간 중 자체 운항하거나 용선계약으로 대선하게 된다.[29] 따라서 선박 가격의 변동뿐만 아니라 운송시장(freight market)의 시황변동이 선박 투자에 중요한 영향을 미친다. 그런데 해운 시황의 변동은 물동량(판매 수량)의 변화뿐만 아니라 운임(가격) 수준의 변화까지 수반한다는 특징이 있다. 다른 대부분의 제조업부문의 경우 가격은 거의 변화하지 않는 가운데 판매량의 변화가 시황변동의 주요 특징으로 나타난다는 점을 고려할 때 해운 시황변동의 이러한 특성은 주목할 만하다. 이에 따라 선박 투자에 있어서는 선박 가격뿐만 아니라 보유 기간 동안의 운항(용선) 수지 변동에 따른 위험도 고려해야 한다. 특히 불황기 선박 투자에 있어서는 불황의 지속 기간이 예상보다 장기화될 우려가 있다는 점의 유의해야 할 것이다.

---

28) 신조선으로 발주하여 건조 중인 상태에서 매매가 이루어지는 경우는 이의 예외 사례라 할 수 있음.
29) 운항 대신 계선(lay-up)할 경우에도 막대한 고정비용(감가상각, 이자, 일반관리비, 선원비 등)의 부담을 피할 수 없게 됨.

셋째, 막대한 매몰비용(sunk cost)이 발생할 우려가 있다는 점에 유의해야 한다. 선박의 보유 및 운용에는 사무실, 대리점 네트워크, 터미널 확보 등이 요구되는데 이와 관련된 비용은 선박 매매와 관련된 매몰비용이 된다. 특히 살화물선보다 컨테이너선(정기선)의 경우 이러한 매몰비용이 많이 소요되는 경향이 있다.

뿐만 아니라 선박은 보유 기간 중 물리적 노후화뿐만 아니라 기술적·경제적 노후화로 인하여 [30]감가상각이 과도하게 이루어질 우려가 있다. 선박매매시장이 불황일 경우 운송시장, 해체선 시장, 저장용도의 시장(특히 유조선의 경우) 등이 동시에 불황으로 빠져드는 경향이 있다(Thanopoulou, 2002). 그 결과 선박매매시장으로부터의 퇴거(exit)가 쉽지 않게 됨으로써 투자 자금을 적기에 회수하지 못하는 사태가 발생할 수 있는 것이다. 기술적·경제적 노후화의 주요 사례는 다음과 같다. 1) 선박의 대형화를 들 수 있다. 특히 컨테이너선의 경우 대형화를 통한 규모의 경제(economies of scale) 추구가 이루어지는데 기존의 소형선들은 가격경쟁력을 상실하는 사례가 흔히 발생한다. 2) 과거 냉동냉장선(reefer ship)은 냉동냉장컨테이너(reefer container)의 이용 확산에 따라 대부분 컨테이너선으로 대체되었다. 냉동냉장선은 기술적·경제적 노후화의 결과 가치가 크게 하락한 것이다. 그 이외에도 3) 에너지 절감 선박의 개발이 지속적으로 추진됨에 따라 기존 선박의 가치가 크게 하락할 우려가 있다.

(2) 투자 대안별 고려 사항

가. 살화물선과 컨테이너선 투자

선박 투자에 있어서는 선종별로 상이한 제약이 수반된다. 먼저, 살화물선의 경우는 비교적 제약이 덜한 편이다. 그러나 LNG선(liquifies natural

---

30) 물리적 노후화란 시간의 경과에 따라 풍우나 자연력에 의해 생기는 노후화를, 경제적 노후화란 해운시장 여건이나 기술 변화로 인하여 경제성을 상실하게 되는 현상을 말함.

gas carrie), LPG선(liquified petroleum gas carrier), 화학제품운반선(chemical tanker) 등 특수선의 경우는 상당한 경영 노하우가 요구되므로 시장 진입이 쉽지 않은 편이다. 다만 건살화물선의 경우에도 드물게 풀 협정(pool agreement)[31]이 체결되는 경우가 있고 선박의 추가 투입 및 처분에 있어 회원사의 이해관계 조정 및 동의가 요구된다.

이에 비하여 컨테이너 정기선의 경우는 선박 투자에 보다 많은 제약이 따른다. 우선 취항 항로의 특성에 부합하는 선형을 선택하지 않으면 안 된다. 살화물선의 경우 취항 항로가 특정되어 있지 않은 반면 정기적인 운항 일정에 따라 취항하는 컨테이너선의 경우는 항로 특성 및 운항 계획과 부합해야 하기 때문이다. 그리고 전략적 제휴(strategic alliance), 해운동맹 등 기업 간 협조 체제와 관련된 문제도 고려되어야 한다. 정기선 해운시장에 있어서는 과당경쟁의 방지, 기항 빈도의 유지, 광범위한 항로망의 구축 등을 위하여 전략적 제휴나 동맹에 의한 협조 체제를 구축한 경우가 많기 때문이다. 즉, 컨테이너선의 경우 신규 투입이나 투입 선박의 철수에 있어서는 해당 협조 체제 참여 기업들의 사전 동의와 협조가 전제되어야 한다. 이에 따라 정기선 해운에 있어 널리 구축된 협조 체제는 선박 투자의 제약 요인으로 작용하게 된다. 이러한 선박 투자의 제약은 협조 체제의 결속력을 약화시키는 요인이 되기도 한다.

나. 신조선과 중고선 투자

선박 투자의 의사결정에 있어 신조선으로 할 것인지 중고선으로 할 것인지를 결정해야 하는데 주요 고려 요인은 다음과 같다.

첫째, 신조선 가격과 중고선 가격의 차이를 고려하지 않을 수 없다. 일반적으로 중고선 가격은 신조선 가격에 비하여 저렴하므로 투자 금액 부담의

---

31) 풀 협정(pool agreement)이란 특정 항로 내의 화물 취급분을 미리 합의하여 정하는 것으로 선사 간의 화물 집화를 둘러싼 과당경쟁을 막기 위한 방안으로 채택됨. 풀 협정은 해운동맹에서 결속력의 강화를 위한 방안의 하나로 채택되기도 함.

경감을 위하여 중고선 투자가 고려될 수 있다. 그러나 위에서 본 바와 같이 해운 호황기에는 중고선 가격이 신조선 가격을 크게 상회하기도 한다.

둘째, 중고선 투자에 있어서는 선령의 경과에 따라 내용 연수가 단축되므로 투자 회수기간 등을 고려하여 결정해야 한다. 투자 회수기간이 지나치게 연장될 경우 감가상각으로 인하여 매도 가치가 크게 낮아질 수 있기 때문이다.

셋째, 중고선 투자에 있어서는 감춰진 흠결이 있을 수 있다는 점이 고려되어야 한다. 선박 매매에 있어서는 대부분 선체 검사를 실시하게 되나,[32] 검사에도 불구하고 여전히 발견하지 못한 흠결이 있을 가능성을 배제할 수 없기 때문이다.

넷째, 신조선 투자에 있어서는 발주와 인수 사이의 시차를 고려해야 한다. 선박의 건조에는 통상 1년 이상의 기간이 필요하며 호황의 정점에서는 수주량의 폭주로 4~5년이 소요되기도 한다. 따라서 신조선 발주 시의 시장 여건과 인수 시의 시장 여건은 크게 달라질 수 있다. 특히 해운 호황의 정점에서 발주된 선박의 경우 불황으로 전환된 이후에 인수되는 사례가 흔히 있다. 예를 들면 1970년 대 후반의 호경기에 대규모 선박 발주가 이루어졌지만 이들 선박이 대부분 불황으로 전환된 시기인 1970년대 말부터 1980년대 중반에 인도되었다. 그 결과 선박 투자자들의 손실은 물론이고 이후 선복 과잉상태를 악화시킴으로써 해운 시황의 회복을 지연시키는 요인으로 작용하였다. 그 이외에 2003년 하반기부터 2008년 상반기까지 지속된 해운 호황기에도 대규모 신조발주가 이루어졌으며 이들 선박은 해운 시황이 불황으로 전환된 이후인 2008년 하반기부터 시장에 투입되었다. 그 결과 해운 시황은 극도의 장기 침체에 빠져들게 되었다.

---

32) 해운 호황의 정점에서는 극도의 매도자 마켓(seller's market)이 되며 이 때 매수자는 조속한 시일 내의 선박 확보를 위하여 선박 검사를 생략한 채 매수하기도 함.

2) 선박 투자 전략

해운경영에 있어 이윤 획득의 기회는 선박의 운항보다는 매매에서 주로 나온다는 것이 일반적으로 받아들여지고 있는 정설이다(Thanopoulou, 2002; Stopford, 2009). 위에서 본 바와 같이 선박매매시장은 큰 변동성을 보이고 있는데 이는 위험 요인인 동시에 기회 요인이기 때문이다. 그런데 선박 투자에 있어서는 많은 경우 수익을 실현하기보다 손실을 보게 되는 경향이 있다. 예를 들면 1970년대 해운 호황기의 과잉 투자로 1970년대 말 이후 장기간의 해운 불황이 초래되었다. 그리고 2003년 하반기~2008년 상반기 중에도 유래 없는 해운 호황을 맞아 단행된 신조선 발주 러시 역시 올바른 투자 판단과는 거리가 있다. 그동안 발주된 선박이 이후 수년간 시장에 투입됨으로써 해운 시황이 심각한 장기 침체에 빠졌을 뿐만 아니라 관련 기업들도 극도의 경영난에 직면하였기 때문이다. 선박 투자자들은 해운 호황이 보다 장기간 지속될 것으로 기대하였으나 그 예상이 번번이 빗나가고만 것이다. 이와 같이 해운업계에는 선박 투자 의사결정과 관련하여 실수가 반복되고 있는 것이다. 그런데 많은 해운업계 종사자들이 과거의 경험에서 교훈을 얻지 못하고 있는 원인이 무엇인지는 풀리지 않는 의문으로 남는다 ((Thanopoulou, 2002; Stopford, 2009). 다만 대부분의 인간은 군중심리에 지배되는 만큼 해운업계 종사자들도 해운 호황기에 과열된 투자 분위기에 휩쓸려 선박 투자 대열에 동참하고 있는 것으로 보인다.

한편 선박 투자의 성공에는 자기 유지적(self-sustained) 특성이 있다 (Thanopoulou, 2002). 해운 불황기 저가의 선박을 취득하여 호황기에 고가로 판매함으로써 자본이득을 획득했을 경우 다음 불황기에 투자 자금의 여유가 생기게 되므로 다시 저가 매수가 가능하게 됨으로써 선순환(virtous cycle) 체계의 구축이 가능하게 되는 것이다. 이에 반해 투자 시기를 잘못 선택하여 손실을 보게 되면 만성적인 자금 압박에 처하게 됨으로써 다음 투자 적기가 도래할 경우에도 투자를 단행할 수 없게 된다. 이 경우에는 오히려 선박을 매도해야 할 호황기에 자금 여유가 생김으로써 선박 투자에 나서게 될 우려가 커지는 것이다. 애초에 잘못된 투자 판단은 다음에도 잘못된 투자로 이어지는 악순환(vicious cycle)이 되풀이될 가능성이 있다.

선박 투자에 있어 위험을 적절하게 활용함으로써 수익을 실현하기 위한 방안으로는 1) 정보력의 우위(information advantage), 2) 신속성의 우위(speed advantage), 3) 경험 및 지식의 우위(experience/knowledge advantage), 4) 자원의 우위(resource advantage) 및 5) 유연성(flexibility)을 들 수 있다(http://people.stern.nyu.edu, 2015. 2. 16.).

첫째, 해운시장에서 발생하는 다양한 사안들과 그 결과에 대한 정확한 정보가 확보된다면 선박 투자와 관련하여 보다 적절한 결정을 할 수 있을 것이다. 선박 투자에서 정보력의 우위를 확보하기 위해서는 1) 조선, 금융, 유류·선용품 공급선, 고객 등을 포함하는 정보 네트워크가 구축되어야 하고, 2) 구축된 정보망이 신뢰할 수 있는 것인지에 대한 검토가 이루어져야 하며, 3) 구축된 정보망을 경쟁자로부터 보호해야 한다. 현대에는 정보통신기술의 발전으로 많은 정보가 유통되고 있어 정보의 부족이 문제되기보다는 입수된 정보의 적절한 취사선택과 해석을 통한 이용 능력이 보다 중요한 경우가 많다. 정보력의 우위는 선박 투자의 성공을 위하여 필요한 많은 요인 중 하나에 불과한 것이다.

둘째, 선박 투자 여건의 변화에 대하여 경쟁자보다 신속하게 대응할 수 있다면 손실을 최소화할 수 있을 뿐만 아니라 오히려 위기를 기회로 바꿀 수도 있을 것이다. 물론 신속하게 대응했을 경우에도 그 대응이 적절하지 못했다면 의미가 없다. 신속하고 적절한 대응을 위해서는 기업 조직 체계, 조직 문화, 인적 자원 등의 최적화가 요구된다.

셋째, 선박 투자와 관련된 경험 및 지식의 축적이 요구된다. 비록 선박 투자와 관련된 여건의 변화가 과거와 동일한 양상을 나타낼 수는 없겠지만 유사한 경험의 축적을 통하여 보다 적절한 의사결정을 할 수 있게 된다. 앞에서 언급한 바와 같이 선박 투자의 성공 여부는 대부분 시기의 선택에 좌우된다. 적정한 투자 시기의 선택을 위해서는 시장 변동에 대하여 이해 및 예측할 수 있는 능력을 확보해야 하며 이는 경험과 지식의 축적을 통하여 어느 정도 가능하게 된다.

넷째, 위기 상황에 대응하기 위해서는 자원의 우위를 확보해야 한다. 특히 유동성의 확보가 충분하게 이루어졌을 경우에는 예상치 못한 장기 불황에 직면하여 손실을 감수한 매도 대신에 다음 기회를 노릴 수 있게 될 것이다. 유동성 확보 능력은 현금 보유 이외에도 기업 이미지 및 신용 관리, 기업공개를 통한 자본 접근성 제고 등을 통하여 증대된다. 그 이외에도 적정 인적자본(human capital)[33]을 확보하여 위기 대응 능력을 높이는 등의 방안이 추가로 고려될 수 있다.

다섯째, 선박 운용 측면의 신축성을 높여야 한다. 자본이득을 목적으로 매수한 선박의 경우에도 적정한 매도 기회를 포착하기 어려운 경우가 발생하는바, 이에 대비하여 직접 운항, 대선, 위탁 운항, 해상 저장 용도로의 이용(특히 유조선의 경우) 등 다양한 운용 대안이 강구되어야 할 것이다.

---

[33] 인적자본(human capital)이란 노동자의 기술이나 창의성을 통하여 경제적 가치를 생산하는 능력을 말함.

제7장

해상운송 체계

1. 해상운송 네트워크
2. 해상운송 네트워크의 변화

1. 해상운송 네트워크

1) 경제지리(Economic Geography)와 경제발전

(1) 인구의 집적과 경제발전

경제발전을 위해서는 인구의 집적(density), 물리적 측면의 거리(distance) 극복 및 정치적 측면의 분단(division) 완화 내지 해소라는 세 가지 측면에서 필요한 요건이 충족되어야 한다(World Bank, 2008). 그 중에서 인구의 집적은 인적 측면의 경제발전 요건을 의미한다. 인구는 소비의 주체일 뿐만 아니라 생산요소인 노동을 제공하는 주체로서 경제발전에 중요한 요소이다. 인구의 경제성장에 미치는 영향은 경제발전 단계 및 인구 연령 구조에 따라서 달라질 수 있다.

첫째, 경제발전 단계를 보면 만성적인 공급 능력(생산능력) 부족의 시기에서 공급 능력 과잉의 시기로 발전하고 있는데 이러한 경제발전의 단계에 따라 인구의 경제성장에 대한 기여도도 달라진다. 1) 산업혁명(18세기) 이전의 시기는 만성적인 공급 능력(생산능력) 부족의 시기였다. 이 시기에는 생산능력의 부족으로 취업 기회가 제한됨에 따라 인구는 생산에 대한 기여도가 낮았다. 더구나 소비가 소득을 초과하는 경향이 일상화됨에 따라 생산능력의 증대를 위한 저축(소득에서 소비를 공제한)을 불가능하게 하는 요인이 되었다. 그 결과 인구의 증가율이 경제성장률을 상회하였다. 이에 따라 인구는 부족한 자원과 투자 재원을 고갈시키는 요인으로 작용하였으며 따라서 경제성장에 마이너스 요인으로 작용했던 것으로 평가된다. 이와 같이 인구의 증가가 경제성장에 부정적으로 작용할 것이라는 비관적인 견해는 18세기 후반에 맬더스(Malthus)에 의하여 지적된 바 있다. 그는 인구는 기하급수적으로 증가하는데 비하여 생산은 산술급수적으로 증가하며 그 결과 인류의 빈곤 상태는 점차 심화될 것이라고 보았다(Malthus, 1798). 이러한 견해는 인구 증가와 경제성장의 관계를 나타내는 당시의 상황을 반영한 것으로 판단된다. 아직도 경제개발이 본격적으로 추진되지 못한 일부 빈곤 국가들의 경우는 여전히 공급 부족 상태에 있다. 그 결과 인구는 경제성장을 저해하는 요인으로 작용하고 있는 것으로 판단된다. 2) 그러나 19세기 후반에 접어들면서 많은 국가에서 생산능력이 수요를 초과하는 생산 과잉의 시대가 도래하였다. 산업혁명 이후에 가속화된 기술 개발 및 생산성 향상은 맬더스를 비롯한 일부 경제학자들의 인구 증가에 대한 부정적 견해가 틀렸다는 점을 보여준다. 이러한 공급 과잉의 시대에 있어 경제성장의 관건은 공급이 아닌 수요의 증가이다. 그리고 이 시기에서 인구의 증가는 경제성장에 도움이 될 것으로 판단된다. 일반적으로 인구의 집적은 소비를 통한 투자의 유인, 내수 시장의 확대를 통한 규모의 경제 실현 등의 효과를 나타내며 그 결과 경제성장의 촉진 요인으로 작용한다. 그 이외에도 지식·기술의 축적과 전파, 정보의 교류 등을 위해서도 일정 이상의 인구 규모와 밀도를 갖는 것이 중요하다.

둘째, 인구의 연령 구조 역시 경제성장에 영향을 미친다(Bloom et al., 2001). 유소년인구(15세 미만) 및 노령인구(65세 이상)보다 생산가능인구(15~64세)의 비중이 높을수록 경제성장에 유리하게 된다. 유소년인구와 노령인구는 생산과 저축에 대한 기여도가 낮은 반면 생산가능인구는 그 기여도가 높기 때문이다. 특히 생산능력의 증대가 경제발전의 관건이 되는 후발 개발도상국의 경우 생산가능인구 비중의 증대는 경제성장을 위한 주요 전제 조건이 될 수 있다. 예를 들면 20세기 후반 동아시아지역의 고성장은 이러한 인구 연령 구조의 변화와 관련이 깊은 것으로 판단된다. 생산능력보다 소비성향이 더 큰 유소년 및 노령인구와는 반대로 생산인구는 소비성향보다 생산능력이 더 크기 때문이다. 대부분의 국가들에 있어 경제발전의 초기 단계에서는 출산율이 높게 유지되면서 수명이 연장됨에 따라 유소년인구의 비중이 급격히 높아진다. 이 단계에서 인구 증가는 사회적 부담이 될 수 있다. 그러나 다음 단계에서는 생산가능인구의 비중이 점진적으로 증대하면서 경제성장도 가속화된다. 경제가 성숙 단계에 진입함에 따라 출산율 저하 및 기대 수명의 연장으로 노령인구의 비중이 증대된다. 그리고 노령인구의 증가는 생산요소(노동력)의 공급 증가에 부정적으로 작용함으로써 경제성장을 저해할 우려가 있다. 한편 생산가능인구의 증가가 경제성장으로 직결되는 것은 아니다. 앞에서 언급한 바와 같이 생산능력이 절대적으로 부족한 상황에서는 국내의 경제적 기반 특히 산업 자본, 지식 및 기술 등의 미흡으로 생산가능인구가 경제성장에 기여하지 못하기 때문이다.

(2) 거리와 경제발전

경제발전에 있어서는 사람, 재화, 자본 및 정보의 교류가 요구된다. 이러한 자원들의 교류를 위해서는 물리적 거리의 극복이 필요하다. 그 중에서 자본 및 정보의 이동에 있어서는 정보통신 기술의 발전에 따라 물리적 거리가 사실상 제로(0)로 소멸된 것으로 판단된다. 따라서 사람 및 재화의 이동을 위한 거리의 극복이 문제가 된다. 경제발전을 위해서는 인구 및 경제활동 집적지와의 거리를 단축함으로써 해당 지역과의 교류를 활성화해야 하기 때문이다. 한 연구결과에 의하면 무역의 운송비 탄력성은 $-2 \sim -3.5$로 추정된 바 있다(Limao and Venables, 2001). 그 이후에 이루어진 Clarke et al (2004)의 분석 결과에 의하면 탄력성은 -1.3으로 추정되었다. 이러한 두 가지 연구결과에 의하면 운송비가 1% 하락할 경우 국제무역은 $1.3 \sim 3.5\%$ 증가할 것으로 예상된다. 특히 중간재의 경우 운송비 변화에 의한 무역량 변화 효과가 큰 것으로 나타난다.

Behar and Venables (2010)에 의하면 운송비는 대체로 거리에 따라 증가하게 되는데, 운송비 변화의 약 2/3는 거리에 의하여 설명 가능하며 나머지 1/3은 운송 중의 시간 지연 등에 의하여 발생한다. 무역의 거리 탄력성은 −0.9로 추정되었다. 따라서 거리가 1% 증가하면 무역량은 0.9% 정도 감소함을 알 수 있다. 이와 같이 국가 간 자원의 교류가 제한되는 현상을 국경 효과(border effect)라고 한다.

인구 및 경제활동 집적지와의 거리(운송 관련 비용)가 경제성장에 미치는 영향의 주요 경로로 다음의 세 가지를 고려해볼 수 있다(Boulhol et al., 2008). 첫째, 인구 및 경제활동 집적지와의 접근성 개선은 기업들 상호 간의 경쟁을 촉진함으로써 생산의 효율성 향상 및 원가절감을 가능하게 한다. 특히 제한된 자원 이용의 효율화, 혁신 활동의 강화 등은 경쟁이 없이는 달성되기 어려운 것으로 판단된다. 둘째, 거리의 단축으로 대규모 시장의 확보가 가능하게 됨으로써 생산에 있어서 규모의 경제 달성이 가능하게 된다. 규모에 대한 수확체증(increasing returns to scale) 효과의 달성을 위해서는 시장 접근성의 개선을 위한 거리의 극복이 전제되어야 하는 것이다. 셋째, 거리의 극복은 비교우위 부문에 대한 생산의 특화를 촉진한다. 비교우위 이론에 의하면 생산의 특화는 자원 배분의 효율성 제고 효과를 통하여 경제성장 및 소득 증가를 결과한다. 생산의 특화는 국제무역을 전제로 이루어지며 국제무역은 경제성장에 중요한 역할을 하고 있다(Frankel & Romer, 1999, Greenaway et al, 2002, Harrison, 1996 등).

(3) 분단과 경제발전

여기에서 살펴볼 분단은 사람, 재화, 정보, 자본 등 자원의 교류를 저해하는 요인으로서 정치적·제도적 측면에 해당하는 것이다. 예를 들면 자원의 국경 통과 절차 및 규제를 비롯한 인적·물적 교류에 대한 규제, 이념적 단절 등을 들 수 있다. 이러한 분단 요인은 위에서 본 물리적 거리보다 더욱 중요한 문제가 될 수 있다.

정치적·제도적 단절로 인한 국제적 고립의 부정적 효과로는 첫째, 무역에 따른 여러 가지 편익을 포기하는 결과가 된다는 점이 우선적으로 지적된다. 앞에서 언급한 바와 같이 무역은 자원 배분의 효율성 제고, 규모의 경제 달성, 기술 개발의 촉진, 자본 축적 효과 등을 통한 경제성장의 촉진뿐만 아니라, 재화와 서비스에 대한 소비자 선택권의 확대에 따른 소비자 후생의 증대 등 다양한 편익을 유발하기 때문이다. 더구나 국가 경제의 운영 및 성장에 필요한 모든 자원을 골고루 보유하고 있는 국가는 많지 않다는 점을 고려할 때 시장 개방은 국가 경제의 운영 및 성장을 위하여 선택이 아닌 필수 사항인 것으로 판단된다. 둘째, 대외 관계 악화의 결과 안보 위협이 증대되며 그 결과 국방비 과다 지출의 문제가 야기될 우려도 있다. 셋째, 국내 경제의 문제 발생 시 이를 극복하기 위한 수단과 방법이 제한된다는 점을 들 수 있다. 예를 들면 국제기구나 우방국의 지원을 받는 것이 국제적 고립 상태에서는 어렵게 되는 것이다.

정치적·제도적 개혁과 개방이 경제성장을 위한 전제 조건이 된다는 점을 보여준 대표적인 사례로 중국을 들 수 있다. 중국은 1978년 개혁·개방 정책이 추진된 이후 고도 성장세를 유지해 왔다. 중국의 이러한 성장을 뒷받침한 요인 가운데 주요 사항을 들면 첫째, 시장의 개방을 통하여 외국인 투자를 유치함으로써 자국 내의 부족한 자본을 확보하고 수출 시장을 개척했다 점을 들 수 있다. 즉, 시장 개방은 중국 경제의 생산기반 및 생산물에 대한 수요 기반의 구축을 가능하게 한 것으로 판단된다. 둘째, 개방의 과정에서 시장경제 시스템을 도입하는 등 비즈니스 수행의 국제적 관행과 표준을 도입으로써 외국 정부와 기업의 신뢰를 높인 점도 중요한 성장 요인의 하나이었던 것으로 판단된다.

베트남의 경우도 1986년부터 중앙계획경제 체제를 시장경제 체제로 전환하고 시장 개방을 단행하는 정책을 채택하였다. 이에 따라 국영 기업의 경영 자율권 확대, 민간 기업의 설립 인정, 외자도입법의 제정 등 제도적 개혁이 단행되었다. 그 결과 베트남의 경제는 1990년 이후 비교적 높은 성장세를 달성하고 있다.

한편 위에서 언급된 바와 같이 물리적 측면의 거리와 정치적·제도적·이념적 측면의 분단을 포괄하는 개념으로 경제적 거리(economic distance)가 있다. 경제적 거리는 재화, 서비스, 노동, 자본, 정보 등의 교류와 관련된 어려움의 정도를 의미한다.

2) 경제적 거리

앞에서 언급된 바와 같이 경제적 거리는 재화, 서비스, 노동, 자본, 정보 등의 교류와 관련된 어려움의 정도로서 물리적 거리 이외에 정치적·제도적·이념적 측면의 분단을 포괄하는 개념이다. 국가 경제의 발전을 위해서는 생산 및 소비 활동 중심과의 경제적 거리 극복을 통하여 이와 연계되는 것이 중요하다. 세계 경제 체제에 편입되지 못하면 경제발전을 이루지 못한 주변국으로 남을 가능성이 커지기 때문이다.

세계 경제성장 지역의 확산·변천을 보면 유럽의 산업혁명에서 시작하여 이웃 국가로 확산(spillover)되어 나갔음을 알 수 있다. 즉, 유럽→북미→일본→한국→동남아·중국 등지로 확산되고 있다. 그리고 향후에는 남미, 중동·아프리카 등지의 후발개발도상국으로 경제성장세가 확산되어 나갈 것으로 예상된다. 이와 같은 경제성장의 확산 과정에 있어서는 경제적 거리의 단축 내지 극복이 필요함은 이미 언급한 바와 같다. 이웃의 개념은 경제적 거리(지리적·물리적 거리와 정치적·제도적 측면의 분단을 포함한 개념)에 의하여 결정되기 때문이다.

해양은 저렴한 대량 운송 수단을 제공함으로써 경제적 거리를 획기적으로 단축하는 매개체가 된다. 해상운송은 장거리 대량운송에 있어 가장 저렴한 운송 수단이 되기 때문이다. 이에 따라 해상운송에의 접근 가능성 여부가 경제적 거리 단축의 관건이 된다. 내륙국가(landlocked country)들의 운송비는 연안국가(coastal country)들에 비하여 약 50% 높으며, 무역의 감소율은 30~60%에 달하는 것으로 조사되었다(Behar and Venables, 2010). 오늘날 대부분의 선진국들은 해양과 접해 있으며 해양을 통한 해외진출은 경제성장에 있어 중요한 기여 요인이 되었던 것으로 판단된다. 다만 스위스의 경우는 내륙국가로서 운송비 부담을 경감하기 위한 산업부문 즉, 운임부담력[1]이 높은 산업부문인 시계, 첨단 부품, 제약, 관광 등에 특화함으로써 경제 선진화에 성공한 매우 드문 사례이다.

〈스위스 용병과 교황청 근위대〉

스위스는 내륙국(landlocked country)인데다 국토의 대부분이 산지로 구성되어 있기 때문에 무역과 산업이 발달할 기반이 부족했고 이에 따라서 과거 가난했던 스위스는 용병업으로 생계를 꾸려 왔다. 스위스 용병은 13세기부터 강인함이 유럽 최강으로 정평이 있었다고 한다. 특히 1792년 프랑스 혁명 당시 루이 16세를 지키고 있던 786명의 스위스 용병들은 모두 죽음을 선택하였다. 프랑스 정규군들이 모두 도망갔지만 스위스 용병들은 충성심과 신의를 보여줌으로써 당시 거의 유일한 생계 수단이었던 용병업을 후세대가 유지하도록 하기 위하여 목숨을 버린 것이다. 시민 혁명군이 퇴각 할 수 있는 기회를 주었는데도 스위스 용병은 계약 기간이 남았다는 이유로 그 제의를 거절했다고 한다. 당시 전사한 한 용병이 가족에게 보내려 했던 편지가 주머니에서 발견되었는데 여기에는 이렇게 쓰여 있었다. "우리가 신의를 잃으면 후손들이 영원히 용병을 할 수 없기에 우리는 죽을 때까지 죽음으로 계약을 지키기로 하였다."

한편 바티칸 궁전의 치안을 포함해서 교황의 안전을 책임지고 있는 근위대는 모두 스위스인으로 구성되어 있다. 스위스 근위대는 16세기 이래 교황들을 위해 봉사하였다. 특히 1527년 5월 신성 로마 제국의 카를 5세가 이끈 군대에 의해 로마 약탈이 벌어졌던 당시 교황 클레멘스 7세가 비밀 통로를 통해 바티칸을 빠져나가 안전하게 피신하는 동안 189명의 근위병 가운데 근위대장을 비롯한 147명이 신성 로마제국의 군대와 싸우다가 전사하였으며 나머지 40명의 근위병은 교황을 곁에서 지키며 경호하였다. 오늘날 스위스 근위대는 이전의 근위대들이 수행했던 의례적인 역할을 대신하고 있다.

스위스가 오늘날과 같은 경제 강국으로 성장할 수 있었던 배경에는 이와 같이 처절했던 역사가 있다.

---

1) 운임부담력은 화물 가액에 대한 운임의 비율(운임/화물가액)로 나타낼 수 있는바, 이 수치가 작을수록 운임부담력이 높은 것으로 평가되며 운임 인상에 대한 저항이 낮음.

그 이외에도 경제적 거리의 단축 방안으로는 다음과 같은 측면의 개선이 요구된다.

첫째, 제도적 개선이 이루어져야 한다. 예를 들면 1) 통관 절차, 출입국 절차(비자 제도) 등 행정 절차의 개선이 필요하다. 2) 자본, 노동 및 중간재 교류 등과 관련된 규제가 해소되어야 한다. 특히 서비스 무역은 노동의 이동과 관련된 경우가 많다. 3) 독과점적 물류시장 구조의 개선을 통하여 시장기구(price mechanism, 가격기구라고도 함)[2]가 작동될 수 있도록 해야 한다. 시장기구를 통하여 생산의 효율성 향상 및 원가절감이 가능하게 되기 때문이다. 그 이외에도 4) 규제 관련 공무원의 부패 문제도 해소되어야 한다. 공무원의 부패는 공공 투자와 관련된 정책 결정을 왜곡할 뿐만 아니라 민간 투자의 활력을 저하시키는 등 다양한 경로를 통해 경제성장을 저해하는 요인으로 작용하기 때문이다.

둘째, 물류 하부구조의 개선이 요구된다. 이를 위해서는 1) 항만시설, 기타 물류 지원 시설의 개선, 2) 물류 인력 양성 교육·훈련의 협력을 통한 노동생산성의 향상, 인접 국가와의 인적 네트워크 구축 등이 필요하다. 또한 3) 물류 관련 연구 협력 체제를 구축하는 것도 필요하다.

셋째, 교역 대상 국가와 공동의 인센티브를 제공하는 방안도 적극 고려되어야 한다. 예를 들면 조세 기타 공과금의 인하, 항만요율의 인하 등을 통한 운송 관련 비용의 인하가 요구된다.

한편 경제적 거리의 단축은 무역의 확대에 의한 물동량의 증가를 유발하고, 물동량의 증가는 운송의 규모의 경제 달성을 가능하게 함으로써 다시 운송비의 하락(경제적 거리의 단축)을 가능하게 한다. 따라서 경제적 거리의 단축 → 물동량(무역) 증가 → 운송의 규모의 경제 달성 → 운송비 하락(경제적 거리 단축) → 물동량(무역) 증가의 선순환(virtuous cycle) 체계 형성이 가능하게 된다.

---

[2] 가격기구(price mechanism)란 수요와 공급의 기능에 의하여 모든 재화와 용역의 가격이 결정되고 그 가격에 따라 사회 전체의 경제활동이 조정되는 것을 말함.

2. 해상운송 네트워크의 변화

1) 중심-지선(hub & spoke) 운송 체제와 직기항 체제

(1) 중심-지선(hub & spoke) 운송 체제의 구축

컨테이너 운송과 관련된 해상운송망의 구조 변화는 중심-지선(hub & spoke) 운송 체제의 형성과 이의 와해 과정으로 나누어 볼 수 있다. 즉, 1990년대 후반까지는 hub & spoke 운송 체제가 형성 내지 강화되어 온 것으로 판단되지만, 그 이후부터 hub & spoke 운송 체제는 약화되는 반면 직기항 체제가 확산되는 경향이 동북아시아 지역을 중심으로 나타나고 있다.

컨테이너 해운에 있어 hub & spoke 체제의 구축은 컨테이너선의 대형화와 관련이 크다. 선박의 대형화는 그에 상응하는 화물의 확보가 전제되지 않으면 안 된다. 증대된 선복을 채울 수 있는 화물의 확보가 충분히 이루어지지 못할 경우에는 대형화에 의한 규모의 경제(economies of scale) 실현이 불가능하며 따라서 운송 단위당 비용 절감이 이루어지지 못하게 된다. 그런데 대형선의 경우 소수의 기항 항만에서 발생하는 화물만으로는 증대된 선복을 충족시킬 수 없게 되었다는 점에 문제가 있다. 그렇다고 대형선이 화물 발생량이 상대적으로 적은 중소규모 항만들을 다수 기항할 경우 운임 수입보다 추가 기항에 따른 비용의 발생이 오히려 많게 될 가능성이 있다. 대형선의 경우 자본비, 연료비, 항비 등 추가 기항을 위한 이로(deviation) 및 접안에 소요되는 비용 부담이 상대적으로 크기 때문이다. 더구나 기항 항만 수를 늘일 경우 재항 시간(선석 접·이안 및 이와 관련된 시간)의 비중이 증대함으로써 선박의 대형화에 따른 규모의 경제 실현이 불가능하게 된다. 선박 대형화의 효과는 일반적으로 항해 중에는 규모의 경제(economies od scale)가 실현되는 반면, 항만 정박 중에는 규모의 불경제(diseconomies of scale)가 발생하기 때문이다(〈그림 5-1〉 참조). 항해 중에는 선박의 크기에 비례하는 운송 효율의 향상이 가능하나, 항만 정박 중의 하역효율 향상은 선박 크기에 따라 체감한다.[3]

해운물류기업들은 이러한 문제에 대처하기 위해서 과거와는 다른 새로운 운항 체제의 도입을 모색하게 되었다. 대형화된 선박의 증대된 운송 능력을 최소의 비용으로 충족시키기 위한 방안으로 대형 항만의 인근 지역에서 발생하는 화물을 소형 피더선(feeder vessel)[4]으로 운송한 후 대형 모선(mother ship)이 기항하는 항만(중심항, hub port)에서 환적(transshipment)의 형태로 집화하는 방안이 강구된 것이다. 중심-지선 체제(hub & spoke system)는 이러한 필요성에 의하여 도입되었다. 즉, 해운물류기업들은 대형선(모선)을 소수의 중심항만 위주로 취항시키고, 중심항만(모항)[5] 주변에 위치한 중소 항만(피더항)[6]에서 발생한 화물은 피더선을 이용하여 중심항만으로 운송한 후 다시 모선으로 환적·운송한다. 반대로 피더항으로 운송되는 화물은 중심항까지 모선으로 운송한 후 다시 피더선으로 환적·운송하는 체제를 구축하게 되었다. 이와 같이 탄생된 운송 체제가 hub & spoke 체제이다. 이러한 운송 체제에서 대형선은 물동량이 상대적으로 많은 소수의 중심항만을 기항하고 물동량이 상대적으로 적은 나머지 피더항만들은 피더선으로 연결하는 것이다.

hub & spoke 체제에서는 불가피하게 환적이 발생한다. 즉, 1) 중심항에서 모선과 피더선 사이에 환적이 발생하는데 이러한 유형의 환적을 분산·피더형 환적(scattering/feedering transshipment)이라고 한다. 환적의

---

[3] 예를 들면 컨테이너선박의 크기를 5,000톤에서 10,000톤으로 증대시킬 경우 항해 중에는 운송효율이 적재량에 비례하여 2배로 증가하는 반면 정박 중에는 거의 증가하지 않음. 선박당 투입되는 컨테이너크레인 수가 선박 톤수에 비례하지 않을 뿐만 아니라 선박 톤수가 커짐에 따라 크레인 회전 시간이 증가하여 생산성이 저하되기 때문임. 그리고 다수의 컨테이너크레인이 투입될 경우 상호 간섭으로 인하여 작업 효율이 낮아짐. 예를 들면 5,000GT 선박의 경우 길이가 110m 내외, 10,000GT의 경우 140m 내외로 큰 차이가 없으며(이윤석·안영중, 2013), 따라서 하역장비의 투입 대수가 거의 같음.
[4] 피더선(feeder vessel)이란 통상 20,000DWT (적재 능력 1,000TEU) 미만 선박의 컨테이너선박을 의미함.
[5] 중심항 또는 모항이란 대형 모선이 직기항하는 항만으로, 환적이 이루어지며 주요 해운물류기업들의 기항 빈도가 비교적 높은 항만을 말함.
[6] 피더항이란 대형 모선이 직기항하지 않고 중소형 피더선만 기항하는 항만을 말함.

유형으로는 그 이외에도 2) 모선과 모선 사이에서 이루어지는 항로 교차형 환적(interline transshipment), 3) 우회 항로의 단축을 위한 우회로 회피형 환적(by-pass transshipment), 4) 산업의 중심축을 이루고 있는 북반구와 최근 중요성이 증대하고 있는 남반구의 항로를 연계시키는 전환형 환적(switching transshipment), 5) 운항 일정의 지연을 만회하기 위하여 특정 항만의 기항을 취소하고 해당 항만의 화물을 다음 기항지에서 피더운송으로 연결하는 만회형 환적(catch-up transshipment) 등 다양한 형태가 있다(〈표 7-1〉 참조).

표 7-1 환적의 유형

유형	주요 내용
분산 · 피더형 환적 (scattering/ feedering transshipment)	- 중심항(hub port)에서 모선(mother vessel)과 피더선(feeder) 사이에 이루어지는 환적의 형태임 - 비교적 역사가 오래되었으며, 가장 전형적인 환적의 형태임
항로 교차형 환적 (interline transshipment)	- 서로 다른 간선항로(trunk route)가 교차하는 항만에서 모선과 모선 사이에서 이루어지는 환적을 말함 - 동일 해운물류기업 내의 다른 항로 및 전략적 제휴 등으로 계약된 다른 해운물류기업의 개별 항로가 상호 연계되도록 함
우회로 회피형 환적 (by-pass transshipment)	- 모선이 주요 기항지를 차례로 순항(round trip)할 경우 운송 기간이 많이 소요되기 때문에 이를 회피하기 위한 수단으로 이용됨 - 예를 들어 특정 권역내 항로의 기항지가 A→B→C→D→E의 순이라고 할 때 A항에서 발생한 화물을 E항으로 피더 운송하여 환적하도록 함으로써 B, C, D항의 기항에 따른 시간 손실을 회피할 수 있게 됨
전환형 환적 (switching transshipment)	- 항로교차형 환적의 변형으로서 전통적 주요 항로인 북-북(North-north) 항로 즉, 아시아-북미, 아시아-유럽 및 북미-유럽간의 항로와 새로이 물동량이 증가하고 있는 북-남(North-south) 항로를 환적항에서 서로 연계시킴으로써 소규모 물동량을 처리함 - 산업의 중심축을 이루고 있는 북반구와 최근 중요성이 증대하고 있는 남반구의 항로를 연계시킴
만회형 환적 (catch-up transshipment)	- 운항 일정이 지연될 경우 이를 만회하기 위하여 특정 항만의 기항을 취소하고 해당 항만의 화물을 다음 기항지에서 피더운송으로 연결하는 형태의 환적임 - 운항 지연 등 긴급한 상황에서 발생함
기타 형태의 환적	- 환적의 개념을 사전적(辭典的) 의미로 넓게 설정하여, 선박과 선박 사이의 환적뿐만 아니라 선박과 다른 운송 수단 사이의 환적까지 포함할 경우 랜드브리지(land bridge)와 미니랜드브리지(mini-land bridge)* 운송을 환적의 한 형태에 포함시키기도 함

* 랜드브리지는 해상운송 후 육상운송(철도)을 거쳐 다시 해상운송되는 방식의 운송 형태를 말함. 예를 들면 동아시아-북미서안-(철도)-북미동안-유럽으로 운송되는 경우가 이에 해당됨. 그리고 미니랜드브리지는 동아시아-북미서안-(철도)-북미동안으로 운송되는 경우 즉, 해상운송 후 육상운송으로 전체운송이 끝나는 경우를 의미함.
자료 : UNCTAD (1990)

한편 hub & spoke 체제의 구축이 이루어질 경우 항로 네트워크의 단순화가 가능하게 된다. 일반적으로 n개의 항만을 서로 직접 연결하기 위해서는 nC_2(= n(n-1)/2) 개의 항로가 필요하지만 hub & spoke 체제에서는 n-1개의 항로로 연계될 수 있다. 예를 들면 10개의 항만을 서로 직접 연결하기 위해서는 45개의 항로가 필요하게 되나 hub & spoke 체제를 구축하면 중심항만과 연결되는 9개의 항로로 족하게 된다. 이와 같이 화물 흐름을 피더선에 의거 중심항만으로 집중시켜 환적으로 모선과 연계하는 hub & spoke 체제의 경우 선박 및 물류시설 활용의 효율성이 제고됨으로써 여러 가지 경제적 편익의 달성이 가능하게 된다.

hub & spoke 체제 즉, 환적 체제의 주요 장점을 들면 다음과 같다.

첫째, 직접 비용의 절감이 가능한데 1) 물동량이 상대적으로 적은 항만에 대형 모선 대신 중소형 피더선을 취항시킴으로써 비용 절감이 가능하며, 2) 간선항로(trunk route)에 대형선이 투입됨으로써 규모의 경제 실현 여지도 커지게 된다. 물동량이 중심항만에 집중됨으로써 집화 대상 배후지역이 확대(보다 많은 수의 항만에 대한 광범위한 서비스 제공)될 뿐만 아니라 해당 항만에 기항하는 대형 모선의 선복 적재율(load factor)도 제고되기 때문이다. 또한 3) 외국의 저렴한 항만을 중심항만으로 선택함으로써 항비 절감도 가능하게 된다. 예를 들면 일본 서해안의 중소형 항만들의 경우 자국의 항만(예를 들면 도쿄, 요코하마항 등) 대신 한국의 항만(예를 들면 부산, 광양항 등)을 중심항만으로 이용함으로써 항비의 절감을 도모하는 경향이 있다.

둘째, 서비스 빈도의 증가가 가능하게 됨으로써 화주에 대한 서비스의 향상을 도모할 수 있게 된다. 중소형 항만에 대형 모선을 취항시킬 경우 집화 물량의 확보에 비교적 긴 시간이 소요될 수밖에 없을 것이다. 이에 비하여 소량 화물의 운송에 적합한 중소형 피더선을 취항시킴으로써 해당 항만에 대한 기항 빈도의 증가가 이루어진다.

셋째, 물류 관리 및 기타 측면에서 볼 때 다음과 같은 이점이 있다. 1) 선택 가능한 중심항만들이 복수일 경우 운송 경로의 변경을 포함한 물류사슬의 변동에 신축적인 대응이 가능하게 된다. 2) 부가가치물류(value added logistics) 활동을 중심항만에 집적시킴으로써 관련 산업의 발전이 용이하게 된다. 부가가치물류 활동은 환적 기능과 연관되어 있기 때문이다. 화물의 흐름에서 단순한 통과 대신에 배후단지에서 포장, 조립, 단순가공, 재고관리 등의 부가가치 생산과정을 거친 후 환적되는 형태가 부가가치물류 활동이기 때문이다. 3) 화물 분류, 회계 등 물류 관련 부대 업무 역시 중심항만에의 집중을 통하여 업무 수행의 효율성 제고를 도모할 수 있다.

이와 같이 중심항만에서 이루어지는 부가가치물류의 활성화 및 물류 부대 업무 수행의 효율화 달성은 범위의 경제(economies of scope) 실현에 의한 것이다. 범위의 경제는 하나의 기업(생산 단위)이 두 가지 이상의 생산물을 함께 생산할 경우 이들 생산물을 각각 다른 기업(생산 단위)에서 따로 생산하는 경우보다 생산 비용이 적게 드는 현상을 말한다. 중심항만 구역은 각종 원자재, 반제품 및 완제품의 흐름이 집중되는 화물 흐름의 결절점으로서 다양한 물류 및 제조 관련 활동을 유치하기에 유리한 조건을 갖추고 있다. 따라서 중심항만 구역에 물류 기능뿐만 아니라 다양한 제조(특히 부가가치물류) 기능을 유치함으로써 생산의 효율성 향상 및 비용 절감이 가능하게 된다.

반대로 해당 hub & spoke 체제에는 문제점도 있는데 그 주요 내용은 다음과 같다.

첫째, 피더선과 모선 사이의 환적과 관련하여 추가의 비용이 발생한다. 이러한 비용의 증가 요인은 1) 환적항에서 추가의 적양하가 이루어짐에 따른 화물 처리 비용의 증가, 2) 환적항에서의 일시 장치에 따른 추가의 보관 비용 발생, 3) 환적 대상 화물의 중심항만 연계운송을 위한 이로(deviation)에 따른 항해 구간의 연장(운송 거리의 증가)에 따른 운항비의 증가 등이 지적된다.

둘째, 운송 시간 측면에서 피더선 투입에 따른 기항 빈도의 증가에도 불구하고 hub & spoke 체제에서는 자칫 전체 운송 시간이 증가할 가능성이 있다. 그 주요 요인으로는 1) 피더선과 모선의 스케줄이 불일치할 경우의 시간 지연 발생, 2) 피더항만의 추가 이용에 따른 추가의 재항 시간 발생, 3) 중심항만과의 연계를 위한 이로에 따른 운송 시간의 연장(위에서 언급된 바 있는 이로에 따른 추가의 운항비 발생 이외에) 등을 들 수 있다.

셋째, 물류 관리 및 기타 사항의 측면에서 hub & spoke 체제와 관련하여 지적되는 주요 문제점은 다음과 같다. 1) 피더운송 및 환적과 관련한 화물 처리 단계의 증가로 인한 물류 관리 업무 부담의 증가 현상이 나타날 뿐만 아니라, 2) 서비스의 질적 수준에 대한 의존도가 증대한다는 문제가 있다. 화물 처리 단계가 증가하는 만큼 서비스의 질적 수준이 낮을 경우 운송 시간 및 비용이 급증할 우려가 있기 때문이다. 3) 중심항만과 해운물류기업 상호 간의 의존성이 증가함으로써 경영의 안정성에 위협이 초래될 우려가 있다. 중심항만의 입장에서는 주요 해운물류기업들의 환적기지 변경에 따른 이탈 시 타격을 받게 되며, 해운물류기업의 입장에서는 중심항만의 여건 및 상태에 따른 영향을 받을 수밖에 없기 때문이다.

다음 표는 hub & spoke 체제 즉, 환적 체제의 선택에 따른 긍정적 요인과 부정적 요인을 정리한 것으로 긍정적 효과가 부정적 효과를 능가할 경우 hub & spoke 체제(환적 체제)가 선택된다. 그런데 일반적으로 항만별 컨테이너물동량이 증가함에 따라 환적에 따른 긍정적 요인보다 부정적 요인이 커짐으로써 직기항 체제가 선호되는 경향이 나타난다(Hsu & Hsieh 2005, Fremont 2007, Wilmsmeier & Notteboom 2009).

표 7-2 Hub & spoke 체제(환적 체제)의 장단점 비교

구분	긍정적 요인	부정적 요인
직접 비용 측면	- 물동량이 비교적 적은 연안운송에 대한 대형 모선 투입 회피를 통한 비용 절감 - 간선항로의 대형선 이용에 따른 규모의 경제 달성 　■ 중심항만에 대한 물동량의 집중 　■ 선복 적재율(load factor)의 제고 - 외국의 저렴한 항만 선택을 통한 항비 절감	- 환적에 따른 적·양하 비용 증가 - 환적항의 추가 보관비용 발생 - 항해 구간 연장(우회 피더 항로 이용)에 따른 운항비 증가
운송 시간 측면	- 기항 빈도의 증가가 가능하게 됨으로써 연계운송의 시차 단축 　■ 중소형 항만에 대하여 소량운송에 적합한 피더선 투입	- 피더선과 모선의 스케줄 불일치에 따른 시간 지연 - 피더선의 추가 기항에 따른 재항 시간(在港時間) 발생 - 선박의 이로(deviation)에 따른 운송 시간 연장
물류 관리 기타	- 운송 경로 변경 등 물류사슬의 변동에 신축적 대응 - 부가가치물류 활동의 활성화에 도움이 됨 - 중심항만에 화물 분류, 회계 등 물류 관련 부대 업무를 집중함으로써 업무 수행의 효율성 제고를 도모	- 물류 단계의 증가에 따른 물류 관리 업무 및 비용의 증가 - 서비스 질적 수준에 대한 의존도 증대 　■ 서비스의 질적 수준이 낮을 경우 운송 시간 및 비용 급증 - 중심항만과 해운물류기업의 상호 의존성 증대에 따른 경영의 안정성 위협

자료 : Frankel(2002), Haralambides(2000), Hsu and Hsieh(2005), Fremont(2007), Wilmsmeier & Notteboom(2009) 등을 참고하여 작성.

(2) 직기항 운송 체제로의 이행

위에서 hub & spoke 체제(환적 체제)의 장단점을 살펴보았는데 단점이 장점을 능가할 경우 직기항 체제가 선택될 것이다. 직기항 체제로의 이행을 초래하는 요인은 크게 세 가지로 나누어 고려해 볼 수 있다.

첫째, 항만 물동량의 증가를 들 수 있다. 중소형 피더항만의 물동량이 증가함에 따라 hub & spoke 체제의 장점보다 단점이 부각됨으로써 직기항 체제로 전환되는 현상이 나타난다. 즉, 항만시설 여건이 허락된다는 점을 전제할 때 해운물류기업의 입장에서는 충분한 물동량의 확보가 가능하다면 대형 모선의 직기항이 유리하게 된다. 예를 들면 대형 모선의 직기항이 경제성을 갖기 위한 최소 적양하 물동량이 1,500TEU라고 가정하고, 해당 항만에서 매주 집화 가능한 물동량이 500TEU라면 기항 빈도를 매 3주마다 1

회로 조정할 경우 직기항이 가능하게 될 것이다. 그런데 화주의 입장에서는 3주에 1회 기항하는 서비스 체제에 만족할 수 없으며 이보다 높은 기항 빈도를 요구한다는 점에 문제가 있다. 이와 같이 물동량 규모가 비교적 작은 중소형 항만의 경우 소규모 물동량으로 경제성의 확보가 가능한 피더선 서비스를 채택하게 된다. 화주의 입장에서 기항 빈도는 해운물류기업의 서비스 수준을 평가하는 주요 지표의 하나이기 때문이다. 화주는 운송에 수반되는 시간 비용을 절감하기 위하여 기항 빈도가 높은 해운물류기업을 선택하려는 경향이 있는 것이다. 화물의 운송 중 발생하는 시간 비용은 화물 가액에 대한 이자, 보관 비용, 상품 노후화, 시장성 저하, 납기 미준수에 따른 클레임claim) 위험 등과 관련된 모든 비용을 포함하는 것으로,[7] 해운물류기업 또는 화주의 운송 체제 구축·선택에 있어 매우 중요한 고려 요인이 된다.

이와 같이 피더항만에 대한 처리 물동량이 증가하여 모선 직기항의 빈도를 업계의 통상적 용인 가능 수준으로 유지할 수 있게 된다면 피더운송보다는 직기항운송의 경제성이 높아지게 될 것이다. 그런데 화주들이 일반적으로 받아들일 수 있는 최저 기항 빈도는 주1회 정도인 것으로 파악된 바 있다(Fremont, 2007). 따라서 항만 물동량 규모가 주1회 이상의 정기 서비스가 가능할 정도에 달하면 항만시설 능력에 문제가 없을 경우 직기항 체제의 구축이 가능한 것으로 판단된다.

세계적으로 항만 물동량의 증가를 유발하는 주요 요인으로는 다음 사항을 들 수 있다. 1) 개발도상국을 중심으로 급속한 경제발전이 이루어짐으로써 항만 물동량 증가가 초래되었다. 특히 개발도상국의 산업화로 인한 제조업의 발전에 따라 물류 수요가 증가하였고 항만 배후단지를 비롯한 항만 인근 지역에 생산 활동의 집적이 이루어졌다. 2) 내륙 연계운송망 등 물류기반시설의 확충에 의한 내륙 연계 운송의 효율화와 함께 비용이 절감됨으로써 소규모 피더항만들의 통합 및 배후지역(hinterland)의 광역화가 이루어

---

[7] 화물의 시간 비용은 해당 화물가액의 0.1~0.2%/일에 달할 것으로 추정된 바 있음(Frankel, 2002).

졌다는 점도 개별 항만 단위의 물동량 증가를 결과한 요인이 된다.

둘째, 항만시설의 개발 및 확충으로 대형 모선의 기항과 관련된 물리적 제약이 해소되고 있다는 점 역시 직기항 체제의 확산을 유발하는 요인이 된다.

셋째, 화물의 고부가가치화로 인하여 운임부담력이 향상되었다는 점을 들 수 있다. 즉, 화물가액 대비 운임의 비중이 감소함에 따라 화주가 운송비보다는 운송의 시간, 신뢰성 등 질적 수준을 중요시하는 경향이 높아졌으며 해운물류기업은 직기항 체제의 확대로 이러한 화주의 요구에 대응하려는 경향이 확산되고 있다. hub & spoke 체제에서는 환적 및 피더선 연계 운송에 따른 운송 시간의 연장 및 화물 흐름의 비효율성 발생 가능성이 상대적으로 크기 때문이다.

넷째, 해운시장의 경쟁이 심화되었다는 점도 직기항 체제의 확산에 기여한 것으로 보인다. 전략적 제휴, 동맹 등 해운물류기업 간 협조 체제의 약화는 해운물류기업 간 경쟁을 심화시키는 요인으로 작용하였을 뿐만 아니라 기항 빈도 및 선형의 증가(증대) 추세의 둔화를 야기하였다. 그리고 해운물류기업들은 협조적 환적 체제(선복의 교환 등에 의한) 대신에 개별적 직기항 체제를 선택하는 경향이 높아진 것으로 볼 수 있다. 또한 해운물류기업 간 경쟁의 심화로 화주의 협상력이 강화됨으로써 환적에 대한 화주들의 기피 현상이 심화된 측면도 있다. 환적 체제의 경우 운송 기간의 연장, 화물의 손상 가능성 증대(추가의 하역에 따른) 등 문제점 발생 가능성이 상대적으로 높기 때문이다.

위에서 언급된 요인 이외에도 다음과 같은 여러 가지 요인들이 직기항 체제로의 전환에 직·간접적으로 기여한 것으로 판단된다. 1) FTA 등과 같은 지역 단위의 경제협력이 강화되었다는 점도 직기항 체제의 확산에 기여한 요인이 된다. 지역 단위의 경제협력 즉, 경제의 블록화 현상으로 단거리 역내무역의 비중이 증가함으로써 항로가 단축되었다. 그 결과 최적 선형규모가 감소하였으며 직기항에 필요한 물동량 한계도 하향 조정됨으로써 이들 중소규모 선박의 직기항 체제도 확산된 것으로 판단된다. 2) 하역, 정보 등 물류 기술의 발전 역시 직기항 체제의 확산에 어느 정도 기여한 것으로 판단된다. 특히 하역 기술의 발전에 따른 항만의 생산성 증가로 대형 모선의 재항 비용이 절감됨으로써 직기항이 보다 용이하게 이루어지고 있는 것으로 판단된다. 그리고 정보 기술의 발전은 구매자와 판매자 간의 직거래 확대, 거래단위의 소량화, 신속 인도 등의 현상을 야기함으로써 중소형선의 직기항을 촉진하였다.

이와 같은 요인들로 인하여 세계 주요 항로 체제는 피더선 환적 서비스를 기반으로 하는 hub & spoke 체제에서 점차 직기항 서비스 체제로 대체되고 있다. 특히 동북아시아 지역은 대외무역의 급격한 증가로 항만 물동량이 급증하고 있으며 그 결과 역내 정기선 항로 체계는 직기항 체제로 전환되고 있다. 예를 들면 칭다오, 다롄, 톈진 등 발해만 지역 항만들은 1990년대 초까지만 하여도 피더항으로 기능했으나 그 이후 물동량의 증가에 따라 모선이 직기항함으로써 간선항로와 직접 연결되었다(Notteboom, 2006).

표 7-3 정기선 항로에서 직기항 체제로의 변화를 야기하는 주요 동인

요인		주요 내용
물동량의 증가	개발도상국을 중심으로 한 경제발전	- 개발도상국을 중심으로 제조업이 급속하게 발전함에 따라 항만 물동량 증가 초래 - 항만 배후단지를 비롯한 항만 인근지역에 대한 생산 활동의 집적
	물동량의 증가, 소규모 피더항의 통합 및 항만 배후권의 광역화	- 내륙 연계운송망 등 물류 기반시설의 확충에 의한 내륙 연계운송의 효율화 - 내륙 연계운송의 비용 절감(특히 도로 이용료 절감)
항만시설 여건의 개선	세계적 항만 개발	- 각국의 항만 개발 및 시설 확충에 따른 모선 직기항의 물리적 제약 해소
운임부담력 향상	화물의 고부가가치화	- 화주가 운송비보다는 운송 시간, 신뢰성 등 질적 수준을 중요시하는 경향 - 해운물류기업은 직기항 체제의 확대로 이러한 화주 요구에 대응
해운시장의 경쟁 심화	전략적 제휴, 동맹 등 해운물류기업 간 협조 체제의 약화	- 협조적 환적 체제(선복의 교환 등에 의한)보다는 개별적 직기항 체제 선호
	해운시장의 경쟁 심화, 화주의 협상력 강화	- 화주의 환적 기피 현상 심화

기타 요인	지역 단위의 경제협력(FTA 등) 강화	– 단거리 역내무역 비중 증가 – 최적 선형 규모 감소 및 이들 중소규모 선박의 직기항 체제 확산
	하역, 정보 등 물류 기술의 발전	– 구매자와 판매자 간의 직거래 확대, 거래 단위의 소량화, 신속 인도 등의 현상을 야기함으로써 중소형선의 직기항을 촉진 – 하역 기술 발전에 따른 항만의 생산성 증가로 모선 직기항의 비용 절감

자료 : Haralambides(2000), Notteboom(2004) 및 Wilmsmeier & Notteboom(2009)에 의거 정리.

한편 hub & spoke 운송 체제에서는 항만시장의 집중도가 심화되는 경향이 있다. 중심항으로 선택된 소수의 항만에 화물이 집중됨에 따라 대형 항만은 소형 항만에 비하여 상대적으로 높은 성장세를 나타내기 때문이다. 따라서 hub & spoke 운송 체제에서는 소수의 중심항만들이 세계 항만시장을 지배하게 된다. 반대로 직기항의 확산에 따라 해상운송 체제는 과거의 hub & spoke 체제에서 다수의 중심항만이 발전하여 밀도 높은 네트워크를 형성하는 해상운송망 체제로 전환되고 있다. 이러한 해상운송망 체제에서는 특정 항만에 대한 물동량의 집중 현상이 완화됨으로써 중심항만들의 시장점유율이 낮아지며 그 결과 항만시장의 집중도가 낮아지는 현상이 나타난다.

직기항 체제에서는 환적의 유형(〈표 7-1〉 참조)도 전통적인 형태와 다르다는 점에 유의할 필요가 있다. 즉, 과거의 hub & spoke 체제에서 모선과 피더선 사이에 이루어지던 분산·피더형 환적 대신에 항로교차형 환적으로 그 유형이 변화하는 것이다. 분산·피더형 환적은 간선항로와 피더 항로가 만나는 중심항에서 모선과 피더선 사이에 이루어지는 반면에 항로 교차형 환적은 간선항로들이 교차하는 항만(중심항)에서 모선과 모선 사이에 이루어진다는 차이가 있다.

한편 세계 해상운송망에서 전통적인 hub & spoke 운항 체제가 지역에 따라 부분적으로 퇴색하고 있으나 향후 컨테이너선의 대형화가 가속화됨으로써 결국 hub & spoke 운항 체제로의 회귀를 초래할 것이라는 견해도 있다. 즉, 초대형선(8,000TEU급 이상)의 투입이 확산됨에 따라 소수의 초대형 중심항만(mega hub port)에 선택적 기항이 이루어지면서 주변 항만들을 중소형 피더선에 의한 서비스로 연계하게 된다는 것이다. 이에 따라 새로운 분산·피더형 환적 수요가 대규모로 창출될 것이라는 전망이다.

그런데 새로운 hub & spoke 운항 체제로 회귀함에 있어서는 앞의 표에서 본 바와 같은 다양한 문제가 발생한다. 환적의 발생을 전제로 한 hub & spoke 운항 체제의 등장은 대형선에 요구되는 물동량이 절대적으로 부족했던 상황에서 강요된 불가피한 현상이었으며 해운물류기업들은 가능한 한 환적 체제를 회피하려 하고 있다. 따라서 향후에도 새로운 hub & spoke 운항 체제로 회귀할 가능성은 낮아 보인다. 과거에는 원가 절감을 위한(규모의 경제 실현을 통한) 선박의 대형화 추진이 물동량 증가 추세를 선행함에 따라 환적화물의 유치가 불가피하였으며 이를 위한 방안으로 hub & spoke 운항 체제가 탄생하였다. 근래에는 주요항만의 물동량이 증가함으로써 이들 항만에서 집하가 비교적 용이하게 된 점이 선박의 대형화를 촉진한 것으로 볼 수 있다. 따라서 선박의 대형화와 해상운송 체제 변화(즉 hub & spoke 운항 체제로의 변화) 사이의 인과관계가 과거와 동일한 유형으로 나타날 가능성은 크지 않은 것으로 판단된다.

다음 그림은 정기선 해상운송망 네트워크 변화를 나타낸 것으로 주요 내용은 다음과 같다. 1) 정기선 해상운송망이 구축된 후 일정 기간까지는 hub & spoke 체제가 강화되나 그 이후 점차 완화되는 추세를 보이는 반면, 2) 직기항 체제는 hub & spoke 체제와는 반대로 일정 기간까지 완화된 후 다시 점차 강화되는 추세를 보이며, 3) 간선항로 서비스는 시간의 경과에 따라 점차 강화되는 추세에 있고, 4) 국제 터미널운영업체의 항만시장 진입은 과거 급속하게 증가한 후 거의 정체 상태에 있으며, 5) 정부의 개입은 급속하게 완화된 후 안전·환경 등과 관련된 핵심 내용을 제외한 대부분의 규제가 해소된 이후부터는 큰 변화를 보이지 않고 있다.

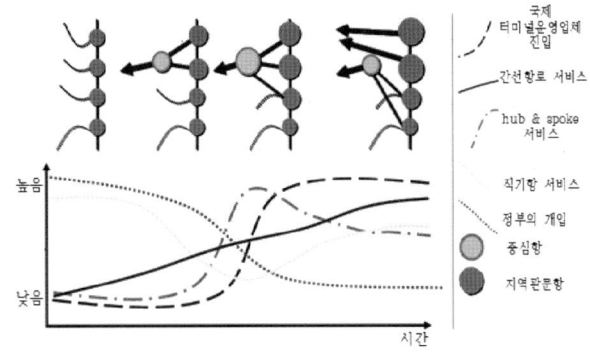

자료 : Wilmsmeier & Notteboom (2009).

그림 7-1 정기선 해운 네트워크 변화추세

향후 해상운송 체제의 변화를 정확하게 예측하기는 어려운 일이다. 그러나 향후에도 중소 항만들이 급속하게 성장함으로써 새로운 집화중심항(load center port) 또는 관문항(gateway port)의 대열에 동참하는 현상이 지속적으로 이루어질 전망이다. 여기에서 집화중심항은 특정 항만에 물동량이 집중된 경우를 말하며, 관문항은 효율적인 내륙 연계운송망(특히 운송회랑)으로 연계됨으로써 광범위한 배후지역을 커버하는 항만을 말한다. 따라서 이들 항만은 모선과 피더선 사이의 환적이 이루어지는 중심항과는 구별되는 개념이다. 이러한 집화중심항과 관문항의 발전이 대형 선박의 직기항 체제와 관련되어 있음은 물론이다.

2) 환적중계센터(Transshipment relay center)의 발전

환적중계센터 또는 환적중계항만(transshipment relay port)이란 두 개이상의 간선항로가 상호 교차하는 항만으로서 모선과 모선 사이의 환적이 대규모로 이루어지는 항만을 말한다(〈그림 7-2〉 참조). 환적중계항만과 전통적인 중심항만의 차이점을 보면 첫째, 전자는 간선항로들이 교차하는 지점에 위치하는 반면 후자는 피더 항로들이 집중되는 지점에 위치한다. 따라서 항만을 중심으로 한 해상운송망의 구성이 상이하다. 둘째, 전자에서 이루어지는 환적은 목적지가 서로 다른 두 모선 사이에서 발생하는 반면 후자에서 이루어지는 환적은 모선과 피더선 사이에서 발생한다. 앞에서 본 바와 같이 전자에 해당하는 환적은 항로교차형 환적이라고 하는 반면 후자는 분산·피더형 환적이라고 한다(UNCTAD, 1990). 그런데 항로교차형 환적은 대부분 운송 시간의 단축, 선복이용 효율의 제고 등 우연적·일시적 필요에 의하여 발생한다는 점에서 처음부터 의도된 환적을 전제로 하는 분산·피더형 환적과 성격을 달리한다.

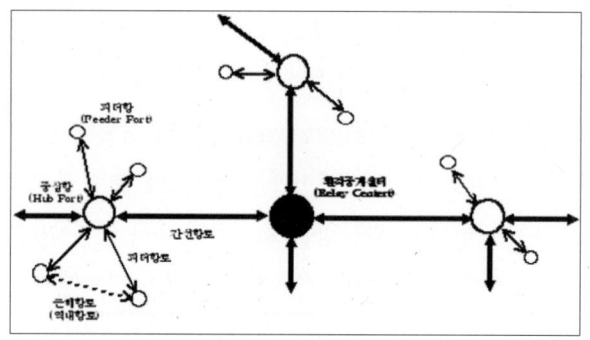

자료 : European Commission (2005).

그림 7-2 환적중계센터의 개념

3) 다극항만 체제의 형성

선박의 대형화에 따라 대형 모선(mother vessel)은 소수의 대규모 중심항만(hub port)에만 선택적으로 기항하고 나머지 중·소 항만은 피더선(feeder vessel)으로 연결하는 운송 체제가 형성되었다(Hsu & Hsieh, 2007). 동북아시아 지역의 경우 이와 같이 모선과 피더선 간의 환적을 기반으로 하는 hub &spoke 체제의 구축은 1990년대 중반까지 심화된 것으로 판단된다(정봉민 2011, 최재선 2005 등 참조). hub &spoke 체제에서 해상

운송망은 단일 노선에 가까운 간선항로와 간선항로를 중심항에서 연결하는 다수의 지선 항로(피더 항로)로 구성된다(〈그림 7-3〉 참조). hub &spoke 체제에서는 중심항만에서 모선과 피더선 사이의 환적이 불가피하게 되며 따라서 이러한 운송 체제는 환적을 전제로 구축된다. 그 결과 hub & spoke 체제의 확산은 환적물동량의 비중 증대를 초래하였다.

그런데 동북아시아 지역을 중심으로 1990년대 후반 이후 직기항 체제가 확산됨으로써 이러한 hub & spoke 체제의 비중이 점차 낮아지거나 그 증가세가 둔화되고 있다. 동북아시아 지역의 컨테이너항만 특히 중국의 주요 항만들은 환적중심항(transshipment hub)보다는 관문항(gateway port)의 특성이 강화되고 있기 때문이다(Notteboom, 2006). 즉 동북아시아 지역에서는 비교적 많은 수의 지역 관문항만들이 상호 연계성을 강화해 나감에 따라 새로운 해상운송 체제가 구축되고 있는데 이를 다극항만 체제(multipolar port system)라 칭하기도 한다(정봉민 2005, 최재선 2005 등 참조). 특히 동북아시아 지역에서 이른바 다극항만 체제가 발전하게 된 것은 역내 물동량의 증가로 비교적 대규모 항만들이 다수 등장하고 있기 때문이다. 다극항만 체제에서는 간선항로망이 복잡하게 구축된다는 점에서 단일노선에 가까운 동서 간선항로로 이루어진 과거의 hub & spoke 체제와 구분된다. 과거에는 소수의 대형 중심항만들이 단순한 선형 형태의 동서 간선항로상에 연결되고 주변의 다수 중소 항만 즉, 피더항만들은 피더 항로에 의하여 중심항만과 연결되는 항로 체제가 형성되었다. 그러나 직기항 체제에서는 모선이 기항하는 간선항로망이 확장됨에 따라 보다 복잡하고 밀도 높은 간선항로망이 구축되고 있는 것이다. 그런데 직기항 체제의 중심항만들은 다른 중심항만들과 이어지는 간선항로뿐만 아니라 주변의 피더항만들과 이어지는 피더 항로와도 연결된다. 다만 연결되는 피더 항로의 수가 과거의 hub & spoke 체제에 비하여 적다는 점에서 차이가 있다.

<Hub & sopke 체제(1990년대 중반 이전)>

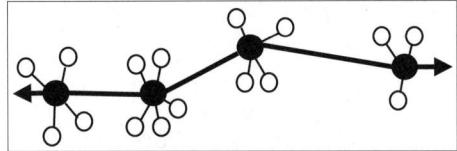

<다극항만 체제(1990년대 후반 이후)>

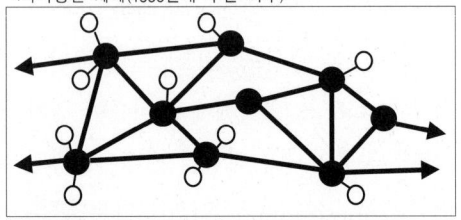

자료 : 최재선 외(2005)를 기초로 일부 수정

그림 7-3 Hub & spoke 체제와 다극항만 체제

제 8 장

해운물류기업의 사회적 책임

1. 기업의 사회적 책임 개관
2. 해운물류기업의 사회적 책임

1. 기업의 사회적 책임 개관

1) 기업의 사회적 책임의 정의와 이행 방안

(1) 기업의 사회적 책임의 정의

기업의 사회적 책임(corporate social responsibility: CSR)이란 재무적 이해관계자(stakeholder)의 이익뿐만 아니라 비재무적인 이해관계자의 이익을 추구하는 자발적인 행위이다. 따라서 CSR은 기업 경영에 있어 환경, 사회 및 국가 경제적 측면을 고려하는 것이라 할 수 있다. 특히 지속가능한 개발을 위한 세계기업위원회(World Business Council for Sustainable Development: WBCSD)에 의하면 기업은 종사자, 그 가족 및 사회(지역 및 광역)와 더불어 일함으로써 그들 생활의 질적 수준을 개선하고 지속적인 경제발전에 기여해야 한다고 함으로써 사회적 책임과 지속 가능성을 강조하였다(김민희·백석훈, 2012). WBCSD에 의하면 CSR과 관련된 주요 이슈는 1) 인간의 권리(human rights), 2) 종업원의 권리(employee rights), 3) 환경보호(environmental protection), 4) 지역사회 참여(community involvement), 5) 공급자 관계(supplier relations) 등으로 지적되었다 (WBCSD, 2009).

첫째, 인간의 권리는 다양한 의미로 해석된다. 예를 들면 어린이나 노예 노동과 같은 좁은 의미에서 사회 및 환경 문제(청정한 공기와 물의 호흡·섭취권 등)를 포함한 넓은 의미로까지 확대된 개념으로 해석 가능하다. 둘째, 종업원의 권리는 CSR에서 중요하게 다루어지는 이슈 가운데 하나이다. 이에는 종업원에 대한 교육·훈련의 기회 제공을 통한 기술 및 능력의 향상, 문화적 차이의 존중, 노동조합 활동의 보장, 노동에 대한 적정한 보상 등이 포함된다. 셋째, 환경보호 역시 CSR의 주요 내용의 하나로 인식되고 있으며 특히 환경 관련 규범의 준수가 기본적으로 요구된다. 그 이외에도 저비용, 저에너지, 저공해 기술의 채택이 모색되어야 할 것이다. 넷째, 지역사회의 참여 및 투자가 요구된다. 이의 구체적 이행 방안으로는 자선 사업이 중요하게 다루어질 수 있으나 기업과 지역사회의 협력을 통한 기술 훈련, 건강 및 안전의 확보를 위한 체제의 구축 등의 중요성이 높아지고 있다. 다섯째, 기업과 공급자 및 계약자의 관계 역시 CSR과 관련하여 중요하게 다루어진다. 여기에는 대기업과 중소기업 상호 간 공정한 거래 관계의 정립뿐만 아니라 지식 및 기술의 이전 내지 지원 등이 포함된다.

　기업의 CSR 이행은 해당 기업의 경영에도 긍정적인 영향을 미치는 바 종업원의 신뢰 강화, 기업의 혁신 및 성장을 위한 여건 조성과 관련한 고객 및 시민의 지원 등을 가능하게 한다(European Commission, 2011).

　한편 프리드먼(Friedman)은 "기업의 사회적 책임이란 이윤을 증가시키는 것"이라는 견해를 피력한 바 있다(Friedman, 1970b). 그에 의하면 기업은 이윤 증가를 통하여 고용과 소득(부가가치)의 창출을 극대화하는 데 이는 기업의 사회적 기여 내지 책임 이행의 가장 중요한 부분이라는 것이다. 그리고 이윤은 다른 이해관계자들에 대한 배려에서 얻어지므로 이윤의 증가를 위해서는 우수한 품질의 제품을 생산하고, 종업원들에 대하여 합당한 처우를 하며, 환경 관리의 측면에서도 긍정적인 평가를 받을 필요가 있다. 따라서 기업의 이윤 추구 행위가 바로 CSR의 이행을 위하여 효과적인 방안이 되기도 하는 것이다.

　CSR은 내용이나 이행 방법의 측면에서 시일의 경과에 따라 변화를 거듭하고 있는데 그 주요 내용을 보면 단순한 선행보다는 측정 가능한 활동을 중시하게 되었으며, 자발적인 기여에 그치지 않고 관련 활동의 효과를 강화하거나 개선하는 방안에 보다 큰 관심을 갖게 되었다. 뿐만 아니라 일방적·즉흥적 활동보다는 상호적·체계적 활동 방안을 모색하게 되었다.

표 8-1 기업의 사회적 책임 이행 방식 진화

진화 형태	진화 방향
선행(good behaviour)	측정 가능한 활동(measurable performance)
종업원 및 지역사회에 대한 자발적 공헌	활동의 영향 및 책임성 개선
일방적, 즉흥적 지원	다자간·상호적, 체계적 활동

자료 : Coady et al., 2012

(2) 기업의 사회적 책임 이행 방안

기업의 CSR 이행 방식은 세 가지로 구분 가능한데 자선사업 접근(charitable work approach), 절차적 접근(procedure approach) 및 핵심 비즈니스 접근(core business approach) 방식이 그것이다(Lovio, 2000; Kunnaala, Raji and Storgard, 2013).

첫째, 자선사업 접근방식은 사회 주요 문제 해소를 위한 자금의 지원 또는 기부에 자발적으로 참여하는 것을 말한다. 자선사업 접근방식은 해당 기업의 경영에 비윤리적인 측면이 있을 경우 문제가 될 수 있다. 자선사업의 긍정적 측면보다는 비윤리적인 측면이 부각됨으로써 기대했던 효과가 나타나기 어렵게 될 수 있기 때문이다.

둘째, 절차적 접근방식은 기업 이윤의 획득이 사회적으로 용인 가능한 방법으로 이루어질 수 있도록 함에 중점을 두는 것이다. 위에서 본 자선사업 접근방식이 기업 이윤의 사용에 관한 것이라면 절차적 접근방식은 기업 이윤의 획득에 관한 것이라 할 수 있다. 절차적 접근방식에 있어서는 기업 경영이 비즈니스 및 사회규범에 따라 수행되어야 하는데 1) 환경·안전 관리의 강화 및 에너지 절감 노력의 경주, 2) 원자재 및 부품 조달의 공정성 제고(공개경쟁입찰 등의 방식을 통하여), 3) 종업원에 대한 근로기준 및 계약의 준수, 근로조건 및 복지의 향상, 4) 조세, 공정 경쟁 등과 관련된 법규의 준수 등이 요구된다.

셋째, 핵심 비즈니스 접근방식은 기업의 생산물에 관한 것으로 해당 기업에서 생산하는 재화 또는 용역이 고객과 사회에 혜택을 제공할 수 있도록

하는 것이다. 이는 사회적 문제의 해소와 기업의 사업 분야를 연계시킴으로써 달성 가능하게 된다. 예를 들면 교통 사정이 열악한 오지의 대중교통 사업이나 친환경 생태 체험 관광단지 조성 및 관련 사업을 영위하는 것은 이에 해당한다.

CSR의 이행에 있어서는 다음 〈그림 8-1〉에 나타난 바와 같이 5 단계의 절차가 필요하게 된다(Honen, 2007). 즉, 계획(plan), 실행(do), 점검(check), 개선(improve) 및 교차 점검(cross-check)이 그것이다. 각 단계별 세부 업무는 그림을 참조할 수 있다. 이와 같은 CSR 절차의 이행에 있어서는 환경, 사회 및 경제적 의사결정이 기업 전반의 경영 과정 및 전략과 통합되어야 한다. 즉, CSR은 기업 전략의 하나로 추진되어야 하며, 전 직원의 의무 사항으로 연계되어야 한다(Kujala, 2009).

1. 계획(Plan)
- CSR에 대한 평가: CSR 추진 팀의 구성, CSR 업무의 도출, 법률적 요구사항의 확인, 기업의 서류·절차·활동·내부역량의 검토, 핵심 이해관계자의 도출 및 참여
- CSR 전략의 개발: CEO, 고급간부 및 종업원의 지원 체제 구축, 타 기업의 활동 조사 및 확인된 CSR 수단의 가치 평가, CSR 활동 명세 작성, 절차를 위한 아이디어 개발, 추진 방향·접근방법·한계 및 집중분야 결정

3. 실행(Do)
- CSR 이행 방법의 개발: CSR 이해에 대한 검토, 주요 이해관계자들과의 토의, 이행을 위한 워킹그룹의 조직, 초안의 작성, 영향을 받는 이해관계자들과의 협의
- CSR의 이행: 통합된 CSR 의사 결정 체계의 개발, CSR 업무계획의 수립 및 이행, 측정 가능한 목표의 수립 및 성과 측정 방법의 확정, CSR 이행을 위한 종업원 및 기타 인력의 참여, CSR 훈련 계획의 수립 및 시행, 문제 행동 대처 체계의 개발, 대내외적 소통 계획의 개발, 홍보

2. 점검(Check)
- 성과의 측정 및 보고: 성과의 측정, 이해관계자의 참여, 대내외적 보고

4. 개선(Improve)
- 평가 및 개선: 성과의 평가, 개선 기회의 도출, 이해관계자의 참여

5. 교차 점검(Cross-check)
- 계획으로의 회귀 및 다음 사이클의 시작

자료 : Honen, 2007

그림 8-1 CSR 이행 체계

한편 기업의 CSR 이행에 있어서는 이해관계자의 참여가 필수적으로 요구된다. 즉, 고객, 사업 파트너 및 원자재 · 부품 공급자뿐만 아니라 비정부기구(non-governmental organization: NGO), 노동조합, 지역사회 등과 같은 비재무적인 이해관계자들과의 관계 형성 및 대화의 기회 확대를 모색함으로써 기업 경영의 환경, 사회 및 경제적 측면과 관련된 이들의 기대 및 관점을 공유할 필요가 있다(Poulovassilis and Meidanis, 2013).

2) 기업의 사회적 책임 이행 효과

기업이 CSR의 이행을 통하여 기대할 수 있는 편익으로는 다음 사항을 들 수 있다(Honen, 2007; Det Norske Veritas, 2004).

첫째, 기업의 대외적 이미지가 개선된다. 기업의 평판과 브랜드 자산은 신뢰, 신용, 생산물의 질적 수준, 일관성 등에 기초한 것이다. 비록 최종소비재를 공급하는 기업이 아닌 경우에도 공급사슬(supply chain)의 파트너로서 CSR을 통한 기업의 평판 관리는 상업적으로 중요한 의미를 가진다.

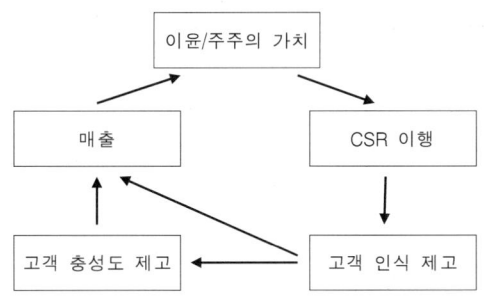

자료: Det Norske Veritas, 2004

그림 8-2 CSR의 이행을 통한 기업 이미지 개선 효과

둘째, 인력의 채용, 개발 및 유지에 있어서도 CSR은 긍정적으로 작용한다. CSR 이행의 결과 종업원들은 자사에 대하여 자부심을 갖게 될 뿐만 아

니라 충성심과 도의성도 증대된다. 특히 가족 친화적인(family-friendly) 기업 정책은 인적자원의 개선에 도움이 된다.

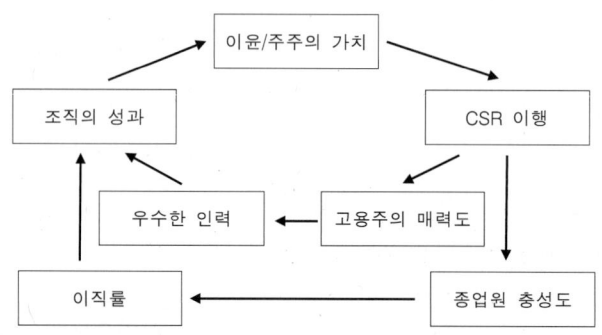

자료 : Det Norske Veritas, 2004

그림 8-3 CSR의 이행을 통한 인적자원 개선 효과

셋째, 증대하고 있는 위험(risk)의 예측 및 관리가 보다 용이하게 된다. CSR의 이행 정도는 경영·관리 능력의 지표로 인식되는 경향이 있으며 (Cowe, 2004) 이의 이행을 통하여 자금 조달 능력이 제고된다. 또한 CSR의 이행을 통하여 기업 자원 및 이미지에 대한 관리가 강화됨에 따라 법·제도의 위반, 언론에 대한 부정적 노출의 위험 등이 낮아진다. 이는 장기적인 관점에서 기업의 이윤 및 주주의 가치 증대에 기여할 것이다. CSR의 이행은 기업의 위기나 사고 발생 시에도 평판의 유지에 도움을 준다 (Poulovassilis and Meidanis, 2013).

넷째, 기업의 혁신 촉진, 경쟁력 향상 및 시장지배력의 강화에도 도움이 된다. CSR 이행의 결과 다양한 이해관계자들로부터의 의견 수렴 기회가 증대되며 이는 신상품, 경영 절차, 시장 등에 대한 아이디어의 원천이 된다. 특히 CSR의 이행은 환경적·사회적 편익 제고와 관련된 생산물의 개발에 유용한 아이디어 확보에 도움이 될 것으로 기대된다. CSR의 주요 활동 내용이 환경적·사회적 편익의 제고와 관련되어 있기 때문이다. 이는 기업의 경쟁력 향상에 큰 도움이 되는데 기업 홍보의 최근 동향이 대체로 환경적·사회적 이미지 개선과 관련되어 있기 때문이다.

다섯째, 기업 경영의 효율성 향상 및 원가 절감에 도움이 된다. CSR의 이행 과정에서 기업 경영에 대하여 보다 체계적인 접근이 이루어질 수 있기 때문이다. 예를 들면 기업 경영의 환경 및 에너지 측면의 검토 및 평가가 강화됨으로써 자원 절감 및 재활용의 기회가 포착될 가능성이 커진다.

여섯째, 효과적이고도 효율적인 공급사슬의 구축 능력 확보에 도움이 된다. CSR의 이행과 관련하여 경영 이념을 공유한 기업들은 장기적으로 호혜적인 비즈니스 관계를 형성할 수 있게 되며 경영 기준의 개선을 통하여 효율성의 향상 및 위험의 경감 효과를 거둘 수 있게 된다. 예를 들면 대기업의 경우 CSR의 이행을 통하여 원자재 및 부품을 납품하는 중소기업에 대한 근로기준의 준수를 촉진함으로써 노동문제로 인한 공급사슬상의 불안 요인을 해소할 수 있게 될 것이다. 이와 관련하여 기업 경영은 공급사슬에서 가장 취약한 부분의 영향을 받게 된다는 점에 유의할 필요가 있다.

일곱째, 변화에 대한 대응 능력의 강화에도 도움이 된다. CSR의 이행 과정에서 이해관계자들과의 대화를 통한 시장 동향의 파악이 보다 용이하게 이루어짐으로써 규제, 경제, 사회 및 환경적 측면의 변화에 대한 예측과 대응이 보다 효율적으로 수행 가능하게 된다. 이에 따라 기업들은 CSR을 시장 동향의 파악을 위한 주요 수단으로 이용하는 경향이 높아지고 있다.

여덟째, CSR은 지역사회에서의 경영활동 수행을 위한 강력한 사회적 면허(social licence)로 기능한다. CSR의 이행으로 시민들과 이해관계자들의 기업 목표와 활동에 대한 이해가 높아짐으로써 보다 강화되고 포용적인 관계 형성이 가능하게 된다. 이에 따라 CSR은 사회적 자본(social capital)의 특성을 갖는다.

아홉째, 자본에 대한 접근이 보다 용이하게 이루어질 수 있게 된다. 금융기관들은 프로젝트의 평가에 있어 환경적·사회적 측면을 중요한 요인으로 고려하는 경향이 높아지고 있기 때문이다. 투자자들도 해당 기업의 CSR 이행과 관련된 측면을 경영 건전성의 주요 판단 지표로 삼는 경향이 있다.

열째, 규제 기관과의 관계 개선에도 도움이 된다. 법적 의무 규정을 초과하는 수준의 환경적·사회적 활동을 수행하는 기업에 대해서는 각종 인허가 절차가 단축되는 경향이 있는 것으로 알려져 있다. 경우에 따라서는 정부의 조달 및 수출 지원에 있어서도 기업의 CSR 지표가 참고자료로 이용될 수 있다.

마지막으로, CSR의 이행은 소비의 책임성 강화를 촉진한다. 기업은 생산 및 공급하는 재화 및 용역을 통하여 지속 가능한(sustainable) 소비 패턴 및 라이프 스타일의 형성에 중요한 역할을 담당한다. 특히 녹색 소비자(green consumer)의 등장으로 환경 및 건강에 대한 일반의 관심이 증대되고 있는 만큼 기업은 환경 친화적 소비 활동의 실천에 직접적인 영향을 미친다. 여기에서 녹색 소비자란 환경이나 건강에 대한 영향을 주요 판단 기준으로 하여 소비 활동을 하는 소비자를 의미한다. 즉 이들은 가격이 다소 높더라도 환경 친화적인 생산물을 선택하는 경향이 있는 것이다.

2. 해운물류기업의 사회적 책임

1) 해운물류기업의 특성과 사회적 책임

(1) 해운물류기업의 사회적 책임 이행 필요성

해운산업에 있어 CSR의 이행에 대한 요구가 다른 산업에 비하여 높은 것으로 판단되며 그 요인은 다음과 같다.

첫째, 경제적 측면에서 해운산업은 공급사슬의 핵심적 부문을 차지함으로써 지역, 국가 및 세계 경제의 영위에 있어 중요한 역할을 담당하고 있다. 즉, 해운산업은 저렴한 대량 운송 수단을 제공함으로써 국제무역의 촉진 및 세계 경제의 발전에 기여하고 있다. 이에 따라 해운물류기업은 상대적으로 높은 사회적 책임을 부담하지 않으면 안 될 것으로 판단된다.

둘째, 환경적 측면에서 해상운송은 친환경 운송 수단으로 평가되고 있음에도 불구하고 해양 사고의 발생 시 대량의 유류 오염을 야기할 가능성이 크다. 해양의 유류 유출 사고는 해양 생태계와 인류의 생활에 심각한 악영향을 유발하게 된다. 이는 해운물류기업들이 환경적 측면에서 CSR을 이행하지 않으면 안 되는 주요 이유가 된다.

셋째, 인권 및 사회적 측면에서 해운산업은 다른 산업과 구별되는 특성을 나타낸다. 우선 해상 노동은 근무 장소가 외부와 단절되고 협소한 선박이며 장기간 가족 및 사회와 격리된 생활이 강요될 뿐만 아니라 위험하고 힘든 근무 여건에서 이루어진다. 따라서 해상 노동자(선원)에 대해서는 인권 및 복지의 측면에서 고용자의 보다 높은 수준의 CSR 이행이 요구된다. 또한 해상운송은 낙도 등 오지의 생계 및 교통 수단을 제공하는 기능을 수행하며, 이와 관련된 CSR의 이행도 요구된다.

해운경영 여건의 변화 역시 CSR 이행에 대한 압력 요인으로 작용하고 있다. 즉, 해운물류기업들은 규제자(공공 부문), 해운 서비스 수요자, 투자자, 각종 단체(NGO 등) 등으로부터 1) 배기가스 및 폐기물의 배출, 2) 에너지 및 자원의 소비, 3) 해양 사고에 의한 유류 등 유해 물질의 유출, 4) 공급 사슬관리의 지속 가능성 등과 관련하여 새로운 요구에 직면하고 있다. 특히 해운 서비스 이용 고객들의 해운물류기업 경영에 대한 기대와 인식이 변화하고 있어 단순한 저운임 해운 서비스의 제공보다는 해운 서비스의 생산 및 공급이 사회적 책임의 이행이라는 관점에 합치되는가의 여부에 관심을 갖게 된 것이다. 이에 따라 해운물류기업들은 CSR의 이행뿐만 아니라 경영 절차의 투명성 및 소통의 강화도 요구받고 있다.

더구나 해운물류기업은 대부분의 다른 산업 부문과 마찬가지로 생산(해운 서비스의 생산) 활동의 수행 과정에서 온실가스(greenhouse gas), 폐기물 배출 등 외부불경제를 야기한다. 이와 같이 발생된 사회적 비용은 기업의 해운 원가에 포함되지 않으며 따라서 운임 결정에도 반영되지 않는다. 폐기되는 선박의 해체와 관련해서도 중금속, 폐유 등 오염물질이 발생한다. 대부분의 선박 해체가 개발이 상대적으로 낙후된 국가에서 이루어지기 때문에 이들 국가에 있어서는 환경 기준의 설정 및 이행이 부진하여 체계화된 폐기물 관리가 이루어지지 못하고 있는 실정이다(McGuire & Perivier, 2011). 해운물류기업 경영의 이러한 외부불경제(external diseconomies)[1] 발생을 고려할 때 일정 수준의 CSR 이행은 선택이 아니라 의무 사항이라 할 수 있다.

(2) 해상 안전과 해운물류기업의 사회적 책임

대부분의 해운물류기업들은 안전 및 환경 관련 국제규범을 충실하게 이행하고 있으나 일부 기업들의 경우는 여전히 이러한 문제를 소홀히 하는 것으로 나타났다(European Commission, 2012). 해운산업은 시장 개방적인 경영 여건의 특성상 치열한 국제 경쟁에 쉽게 노출되므로 경쟁력 우위의 확보를 위한 원가 절감이 무엇보다 시급한 과제가 되기 때문이다.

대부분의 해운물류기업들은 저임금 다국적 선원을 배승시킴으로써 언어 장벽으로 인한 소통의 어려움뿐만 아니라 빈번한 이직에 따른 숙련도 저하도 문제가 된다. 또한 해상 노동의 특성상 장기간 일반 사회 및 가족과의 격리, 협소한 생활환경, 인간관계 형성의 한계 등으로 인한 문제가 발생하고 이들은 해양 사고의 잠재적인 유발 요인이 된다(Collins et al. 2000). 이에 따라서 선원에 대한 부당한 처우 및 열악한 근로 여건은 윤리적인 문제 이외에도 안전의 문제를 야기한다(Progoulaki and Roe, 2011).

---

1) 외부불경제(external diseconomies)란 한 경제 주체의 경제활동(생산 또는 소비) 과정에서 특별한 보상 없이 다른 경제 주체의 효용이나 생산에 부정적인 영향을 미치는 현상을 말함.

이와 같이 해운경영과 관련하여 해양 사고의 위험이 높을 뿐만 아니라 사고 발생 시 인명, 환경 및 재산 피해도 심각한 편이다. 특히 대량의 유류 오염의 경우 해양 생태계의 파괴는 물론이고 수산업, 해양 관광산업 등에 막대한 금전적 피해를 유발한다. 이에 따라 안전 관리와 관련된 부문에서 해운산업은 다른 산업에 비하여 높은 강도의 CSR 이행이 요구된다.

한편 해운물류기업의 안전 관리는 사회적 책임이기도 하지만 경쟁력의 확보를 위하여 필수불가결한 사항이 되고 있다. 해운물류기업의 적정한 안전 관리는 해당 기업의 경쟁력을 평가하는 지표가 되기 때문이다. 즉, 용선이나 집화 활동에 있어 해당 기업의 안전 관련 과거 실적이 주요 평가 자료로 활용된다.

2) 해운물류기업의 사회적 책임 이행 방안

해운 분야의 CSR 이행과 관련하여 설정되는 주요 목표로는 종업원의 복지 향상, 해양 환경의 보호, 안전의 확보, 비즈니스 윤리의 준수 등을 들 수 있다. CSR에 대한 해운물류기업의 접근 유형은 세 가지로 구분 가능하다 (Fafaliou et al., 2006).

첫째는 기준 미달의 해운물류기업들에 의하여 채택되는 접근방식으로서 안전 및 서비스의 질적 수준을 희생하더라도 가격경쟁력의 확보에 기업 역량을 집중하게 된다. 둘째는 대부분의 해운물류기업들에 의하여 채택되는 접근방식으로서 법규를 위반하지 않으면서 이윤을 극대화하는 방안을 모색하게 된다. 셋째는 CSR을 지지하는 접근방식으로서 법규의 준수 차원을 넘어서 의무 사항이 아닌 기준까지 달성하고자 하는 것이다. 이러한 해운물류기업들은 비용의 추가 부담에도 불구하고 법규에서 규정된 수준보다 높은 사회적 기대를 충족하고자 한다. 이와 같이 CSR을 지지하는 접근방식을 채택하는 기업들이 증가하고 있다.

해운물류기업의 CSR 이행은 환경적 측면, 사회적 측면 및 경제적 측면에서 이루어져야 한다. 이러한 측면의 CSR 성과는 재무적 측면의 성과와 조화를 이루지 않으면 안 된다. 즉, CSR성과가 재무적 성과를 대체할 수는 없는 것이며 어디까지나 재무적 성과의 달성이 가장 중요하게 고려되어야 한다. 재무적 성과는 기업의 생존과 직결되는 문제이기 때문이다. 해운물류기업의 CSR 이행 방안을 보다 구체적으로 살펴보면 다음과 같다.

첫째, 환경적 측면에서 해운물류기업들은 CSR의 이행을 위하여 기본적으로 환경 관련 국내 및 국제 규범을 준수하지 않으면 안 된다. 예를 들면 해양오염방지협약(Protocol of 1978 relating to the International Convention for the Prevention of Pollution from Ships: MARPOL)[2], 폐기물 및 기타 물질의 투기에 의한 해양오염 방지에 관한 협약(Convention on the Prevention of Marine Pollution by Dumping of Wastes and Other Matters)[3], 유엔해양법협약(United Nations Convention on the Law of the Sea)[4] 등의 준수는 모든 해운물류기업들에 있어 기본적으로 요구되는 필수사항이다.

해운물류기업들의 환경 관련 CSR의 이행에 있어서는 이러한 규범의 단순한 준수 차원을 넘어 관련 규범에서 지향하는 이상(vision)을 실현하기 위한 노력이 요구된다. 이를 위한 방안으로 에너지 절감, 바이오연료(biofuel)·액화천연가스(liquified natural gas: LNG)·재생가능 에너지 이용의 확대, 폐기물 발생량의 저감 및 친환경적 처리 방안 등을 강구한다. 또한 해운 서비스 생산을 위한 원자재의 조달에서부터 내용 연수가 다한 선박의 폐기에 이르기까지의 전 과정에 대하여 관심을 가진다.

---

[2] 선박의 통상적 운용상 배출되는 오염물질에 의한 해양오염을 방지할 목적으로 제정된 국제협약으로 1978년 2월에 채택되어 1983년 10월에 발효됨.
[3] 런던협약(London Convention)이라고도 하며 선박, 항공기, 해양 시설물로부터의 폐기물을 비롯한 기타 물질의 해양 투기에 의한 해양 오염 방지를 규정하는 협약으로 1972년 11월에 채택되어 1975년 8월 발효됨.
[4] 해양에 관한 국가 관할권, 해양환경 개발, 해양분쟁 해결 등 연안국 및 해양 이용국의 해양 관련 권리와 의무를 규정하고, 협약 대상국 간의 이해관계 조정과 분쟁 해결 등을 위한 협약으로 1982년 12월에 채택되어 1994년 11월에 발효됨.

특히 선박 운항의 에너지 절감을 위한 방안으로는 1) 에너지 절감 기술이 적용된 선박에 대한 신조선 발주, 2) 저속 운항(slow steaming)을 통한 연료 소모량의 절감, 3) 선박 대형화의 추진 등을 들 수 있다.

그 중에서 저속 운항과 관련하여 선박의 시간당 유류 소모량은 운항 속도의 약 3승에 비례(동일 항해거리를 기준으로 하면 유류 소모량은 속도의 약 2승에 비례)하는 것으로 나타난다. 따라서 저속 운항은 에너지 절감을 위하여 비교적 효과적인 방안이며 그만큼 온실가스 배출의 저감 방안이 되기도 한다. 다만 저속 운항은 운송 기간을 연장시킴으로써 운송의 신속성 제고를 통한 서비스 수준의 개선과는 역행하는 전략이 된다. 뿐만 아니라 운임 수준이 비교적 높은 해운 호황기에는 저속 운항을 통한 연료비의 절감 효과보다 선박의 회전율 저하로 인한 운임 수입의 감소 효과가 커짐으로써 수익성에 부정적인 영향이 초래될 수 있다는 점에 유의할 필요가 있다. 그리고 선박이 대형화됨에 따라 운송 단위당 연료 소모량은 체감하게 된다. 선박의 대형화는 규모의 경제(economies of scale) 달성에 의한 해운 원가의 절감뿐만 아니라 에너지 절감과 관련된 CSR의 이행 방안도 되는 것이다. 이와 같이 해운물류기업의 환경 친화적 경영 방안의 모색은 기업의 원가절감 및 이윤 증가에도 도움이 될 수 있다.

둘째, 사회적 측면의 CSR 이행 방안으로는 종업원에 대한 합당한 처우 및 혜택의 제공, 지역사회에 대한 기여 등을 들 수 있다. 우선 종업원 및 다른 이해관계자들의 이익을 고려하지 않으면 안 되며 이들을 착취하거나 위험에 빠뜨리지 않으면서 혜택을 제공하는 방안을 모색해야 할 것이다. 이를 위하여 종업원에 대하여 합당한 보수의 제공, 안전한 근무 환경의 조성 및 근무 시간의 준수 등이 기본적으로 요구된다. 또한 어린이 노동, 강제 노역을 금하고, 인력 공급처(manning company)[5], 용선주, 하도급 업체 등에 대해서도 이러한 문제가 발생하지 않도록 감시할 필요가 있다. 그 이외에도

---

[5] 선박에 대한 선원의 배승을 담당하는 회사를 말함.

종업원의 복지 향상, 교육·훈련을 통한 지식·기술 습득 및 승진 기회의 제공도 중요하게 다루어져야 한다.

지역사회에 대해서도 교육, 생활환경 개선, 건강 관리 등을 지원함으로써 지역사회의 발전에 기여해야 할 것이다. 그 이외에도 현지 노동력 고용, 현지 조달 등의 방안이 강구될 필요가 있다. 해운물류기업의 지역사회 기여에 있어서는 '자선'보다는 '자립' 능력의 확보에 중점을 두어야 한다. 일시적인 금전적 지원이 아닌 지역사회 취약계층의 지속적인 소득 창출을 지원하는 방안을 모색해야 한다. 이를 위해서는 기업 단독 사업보다는 정부·학교·국제기구와 공동으로 참여하는 합작 모델의 개발이 필요하게 된다.

셋째, 경제적 측면에서 해운물류기업은 지속가능한 경제발전을 지원해야 할 뿐만 아니라 이해관계자들에 대한 경제적 영향력에 대해서도 고려하지 않으면 안 된다. 이를 위해서는 합리적인 운임 수준에서 안정적인 해운물류서비스의 공급이 이루어질 수 있도록 해야 할 것이다. 그 이외에도 고용의 창출, 납세 의무의 이행, 기업 경영의 투명성 증대, 부패 방지 등을 위한 노력도 요구된다.

한편 기업의 CSR은 대체로 환경적, 사회적 관점에서 논의되는 경향이 있으나 사실 기업의 가장 중요한 사회적 책임은 경제적 측면에 있다. 기업은 고용 및 부가가치를 창출하고, 조세를 납부함으로써 사회에 기여하는 부분이 가장 중요한 역할이기 때문이다. 환경적·사회적 측면의 기여 활동은 기업 이외에도 공공기관, NGO 등이 수행할 수 있으나 경제적 측면의 기여 활동은 기업이 담당해야 하기 때문이다. 그리고 기업이 경제적 측면에서 CSR을 충실하게 이행하기 위해서는 우선 존립해야 하며, 충분한 이윤을 확보되지 않으면 안 될 것이다. 기업의 경영에 있어 재무적 성과의 달성이 최우선적으로 고려되어야 하는 이유가 여기에 있다.

3) 해운물류기업의 사회적 책임 이행 효과

일반적으로 기업의 CSR 이행 효과는 앞에서 본 바와 같이 1) 기업의 대외적 이미지 개선, 2) 우수 인력의 채용, 개발 및 유지 측면에서의 이점, 3) 위험(risk)의 예측 및 관리의 강화, 4) 기업의 혁신 촉진, 경쟁력 향상 및 시장지배력의 강화, 5) 기업 경영의 효율성 향상 및 원가 절감, 6) 효과적이고도 효율적인 공급사슬 구축 능력의 제고, 7) 변화에 대한 대응 능력의 강화, 8) 지역사회에서의 경영 활동 수행을 위한 강력한 사회적 면허(social licence)로 기능, 9) 자본에 대한 접근성 향상, 10) 규제 기관과의 관계 개선, 11) 소비의 책임성 강화 촉진 등의 긍정적인 효과를 가진다.

특히 기업의 CSR 이행은 고객의 유치, 우수한 인력(선상 및 육상 인력)의 확보 등의 효과를 통하여 이윤 증대에 도움이 되는 것으로 나타나고 있다. CSR 이행의 이러한 긍정적 효과는 해운물류기업에 대해서도 대부분 그대로 적용된다.

일반적으로 기업의 CSR 이행 활동은 직접적·단기적인 관점에서는 비금전적인 측면과 관련되어 있다. 그런데 간접적·장기적인 효과까지 고려할 경우 비금전적인 활동은 기업의 이윤 증가, 주식 가치의 상승 등 금전적인 효과로 귀결된다. 예를 들면 기업의 환경, 사회 및 국가 경제적 측면의 기여는 기업의 대외적 인지도 향상 및 긍정적인 이미지의 창조, 우수한 인력의 확보, 경영 위험의 경감 등의 긍정적인 효과를 통하여 재무적 성과의 향상에 도움이 된다.

해운물류기업의 CSR 이행에 따라 기대되는 효과의 하나로서 환경 관리의 강화의 사례를 들 수 있다. 해운물류기업의 환경친화적인 경영 및 이의 홍보를 통하여 해당 기업은 고객에 대하여 긍정적인 기업 이미지의 구축이 가능하게 된다. 이러한 긍정적인 기업 이미지는 해당 기업에 대한 고객(화물)의 유치 및 충성도 제고에 기여함으로써 매출과 이윤의 증가를 결과하게 될 것이다. 특히 이러한 그린 마케팅(green marketing)[6]의 효과는 앞에서 언급된 그린 컨슈머의 등장으로 강화되는 경향이 있다. 또한 세계 주요 항만에서는 일정 환경 관리 기준을 충족한 선박에 대하여 항비 감면의 혜택을 제공하기도 한다.

또 하나의 예로 해상노동에 대한 CSR의 이행 효과를 살펴보기로 하자. 저운임 선원의 배승은 단기적인 관점에서 비용 절감을 통한 가격경쟁력의 향상에 도움이 될 수 있으나 장기적으로 가격경쟁력을 약화시키는 요인으로 작용할 우려가 있다. 미숙련 저임금 선원의 고용 확대는 화주의 불신을 초래할 우려가 있으며 보험료 인상, 금융 조건의 악화, 노동문제 등을 야기할 수도 있다(Progoulaki & Theotokas, 2009). 이에 비하여 종업원에 대한 CSR의 이행은 유능하고 충성심이 높을 뿐만 아니라 동기 부여가 잘 된 경쟁력 있는 인력의 확보 및 유지를 가능하게 한다. 이러한 인력의 확보를 통하여 운영비 및 선박 유지보수비의 절감과 운영의 효율성 향상이 이루어질 수 있다. 특히 고가의 선박 및 장비의 적정 관리가 가능하게 됨으로써 선주의 투자위험 경감 효과도 거둘 수 있게 된다.

그 이외에도 해운물류기업의 CSR 이행은 노동·환경·안전 관련 법규 위반이라는 문제 발생의 소지를 해소해 줄 뿐만 아니라 규제 기관의 경영에 대한 감시 및 개입으로 인한 불편 해소에도 도움이 된다.

그런데 많은 기업들은 CSR의 이행이 비용의 증가를 결과하는 대신에 비용의 절감을 가능하게 한다는 점에 대하여 인식하기 시작하였다(Etsy and Winston, 2006). 해운물류기업의 경우 저속 운항 및 선박의 대형화를 통한 연료 절감은 운송에 다른 환경 악영향의 완화라는 CSR의 이행 방안인 동시에 원가 절감 방안이 되기도 한다.

한편 일반 기업의 경우도 마찬가지이겠으나 해운물류기업의 CSR 이행

---

[6] 그린 마케팅(green marketing)이란 환경문제를 최소화하면서 소비자가 만족할 만한 수준의 성능과 가격의 생산물을 개발·공급하여 환경적으로 우수한 제품 및 기업 이미지를 창출함으로써 기업의 이익 실현을 도모하는 마케팅을 말함.

에 있어 유의해야 할 점도 있다. 우선 CSR 이행을 위하여 기업 자원을 무리하게 배정함으로써 재무적 위험이 발생해서는 안 된다는 점이다. CSR의 이행으로 비용 절감이 이루어지는 사례도 있으나 대부분의 CSR 활동에 있어서는 상당한 비용 부담이 불가피하기 때문이다. CSR 활동과 관련하여 이해관계자들과의 소통 및 정보 교환으로 중요한 기업 비밀이 유출되는 위험이 수반될 수 있다는 점도 유의해야 한다. 기업 경영의 정직성 및 투명성의 제고라는 측면과 함께 기업 비밀의 보호라는 두 가지 상반된 측면의 조화가 요구되는 것이다.

제 9 장

해운산업 정책

1. 해운시장에 대한 정부의 개입
2. 해운산업 발전 단계별 정책 변화
3. 해운시장에 대한 정부 개입의 기본 방향
4. 무역 정책과 해운산업

1. 해운시장에 대한 정부의 개입

1) 시장실패와 정부실패

(1) 시장실패

시장실패(market failure))는 경제학에서 시장기구(가격기구, market mechanism 또는 price mechanism)가 그 기능을 제대로 발휘하지 못하여 자원이 효율적으로 배분되지 못하는 상태 즉, 파레토최적이 달성되지 못하는 상태를 지칭한다. 여기에서 시장기구는 시장의 수요와 공급에 의하여 모든 재화와 용역의 가격이 결정되고 그 가격에 따라서 수요·공급 및 자원의 배분이 조정되는 체계를 말한다. 파레토최적(Pareto optimum) 또는 파레토 효율((Pareto efficiency)이란 하나의 자원 배분 상태에서 다른 사람에게 손해가 가도록 하지 않고서는 어떤 한 사람에게 이득이 되는 변화를 만들어내는 것이 불가능한 상태를 의미한다.[1] 그런데 시장실패 현상이 나타날 경우에는 시장에 대한 정부의 개입이 필요하게 된다. 즉, 정부의 정책적 개입을 통하여 시장실패 현상을 해소 내지 보완함으로써 파레토 최적의 달성을 도모하게 되는 것이다.

시장실패 현상이 나타나는 주요 원인으로는 다음 사항을 들 수 있다.

첫째, 완전경쟁(perfect competition)을 달성하지 못하는 시장구조(market structure)는 시장실패의 주요 요인이 된다. 완전경쟁의 달성을 위해서는 1) 다수의 수요자와 공급자, 2) 재화의 동질성(완전한 대체성), 3) 자유로운 시장진입과 퇴거(자원의 완전한 이동), 4) 완전한 정보 등 네 가지 조건이 달성되어야 하는데 그중 하나라도 달성되지 못하는 경우 불완전경쟁 상태가 된다.[2]

---

[1] 파레토 개선 사례의 예를 들면 수익성이 낮은 부문에 대한 투자를 고수익 부문으로 전환하거나 싫증난 옷을 기부하는 등의 행위를 들 수 있음.
[2] 완전경쟁 상태에서는 이익을 극대화하려는 시장 참여자의 행위가 결집되어 시장가격이 형성되고, 시장 참여

이와 같은 불완전경쟁을 결과하는 시장구조의 유형으로는 독점, 과점[3], 독점적 경쟁(monopolistic competition) 등의 시장구조를 들 수 있다. 여기에서 독점은 공급독점(monopoly)과 수요독점(monopsony)으로 구분되며 전자는 공급 주체가 1개인 경우이고 후자는 수요 주체가 1개인 경우를 말한다. 과점에도 공급과점(oligopoly)과 수요과점(oligopsony)가 있는데 전자는 공급자가 소수인 경우를, 후자는 수요자가 소수인 경우를 각각 의미한다. 또한 독점적 경쟁시장은 완전경쟁시장의 네 가지 요건 가운데 재화(서비스)의 동질성이 충족되지 않는 시장 즉, 차별화된 생산물(differentiated product)이 공급되는 시장을 말한다. 독점적 경쟁시장에서는 생산물의 품질, 디자인 등이 서로 상이하므로 완전한 대체성이 성립하지 않으며 개별 기업은 단순한 가격 수용자(price taker)가 아니라 가격결정에 어느 정도 영향력을 미칠 수 있게 된다.

이와 같이 불완전한 시장구조에서는 가격이 적정 수준보다 높게 책정됨으로써 자원 배분의 파레토 최적이 달성되지 못할 우려가 있다. 경우에 따라서는 과당경쟁이 나타남으로써 자원이 과다배분(과잉 투자)되기도 하는데 시장점유율의 유지 내지 확대를 위하여 설비투자의 경쟁이 벌어지기 때문이다. 즉, 시장의 크기나 동향보다 자기 회사 시장점유율의 유지 내지 확대를 우선적으로 고려함으로써 국민경제 측면에서 볼 때 과다한 중복 투자를 결과하게 되는 것이다. 경쟁 기업의 퇴출을 도모하기 위하여 원가 이하의 가격을 책정하기도 하는데 이러한 과당경쟁은 경쟁 기업의 퇴출 후 가격을 상향 조정함으로써 장기적 관점에서 이윤 극대화를 추구하기 위한 목적으로 이용되는 경우가 많다. 또한 기업 경영의 목표 설정에 있어서는 주주를 비롯한 다양한 이해관계자들의 의지가 반영되는데, 단순히 이

자의 생산·소비 행위가 조율될 뿐만 아니라 경제 내의 자원이 가장 효율적으로 이용되는 상태에 도달함. 이러한 체계를 시장기구 또는 가격기구라 함.
3) 과점의 특수한 형태로서 공급 주체가 2개인 공급복점(duopoly)과 수요 주체가 2개인 수요복점(duopsony)이 있음.

윤의 극대화(profit maximization)보다는 매출액 성장의 극대화(growth maximization) 또는 시장점유율의 극대화(market share maximization) 등에 두어지는 경우가 흔히 있으며(Divedi, 2008) 그 결과 과잉 투자와 원가 이하의 가격 설정 행태가 나타난다.

둘째, 공공재(public good)의 존재 역시 시장실패의 요인이 된다. 공공재는 소비의 비경합성(non-rivalry)과 소비의 비배제성(non-excludability)을 특성으로 한다. 여기에서 비경합성이란 특정 소비자의 소비 행위가 다른 사람들의 소비 행위에 영향을 미치지(소비 기회를 감소시키지) 않는 것을 말한다. 비배제성이란 해당 재화나 서비스에 대하여 대가를 치르지 않을 경우에도 소비 혜택에서 배제할 수 없음을 의미한다. 공공재는 모든 사람들이 공동으로 이용할 수 있는 재화 또는 서비스를 의미한다.[4] 이러한 공공재에 대해서는 소비에 대하여 대가를 치를 필요가 없게 되므로 무임승차(free rider)의 문제가 나타나며 그 수급을 시장 기능에 맡겨둘 경우 과소 공급(또는 공급 불가)의 문제가 발생하게 된다. 이에 따라 공공재의 공급은 정부가 담당해야 한다는 논리가 성립된다.[5]

한편 공공재와 유사한 개념으로 공유재(공유자원, common goods, common pool resource)가 있다. 이는 소유권이 개인에게 속하지 않고 사회 전체에 속하는 자원을 말한다. 공유재는 배제성은 없으나 경합성은 존재하는 특성을 갖는 것으로 하천, 호수, 공기 등이 이에 해당한다. 이와 관련해서는 흔히 '공유재(지)의 비극(tragedy of the commons)' 현상이 나타나는데 모두가 함께 사용할 수 있는 공유재(지)는 아무도 아껴 쓰려고 노력하지 않으므로 머지않아 황폐해지는 현상을 말한다(Hardin, 1968).

---

[4] 공공재의 사례로 흔히 공원, 박물관 등을 생각할 수 있으나 이들은 엄밀한 의미에서 완전한 비경합성과 비배제성을 갖고 있다고 보기 어려움. 이에 비하여 국방은 완전한 비경합성과 비배제성을 갖춘 것으로 판단되며 따라서 엄밀한 의미의 공공재(공공서비스)라 할 수 있음.
[5] 이에 대해서는 반대의 연구결과도 있다. Axelrod(1984)는 장기적으로 경제 주체들은 서로 불편을 경험하고 협력하게 되어 정부의 시장 개입이 없어도 자율적으로 사회 후생을 극대화하게 됨을 게임이론에 바탕을 둔 모의실험 결과로 보여주었음.

셋째, 외부 효과(external effects)가 존재할 경우 시장실패 현상이 나타난다. 외부 효과는 생산자나 소비자의 경제활동이 시장 거래에 의하지 않고 제3자의 경제활동이나 생활에 영향을 미치는 것을 말하는데 그 영향이 긍정적이면 외부경제 효과(external economies effects), 부정적이면 외부불경제 효과(external diseconomies effects)라고 한다. 외부 효과가 존재할 경우의 해당 부문에 대한 자원 배분을 보면 외부경제 효과의 경우에는 자원의 과소 배분이, 외부불경제 효과의 경우에는 자원의 과다 배분이 이루어지게 된다. 전자의 경우에는 사회 전체적 관점에서 발생하는 사회적 편익(social benefit)이 외부 효과를 유발한 개별 주체의 사적 편익(private benefit)을 초과하고 후자의 경우에는 사회전체가 부담하는 사회적 비용(social cost)이 개별 주체가 부담하는 사적 비용(private cost)을 초과하기 때문이다.[6)]

다음 그림에서 보면 외부불경제가 발생할 경우 해당 기업은 외부 효과를 유발하여 전체 비용의 일부를 사회에 전가시키며 사회적 비용이 사적 비용보다 커지게 된다. 그 결과 사적 비용을 적용한 공급곡선은 사회적 비용(사적 비용+외부불경제 효과)을 적용한 공급곡선의 우하향에 위치하게 됨으로써 시장 공급량(Q_m)이 적정 공급량(Q_o)을 초과하게 된다. 만약 외부경제 효과가 발생할 경우를 전제하면 이와 반대의 결과가 나타날 것이다.

---

6) 사회적 비용 또는 편익(social cost or benefit) = 사적 비용 또는 편익(private cost or benefit)+외부 효과(externality).

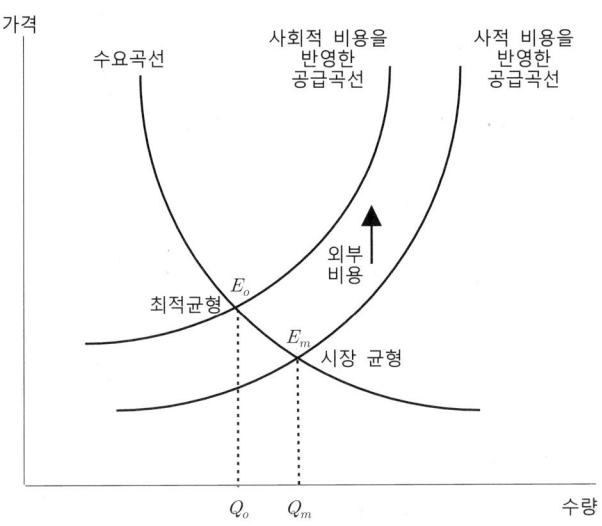

그림 9-1 외부불경제 상태의 시장 균형과 최적균형

외부 효과 문제의 해결을 위해서는 외부 비용(external cost)을 내부화(internalization)하는 방안이 강구되어야 하는데 1) 시장 유인을 이용한 방법(market based approach)과 2) 정부의 직접규제(command-and-control) 방법이 이용될 수 있다. 먼저 시장 유인을 이용한 방법으로는 외부불경제에 대해서는 환경세, 거래 가능한 오염 면허 등을 통해 유발 주체가 사회에 끼치는 비용을 부담하게 하고, 외부경제에 대해서는 외부 효과에 상응하는 보조금을 지급하는 등의 대책이 고려될 수 있다. 그리고 정부의 직접규제는 외부불경제의 경우에 채택되는 것으로 특정한 정화 장치 사용의 의무화, 오염 물질 배출량이 적은 생산기술 채택의 강제 등의 방안이 고려될 수 있다.

넷째, 유치산업(infant industry) 보호의 경우에도 시장실패와 관련하여 논의 가능하다. 유치산업은 국가 등의 특정 경제 단위에서 성장의 초기 단계에 있어 비교우위를 확보하지 못하였으나 일정 기간 보호 육성할 경우 비교우위를 확보할 수 있는 산업을 말한다. 유치산업에 대한 정부 보호(지원)의 근거는 생산 경험, 기술 개발 및 규모의 경제 달성 기회를 제공함에 있다.

(2) 완전경쟁(perfect competition)을 실현하지 못하는 시장구조

앞에서 본 바와 같은 시장실패 현상이 나타날 경우 즉, 시장기구가 자원의 효율적인 배분을 달성할 수 없게 될 경우 정부의 정책적 개입이 필요하게 됨은 이미 언급한 바와 같다. 그런데 정부가 개입하는 경우에도 정부실패(governmant failure)의 우려가 있다. 정부의 개입으로 민간 부문의 의사결정을 교란시켜 효율적 자원 배분에 오히려 부작용을 초래할 가능성이 있는 것이다.

정부실패의 주요 원인으로는 1) 제한된 정보, 2) 정부 개입에 따른 민간 부문의 반응에 대한 통제 불가능성[7], 3) 정치적 제약으로서 정치 논리에 의한 정치적 타협, 4) 관료 조직에 대한 불완전한 통제, 5) 정부 활동의 독점성(제한된 경쟁), 6) 내부성(겉으로는 공식적인 조직 목표를 내세우면서 실제로는 비공식적 목표인 자기 집단의 사적 이익을 추구하는 도덕적 해이 현상), 7) 파생적 외부 효과(정부 활동의 결과로 나타나는 잠재적·비의도적 파급 효과와 부작용)[8], 8) 규제 기관의 포획 현상(공익 목적을 위하여 존재하는 규제 기관 또는 규제 관료가 본래의 의도와는 달리 소수 피규제 집단의 이해에 봉사하거나 피규제 집단의 선호와 일치하는 방향으로 또는 이들에게 동정적인 입장에서 규제 정책을 펴나가는 현상), 9) X-비효율성(경쟁 압력이 떨어짐에 따라 기업 조직 내부에 생기는 여러 가지 비효율), 10) 지대 추구 행위(인위적 진입장벽으로 이익을 추구하는 행위, rent-seeking behavior)[9], 11) 주기적 선거로 인한 시간의 제약(장기적 시야 결여), 12)

---

7) 민간 부문의 통제 불가능성 관련 예를 들면 근로 의욕의 고취를 위한 소득세율 인하의 경우 기대한 효과 대신에 조기 은퇴 등 반대의 결과가 초래될 우려가 있음.

8) 파생적 외부 효과의 예를 들면 임대차보호법의 경우 주거 안정이라는 당초의 목표 달성보다 전세가 상승의 부작용이 초래되는 경우가 있음.

9) 지대 추구 행위의 사례로서 전매사업, 학연·지연 인사 등을 들 수 있음.

선거구민에 치중된 입법 활동 등을 들 수 있다.

이와 같은 정부실패에 대한 대책으로는 다음 사항을 들 수 있다.

첫째, 제도 개혁을 통한 규제 완화, 관료 조직의 상호 견제 기능 강화, 정책의 투명성 확보(행정 정보의 공개 등), 민영화 등을 고려할 수 있다. 둘째, 공무원의 승진, 보수 제도 개혁 등을 통하여 경쟁 원리를 도입함으로써 업무 수행의 개선을 위한 적정 유인을 제공할 필요가 있다. 이와 관련하여 공무원의 의식 개혁도 이루어져야 할 것이다. 셋째, 국민 및 시민 단체의 역할도 중요하다. 특히 정부와 공기업 활동에 대한 감시 및 비판, 국민의 다양한 의견 제시 및 반영 등이 요구된다.

한편 프리드먼 등 시카고학파의 신자유주의 이론은 정부실패에 주목하여 케인즈의 큰 정부(big government) 이론에 대하여 배격하고 작은 정부(small government)의 실현 및 시장경제의 활성화(국가 개입보다는 시장 기능 제고)를 주장한다. 작은 정부의 실현은 국영기업의 민영화, 재정지출 규모의 축소, 사회보장제도의 축소, 경제 규제 완화 등을 통하여 이루어질 수 있다.

2) 해운시장 정책 관련 주요 고려 요인

(1) 해운산업의 시장실패 가능성

가. 불완전 경쟁의 측면

시장에 대한 정부의 개입은 시장실패를 보완함에 그 주요 목적이 있으며 시장실패의 일반적인 요인으로는 완전경쟁을 저해하는 시장구조, 공공재, 외부 효과, 유치산업 보호 등이 있음은 앞에서 본 바와 같다.

첫째, 불완전경쟁의 관점에서 보면 해운산업은 과당경쟁의 가능성과 함께 담합의 가능성도 공존하고 있다. 해운산업의 과당경쟁은 다음의 요인에 의하여 유발된다. 1) 서비스산업의 특성상 생산물의 저장이 불가능 하다는 점 즉, 소멸성을 들 수 있다. 해운산업의 생산물인 해상운송 서비스는 생산과 동시에 소멸하며 재고로 저장 불가능하므로 판매를 위한 치열한 경쟁이 전개되는 경향이 있다. 2) 화물 단위당 추가 운송에 소요되는 한계비용이 비교적 낮고 이에 따라 해운 불황 시 운임 수준이 해운 원가보다 크게 낮은 수준에서 형성될 가능성이 있다. 해운산업은 자본집약적 산업의 특성상 자본비(감가상각비 및 이자), 일반관리비 등 고정비용의 비중이 높으며(가변비용의 비중이 낮으며), 따라서 한계비용(화물 1단위 추가 운송에 따른 가변비용의 증가분)이 총평균비용(해운 원가)에 비하여 낮은 수준에서 결정된다. 그런데 해운물류기업은 운임 수준이 해운 원가에 미치지 못할 경우에도 한계비용보다 높을 경우 추가 운송에 의하여 운항 수지를 다소나마 개선할 수 있기 때문이다. 3) 선박에 대한 과잉 투자 가능성이 상존하고 있다는 점 등도 해운시장의 과당경쟁을 유발하는 주요 요인으로 판단된다. 선박에 대한 과잉 투사를 유발하는 주요 요인으로는 선박 대형화 성생, 에너지 절감 선박에 대한 투자, 해운 호황기의 지나친 낙관론 확산 등이 있다. 그 중에서 선박의 대형화 경쟁은 규모의 경제 실현에 의한 원가절감뿐만 아니라 기업 이미지 제고의 목적도 있다. 이에 따라 대형선박에 대한 투자 경쟁이 일반화되고 있고 그 결과 해운 수요와 무관한 선복량 증가 현상이 나타나고 있다. 에너지 절감 선박은 주요 조선업체들의 조선 불황 타개 노력과 기술 발전에 의하여 개발이 촉진되고 있으며 해운물류기업들은 원가절감을 위하여(특히 운임 수준이 낮은 해운 불황 시) 해당 선박에 대한 투자를 확대하고 있다.

둘째, 담합 가능성의 관점에서 보면 해운업계에는 해운동맹(shipping conference, liner conference), 전략적 제휴(strategic alliance) 등 담합을 위한 조직의 결성이 허용되어 왔다. 먼저 1) 해운동맹은 정기선 해운물류기업들이 과당경쟁의 배제 및 독점력 강화를 위하여 운임, 화물 적취량,

배선 및 기타 운송 조건에 관하여 협력하는 국제 카르텔(cartel)[10]이다. 해운동맹은 1875년 8월 영국-인도 캘커타(Calcuta) 항로에 취항 중이던 4개 해운물류기업이 최초로 결성한 이래 세계적으로 확산되어 왔으나 2008년 EU에서 해운물류기업 간 담합을 금지함에 따라 유럽 관련 항로에서는 해운동맹의 결성이 불가능하게 되었다. 일반적으로 기업 간 담합은 독점규제 차원에서 금지되고 있음에도 불구하고 강력한 담합의 한 형태인 동맹이 해운산업에서 허용되어 온 것은 해운시장의 과당경쟁 경향 때문이다. 아이러니하게도 과당경쟁의 가능성이 높은 만큼 이에 대비하기 위한 담합의 가능성도 높아진 것이다. 2) 해운산업에서 전략적 제휴는 선복 임차, 공동 노선의 운영, 장비·설비의 공동 이용 등의 협력을 통하여 원가의 절감 및 운항의 효율화를 추구하기 위한 수단으로 이용된다. 앞에서 본 동맹이 경쟁을 배제하고 독과점적인 수익을 실현함에 목적이 있다면 전략적 제휴는 기업경영의 특정 부문에 대하여 협력함으로써 관련된 전략적 목적을 실현하기 위한 협력체라는 점에서 구분된다.

나. 공공성의 측면

앞에서 공공재의 특성으로 소비의 비경합성과 비배제성의 두 가지를 언급한 바 있는데 해운 서비스는 이 두 가지 특성을 만족하지 못하므로 공공재의 범주에 포함되지 않는다. 따라서 해운 서비스의 공급을 국가에서 담당할 필요는 없을 것이다. 그럼에도 불구하고 해운산업은 국가 경제뿐만 아니라 국방, 정치·외교 등의 관점에 있어서도 중요한 기능을 담당한다. 특히 한국은 대외 의존성이 높은 경제구조로 인하여 수출입 화물의 안정적인 운송 수단의 확보라는 관점에서 해운산업의 중요성이 인정된다. 국적 선대는 국가 비상시 동원 가능한 전략 자원이 되며, 그 이외에도 정치·외교적 관

---

10) 카르텔(cartel)은 기업 간에 상품 또는 용역의 가격, 생산량, 거래 조건, 거래 상대방, 판매 지역 등을 제한 내지 합의하는 것으로 기업연합이라고도 함. 카르텔은 한국을 비롯한 대부분의 국가에서 독점 규제 차원에서 금지되고 있음.

점에서 국적선대는 국위 선양 등의 기능을 수행한다. 이와 같은 관점에서 볼 때 해운산업이 공공재를 생산하지는 않으나 공공성(publicness)을 갖는다고 할 수 있으며 이의 건전한 발전을 위한 정부의 정책적 개입 필요성이 인정될 수 있다.

공공성의 개념은 여러 가지 관점에서 논의될 수 있다. 먼저 '공(公)'과 '사(私)'를 구분해 보면 '공'은 국가 또는 사회를, '사'는 개인, 가족 또는 시장을 각각 의미한다. 따라서 공공성은 사적인 특성과 대립되는 국가 또는 사회와 관련된 특성이라 할 수 있을 것이다. 정태인·이수연(2013)은 공공성은 공공 이성(public reason)에 기초한 숙의 민주주의(deliberative democracy)에 의해 합의된 공공의 가치로 정의한 바 있다. 즉, 공공성은 사적으로 실현할 수 없는 공적 가치를 공론장에서 숙의 민주주의 방식으로 합의하고 그러한 가치를 가진 재화와 서비스를 조달하고 관리함으로써 이루어진다는 것이다. 그리고 공공성을 갖는 재화(및 서비스)의 종류로 1) 공공재와 공유자원, 2) 필수재(necessary goods)[11], 3) 네트워크재(network goods)[12], 4) 가치재(merit goods)[13], 5) 안보재(security goods)[14], 6) 체제재(system goods)[15] 등을 들었다.

해운 서비스는 위에서 언급된 주요 특성들을 갖고 있는 것으로 판단된다. 우선 해운산업은 규모의 경제가 광범위하게 적용될 뿐만 아니라 국제적 네트워크를 경영 기반으로 한다는 점에서 네트워크재의 특성을 갖는다. 또한 해운산업은 국가 경제의 유지 발전을 위하여 필수불가결한 산업으로 경제적 안보와 관련되어 있는 것으로 판단된다. 이에 따라 해운산업은 다수의

---

[11] 식량, 의료 등 인간의 생존에 필수적인 재화나 서비스를 말함.
[12] 네트워크 산업(에너지, 정보, 재화, 여객의 흐름을 담당하는 산업)에서 생산되는 재화 또는 서비스로서 생산 및 소비의 규모가 커지면 커질수록 한계비용은 감소하고 한계효용은 증가하는 특성을 가짐.
[13] 예방 의료, 의무 교육 등 개인에게 맡겨 둘 경우 과소 소비의 가능성이 있는 재화 또는 서비스를 말함(Musgrave, 2008).
[14] 식량, 에너지, 국방 등 국가나 공동체의 안보에 필수적인 재화를 말함.
[15] 금융, 언론 등 사회경제 체제를 구성하고 작동시키는 주요 기관이나 기구들을 의미하며, 여기에 문제가 생기면 사회 전체가 불안정해짐.

기업(화주)과 국민의 경제적 후생에 대하여 직·간접으로 심대한 영향을 미친다. 뿐만 아니라 해운산업은 국방상의 기능도 어느 정도 수행할 수 있는 것으로 인식되고 있다. 이에 따라 해운산업은 공공성을 갖는 것으로 볼 수 있다. 이와 같이 해운산업은 공공성을 가진다는 점에서 그 생산물인 해운서비스의 적정 공급을 위한 정부의 정책적 개입 필요성이 인정될 수 있다.

다. 외부 효과의 측면

일반적으로 많은 생산 활동의 부문에서 외부 효과를 유발하는데 운송 부문의 경우에도 온실가스의 배출, 교통 혼잡, 소음 등 외부불경제 효과를 유발한다. 해상운송은 다른 운송 수단에 비하여 에너지 효율이 높으며 그 결과 운송 단위당 온실가스(greenhouse gas) 배출량이 비교적 적은 것으로 평가된다(〈그림 1-1〉 참조). 해운산업은 운송에 따라 불가피하게 발생하는 외부불경제 효과를 저감하기 위한 수단으로 이용될 수 있다는 점에서 정책적 보호 육성이 필요한 것으로 판단된다. 다만, 최근 관심의 대상으로 부상한 미세먼지(PM10, PM2.5)나 질소산화물, 황산화물 등의 경우에는 선박 기인 오염의 비중이 상대적으로 높게 나타나는바, 이에 대한 대책이 요구된다.

라. 유치산업 보호의 측면

유치산업은 발전의 초기 단계에 있는 산업으로서 국제경쟁력을 확보하지 못했으나 일정 기간 보호 육성할 경우 기술 습득 및 개발, 경영 및 생산 경험의 축적, 규모의 경제 실현 등을 통하여 경쟁력을 확보할 수 있는 산업을 말함은 앞에서 본 바와 같다. 한국의 해운산업은 전통적인 업무 영역 즉, 해상운송 부문에서 어느 정도 경쟁력을 확보한 것으로 판단된다. 더구나 실질소유(beneficial ownership) 기준의 선복 보유 규모에서도 2014년 초 기준 7,824만 DWT로, 그리스(2억 5,848만 DWT), 일본(2억 2,855만

DWT), 중국(2억 18만 DWT), 독일(1억 2,724만 DWT)에 이어 세계 5위이다 (UNCTAD, 2014). 따라서 한국의 해운산업을 유치산업으로 보기는 어렵다. 다만 통합물류 또는 공급사슬관리 차원의 보다 수준 높은 서비스의 제공 능력의 확보에 있어 미흡한 것으로 판단된다. 그러나 이러한 서비스 제공 능력 확보에 대한 정부의 보호 및 지원 효과는 제한적일 것으로 판단된다.

(2) 해운시장에 대한 정부 개입의 역사

가. 한국

한국의 해운산업은 1945년 이후 발전을 위한 기반을 갖추기 시작하였다. 진해고등상선학교가 1945년에 설립되었으며 국영 해운물류기업인 대한해운공사의 설립을 위한 대한해운공사법이 1949년에 제정되고 이듬해인 1950년부터 동 공사의 영업이 개시되었다. 해운산업 발전을 위한 법적·제도적 장치가 마련된 것은 1960년대 초 한국의 산업화가 본격화되기 시작하면서부터이다. 한국은 1962년의 제1차 경제개발 5개년 계획을 시작으로 경제개발계획이 추진되기 시작했고 이에 수반하여 1963년에는 해상운송사업법이 제정되었다.

한국의 해운산업 육성 정책은 해운진흥법의 제정(1967년)을 계기로 본격화된 것으로 볼 수 있다. 이 법에 의하여 해운산업에 대한 세제 지원이 이루어졌을 뿐만 아니라 1969년부터 1973년까지 5년간 외항해운 장려금과 외항 정기 항로 결손 보조금이 일부 지원되었다. 이어 화물유보제도(cargo reservation system)[16]의 법제화가 이루어졌다. 화물유보제도는 1965년 교통부 고시로 시행되기 시작했으나 해운진흥법의 제정을 계기로 법적 뒷받침을 갖게 된 것이다. 이러한 정책적 지원과 민간 부문의 노력에 힘입어

---

16) 화물유보제도는 주요 화물에 대한 운송권을 국적선박에 우선적으로 부여하는 제도로 1965년에 시작되어 1995년에 폐지됨. 이 제도는 국적선의 불취항 또는 운송권의 포기 시 외국선에 의한 운송이 허용된다는 의미에서 웨이버(국적선 불취항 증명서, Waiver)제도라고 일컬어지거나, 지정된 주요 화물에 대하여 동 제도가 적용된다는 의미에서 지정화물제도로 일컬어지기도 함.

1972년에는 국내 외항 해운물류기업의 운임 수입이 1억 달러를 돌파하기도 하였다. 1974년에는 외항해운 육성 방안이 마련되었다.

외항해운 육성 방안의 주요 내용으로 다음 사항을 들 수 있다. 1) 선복량의 증강 정책이 추진되었다. 즉, 1981년까지 500만 톤의 외항선을 확보하되 이 중 50%인 250만 톤은 외국으로부터 수입하고 나머지 50%는 국내에서 건조하기로 하였다. 이에 따라 외항선 확보의 수입 의존도를 낮추고 해운과 조선의 연계 발전을 도모하고자 하였다. 그리고 2) 원양 정기 항로와 원유, 철광석, 유연탄, 인광석 등 주요 정책 화물 운송을 전담할 해운회사를 선정하여 중점적으로 육성하여 '대단위 해운회사'로 발전시키며, 3) 민간기업이 자력으로 개발 가능한 부문은 민간 자율에 맡기되, 간접적인 지원책을 강구하도록 한다는 것 등이었다.

특히 계획조선제도가 1975년부터 시행되었는데 이 제도는 국내 해운회사가 선박을 국내 조선소에서 건조할 때 저렴한 자본비로 건조 가능하도록 국가적 차원에서 재정적인 지원을 하는 것이었다. 1978년에는 해운진흥법의 개정으로 계획조선제도에 대한 법적 근거가 마련되기도 하였다. 계획조선제도에 의한 선박 확보 사업은 1975년부터 1993년까지 시행되었는데(1998년에 공식적으로 폐지됨) 그동안 계획조선제도에 의해 발주된 선박은 모두 1,259척, 481만 GT로 동 기간 중 우리나라 조선소 총 신조선 수주량의 14%를 차지하였다. 이에 따라 계획조선제도는 한국 해운산업의 발전에 직접적으로 기여한 것으로 판단된다. 뿐만 아니라 당시 발전의 초기에 있던 한국 조선산업의 발전에도 계획조선제도는 큰 도움이 되었다. 참고로 한국의 주요 조선기업들은 1970년대에 대거 설립되었다. 예를 들면 현대중공업(1973년), 삼성중공업(1974년), 대우조선해양(1978년) 등을 들 수 있다. 이에 따라 국내 외항 해운물류기업의 운임 수입은 1979년에 10억 달러를 돌파했고 이는 1972년의 1억 달러 돌파 이후 7년 만에 거둔 쾌거였다.

해운항만청의 창설(1976년) 역시 한국의 해운산업 발전을 위한 중요한 기반이 되었다. 이를 계기로 교통부 산하 국(局)으로 분산되었던 해운항만 행정이 일원화되어 일관성 있는 해운항만 정책의 수립이 가능하게 되었기 때문이다. 새로 창설된 해운항만청은 창설 첫 해에 해운·조선 종합 육성 방안을 수립·시행하였다. 해운·조선 종합 육성 방안의 정책 목표는 "우리 선박은 우리 조선소가 건조하고, 우리 화물은 우리 선박으로 운송한다"는 것이었다. 이에 따라 1975년부터 시작된 계획조선제도의 확대 시행 및 법적 뒷받침(1978년 해운진흥법 개정을 통한 계획조선제도의 법제화)이 이루어졌다.

한편 1980년대 들어 한국의 해운산업은 일대 위기를 맞이하게 되었다. 1970년대 말부터 세계 해운 시황이 극심한 장기 불황에 직면하였기 때문이다. 당시 해운 불황을 야기한 주요 요인으로는 제2차 유류파동(oil shock, 1978년 12월), 개발도상국을 중심으로 한 선대 확보 경쟁 등을 들 수 있다. 당시 운임 수준의 급락에 따라 많은 외항 해운물류기업들이 자본 잠식 상태에 빠지게 되자 정부는 1983년 말에 해운산업 합리화계획을 마련하고 1984년 초부터 합리화작업을 추진하였다. 이 작업은 1985년 말에 매듭지어졌다. 그 결과 기존의 111개 외항해운물류기업이 33개 사로 통폐합되었다.

한국의 해운산업 정책은 1990년대 들어 패러다임의 전환이 이루어졌다. 과거의 육성·보호 정책에서 시장 개방과 국제화 정책으로 전환된 것이다. 이러한 정책 패러다임의 전환 이면에는 1) 1970년대 말의 극심했던 해운 불황 경험으로 인한 해운산업 구조 개혁의 필요성에 대한 인식, 2) 1995년 1월의 WTO 출범(한국은 출범 당시부터 회원국 자격 유지), 1996년 12월의 OECD 가입 등으로 인한 국제적 시장 개방 압력의 강화, 3) 한국의 국제적 위상 제고에 따른 국제 표준 및 규범의 수용 필요성 증대 등을 들 수 있다.

1990년대의 주요 해운산업 정책 추진 실적으로 다음 사항을 들 수 있다.

첫째, 1991년에 중국 선원 양성 및 공급 등에 관한 지침이 제정됨으로써 중국 교포 선원의 고용이 시작되었다. 이는 한국 해운산업의 인건비 절감을 통한 국제경쟁력 확보를 위한 것이었다. 주요 해운 선진국들은 이미 오래 전부터 임금 수준이 낮은 개발도상국 선원들을 고용함으로써 인건비 절감을 도모하고 있었던 만큼 저임금 외국인 선원 고용은 불가피한 선택이었다. 1995년에는 '외국인 인력 고용 관리 지침'을 제정·시행함으로써 외국인 선원 고용 대상을 중국 교포 선원에서 다른 외국인 선원으로 확대하였다.

둘째, OECD 가입(1996년 12월)을 전후하여 국내 해운시장의 개방화가 급진전되었다. 그 주요 내용 가운데 하나로 해운산업육성법의 폐지(1998년)를 들 수 있다. 이 법의 폐지는 한국이 더 이상 해운산업에 대하여 보호 및 지원 정책을 시행하지 않겠다는 의지를 대내외적으로 표명한 것으로 해석될 수 있다. 이 법에 따라 화물유보제도가 전면 철폐되었다. 화물유보제도의 폐지는 그 이전부터 점진적으로 이루어지기 시작했는데 1995년 정기선 부문, 1997년 부정기선 부문의 폐지에 이어 1998년에 남은 3개 화물(석탄류, 제철원료 및 액화가스)에 대한 유보제도가 폐지된 것이다. 해운법에 의한 규제도 더욱 완화되었다. 외항해운업이 면허제에서 등록제로 전환되었고 권역별 면허가 폐지되어 정기와 부정기 해운만으로 구분 등록하도록 변경되었다.

셋째, 1996년에는 해양 행정의 일원화를 통하여 해양 강국으로 도약한다는 취지 아래 해양수산부가 창설되었다. 이에 따라 해운항만 및 수산을 포괄하여 체계적인 해양 정책의 수립 및 추진이 가능하게 되었다.

넷째, 1997년에는 국제선박등록법이 제정·공포되었으며 선박 도입 관세가 철폐되었다. 특히 국제선박등록법에 의하여 국제선박의 지원 근거와 안보 선대[17]의 도입 장치가 마련되었다. 국제선박등록제도는 한국 상선대의 해외 이적 방지 및 국제경쟁력 강화를 위하여 도입된 것이다. 국제선박에 대해서는 취득세와 공동시설세 100% 면제, 재산세 50% 감면 등의 혜택이

---

17) 안보 선대는 국제선박등록법상의 국가필수선박(국가필수선대)을 의미하는 것으로, 비상시 동원 가능한 선대를 말함. 국가필수선박으로 지정되면 국내 선원의 배승 의무가 강화되는데 외국(개발도상국) 선원과의 인건비 차이는 국가에서 보전함.

주어졌다.

다섯째, 1997년 말(10월)에는 한국이 외환위기를 맞아 IMF(국제통화기금)의 구제 금융을 지원받게 되어 해운업계도 비상 경영 체제에 들어갔다. 1998년의 해운업계 경영 수지는 오히려 큰 폭의 흑자를 실현했는데 이는 환율의 폭등으로 원환 환산 운임 수입이 증가했기 때문이다. 다만 정부가 1999년에 부채비율을 200% 이내로 규정함으로써 국내 해운물류기업들은 부채비율 저감을 위하여 보유 선박(86척)을 매각할 수밖에 없는 상황이 되었다. 그 결과 국내 해운산업은 마이너스 성장을 실현했는데 정부의 이러한 조치는 해운산업에 대한 이해의 부족에 의한 실정으로 평가된다.

한국의 해운산업은 2000년대에 들어 새로운 도약의 전기를 마련하였다. 특히 1) 국제선박등록제도 내에 제주선박등록제도를 2002년에 마련함으로써 지원을 강화하였다. 예를 들면 제주선박등록제도에 등록된 선박에 대해서는 농어촌특별세, 취득세, 재산세, 지방교육세, 공동시설세 등이 영구 면제되었다. 2) 선박투자회사제도가 2002년에 도입되었다. 이 제도는 선박 확보 금융 조달의 어려움을 해결하기 위한 방안으로 도입되었으며 이후 국내 해운물류기업의 선박 확보를 위한 주요 수단으로 정착되었다. 3) 2005년에는 톤세(tonnage tax)제도가 도입되었는데 이는 기존의 법인소득세 대신에 보유(및 운항) 선박의 톤수를 기준으로 일정 금액의 조세가 부과되는 제도이다. 톤세제도는 네덜란드(1996), 노르웨이(1996), 독일(1999), 영국(2000) 등 다수 해운 선진국에서 도입·시행되고 있었으며 한국의 경우도 이에 동참하게 된 것이다. 톤세제도의 도입에 의하여 국내 해운물류기업들은 조세 부담이 경감되었고 그 결과 선박 투자를 위한 자금의 확보도 보다 용이하게 되었다.

나. 세계

세계의 해운산업 정책은 국제무역 내지 경제 정책적 이념에 영향을 크게 받으면서 변화해 왔다. 주요한 내용은 아래와 같다.

첫째, 산업혁명 이전의 세계무역에 대한 기본이념은 대체로 중상주의(mercantilism)가 지배했던 것으로 볼 수 있다. 중상주의는 국가 간의 무역을 제로섬(zero-sum) 게임으로 보고 수입보다는 수출을 증가시켜 그 차액만큼 귀금속(금, 은)을 축적하여 국부를 증대시키는 것을 목표로 하는 무역사상 내지 무역 정책이다. 중상주의는 16세기부터 18세기에 걸쳐 유럽을 중심으로 확산되었다.

이 시기에는 해운산업 부문에서도 중상주의의 영향을 받아 보호주의 정책이 널리 시행되었다. 예를 들면 영국에서 1651년에 채택된 항해법(Navigation Act)이 있다. 그 주요 내용은 1) 유럽 이외 지역의 산물을 영국 및 그 식민지로 수입하는 경우 영국이나 그 식민지 선박으로 운송하고, 2) 유럽의 산물을 영국 및 그 식민지로 수입하는 경우에는 영국 선박이나 산지 국가의 선박으로 운송하며, 3) 외국 물품의 선적은 산지 국가 또는 최초의 선적 국가 항만으로 한정한다는 것 등이다. 항해조례는 당시 유럽의 해운업계를 지배하고 있던 네덜란드를 배제하고 자국의 해운 및 무역 점유율의 증대를 도모하고자 한 대책이었다. 이에 따라 항해조례는 제1·2차의 영국-네덜란드전쟁의 한 원인이 되기도 하였다. 항해조례는 19세기에 들어와 자유주의 경제의 풍조가 높아지면서 1849년에 폐지되었다. 그리고 중상주의 시대에는 화물유보(cargo reservation) 정책 또는 국기차별(flag discrimination) 정책이 널리 시행되었다. 화물유보 정책과 국기차별 정책은 사실상 동일한 개념으로서 수출입 화물의 운송권을 자국적 선박에 우선적으로 부여한다는 것을 내용으로 한다. 항해조례 역시 이러한 화물유보 정책을 주요 내용으로 한 것이었다.

둘째, 19세기에 들어서는 산업혁명의 성공에 따라 영국을 중심으로 자유무역주의가 국제무역의 기본 이념 내지 이론으로 자리 잡아 20세기 초까지 지속되었다. 당시 영국은 산업혁명으로 잉여 생산물이 발생하자 이를 수출하기 위한 수단으로 자유무역 이론을 주장한 것으로 이해되기도 한다. 자유무역 이론은 아담 스미스(Adam Smith)의 절대우위 이론과 리카도(David Ricardo)의 비교우위 이론[18]에 의하여 뒷받침되었다. 특히 리카도의 비교우위 이론에 의하면 생산 비용의 상대적인 격차에 입각한 국제분업의 원리에 의해 국가의 보호 · 간섭 · 통제가 없는 자유로운 국제무역이 모든 국가에게 이익이 된다는 점이 논증되었다. 이와 같이 19부터 20세기 초에 걸친 자유무역주의 시대에는 정치적 측면에서도 작은 정부(무정부)를 지향함으로써 국가의 간섭을 배제하고자 하였다.

자유무역주의의 확산에 부응하여 해운 부문에 있어서도 자유주의 정책이 널리 채택되었다. 특히 영국은 항해조례를 폐지하였으며(1849년)[19] 여타 유럽 국가들도 해운 자유화에 동참하였다. 이 시기에 미국은 해운산업의 국제경쟁력을 확보하지 못함에 따라 세계 해운시장에서 대부분 철수하였다. 다만 우편 정기선 부문에서는 국가 보조가 이루어졌다.

셋째, 제1차 세계대전(1914년 7월~1918년 11월)부터 제2차 세계대전(1939년 9월~1945년 9월)을 전후한 시기 즉, 전간기(interwar period)는 보호무역주의가 부활한 시기이었다. 유럽의 산업혁명 이후 등장한 자유무역주의는 19세기 후반 들어 유럽의 경기 침체와 이에 따른 민족주의의 등장으로 쇠퇴하기 시작한 반면 보호무역주의가 부활하였다. 새로운 보호무역주의는 제1차 세계대전과 1920년대 후반의 세계 대공황과 함께 정점으로 치달았으며, 제2차 세계대전이 끝나면서 다시 미국이 주도한 자유무역 체제인 관세 및 무역 일반 협정(General Agreement on Tariffs and Trade: GATT)이 출범할 때(1947년)까지 지속되었다. 이 시기에는 자국 산업의 보호를 위하여 다양한 관세 및 비관세장벽이 강화되었다. 한편 GATT는 1944

---

[18] 비교우위 이론은 후에 헥셔오린 정리(Hecksher-Ohlin theorem)으로 발전했는데 이는 한 국가의 비교우위가 생산요소의 부존 상태에 의하여 결정된다는 이론임.
[19] 영국의 항해조례 폐지는 세계적 자유주의 추세에 동참한다는 명분 아래 이루어졌으나 사실상으로는 당시 부상한 철제 기선의 선두 주자로서 자유경쟁을 통하여 국제 해운의 주도 세력으로 성장할 수 있다는 자신감에 따라 취한 조치라고 보는 견해도 있음.

년 뉴햄프셔주 브레턴우즈(Bretton Woods)에서 있었던 브레턴우즈 회의의 결과 창설되어 1947년의 제네바 라운드(Geneva Round)를 시작으로 본격 활동에 들어갔다. GATT는 1995년 1월 WTO 출범 시까지 국제무역 자유화를 위한 협상 체제로 기능하였다.

    보호무역주의의 부활에 따라 해운 부문에 있어서도 광범위한 보호 및 육성 정책이 시행되었다. 다만 이전 중상주의 시대의 보호주의가 화물 유보 등 직접적·물리적 수단에 의한 것이었다면 새로운 보호주의는 자국 해운산업에 대한 보조금 지급을 주요 내용으로 한다는 점에서 차이가 있다. 이러한 새로운 보호주의는 보조주의라고 일컬어지기도 한다. 특히 이전의 자유주의 시대에 세계 해운시장에서 대부분 철수했던 미국은 국가안보 관점에서 비상 시 국가 동원 가능한 선대의 확보를 위한 해운산업 육성 정책을 시행하였다. 이에 따라 선박 건조에 있어서는 자국 건조와 해외 건조의 가격 차이에 대한 보조가 이루어졌고 선박의 운항에 대해서도 자국 해운물류기업과 외국 해운물류기업의 운항비 차액에 대한 보조가 시행되었다. 그 이외에 영국, 프랑스, 독일, 일본 등에 있어서도 자국 해운물류기업의 선박 확보 및 운항에 대한 보조금 지급이나, 장기 저리 자금의 융자, 각종 세제상의 혜택 등이 부여되었다.

    넷째, 제2차 세계대전이 끝난 후부터 1980년대까지는 세계 경제에서 개발도상국의 부상이 본격화한 시기이었다. 예를 들면 한국을 비롯하여 타이완, 홍콩, 싱가포르 등 아시아의 네 마리 용으로 일컬어지는 신흥공업국들은 1960년대부터 급속한 경제발전의 시기를 맞이하였다. 중국은 1978년부터 개혁·개방 정책을 채택하여 급속한 성장세를 나타내고 있다. 한편 세계 경제는 GATT 체제 아래에서 자유무역의 기조를 채택하여 안정적인 성장세를 유지했으나 1970년대 초부터는 유류파동(oil shock)[20]과 연이은 자원 파동, 수요 정체 등으로 불황에 직면하게 되었다. 이에 따라 자유무역주의

---

20) 제1차 유류파동은 1973년 10월에, 제2차 유류파동은 1978년 12월에 각각 발생함.

가 후퇴하고 선진국 주도의 보호무역주의가 다시금 확산되었다. 새로이 나타난 보호무역주의를 신보호무역주의(new protectionism)라고 하는데 이러한 무역 정책의 기조는 1980년대까지 지속되었다. 신보호무역주의는 선진국 상호 간의 수입규제와 개발도상국의 수출에 대한 선진국의 수입규제가 중심을 이루고 있다는 점에서 개발도상국의 유치산업 보호 관점에서 채택되었던 이전의 보호무역주의와 성격을 달리하였다.

이 시기에 해운 부문에서는 개발도상국을 중심으로 자국 선대의 확보 및 세계 해운시장 참여 확대를 위한 해운산업 보호 및 육성 정책이 광범위하게 채택되었다. 주요 정책 수단으로는 화물유보제도, 세제 및 금융 지원, 직접보조금 지급 등을 들 수 있다. 개발도상국의 세계 해운시장 참여 확대를 위한 노력의 하나로 1974년에 채택된 UN Liner Code(UN Convention on a Code of Conduct for Liner Conference)를 들 수 있다. 이는 정기선 화물의 적취율을 수출국, 수입국 및 제3국이 각각 40:40:20의 비율로 정한 것이었다. 이 조약은 1983년에 발효되었으나 의도했던 효과는 거두지 못한 것으로 평가된다. 그리고 당시 해운 선진국을 중심으로 널리 이용되고 있던 편의취적선(flag of convenience vessel)[21]의 추방운동이 전개되기도 하였다. 편의치적제도에 의하여 원가절감을 이룬 선진국 해운물류기업들이 세계 해운시장에 대한 지배력을 유지함에 따라 개발도상국의 이익을 대변하는 UNCTAD(United Nations Conference on Trade and Development)를 중심으로 선박 등록 조건에 관한 국제조약을 채택하여 편의치적제도를 규제하고자 했으나 실질적인 효과는 거두지 못하였다. 그 이외에도 편의치적제도에 대응하기 위한 국제적 움직임으로는 국제운수노동자연맹(International Transport Workers' Federation: ITF)[22]에 의한 청색증명

---

21) 편의취적선(flag of convenience vessel)은 선주가 보유 선박을 자국에 등록하는 대신에 조세 부담이 낮고, 선원 배승을 비롯한 법제도적 규제가 엄격하지 않은 라이베리아, 파나마 등 편의치적국에 등록한 선박을 말함.
22) 국제운수노동자연맹(International Transport Workers' Federation: ITF)은 해상, 내륙수로, 도로, 철도, 항공 등 운수 부문 노동조합의 연합체로서 150여 개국에 700여 개의 노동조합이 참여하고 있음.

서(Blue Certificate)[23]와 기준미달선(sub-standard ship)[24]에 대한 항만국 통제(port state control)[25] 등을 들 수 있다.

다섯째, 1980년대 이후를 신자유주의(neoliberalism) 시대라고 할 수 있다. 신자유주의는 유류파동, 영국병(British disease)[26], 스태그플레이션 등을 통해 국가 경제에 대한 정부의 적극적인 개입을 주장하는 케인즈 경제 이론이 한계를 드러냈다는 평가를 받음에 따라 그 대안으로 급부상하였다. 신자유주의의 등장은 1970년대부터라고 할 수 있으나 실제 정책적인 적용은 1980년대에 영국의 대처와 미국의 레이건 정권에 의하여 본격화되었다. 대처리즘, 레이거노믹스, 공급 중심 경제학, 통화주의 등은 모두 신자유주의와 관련되어 있다. 신자유주의 경제 정책의 주요 내용은 공공 부문의 민영화, 시장 규제의 철폐, 노동 시장의 유연성 제고, 공공 지출의 축소, 조세 인하를 통한 생산 원가의 절감 등을 포함한다. 신자유주의의 관점에서 국가의 역할은 사유 재산권 보호, 공정 경쟁의 보장, 최소한의 사회 안전망의 구축 등이며 그 이외의 경제적 개입은 대폭 축소해야 한다는 것이다. 고전적 자유주의가 국가 개입의 전면적 철폐를 주장하는데 비하여 신자유주의는 '작고도 강한 정부'를 기반으로 시장경제의 질서를 보장하고자 했다는 점에서 차별화된다.

신자유주의시대에는 해운 부문에 있어서도 개발도상국을 중심으로 과거의 보호 및 육성 위주의 정책 기조에서 자유주의적 기조로 어느 정도 전환되었다. 즉, 화물유보제도, 보조금 지급 등 직접적 지원 대신에 규제 완화, 인력 개발 등 해운산업 발전 기반의 조성을 도모하고 있다. 해운 부문의 이

---

[23] 청색증명서(Blue Certificate)는 ITF가 개별 선박에 대한 승선원의 근로 조건이 기준에 부합함을 증명하는 서류를 말하는 것으로 청색증명서 미비치 선박에 대해서는 하역 거부 등의 조치를 취하고 있음.
[24] 기준미달선(Sub-standard ship)은 선체, 기관, 설비 또는 선박 운항이 관련 협약에서 정한 기준에 미달하거나 선원이 안전 배승 기준에 만족하지 못한 선박을 말함.
[25] 항만국 통제(Port State Control)는 자국의 관할 항만에 입항하는 외국적 선박을 대상으로 국제협약에서 정한 안전 기준의 미달 여부를 점검하여 결함 사항이 발견되면 입항 거부나 출항 정지와 같은 필요 조치를 취하는 제도를 말함.
[26] 영국병(British disease)은 강력한 복지 정책 추진의 결과 성장 동력을 상실하고 경기 침체가 지속되는 현상을 말함.

러한 정책 변화는 1970년대 말의 극심한 해운 불황을 겪으면서 개발도상국을 중심으로 그동안 육성했던 해운산업이 국가 경제적 부담으로 작용함에 따른 반성의 결과라는 측면도 있다.

표 9-1 세계 해운시장에 대한 정부 개입의 역사

시대 구분	주요 경제 정책	주요 해운산업 정책
중상주의 (mercantilism): 16~18세기	- 수입보다는 수출 증가를 통하여 귀금속(금, 은)을 축적하여 국부를 증대시킴 - 무역을 제로섬(zero-sum) 게임으로 봄	- 화물유보(cargo reservation) 정책 - 영국의 항해법(Navigation Act)
자유무역주의 (liberalism): 19~20세기 초	- 무역 자유화에 의한 국제분업 및 교역 증진 - 절대우위 이론(아담스미스) 및 비교우위 이론(리카도)	- 항해법의 폐지 - 미국의 세계 해운시장 철수
보호무역주의의 부활: 제1차세계대전부터 제2차 세계대전을 전후한 시기 (전간기)	- 다양한 관세 및 비관세장벽 강화	- 각종 보조금의 지급: 건조차액보조, 운항차액보조 - 미국은 국가안보 차원에서 선대 확충
개발도상국의 부상: 제2차 대전 후부터 1980년대까지	- 제2차 세계대전~1970년대 초: 자유무역주의 - 1970년대 초~1980년대: 선진국을 중심으로 한 신보호무역주의(new protectionism)	- 개발도상국을 중심으로 자국 선대의 확보 지원: 화물유보제도, 세제 및 금융 지원, 직접 보조금 지급 등 - 세계 해운시장 참여 확대를 위한 국제적 노력: UN Liner Code, 편의치적선 추방운동 등
신자유주의 (neoliberalism): 1980년대 이후	- 공공 부문의 민영화, 시장 규제의 철폐, 노동 시장의 유연성 제고, 공공 지출의 축소, 조세 인하를 통한 생산원가의 절감 등 - 영국의 대처와 미국의 레이건 정권에 의하여 본격 채택	- 화물유보제도, 보조금 지급 등 직접적 지원 대신에 규제 완화, 인력 개발 등 발전 기반의 조성을 도모

2. 해운산업 발전 단계별 정책 변화

1) 해운 서비스 수급 구조의 변화

(1) 해운 서비스 수요 구조의 변화

세계 해상운송 수요는 세계 경제의 성장과 무역 자유화 추세에 따라 증가세를 보이고 있다. 특히 제2차 세계대전 이후 유럽과 일본의 경제 재건을 위한 해상운송 수요가 급증하였다(Stopford, 2009). 이들 국가의 중화학공업에 대한 투자 증가에 따라 철광석, 석탄, 유류 등 대량 살화물(bulk cargo)의 수요가 급증하였다.

그러나 1970년대 초반에 들어서면서 유럽 국가들의 경제가 성숙 단계[27]에 접어들면서 중화학공업의 성장세가 둔화되었고 그 결과 이들 주요 원자재에 대한 수요의 증가세도 한계에 달하였다. 일본의 경우도 유럽과 유사한 경제성장 및 무역구조의 변화 유형을 나타내었다. 다만 일본에 있어서는 정부 주도의 산업 정책에 영향을 받아 조선, 제철, 제조 등의 중화학공업 부문이 보다 장기간에 걸쳐 성장세를 유지할 수 있었다. 북미 국가들 역시 군수, 제철산업 등이 높은 성장세를 나타냄에 따라 해상운송 수요의 증가에 일조하였다. 유럽 국가들과 일본의 경제성장세는 1970년대 중반 이후부터 두 차례의 유류파동[28]을 겪으면서 현저하게 둔화되었다. 반면 한국, 타이완, 중국 등 아시아 개발도상국들이 세계 경제의 성장 축으로 부상함에 따라 이들 국가의 원자재 수입 수요가 크게 증가하였다. 1970년대에는 컨테이너 물동량도 비교적 높은 증가세를 나타냈는데[29] 이는 유럽, 일본, 아시아 개발도상국 및 북미 국가들을 중심으로 한 소비 증가에 따른 결과이었다.

특정 국가의 무역 유형은 경제발전의 단계에 따라 달라진다. 일반적으로 국가 경제구조는 농업 기반(agriculture-based)의 구조에서 산업화(industrialization)를 거치며 그 이후에는 탈산업화(deindustrialization) 또는 서비스 기반(service-based)의 구조로 이행한다(Memedovic and Iapadre, 2010). 그 결과 해상운송 수요의 유형도 경제발전 단계에 따라 달라진다(〈표 4-1〉 참조).

---

27) 로스토우(Rostow)는 경제발전 단계를 전통사회, 도약준비 단계, 도약 단계, 성숙 단계 및 대중 소비 사회의 다섯 가지로 구분하였음.
28) 1973년 7월의 제1차 유류파동과 1978년 12월의 제2차 유류파동을 말함.
29) 컨테이너 해상운송은 1956년 4월 미국의 Sea-Land사(당시 Malcolm McLean사)가 Ideal-X호에 60개의 컨테이너를 적재하여 New York와 Houston간에 운송한 것이 그 시작으로 알려져 있음.

첫째, 경제발전 초기 단계의 국가들은 중화학공업에 투자를 집중하는 경향이 있으며 그 결과 많은 수량의 원자재를 수입하고 가공 및 제조 과정을 거친 제품을 수출한다. 이에 따라 살화물(주로 수입) 및 컨테이너화물(주로 수출)의 물류 수요 충족을 위하여 안정적인 해상 운송 수단의 확보가 절대적으로 요구된다.

둘째, 성숙된 선진 경제(mature developed economy) 단계에 들어가면 서비스 기반의 경제구조로 변화한다. 제조업에 있어서도 대규모의 원자재를 필요로 하는 전통적인 산업 부문 대신에 원자재 소요량이 비교적 적은 첨단기술의 고부가가치 산업의 비중이 증대된다. 이에 따라 수출입 운송 수요는 정체 내지 감소세를 나타낸다. 더욱이 첨단 기술의 고부가가치 생산물은 해상운송 대신에 항공운송을 선택하는 경향이 있고, 그 결과 선진국에 있어서 국가 경제활동에 대한 해상운송 지원 기능의 중요성은 감소하게 된다.

(2) 해운 서비스 공급 구조의 변화

해운산업은 전통적으로 자본 및 기술집약적인 산업으로서 자본과 기술이 풍부한 선진국들(특히 유럽 선진국들)이 비교우위를 갖는 것으로 인식되어 왔다. 국제경쟁력(비교우위) 결정 이론의 기반이 되는 헥셔-오린 정리(Hecksher-Ohlin theorem)에 의하면 생산물의 국제경쟁력(비교우위)은 생산요소 부존량의 상대적 과다에 의하여 결정된다. 즉, 자본이 상대적으로 풍부한 국가는 자본집약재에 비교우위가 있는 반면 노동이 상대적으로 풍부한 국가는 노동집약재에 비교우위가 있는 것이다. 이에 따라 20세기 중반까지만 하여도 선진국들이 세계 해운시장을 거의 전적으로 지배하고 있었다.[30] 해운산업은 자본집약도가 상대적으로 높기 때문이다. 당시에 개발도상국들은 투자 자본의 부족뿐만 아니라 선박 운항 및 해운경영의 기술 및

---

[30] 예를 들어 1950년과 1960년의 세계 선대의 등록 상황을 보면 개발도상국의 비중이 각각 11.0%와 8.6%에 불과였으며, 나머지는 선진국 및 편의치적국에 등록된 선박이었음(Jung and Kim, 2012).

노하우를 확보하지 못한 상황이었다.

그러나 1970년대 이후 개발도상국들이 공격적으로 선대 확충에 나섬에 따라 이들 국가의 세계 해운시장 점유율이 급격하게 높아졌다. 이와 같은 선진국과 개발도상국 사이의 해운시장 점유율 변화를 유발한 주요 요인은 다음과 같다.

첫째, 해운산업 정책적인 측면에서 1960년대 초까지만 하여도 개발도상국들은 선진국들의 해운시장 독점을 당연한 기정사실로 받아들였으며 자신들은 해운산업의 국제경쟁력 확보가 어려운 것으로 판단하였다. 그 결과 개발도상국들은 자국 선대의 확충보다는 운임 수준의 안정화, 국제수지 및 교역조건(terms of trade)[31]의 개선 등에 관심과 노력을 집중하였다 (Benham, 1994). 그러나 1960년대 중반 및 1970년대에 걸쳐 개발도상국들의 관심은 자국 선대의 확충으로 전환되었다. 한국을 비롯하여 싱가포르, 인도, 홍콩 등은 국제무역을 위한 안정적 운송수단으로서 해운산업을 국내 핵심 전략 산업으로 보호 및 육성하기 시작한 것이다. 이들 국가의 자국 선대 확충 정책이 1970년대에 대체로 마무리된 반면 중국의 경우는 1980년대 이후까지 지속되었다. 이미 언급한 바와 같이 개발도상국들은 자국 선대의 확충 이외에도 세계 해운시장 점유율의 증대를 위하여 Liner Code의 채택 (1947년), 편의치적선 추방 운동의 전개 등 국제적인 영향력을 행사하기도 하였다.

둘째, 해운산업 비교우위 결정의 주요 요인으로 기능했던 자본 및 기술적 제약이 완화 내지 해소되었다는 점 역시 선진국과 개발도상국 사이의 해운시장 점유율 변화를 유발한 주요 요인이 된다. 우선 자본시장의 개방 확대에 따라 개발도상국들은 선박 투자에 필요한 대규모 자본을 해외(선진국)에서 동원할 수 있게 되었다. 이에 따라 개발도상국들은 자본 부족의 문제로 인한 자국 선대 확충의 어려움을 대부분 해소할 수 있게 된 것이다. 선박 운항 기

---

31) 교역조건(terms of trade)이란 수출하고자 하는 재화와 수입하고자 하는 재화의 가격 비율, 즉 국제 상대가격을 의미함.

술 및 기업 경영 노하우 역시 선진국으로부터의 습득 또는 자국 내 교육·훈련 및 연구 기능의 강화를 통하여 어느 정도 확보 가능하게 되었다.

2) 해운산업 비교우위 결정 요인의 변화

해운산업의 국제경쟁력을 결정하는 핵심 요인은 해운서비스 생산원가 즉, 운임 수준이라는 것이 해운시장에 대한 전통적인 인식이었다. 특히 원자재와 같이 단위당 가격이 낮은 대량 화물의 운송에 있어서는 서비스의 질보다 운임 수준이 경쟁력을 결정하는 주요 요인이 된다. 운임부담력이 상대적으로 낮은 화물의 경우는 서비스 수준보다는 운임 수준에 의하여 해당 해운물류기업의 경쟁력이 좌우되기 때문이다.

1990년대 중반 들어 공급사슬관리(supply chain management)가 확산됨에 따라 단순한 원가 절감보다는 가치 창출(value creation)의 중요성에 대한 인식이 높아졌다. 가치 창출은 재화 및 서비스뿐만 아니라 기업의 가치를 증대시키는 활동을 의미한다(www.businessdictionary.com, 2015. 1. 23.). 즉, 재화 및 서비스를 구매하는 고객에 대하여 보다 많은 가치를 창출해야 하며 기업의 가치를 높임으로써 주주에 대해서도 주가 상승을 도모해야 한다. 가치 창출은 원가절감 및 서비스 개선에 의하여 결정되며 해운물류기업은 고객의 가치뿐만 아니라 자사의 가치(이윤)도 창출하지 않으면 안 된다. 가치 창출은 제조 활동뿐만 아니라 경영 활동의 전 과정을 최적화함으로써 달성 가능하게 된다(Towill, 1996).

이에 따라 화주들의 부가가치 서비스에 대한 수요가 증가하였으며, 해운물류기업의 경쟁력은 화주의 공급사슬 전 과정에 걸쳐서 최적화된 서비스의 제공을 통한 가치 창출 기여 능력에 의하여 결정되는 상황에 이르렀다. 앞의 제2장에서 본 바와 같이 해운물류기업의 발전은 세 단계를 거치게 되는데 1) 서비스 범위가 항만에서 항만까지로 제한되는 효율적·집약적 오퍼레이터(efficient/focused operators: 유형 1)에서 시작하여, 2) 문전에서 문전까지 서비스를 제공하는 풀 서비스 컨테이너선사(full-service container shipping lines: 유형 2)로 발전한 다음, 3) 서비스의 범위가 상품 디자인부터 최종 배송까지 공급사슬 전반에 미치는 통합공급사슬 서비스 제공 기업(integrated supply chain service providers: 유형 3)에 이르게 된다(〈표 2-1〉 참조). 해운물류기업들은 통합공급사슬 서비스 제공 기업(유형 3)으로의 변화를 지향하게 된다. 이를 위해서는 해상운송이라는 전통적 핵심 서비스 영역 이외에 화주의 공급사슬 전반에 걸친 부가적인 서비스 즉, 상품의 디자인에서 최종 수요자에 이르기까지의 전 과정에 걸친 고객 요구를 충족시켜야 한다.

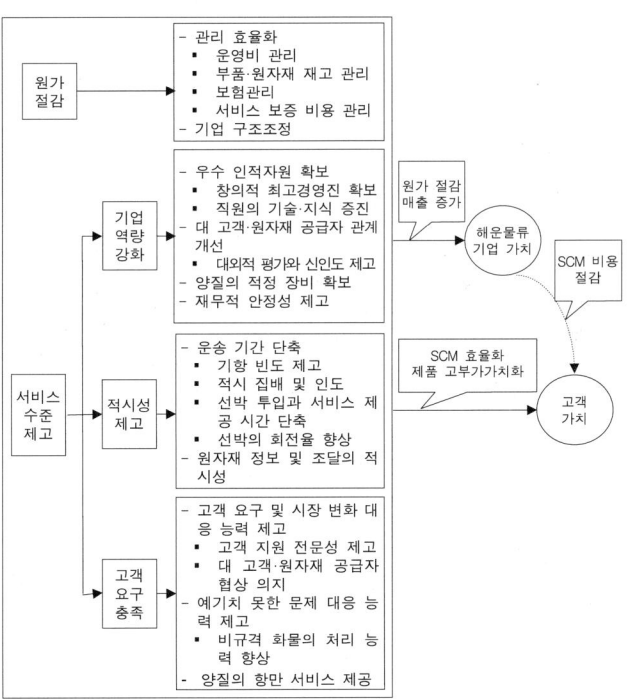

자료 : Lagoudis and Theotokas(2007) and Porter(1985)에 의거 정리

그림 9-2 해운물류기업 가치 창출 체계

3) 해운산업 정책의 발전 단계별 주요 목표와 쟁점

(1) 유도 정책: 자국 선대의 구축

산업 정책은 일반적으로 세 가지 범주로 구분 가능하다. 유도 정책(policies of inducement), 저항 정책(policies of resistance) 및 적응 정책(policies of adaptation)이 그것이다(Diebold, 1980). 유도 정책은 자국 내에 존재하지 아니한 산업을 새로이 구축하기 위한 정책을 말한다. 저항 정책은 비교우위를 상실하여 사양화되어가는 산업에 대하여 이를 유지하기 위한 목적으로 시행된다. 적응 정책은 비교우위 부문에 대한 자원의 재배분이 필요할 경우에 채택된다. 특히 경제 여건의 변화로 인하여 새로운 비교우위 부문이 출현할 경우 이용 가능한 자원을 새로이 부상하는 부문에 재배분할 필요성이 대두된다.

해운산업의 발전 여건은 경제발전 단계별로 상이하며 해운산업 정책의 목표 및 유형도 이에 따라 차별화되어야 할 것이다. 경제발전의 초기 단계에 있는 대부분의 개발도상국에 있어서는 해운산업 정책의 최우선 목표가 국제무역의 지원을 위한 안정적이고 신뢰성 있는 운송 수단의 확보에 두어진다. 일반적으로 개발도상국들은 수출 주도적 경제개발 정책을 채택하게 되는데(Nagano, 2005; Yang, 2008), 그 결과 대규모 운송 수요가 유발되기 때문이다. 이에 따라 개발도상국들에 있어서는 자국 해운산업의 개발이 절실하게 요구된다. 이들은 자국 선대의 확충이 이루어지지 못할 경우 합리적인 운임으로 신뢰성 있는 운송 수단을 적기에 확보하기 어렵게 될 우려가 큰 것으로 판단하기 때문이다. 그 결과 개발도상국에 있어서는 해운산업의 부가가치 및 고용 창출 기능보다 국가 경제에 대한 지원 기능 즉, 운송 수단의 제공 기능이 중요한 것으로 인식되는 경향이 있다. 이러한 정책적 여건이 반영됨으로써 개발도상국의 전형적인 해운산업 정책은 유도 정책이 된다.

이 단계에서는 해운물류기업들의 선박 운항 및 기업 경영에 대한 경험

축적 및 노하우의 확보가 미흡하다. 따라서 해운물류기업의 전형적인 유형은 제2장에서 살펴본 효율적·집약적 오퍼레이터(efficient/focused operators: 유형 1)가 된다(〈표 2-1〉 참조). 이러한 해운물류기업의 서비스 범위는 항만에서 항만까지로 제한되며 기업의 전반적인 노력이 원가절감에 집중된다. 그리고 주요 운송 대상 화물은 건살화물, 유류, 일반화물 등 컨테이너화되지 않은 화물이다.

이 단계에서 해운물류기업들은 경영 경험이 부족할 뿐만 아니라 운항 기술도 낙후되어 있는 실정이므로 비교우위를 확보하기 어렵다. 따라서 해운물류기업에 대하여 유치산업 보호 차원의 지원 정책이 요구된다(Redding, 1999; Succar, 1987). 개발도상국 정부로서는 자국 해운물류기업에 대하여 경영 및 운항의 경험과 기술 축적을 위한 기회를 제공하는 것이 정당화될 수 있다. 유인 정책의 주요 수단으로는 화물유보 정책(cargo reservation policy), 세제 및 금융 지원, 직접 지원(보조금 지급) 등이 고려될 수 있다. 그 중에서 화물유보 정책은 개발도상국 사이에서 광범위하게 채택된바 있다. 그러나 이 정책은 1980년대와 1990년대에 걸쳐 자유주의 이념의 확산으로 대부분 폐지되었다(Bertho, 2010). 그 이외에도 선박 투자, 법인소득, 운항 손실 등에 대하여 다양한 세제 및 금융 지원과 직접 지원이 이루어졌다.

(2) 저항 정책: 자국 선대의 유지

자국 선대를 이미 구축한 개발도상국 및 선진국에 있어서는 장기 불황과 비교우위의 소멸에 직면한 자국 내 해운물류기업들에 대하여 저항 정책을 채택하는 경향이 강하다. 주요 개발도상국들을 중심으로 1960년대와 1970년대에 추진된 자국 선대 구축 정책의 결과 선복 과잉이 유발되면서 세계 해운시장은 1980년대부터 2000년대 초까지 심각한 불황을 겪게 되었다. 그러자 개발도상국과 선진국 모두 자국 선대의 유지를 위한 정책적 노력을 경주하게 되었는데 이러한 정책 유형은 저항 정책에 해당한다.

자국 선대 구축을 추진하던 당시의 주요 정책 목표는 해운산업의 경제활동 지원 기능 즉, 안정적인 운송 수단의 제공을 통한 무역 촉진 내지 지원 기능의 확보에 있었다. 그러나 자국 선대의 구축에 성공한 개발도상국 및 선진국의 경우 당초에 의도했던 해운산업의 경제활동 지원기능 강화보다는 해운산업 자체의 부가가치 및 고용 창출 기능에 더욱 주목하게 되었다. 해운산업은 자체적인 부가가치, 고용 창출 등 직접 효과(direct effect) 이외에 전후방 연관산업에 대한 간접 효과(indirect effect) 또는 연관 효과(linkage effect)도 창출한다[32]. 이에 따라 이들 국가에 있어서 해운산업 정책의 주요 목표는 이러한 직접 효과 및 간접 효과의 극대화에 두어졌다.

저항 정책의 주요 내용으로는 편의치적제도(flag of convenience)[33]의 허용, 국제선박등록제도(international ship register)[34]의 도입, 톤세제도의 도입 등을 들 수 있다. 그 중에서 편의치적제도는 1970년대 이후 선진국은 물론이고 개발도상국에서도 도입이 확산되었는데 이는 선원 배승의 신축성 제고, 조세 경감 등을 위한 것이다. 국제선박등록제도는 자국 내에 별도의 선적 제도를 개설하고 해당 등록 선박에 대하여 편의치적 선박과 유사한 혜택을 부여하는 제도를 말하는 것으로 1980년대와 1990년대에 걸쳐서 세계 각국에서 널리 시행되었다. 예를 들면 노르웨이(1987년), 네덜란드(1996년), 일본(1996년), 한국(1997년) 등이 국제선박등록제도를 채택한 국가에 포함된다. 톤세제도는 법인소득세 대신에 보유(및 운항) 선박의 톤수를 기준으로 부과되는 조세 제도로서 비교적 낮은 세율이 적용됨에 따라 해운물류기업들의 조세 부담을 경감시키는 효과가 있었다. 이 제도 역시 위에서 언급된 바와 같이 세계 주요국에서 널리 시행되고 있다. 그 이외에 미

---

[32] 직접 효과는 해당 산업 내에서 발생한 부가가치, 고용, 산출 등의 효과를, 간접 효과 또는 연관 효과는 직접 효과로 인하여 다른 산업 부문에 파급되어 나타나는 효과를 각각 의미함. 또한 유발 효과(induced effect)라는 용어가 사용되기도 하는데 이는 직접 효과와 간접 효과를 합한 개념으로 이해됨.
[33] 편의치적제도는 선주가 자국이 아닌 편의치적국(파나마, 라이베리아, 바하마, 몰타, 키프로스 등)에 선박을 등록함으로써 각종 비용 절감 및 규제 회피를 도모하는 제도를 말함(자세한 내용은 제4장 참조).
[34] 국제선박등록제도는 자국 내에 기존의 등록 제도와는 별도로 제2선적제도인 새로운 선박등록 제도를 설치하고, 해당 등록 선박에 대하여 편의치적제도에 준하는 각종 혜택을 부여하는 제도를 말함.

국, 한국 등에서는 해운안보계획(marine security program)이 시행되기도 하였다. 해운안보계획은 국가 비상 시 동원을 위하여 자국인 선원이 승선한 자국적 선대[35]를 일정 규모 확보·유지하는 정책을 말한다. 해당 선박에 대해서는 일정 비율 이상 자국인 선원의 배승을 의무화하고, 선원비 차액(자국 선원과 개발도상국 선원의 인건비 차액) 등을 보조하게 된다.

이 단계의 해운물류기업 유형은 풀 서비스 컨테이너선사(full-service container shipping lines: 유형 2)로 대표된다(〈표 2-1〉 참조). 이 유형의 해운물류기업들은 운송의 컨테이너화 진전에 따른 복합운송 체제의 도입으로 door-to-door 서비스를 실현한 상태에 있다. 그리고 해운산업 정책의 목표는 이와 같이 유형 2 단계에 머물러 있는 자국 해운물류기업들의 유지에 두어진다.

(3) 적응 정책: 새로운 비교우위 영역의 창출

선진국을 중심으로 1990년대 후반 이후 정책 당국 및 해운물류기업들은 새로운 비교우위 달성 기회의 확보를 위하여 노력을 경주하고 있다. 이러한 정책적 노력은 적응 정책의 범주에 속하는데 해운물류기업의 서비스 범위와 내용을 공급사슬관리 전반으로 확대함으로써 실현 가능하게 될 것으로 기대된다. 이는 1990년대 중반 이후 화주의 공급사슬관리 도입이 확산됨에 따른 경영환경의 변화에 적응하기 위한 것이었다. 개발도상국들을 중심으로 1960년대 이후에 이루어진 선대 확충의 결과 해운시장이 레드오션(red ocean)[36]으로 변화한 상황에서 블루오션(blue ocean)[37]을 창출하기 위한 적응 정책이 선진국을 중심으로 채택되기 시작한 것이다.

그러나 해운물류기업의 통합 공급사슬 서비스 제공 능력 확보에 있어 정

---

[35] 한국의 경우는 국가필수선대라 칭함.
[36] 레드오션(red ocean)은 기존에 존재하는 시장으로서 경쟁이 치열한 시장이나 상황을 의미함.
[37] 블루오션(blue ocean)은 새로이 탄생하여 경쟁자가 별로 없는 시장이나 상황을 말함.

부의 역할은 극히 제한적이다. 통합 공급사슬 서비스의 범위 및 내용이 이전에 비하여 광범위할 뿐만 아니라 다양하고 복잡해졌기 때문이다. 이에 따라 시장기구(market mechanism)[38] 작동의 극대화가 해운산업 정책의 주요 목표 가운데 하나로 설정되었으며 EU를 비롯한 주요 선진국들을 중심으로 해운산업에 대한 시장 개방 정책을 국제사회에 확산시키는 노력을 경주하게 되었다(Cho, 2003). 2008년 10월에 단행된 EU의 해운시장 담합금지 조치는 이러한 정책 기조의 맥락에서 이해될 수 있다. 또한 EU의 해당 조치는 통합 공급사슬 서비스 제공에 있어 비교우위를 확보한 회원국들의 주요 해운물류기업들에 대하여 보다 광범위한 시장 접근의 기회를 제공하기 위한 목적도 있는 것으로 볼 수 있다.

적응 정책에는 이와 같은 시장 자유화 정책 이외에 정부 주도의 정책 방안도 강구되고 있다. 이러한 정책 방안은 해운물류기업으로 하여금 새로운 해운시장 여건에 부응하는 통합공급사슬 서비스 제공 능력의 확보 기반을 마련하기 위한 것이다. 예를 들면 2005년 일본에서 제정된 유통 업무의 종합화 및 효율화의 촉진에 관한 법률(流通業務の綜合化及び効率化の促進に関する法律)을 들 수 있다. 이 법에 의하여 일본 정부는 운송, 보관, 하역 및 배송 과정을 통합하는 방안을 모색하였고, 선정된 기업에 대하여 가속상각[39], 재산세 및 도시계획세 감면, 신용보증 확대, 부채 상환 보증, 토지 이용의 편의 제공 등의 지원이 제공된다.

한국에서도 유사한 정책이 채택되었다. 2006년 물류 정책 기본법에 의하여 시행된 종합물류기업인증제도가 그것이다. 그 이외에 제3자물류(third party logistics)의 활성화 방안도 모색되고 있다. 싱가포르는 2004년에 제3자물류기업 인증제도(Approved Third Party Logistics

---

[38] 시장기구(market mechanism)는 가격기구(price mechanism)라고도 하는데, 수요와 공급의 기능에 의하여 모든 재화와 용역의 가격이 결정되고 그 가격에 따라 사회 전체의 경제활동이 조정되는 것을 말함.
[39] 가속상각이란 고정자산에 투자된 금액의 조기 회수를 위하여 통상의 감가상각보다 짧은 기간에 감가 상각을 행하는 것을 말함.

Company Scheme)를 채택하였다. 이 제도에 따라 제3자물류기업들에 대한 재화 및 서비스세 면제(zero goods and service tax: Zero GST) 혜택이 제공되고 있다. 제3자물류는 화주에게 필요한 물류의 전 과정을 아웃소싱(outsourcing)하는 것으로서 해운물류기업으로 하여금 통합물류 서비스의 제공 능력 확보에 도움이 될 것으로 기대된다.

이와 같은 적응 정책의 대상이 되는 해운물류기업의 유형은 서비스의 범위가 상품 디자인부터 최종 배송까지 공급사슬 전반에 미치는 통합공급사슬 서비스 제공 기업(integrated supply chain service providers: 유형 3)이 된다.

표 9-2 해운산업 발전 단계별 정책 방향

해운산업 발전 단계 (해운물류 기업유형[1])	효율적·집약적 오퍼레이터 (efficient/focused operator) : 유형 1	풀 서비스 컨테이너 선사 full-service container shipping line) : 유형 2	통합 공급사슬 서비스 제공 기업 (integrated supply chain service provider) : 유형 3
정책 유형[2]	유도 정책	저항 정책	적응 정책
정책 목표	자국 선대의 확보 및 구축	자국 선대의 유지	새로운 비교우위부문 발전
정책 수단	- 자국적선 우선적취제도 - 세제·금융 혜택 - 직접보조	- 편의치적제도 - 국제선박등록제도 - 톤세제도 - 해운안보계획에 의한 보조(미국, 한국) - 자국적선 우선적취제도(미국) - 기타 세제·금융 지원 제도	- 종합 물류 육성책의 시행 - 제3자물류 및 부가가치물류 육성책의 시행 - WTO 등을 통한 국제적 해운물류 시장 개방 노력
대상 국가	후발 개발도상국	선발 개발도상국 및 선진국	선진국

주 : 1) 해운물류기업의 유형 구분은 Hingorani(2005)에 의함(〈표 2-1〉 참조)
2) 정책 구분은 Diebold(1980)에 의함

3. 해운시장에 대한 정부 개입의 기본 방향

역사적 관점에서 보면 대부분의 국가에 있어서 현행 해운산업 정책의 기본 이념은 1980년대 이후 널리 확산된 신자유주의라고 할 수 있다. 신자유주의는 그 동안의 경제·무역 정책에 대한 시행착오의 역사적 경험에서 도출된 경제적 이념 내지 이론으로 1980년대 이후의 선진국 경제발전에 크게 기여한 것으로 판단된다. 신자유주의는 국가의 시장 개입 확대에 따른 비능률(정부의 실패)을 해소하고 경쟁 시장의 효율성을 강화하는 등의 긍정적 효과를 거두고 있다. 그러나 시장 기능의 강화에 따른 시장실패의 가능성이 그만큼 높아진 것도 사실이다. 따라서 해운산업 정책의 수립·추진에 있어서도 기본적으로 시장기구의 원활한 작동을 도모하되, 시장실패(환경 파괴, 시황 불안정, 과당경쟁 등)의 가능성에 대비할 필요가 있다.[40]

해운산업 정책의 수립·추진에 있어서는 앞에서 살펴본 해운산업의 특성 즉, 과당경쟁의 가능성, 공공성, 외부 효과(다른 운송 수단과 비교한 환경 피해의 경감) 등에 대한 고려도 필요하다. 해운산업은 이러한 특성들로 인하여 건전한 발전을 위한 정책적 개입의 필요성이 그만큼 높아지기 때문이다. 한편 해운산업의 발전 단계별로 해운산업 정책의 범위와 내용도 달라진다는 점에 유의할 필요가 있다. 해운물류기업은 발전 단계에 따라 효율적·집약적 오퍼레이터(유형 1)에서 시작하여 풀 서비스 컨테이너선사(유형 2)의 단계를 거친 다음, 통합공급사슬 서비스 제공 기업(유형 3)으로 발전해 나가는데(〈표 2-1〉 참조), 각 발전 단계별 기업 유형에 따라 경쟁력 우위의 결정 요인이 달라지기 때문이다.

이와 같은 상황을 고려할 때 해운산업에 대한 정부의 개입은 경쟁력 제고를 위한 기반 내지 여건의 조성에 집중되어야 할 것이다. 예를 들면 1) 인

---

[40] 이와 같이 산업 정책의 목표를 시장실패의 해소에 둔 견해는 신자유주의적 관점에 입각한 것이라 할 수 있음. 산업 정책은 이러한 관 이외에도 산업 발전에 대한 보다 적극적인 정부 개입의 측면에서 이해될 수 있음 (Peres and Primi, 2009).

력 및 기술 개발의 지원, 2) 항만 및 연계운송망을 비롯한 물류시설, 정보시스템 등 기반시설 및 체제의 확충, 3) 환경성의 제고, 4) 시장 질서의 확보·유지를 위한 법적·제도적 장치의 마련, 5) 사회·문화적 환경(socio-cultural environment)의 개선을 위한 지원 등이 필요하다.

특히 인력 및 기술 개발과 관련하여 기업가 정신의 제고를 통한 혁신의 촉진이 이루어져야 하며 이를 위한 여건(시장, 제도) 조성과 혁신에 대한 보상 체계(이윤)를 갖추도록 해야 할 것이다. 즉, 변화(혁신)[41]를 통한 가치 창출이 이루어지도록 지원함으로써 경쟁력을 확보할 수 있도록 해야 한다. 이 과정에서 시장실패와 정부실패를 최소화하는 민간과의 긴밀한 협력이 필요하게 된다.

그리고 사회·문화적 환경은 사회를 구성하고 있는 개인의 행위에 영향을 미치는 문화, 가치관, 전통 내지 관습 등과 같은 사회제도 및 사회적 태도라고 할 수 있는데 소비, 투자, 인력 수급 등 경제활동의 각 분야에 장기적이고도 심대한 영향을 미친다. 따라서 사회·문화적 환경의 개선은 한국의 해운산업 발전을 위하여 중요한 정책 과제인 것으로 판단된다. 이를 위한 주요 정책 방안으로는 우선 해양과 관련된 정신, 가치, 예술 등의 고양이 이루어져야 할 것이며 해운산업의 중요성과 발전 전망에 대한 국민적 인식의 제고 방안도 강구될 필요가 있다. 특히 대국민 홍보 및 교육, 해양 레저·스포츠·관광 및 폐기물 수거 등 해양 관련 활동에 대한 참여 기회 확대 및 유도 등을 위한 정책 프로그램의 개발이 필요하다.[42]

---

41) 슘페터는 혁신을 창조적 파괴(creative destruction)로 정의했는데 낡은 것을 파괴·도태시키고 새로운 변혁과 창조를 유도하는 것을 말함.
42) 해양에 대한 국민적 관심의 제고 및 해양 관련 활동 참여 기회의 확대를 위한 방안의 사례로 영국의 "Sea vision UK"(www.cpl.co.uk)를 참조할 수 있음.

4. 무역 정책과 해운산업

1) 자유무역의 제약 요인

(1) 무역의 경제적 영향

무역을 통하여 각국은 상대적으로 효율성이 높은 부문 즉, 비교우위(comparative advantage) 부문의 생산에 자원을 집중함으로써 해당 부문의 재화 및 서비스를 수출하는 대신 상대국이 보다 효율적으로 생산한 고품질의 재화 및 서비스를 저렴한 가격으로 수입한다. 그 결과 당사국들은 무역을 통하여 다양한 혜택을 누릴 수 있게 된다. 무역을 통하여 기대되는 주요 경제적 효과를 보면 다음과 같다.

첫째, 무역은 경제성장에 기여한다. 무역의 경제성장 기여 효과는 다음과 같은 요인에 의하여 달성된다. 1) 비교우위 부문에 대한 생산의 특화(specialization)가 가능하게 됨으로써 자원 배분의 효율성이 제고된다. 즉, 보다 효율적인 부문의 생산은 증가하는 반면 비효율적인 부문의 생산은 감소함으로써 전체적인 생산이 증가하게 된다. 2) 무역을 통하여 시장이 국제적으로 확대되면 생산에 있어 규모의 경제(economies of scale) 달성이 가능하게 한다. 이와 같이 규모의 경제 달성은 무역의 결과 나타나는 효과이기도 하지만 무역을 가능하게 하는 요인이 되기도 한다. 앞에서 언급한 바와 같이 각국은 특화에 의한 국제적 분업을 통하여 비용의 우위를 달성할 수 있기 때문이다. 그런데 규모의 경제에 의한 국제경쟁력 확보 가능성은 보호무역의 타당성에 대한 이론적 기반이 되기도 한다. 규모의 경제가 존재하는 산업에서는 비교우위와 관계없이 단순히 경로 의존성(path dependency)[43]에 의하여 무역 패턴이 결정될 수 있기 때문이다. 3) 무역을

---

[43] 경로 의존성(path dependency)이란 생산물의 사용이나 관행이 과거의 역사적 선호에 기초하여 지속되는 현상을 설명하는 용어임. 이러한 경로 의존성은 비록 새롭고 보다 효율적인 생산물이나 방법이 등장한 경우에도 지속되는 경향이 있음.

통하여 경쟁이 국제적으로 확대됨으로써 경영 혁신, 생산 과정의 효율화 및 기술 개발 등이 촉진된다. 예를 들면 개발도상국들의 IT 기술 개발, 신약 개발 등은 무역의 경쟁 촉진 및 수출 기회의 확대와 관련이 깊은 것으로 판단된다. 4) 수입은 기술 이전의 통로 역할을 어느 정도 수행하는데, 기술혁신의 실현에 기여하는 다양한 수입 자본재 및 중간 투입재에 대한 접근 기회를 증대시키기 때문이다. 또한 시장 규모의 증대에 따라 혁신의 결과 기대되는 수익도 증대되며 그 결과 연구개발에 대한 투자 증가 및 기술집약적 생산이 가능하게 된다. 5) 무역의 자본축적 효과를 들 수 있다. 무역을 통하여 생산(소득)이 증가하면 증가된 소득의 일부분은 다시 저축됨으로써 국내 투자로 이어져 자본의 축적(생산요소[44]의 증가)이 이루어진다. 자본의 축적은 다시 생산을 증가시키는 결과를 초래한다.

둘째, 무역은 소비자 후생을 증대시킨다. 무역은 보다 저렴하고 질 좋은 재화와 서비스에 대한 선택권의 확대, 가격 하락 및 소득 증가에 따른 소비의 증가 등과 같은 긍정적 효과를 유발하기 때문이다.

셋째, 무역은 중장기적으로 고용의 증가 및 임금의 상승을 결과하는 것으로 판단된다(Felbermayr et al., 2009). 단기적인 관점에서 무역 자유화는 비효율적인 부문의 경쟁력 상실로 인한 구조 조정이 요구되며, 해당 산업에 고용되어 있는 인력이 효율적인 산업으로 이동할 때까지 실업에 직면하게 될 것이다. 그러나 중장기적으로 국가 경제 전체적인 생산이 증가함에 따라 전체적인 고용량도 증가할 가능성이 크다. 또한 생산성이 높은 부문이 수출에 참여함으로써 해당 부문의 생산이 증가하고 이는 다시 근로자의 임금 상승을 유발하는 것으로 판단된다. 일반적으로 수출 기업이 보다 생산적이고, 규모가 크며, 숙련 노동자의 고용 비율이 높을 뿐만 아니라 상대적으로 높은 임금을 지급하는 것으로 조사된 바 있다(Bernard et al., 2007).

---

[44] 생산요소(factor of production)는 산출물의 생산에 필요한 것으로서, 생산 과정에 투입·결합되는 경제적인 자원을 의미하며 노동, 자본 등이 있음.

수출 업체와 비수출 업체가 지급하는 임금의 차이를 흔히 수출 업체 임금 프리미엄(exporter wage premium)이라고 한다.

한편 무역은 비효율적인 부문의 퇴출로 실업 및 구조조정 비용을 불가피하게 발생시킨다. 더구나 자유무역은 발전의 초기에 있는 유치산업(infant industry)[45]의 성장 기회를 박탈하는 요인이 될 수도 있다. 그리고 무역 자유화의 결과 국가 경제가 외부 충격에 노출됨에 따라 대외적 요인의 영향을 직접적으로 받게 된다. 2008~2009년의 세계적 금융 위기는 세계 각국의 무역 및 자본 자유화가 특정 국가에서 발생한 충격의 통로가 된다는 점을 보여준 사례라 할 수 있다. 이러한 무역의 부정적인 영향을 감안할 때 무역 자유화의 영향을 심각하게 받는 사람들에 대한 조정과 적응을 지원하기 위한 사회 보호 시스템의 구축이 요구된다.

(2) 보호무역 관련 주요 이론

무역장벽은 소수의 이익집단(interest group, pressure group)을 국제 경쟁으로부터 보호한다. 이들 이익집단은 정치적 영향력을 행사하여 보호무역 정책의 채택을 도모하게 된다. 이들 이익집단은 상대적으로 소수이므로 조합, 연합회 등 단결력이 강한 집단을 용이하게 형성할 수 있고, 보호무역으로 인한 개별 주체의 이익 발생이 크므로 단결의 유인도 그만큼 크다고 볼 수 있다. 이와 같은 이익집단들은 정부기관, 국회 등에 대한 조직적·계획적 로비 활동을 전개함으로써 무역장벽을 강화하여 자신들의 이익을 지키는 경향이 있다.

이에 비해 일반 국민(소비자)은 이익집단에 비하여 단결에 어려움이 있으며 그 결과 정치적 영향력이 상대적으로 미약하다. 일반 국민은 다수이며 전국에 분산되어 있어 소비자 후생의 희생에도 불구하고 조직적인 집단행동에

---

[45] 유치산업(infant industry)이란 발전 초기 단계의 비교열위 산업이나 일정 기간 보호해 주면 경쟁력을 확보하여 비교우위 산업으로 전환될 수 있는 산업을 말함.

제약이 따르기 때문이다. 보호무역으로 인한 개개인의 손실 정도가 이익집단에 비하여 미미하다는 점도 단결의 유인을 약화시키는 요인이 된다. 그 결과 일반 국민들은 보호무역 정책에 민감하게 반응하지 않는 경향이 있다.

이와 같은 이익집단 이론의 적용 사례의 하나로서 경사관세 이론(tariff escalation)을 들 수 있다. 이는 소비자들이 사용하는 완제품에 대해서는 높은 관세가 부과되고, 생산자들을 위한 원자재 및 중간재에 대해서는 상대적으로 낮은 관세가 부과되는 현상을 설명하는 것이다. 그 이외에도 정치·외교적 영향력을 행사하여 무역을 규제하기도 하는데 미국은 1980년대 초에 자국 자동차산업의 보호를 위해 일본 정부로 하여금 대미 자동차 수출을 자율적으로 제한할 것을 요청한 바 있다.

나. 산업 정책적 고려

국가의 산업 정책적 고려에 의하여 전략 산업의 육성 차원에서 보호무역이 실시되기도 한다. 육성 대상이 되는 전략 산업은 다음과 같다.

첫째, 고부가가치산업을 들 수 있다. 제한된 자원에 대한 투자 효율의 극대화를 위해서는 부가가치가 높은 산업에 집중할 필요가 있기 때문이다. 고부가가치산업의 사례로서 IT(information technology), BT(bio technology), NT(nano technology) 등을 기반으로 한 산업을 들 수 있다. 이들 고부가가치산업의 육성을 위해서는 첨단 지식 및 기술이 요구되며 관세·비관세 장벽 이외에 기술 인력 양성, 관련 사회간접자본 확충 등의 지원이 요구된다.

둘째, 성장 잠재력이 큰 산업 역시 우선적으로 보호되어야 할 산업이다. 동태적 측면에서 미래의 기술 변화, 수요 구조의 변화, 비교우위의 변화 등을 고려하여 성장 잠재력이 큰 부문에 집중 투자하고 이를 보호하는 정책이 추진되어야 하는 것이다. 예를 들면 일본은 1950~60년대 섬유 등 전통적 노동집약산업 대신 미래 성장산업으로 기대되는 철강산업을 육성하였다. 한국의 경우도 1970년대에 철강(포항, 광양), 석유화학(여천, 울산), 기계(창원), 조선(거제), 전자(구미), 비철금속(온산) 등 성장 잠재력이 큰 부문을 보호·육성하는 정책을 추진하였다.

셋째, 산업연관효과가 높은 산업 역시 보호 대상이 되는 주요 산업 가운데 하나이다. 산업연관효과가 큰 산업은 재화와 서비스를 생산하는 과정에서 직접 또는 간접적으로 다른 산업의 생산, 부가가치, 고용 등에 많은 영향을 미치기 때문이다. 산업연관효과에는 전방연관효과(전방연쇄효과, forward linkage effect)와 후방연관효과(후방연쇄효과, backward linkage effect)가 있다. 전방연관효과가 큰 산업으로는 부품·중간재 생산 부문을, 후방연관효과가 큰 산업으로는 부품·중간재의 투입이 상대적으로 많은 생산 부문을 들 수 있다.

넷째, 외부경제(external economies)효과가 있는 산업을 들 수 있다. 특히 기술·지식집약 산업의 경우 다른 산업에 대한 긍정적 파급 효과가 큼에도 불구하고 그 혜택이 시장가격에 반영되지 못하게 된다. 그 결과 외부경제효과가 있는 산업의 경우 정부의 정책적 보호가 없을 경우 사회적으로 바람직한 수준의 투자 및 생산이 이루어질 수 없게 된다.

다섯째, 외국의 산업 정책에 대응한 전략산업 육성 정책이 추진되기도 한다. 외국이 중점 육성하는 목표 산업(targeting industry)에 대응하는 산업을 보호·육성하는 사례가 그것이다. 예를 들면 동남아시아 주요국들이 섬유산업을 육성할 경우 한국은 해당 산업을 포기하거나 차별화된 고부가가치산업으로 보호·육성하는 전략의 전환이 고려될 수 있다.

그 이외에도 국가 안보, 경제·사회적 안전의 목적에서 보호무역 정책이 채택되기도 한다. 방위산업의 보호·육성은 이러한 목적에서 추진되는 것으로 볼 수 있다. 경제·사회 안전 목적에서 시행되는 보호무역 정책으로는 곡물, 수산물 등의 수입 제한, 해운산업 등 핵심 기간산업의 보호 등을 들 수 있다.

다. 유치산업 보호론

유치산업(infant induystry) 보호의 관점에서 보호무역 정책이 실시되기도 한다. 유치산업 보호 역시 산업 정책적 관점에서 시행되는 것이기는 하지만 보호의 기간이 일시적이라는 점에서 별도로 살펴보고자 한다. 유치산업은 발전 초기의 산업으로서 생산 비용이 높아 국제경쟁력이 없으나 기간의 경과에 따라 점진적으로 경쟁력을 갖추게 되는 산업을 말한다. 유치산업 보호론의 이론적 근거로는 1) 장기적인 규모의 경제 달성 및 경험에 의한 기술 습득, 2) 신생 산업의 사회적 편익(외부 효과)에 대한 보상, 3) 신생 기업은 신기술 적용, 시장 개척 등에 필요한 창업 비용을 부담할 수밖에 없는 반면 후발 기업은 학습 효과로 인하여 이러한 비용을 지불하지 않게 된다는 점 등을 들 수 있다.

그리고 유치산업으로 보호하기 위해서는 다음과 같은 조건들이 성립하지 않으면 안 된다. 1) 동태적인 비교우위의 확보가 가능하여야 하는 만큼 일정 기간 보호 후에는 스스로 비교우위를 갖출 수 있어야 한다. 2) 보호 기간 중 지출된 비용보다 보호 이후의 경제적 편익이 커야 한다. 유치산업 보호는 자유무역의 편익을 포기하는 것이므로 이로 인한 손실보다 보호 이후의 수출을 통하여 얻게 되는 편익이 클 경우에만 그 타당성이 인정된다. 그 이외에도 3) 해당 산업의 외부 효과(external effects) 등으로 인하여 시장 기구만으로 최적의 선택이 이루어지지 않는 경우 보호할 만한 가치가 있을 것이다. 긍정적인 외부 효과가 있는 산업의 경우 자원의 배분이 적정 수준에 미치지 못하기 때문이다.

유치산업 보호의 역사적 사례로서 미국, 독일 등은 19세기에 높은 관세를 부과하여 산업 발전을 이루었으며 일본의 경우도 1970년대까지 광범위한 수입 통제를 실시한 결과 자국 산업의 비교우위를 확보할 수 있었다. 유치산업 보호와 관련하여 대두되는 문제점으로는 1) 보호 기간을 어느 정도로 설정할 것인가의 문제, 2) 보호 대상 기업의 선정 문제 등이 있으며, 그 이외에도 3) 목표 관리의 문제로서 보호 대상 기업의 신기술, 신공정 개발, 노동 생산성 및 기술 향상 등의 노력을 저해할 우려가 있다는 점, 4) 정책 수단 선택의 문제로서 관세 부과, 보조금 지급 등 다양한 정책 방안 가운데 어떠한 대안을 채택할 것인가의 문제 등이 있다.

2) 무역 자유화 동향

(1) 범세계적 다자간 무역 자유화

무역 자유화는 범세계적 다자간 무역 자유화와 지역 단위의 경제협력으로 나눌 수 있다. 그 중에서 범세계적 다자간 무역 자유화는 관세 및 무역에 관한 일반협정(General Agreement on Tariffs and Trade: GATT)이 채택됨으로써 본격화되었다. GATT는 제1차 세계대전부터 제2차 세계대전을 전후한 시기(전간기)에 중상주의 이념이 부활하는 보호무역주의의 발현에 대한 대책 마련의 필요성에서 태동한 것으로 볼 수 있다. 각국들은 두 차례의 세계대전을 겪으면서 부국강병주의를 채택·추진하게 되었으며 특히 세계 대공항기를 겪으면서 새로운 보호무역주의를 도입하였다. 이러한 보호무역주의의 결과 세계 경제에 악영향이 초래된다는 우려가 확산되자 이에 대한 대책으로 GATT 체제가 도입된 것이다. GATT는 1947년 10월에 23개국의 참여로 서명되어 1948년 1월에 발효되었고 한국은 1967년 4월에 정식 가입하였다. GATT는 국제기구라기보다 하나의 협정이며 따라서 참가국은 회원국이라기보다는 체약국이라고 할 수 있다.

GATT의 역할로는 1) 수입할당 금지, 최혜국 조항, 무차별 원칙 등 다자간 규범의 제정, 2) 무역 분쟁의 해결 및 조정, 3) 관세 인하의 국제 협상 수행 무대로서의 기능 등을 들 수 있다. 그러나 GATT에는 1) 지나치게 많은 예외 규정이 존재한다는 점, 2) 법적 구속력이 없어 분쟁조정위원회의 역할에 한계가 있다는 점, 3) 통상 분쟁 해결에 전원 합의제 채택으로 실효성에 한계가 있다는 점 등의 문제가 있었다. 이러한 문제점에 대응하기 위하여 1986년 9월~1994년 4월 중 시행된 우루과이라운드(Uruguay Round)에서 새로운 범세계적 다자간 무역 자유화 체제인 세계무역기구(World Trade Organization: WTO)의 신설이 합의되었다.

WTO는 이와 같이 기존의 GATT에 대한 대안으로 1995년 1월에 출범하였고 한국은 출범 당시부터 회원국의 자격을 유지하고 있다.[46] WTO의 주요 특징을 보면 1) 법인격을 가지며, 국제법상 권리 의무를 이행해야 하는 주체로서 법적 구속력을 갖는 행위가 가능하고, 2) 분쟁의 조정에 있어 법적 구속력을 행사할 수 있게 되었으며, 3) 공산품뿐만 아니라, 서비스, 농산물, 지적재산권 등으로 자유무역 대상을 확대하였고, 4) 회원국 대표로 구성된 각료회의를 최고 의결기구로 하며, 5) 각료회의의 결정은 회원국의 만장일치가 원칙이나 합의 실패 시 과반수 다수결로 한다는 점 등을 들 수 있다. 다만 협정문 개정, 회원국 가입 등과 관련된 사안에 대해서는 회원국 2/3의 찬성으로, 협정문 해석, 의무 면제 등에 관해서는 회원국 3/4의 찬성으로 의결한다. 그 이외에도 6) 회원국들은 국내법을 WTO 협정문에 일치시켜야 할 의무를 지며, 7) 분쟁 해결 기구를 통한 무역 분쟁의 해결·조정이 가능하다는 점 등을 들 수 있다. 무역 분쟁의 해결·조정은 회원국 3/4 찬성의 다수결로 결정하되, 보상·시정 조치 판결의 불이행 시 상대국에 대한 보복을 인정한다. 그리고 결정 사항을 수락하지 않을 경우 해당 회원국은 WTO 탈퇴 조치한다.

한편 WTO 체제하의 첫 번째 협상은 2001년 11월에 공식 시작된 도하개발의제(Doha Development Agenda: DDA)[47] 협상이다. DDA에서 해운 서비스부문의 협상과 관련하여 한국은 개방을 주도하는 적극적 협상 전략을 펼쳤다.

---

[46] 한국의 최대 무역 대상국인 중국은 2001년 11월에 가입이 승인됨.
[47] WTO 체제에서는 협상을 표현하는 용어로 GATT 체제에서 사용하던 라운드(Round) 대신 개발의제(Development Agenda)라는 표현을 사용함.

(2) 지역 경제 협력

지역 경제 협력(regional economic cooperation)이란 경제 분야에 있어 일정 지역의 국가 간(양자 또는 다자 간) 협력하는 것을 의미한다. 협력의 분야로는 재화 및 서비스의 수출입, 자본 및 금융 서비스의 이동 및 수용 등을 들 수 있다.

지역 경제 협력의 유형은 협력의 당사국들이 추구하는 경제적 목적에 따라 다음과 같이 다양하게 구분된다.

첫째, 자유무역협정(free trade agreement: FTA[48])은 두 개국 또는 그 이상의 국가들 상호 간에 재화 및 용역의 무역이 관세 및 비관세 장벽 없이 자유롭게 이루어지도록 한 자유무역지역(free trade area)을 구축한 것을 말한다. 따라서 FTA는 회원국에 대한 모든 무역 장벽의 철폐를 통한 재화 및 서비스 이동의 자유화 달성을 목표로 한다. FTA의 주요 특징을 들면 다음과 같다. 1) 회원국들은 비회원국에 대하여 개별적(독자적) 무역 정책은 그대로 유지된다. 즉, 비회원국에 대해서는 개별 관세(individual tariff)가 부과된다. 2) FTA에서는 일반적으로 자본, 노동 등 생산요소의 자유로운 이동을 보장하지는 않는다. 3) 수입품이 가장 낮은 대외 관세율을 갖고 있는 회원국을 통해 수입된 후 관세 없이 역내로 재수출되는 무역굴절(trade deflection) 현상이 발생할 수 있는데, 이와 같은 현상을 방지하기 위해 원산지 규정(rules of origin)이나 현지 부품 조달 의무[49]가 부과되는 것이 일반적이다.

둘째, 관세동맹(customs union)은 회원국 간에는 관세 및 기타 무역 장벽을 철폐하고(자유무역협정과 같음) 비회원국에 대해서는 공동 관세(common external tariff) 정책을 실시하는 것을 말한다. 따라서 회원국

---

[48] FTA는 자유무역지역(free trade area)의 의미로 해석되기도 함.
[49] 현지 부품 조달 의무란 외국인직접투자에 있어 생산에 필요한 부품이나 중간재의 조달을 현지에서 해야 한다는 의무가 부여된 것을 말함.

들은 비회원국에 대하여 공동 무역 정책을 수립·추진하게 된다. 다만 쿼타 (quota)[50]의 설정에 있어서는 서로 다른 수량이 책정되기도 한다.

셋째, 공동시장(common market)은 회원국 간 관세 장벽의 철폐와 비회원국에 대한 공동 관세 부과 이외에, 회원국 내 생산요소(자본 및 노동)의 자유로운 이동이 허용되는 지역 경제 협력 체제를 말한다.

셋째, 경제동맹(economic union)은 공동시장을 한 단계 발전시킨 것으로 회원국 상호 간의 경제 정책(재정, 금융, 사회복지 정책 등)의 상호 협력 및 조정이 이루어지는 지역 경제 협력 체제를 의미한다.

넷째, 완전한 경제동맹(complete economic union)은 경제동맹에 더하여 정치적 통합이 이루어지는 단계를 의미한다.

표 9-3 지역 경제 협력의 유형 및 협력의 범위

지역 경제 협력 유형	역내관세 철폐	역외 공동관세 부과	역내 생산요소 자유이동	역내 공동 경제 정책 수행	정치적 통합
자유무역협정	O	X	X	X	X
관세동맹	O	O	X	X	X
공동시장	O	O	O	X	X
경제동맹	O	O	O	O	X
완전한 경제동맹	O	O	O	O	O

지역 경제 협력의 경제적 효과로는 앞에서 살펴본 일반적인 무역 자유화의 효과를 그대로 들 수 있다. 즉, 1) 자원 배분의 효율성 제고, 규모의 경제 달성, 기술 개발의 촉진, 자본 축적 효과 등을 통한 경제성장의 촉진, 2) 재화와 서비스에 대한 선택권의 확대, 소비의 증가 등에 따른 소비자 후생의 증대, 3) 중장기적 관점에서 생산의 증가에 따른 고용의 증가 및 임금의 상승 등과 같은 효과가 기대된다. 그 이외에도 지역 경제 협력에 따른 효과로서 중요한 사항으로는 무역창출 효과(trade creation effects)와 무역전환

---

50) 쿼타(quota)란 무역 규제의 일종으로 특정 기간 중에 수입 또는 수출 가능한 수량(경우에 따라서는 금액)을 제한하는 것을 말함. 통상 수입품에 대하여 쿼타가 부과되는 경우가 많은데 이를 수입쿼타 또는 수입할당이라 함.

효과(trade diversion effect)를 들 수 있다. 무역창출 효과란 지역 경제 협력에 따라 관세 및 비관세 장벽이 해소됨으로써 국가 간 상품과 서비스의 교역이 확대되는 것을 말한다. 무역전환 효과란 지역 경제 협력으로 비회원국과의 무역이 회원국 상호 간의 무역으로 전환되는 효과를 말한다.

(3) 범세계적 다자간 무역 자유화와 지역 경제 협력의 관계

무역 자유화의 필요성 내지 당위성에 대해서는 대부분의 국가들이 인식을 같이하고 있다. 그러나 시장 개방의 구체적 협상에 들어가면 개방의 대상 부문과 정도에 대한 입장의 차이를 조율하기가 쉽지 않은 것이 현실이다. 무역 자유화에 있어서는 범국가적·중장기적 관점에서의 편익에도 불구하고 부문별·단기적 관점에서 보면 경쟁력을 확보하지 못한 부문 즉, 비교열위(comparative disadvantage) 부문의 시장 퇴출 및 구조 조정과 실업 발생에 따른 비용이 발생하기 때문이다. 그리고 경제 개방의 확대에 따라 해외 변수의 충격으로 인한 위험 부담의 증대도 문제가 될 수 있다. 특히 WTO 체제에서 이루어지는 범세계적 다자간 무역 자유화(global multilateral trade liberalization) 협상의 경우 당사국의 수가 많을 뿐만 아니라 경제적 여건 및 이해관계가 다양하기 때문에 합의점의 도출이 어렵게 된다.[51] 예를 들면 선진국과 신흥국 사이의 상이한 경제 여건 및 이해관계는 다자간 무역 자유화에 주요 걸림돌이 되고 있다.

지역 단위의 경제 협력은 이와 같은 WTO 체제의 범세계적 다자간 무역 자유화 협상의 대안이 되고 있다. 지역 경제 협력(regional economic cooperation)은 참여국의 수가 비교적 적을 뿐만 아니라 이해관계의 공통분모가 많은 국가들끼리 추진하는 것이므로 합의점의 도출이 비교적 용이

---

51) 예를 들면 WTO 체제의 첫 번째 협상인 DDA가 출범한 지(2001년 11월) 13년이 지난 2015년 2월 현재까지 이렇다 할 합의점을 찾지 못하고 있는 점은 범세계적 다자간 무역 자유화 협상의 어려움을 반영하는 것으로 볼 수 있음.

하기 때문이다. 그런데 지역 경제 협력이 역외 국가들에 대한 무역 자유화 협상 참여의 유인으로 작용하여 범세계적인 다자간 무역 자유화의 기반 형성에 도움이 될 것인지, 아니면 반대로 지역 경제 협력이 역외 국가들에 대한 배타적인 장벽으로 작용하여 범세계적 다자간 무역 자유화의 노력에 장애 요인이 될 것인지가 관심의 대상이 된다.

지역 경제 협력이 범세계적 다자간 무역 자유화에 도움이 된다는 연구 결과를 보면 다음과 같다. 먼저 지역 경제 협력은 도미노 효과를 통하여 세계적 무역 자유화에 기여할 것이라는 견해가 있다(Baldwin, 1993; Freud, 2000) 예를 들어 지역주의(regionalism)는 향후 다자주의(multilateralism)의 성공적인 정착을 위한 학습 효과를 창출한다는 점에서 긍정적으로 평가된 바 있다(Bergsten, 2001; Lamy, 2002 등). 지역주의는 향후 다자적 통합 시 참여 대상국 또는 블록의 소수화로 협상 비용의 감축 및 효율성 향상에 도움이 될 것이라는 점이 지적되기도 하였다(Summers, 1991; Laird, 1999 등). 이에 반하여 일부 학자들은 지역 경제 협력의 무역전환 효과에 주목하거나(Krugman, 1993) 스파게티보울 현상(spaghetti bowls phenomenon)[52]을 지적하는 등(Bhagwati, et al., 1998; Panagariya, 1999) 범세계적 다자간 무역 자유화 진전에 대하여 부정적인 견해를 주장하기도 하였다. 하지만 대부분의 연구 결과는 지역 경제 협력이 전반적으로 비회원국가들에게는 무역전환 효과를 크게 유발하지 않으면서 역내 무역을 증가시키는 무역창출 효과를 결과함을 보여주고 있다. WTO 역시 지역 경제 협력의 무역창출 효과를 고려하여 지역 단위의 경제 협력을 지지하는 입장에 있다.

---

52) 스파게티보울 현상(spaghetti bowls phenomenon)이란 여러 나라와 동시다발적으로 자유무역협정(FTA)을 체결할 경우 각 FTA 마다 원산지 규정, 통관 절차, 표준 등이 달라 FTA 활용률이 떨어지는 현상을 말함. 예를 들면 FTA의 내용에 따라 서로 다른 원산지 결정 기준이 적용되는데, 원재료 조달이나 생산 방식을 다르게 해야 하는 부담이 생김. 기업이 FTA 원산지 규정을 제대로 파악하지 못했을 경우 벌금을 징수당할 수 있음. 이러한 상황이 스파게티 그릇에 국숫발이 복잡하게 엉켜 있는 모습과 비슷하다는 데서 스파게티보울 효과(spaghetti bowls effects)라는 용어를 사용하게 됨.

한편 현실적으로 WTO 체제의 범세계적 다자간 무역 자유화 협상은 부진을 면하지 못하고 있는 가운데[53] 지역 경제 협력 특히 FTA는 전 세계적으로 급속히 확산되고 있다. 따라서 WTO 체제의 성공 여부는 지역 경제 협력체 상호 간의 통합 가능성에 의하여 좌우될 것으로 판단된다. 지역 경제 협력체 상호 간의 통합이 활발하게 이루어질 경우 협력의 지역 범위가 광역화됨으로써 결국 범세계적·다자간협력체인 WTO로 이행될 가능성이 커질 것이기 때문이다.

3) 무역 자유화와 해운산업

(1) 무역 자유화의 해운물류 부문에 대한 영향

무역의 확대는 일반적으로 해운물류산업 발전의 촉진 요인으로 작용할 것으로 기대된다. 그 이유로 다음과 같은 것을 들 수 있다.

첫째, 국제무역의 증가에 따른 해운물류 시장의 확대를 들 수 있다. 지역 경제 협력으로 무역창조 효과가 발생하기 때문이다.

둘째, 외국인직접투자(foreign direct investment: FDI)가 증가된다는 점도 해운물류산업의 발전에 기여하는 요인이 된다. 일반적으로 시장 개방은 시장 규모의 확대, 불확실성의 감소 등 투자 여건의 개선 효과로 인하여 FDI의 유입을 촉진하기 때문이다. 특히 지역 단위 경제협력체 구축의 경우 역내 국가뿐만 아니라 역외 국가들도 확대된 공동시장의 이점을 누리기 위하여 지역 경제 협력체 내의 FDI를 확대하는 경향이 있다. 해운물류 부문에 있어서는 주요 항만 배후단지, 물류 시설 등에 대한 FDI 유입의 증가로 부가가치물류(value added logistics: VAL)의 활성화 및 물류 기반시설의 확대가 이루어질 수 있다. 특히 항만 배후단지에 대한 FDI 유입의 증가가 기대되고, 그 결과 운송 중의 제조 활동이라 할 수 있는 부가가치물류 활동의

---

[53] 예를 들면 WTO의 첫 협상인 DDA의 경우 2001년 11월에 시작되었으나 2015년 1월 현재까지 타결되지 못하고 있는 실정임.

활성화가 기대된다.

셋째, 해운물류 시장이 확대됨으로써 규모의 경제 실현이 가능하게 된다는 점을 들 수 있다. 해운물류산업은 대규모 장치산업[54]인 동시에 네트워크산업(network industry)[55]의 특성을 갖고 있으므로 규모의 경제 효과가 비교적 크게 나타나는 산업이다. 따라서 해운물류기업의 경쟁력 확보를 위해서는 경영 규모가 일정 수준 이상이 되어야 하며, 시장 개방에 의한 판로의 확대로 규모의 경제 실현 여건이 조성될 수 있는 것이다.

넷째, 시장 개방을 통한 무역 및 투자의 증진은 해운물류 부문의 지식·기술의 확산을 위한 통로로 기능할 수 있다. 따라서 시장 개방은 해운물류 부문의 지식·기술 증진에 기여한다. 뿐만 아니라 시장 개방의 결과 물류시장이 확대됨으로써 새로운 지식·기술의 도입에 따른 수익 실현의 기회도 커지게 된다.

다섯째, 무역의 확대에 따른 해운물류 부문의 시장 개방 확대는 경쟁 촉진 효과의 결과 경영 효율화, 지식·기술의 개발, 원가절감 등의 노력을 통한 국제경쟁력 강화의 계기가 될 수 있다. 물론 해운물류 시장이 통합되면 경쟁의 심화로 인하여 일부 기업의 퇴출 등 부작용이 없는 것은 아니나 경쟁력을 확보하는 기업의 경우 새로운 발전의 계기가 될 수 있을 것이다.

(2) 시장 개방 관련 해운물류 부문의 주요 쟁점

가. WTO 체제 관련 해운물류 부문의 주요 쟁점

범세계적 다자간 무역 자유화를 위한 WTO 체제의 첫 협상으로서 DDA가 2001년 11월부터 시작되었다는 점은 이미 언급한 바와 같다. 그런데 해운물류 부문에 있어서는 개방을 주도하는 국가들과 개방에 소극적인 국가

---

54) 장치산업이란 생산 수단으로서 대규모의 설비, 장치와 거액의 자본 투자가 필요한 산업을 말한다.
55) 네트워크산업(network industry)이란 일련의 결절들(points or nodes)과 이를 연결하는 선으로 구성되어 에너지, 정보, 재화 및 여객의 흐름을 담당하는 산업을 말한다.

들의 입장 차이로 인하여 타결이 쉽지 않은 것으로 판단된다. 협상 대상이 되는 주요 의제로는 해운시장 접근 및 내국민 대우 원칙을 위반하는 각국의 규제에 관한 사항을 들 수 있다.

예를 들면, 1) 화물 배분 또는 화물유보 제도, 2) 외국 해운물류기업의 지분 한도 제한 및 외국 해운물류기업 지사 설립 제한, 3) 세제 및 항만 사용료에 대한 차별, 4) 대리점 및 항만 서비스 이용에 대한 차별 등이 있다. 그 이외에도 선원 이동의 자유화는 선원 송출이 많은 개발도상국들이 관심을 갖고 있다. 한편 연안해운의 개방에 관한 사항은 협상 의제에서 제외한다는 점에 대하여 대부분의 회원국들이 합의하고 있다.

해운물류 부문의 국가 간 입장 차이가 좁혀지기 어려운 것은 해운산업의 경제적·경제 외적 중요성에 대한 인식 때문으로 판단된다. 즉, 해운산업은 국제무역을 위한 운송 서비스의 안정적 공급 수단이 되고, 전후방 연관 효과를 통하여 관련 산업의 발전에 기여하며, 국방상으로도 중요한 역할을 수행한다. 뿐만 아니라 해운산업은 자체적으로 부가가치 및 고용의 창출, 외화 획득 내지 외화 절약을 통한 국제수지의 개선 등 국가 경제에 기여할 것으로 기대된다. 특히 한국과 같이 대외 의존도가 높은 경제 체제에서는 안정적 국제운송 수단으로서의 해운산업의 역할이 중요시된다.

해운시장의 개방에 대해서는 국가별로 해운산업의 국제경쟁력 확보 여부에 따라 상이한 태도를 견지하고 있다. 해운산업의 국제경쟁력을 어느 정도 확보한 것으로 판단되는 국가들의 입장에서는 시장 개방을 통하여 해운산업의 발전을 가속화하고자 한다. 예를 들면 일본, 노르웨이, 중국, 대만, 스위스, 홍콩 등은 적극적인 시장 개방의 주도국들이다. 한국 역시 시장 개방에 적극 동참하고 있다. 이들 국가는 해운물류 서비스 자유화의 필요성을 역설하고 자국의 양허 계획(concession schedule)[56]을 제시하면서 다른 나

---

[56] 양허 계획(concession schedule)이란 관세·비관세 등 자유화 대상 분야에 대해 자발적으로 제시한 시장 개방 스케줄을 말함.

라들도 이와 같은 수준의 양허를 요구하고 있다. 이에 비하여 자국의 해운산업이 국제경쟁력을 확보하지 못한 것으로 판단되는 미국, 브라질, 인도, 인도네시아 등은 개방에 소극적인 입장을 취하고 있다.

나. 지역 경제 협력 관련 해운물류 부문의 주요 쟁점

지역 경제 협력 특히 FTA에 통상적으로 해운물류 부문은 주요 협상 의제에서 제외되는 경향이 있다. 이는 대부분의 FTA 사례에서 해운항만 서비스 교역에 관한 사항이 협정문에 명시적으로 규정되어 있지 않다는 점에서도 확인할 수 있다. 이와 같이 FTA 협상 의제에서 해운항만물류 부문이 제외되는 이유로는 1) 국제적 시장을 대상으로 성립되는 해운물류산업의 특성상 이미 상당 수준 개방되어 있다는 점, 2) 각국이 보호하고 있는 해운항만 관련 부문(예를 들면 연안해운 시장 등)은 경제 안보 등의 이유로 보호하고 있어 FTA 협상에 의거 쉽게 타결될 수 없다는 점 등을 들 수 있다.

한편 지역 경제 협력 체제가 구축된 이후에 해운물류 부문의 협력이 진전되는 경향이 있다. 이는 지역 경제 협력으로 무역이 확대됨에 따라 해운물류 부문의 협력 필요성이 증대될 뿐만 아니라, 해운물류 부문의 협력을 위한 분위기 조성 등 협력의 여건이 개선되기 때문으로 판단된다. 지역 경제 협력 체제의 구축 이후 해운물류 부문의 협력이 강화된 사례로 유럽연합(European Union: EU)의 경우 역내 연안해운 시장 단일화를 포함한 공동해운 정책이 채택되었다. EU의 공동해운 정책 채택 과정을 보면 1) 1979년 Brussel Package에 의거 로마조약의 일반 경쟁 규칙이 해운에도 적용된다는 점이 확인되었으며, 2) 1986년 Maritime Package에서는 해운 서비스 자유 원칙의 적용, 역외 국가에 대한 해운물류 부문의 공동 대응 등의 정책 방안이 채택되었고, 3) 1992년 공동해운 정책을 연안해운으로 확대하였다(1993년 1월부터 적용). 그리고 북미자유무역협정(The North American Free Trade Agreement: NAFTA)에 있어서도 FTA 체결 이후에 근해 운송, 도로, 철도 등 전반적 복합운송 원활화를 위한 방안이 깊이 있게 논의되고 있다. NAFTA에서는 해운물류 부문의 협력을 강화하기 위하여 고속도로 및 교통담당관 미주연합회(American Association of State Highway and Transportation Officials), 근해운송회의(Short Sea Shipping Conference) 등이 운영되고 있다.

(3) 시장 개방 관련 해운물류 부문의 대응 방안

무역 자유화는 해운물류 부문에 기회와 동시에 위협 요인이 되고 있다. 무역 자유화는 물류 수요의 확대, 경영 여건의 개선 등 해운물류산업 발전의 기반을 제공함과 아울러 해운물류 시장의 개방으로 인한 경쟁의 심화를 의미하기 때문이다. 따라서 국내 해운물류산업의 강점은 더욱 강화하는 한편 약점은 보완해 나가지 않으면 안 된다.

첫째, 해운물류 부문의 대외적 협력 관계를 점진적·단계적으로 강화해 나갈 필요가 있다. 특히 1) FTA의 확대를 계기로 장기적 관점에서 체결국 간 해운물류 부문의 협력 관계를 강화해 나가는 방안을 모색한다. 이를 위해서는 FTA의 결과 개선되는 해운물류 부문의 경영 여건 및 협력의 분위기를 활용하는 전략이 요구된다. 2) 시장이 확대되는 부문에 대한 새로운 비즈니스 모델의 개발을 도모한다. 즉, 무역 증가가 예상되는 분야(상호 보완 관계를 가진 부문)에 대한 물류 수요 증가에 대비한다. 특히 공급사슬의 수직적 분업 체제 활성화에 따른 새로운 부가가치물류 모델의 개발이 모색되어야 할 것이다. 예를 들면 컨테이너 운송의 비중이 높은 섬유, 기계, 전기기기, 식음료, 자동차 부품 등의 조립·가공·유통과 관련된 기업을 항만 배후단지에 유치할 필요가 있다. 그리고 무역 증가가 예상되는 활어, 농산물 등의 신선·냉장 운송 능력의 강화 및 새로운 운송 시스템의 도입을 강구한다.

둘째, 물류기업 경영 질서의 국제 기준 채택 및 이행이 요구된다. FTA를 비롯한 시장 개방은 한국이 글로벌 무역 질서에 편입되는 계기가 된다. 이에 따라 환경, 노동, 안전, 보안 등과 관련된 국제 기준의 준수 노력이 요구된다. 투자, 서비스 제공 등의 자유화 확대 압력에도 대비해야 할 것이다.

셋째, 해외 물류 거점의 확보에 적극 나설 필요가 있다. 이를 위해서는 1) FTA의 체결과 관련하여 상대국 물류시장 진출 및 교역량 증가에 대비하여 국제적 영업망을 확충하지 않으면 안 된다. 특히 무역 증가가 예상되는 가전·전자 제품, 자동차 부품 등 수출품과 농·축·수산물 등 수입품에 대한 현지 물류 네트워크 확충을 도모해야 한다. 이와 관련하여 집화 및 배송센터 운영 등의 추진이 요구된다. 2) 해운물류기업 전용 터미널의 확보도 추진되어야 할 것이다. 특히 중장기적 관점에서 항만 시설 부족이 예상되는 국가의 항만 터미널 조기 확보가 요구된다.

넷째, 무엇보다 해운물류기업의 국제경쟁력 강화를 도모해야 함은 물론이다. 확대된 시장은 한국 해운물류기업에 새로운 기회와 동시에 도전을 제공하기 때문이다. 이와 관련하여 글로벌 해운물류기업의 육성, 기업의 체력 강화와 효율적인 경영 전략 모색이 이루어져야 한다. 3자물류의 확대, 물류기업의 대형화, 종합물류기업의 육성 등도 적극 추진되어야 한다.

참고 문헌

국내 문헌

국외 문헌

인터넷 자료

〈국내 문헌〉

국토교통부(2014), 「국토교통통계연보」.

길광수·고병욱(2009), 「정기선사의 공동행위에 대한 국제적 규제 동향과 대응 방안 연구」, 한국해양수산개발원, 정책 연구 2009-07.

_____ (2010), "EU의 해운동맹 폐지 정책의 효과 분석 및 시사점", 「해운물류연구」, Vol. 26-2(통권 65호), pp. 224-245.

김민희·백석훈(2012), "개발도상국에서 기업의 사회적 책임(CSR) 사례 및 시사점", KIEP 지역경제포커스, Vol. 6-24.

김우호 외(2011), 「세계 해상운임선물거래(FFA) 시장의 국부 창출 방안 연구」, 한국해양수산개발원, 기본연구 2011-06.

김태일(2005), "유럽연합의 정기선 경쟁규칙 개정 방향", 월간 해양수산 통권 제253호, 한국해양수산개발원.

박태원·정봉민(2002), 「컨테이너선 대형화의 경제적 효과 분석」, 한국해양수산개발원, 기본연구 2002-1.

삼성경제연구소(2002), "산업클러스터의 국내외 사례와 발전 전략", CEO Information 373호.

이윤석·안영중(2013), "국내 무역항의 표준 선박길이에 관한 연구", *Journal of the Korean Society of Marine Environment & Safety*, Vol. 19, No. 2, pp. 164-170.

정봉민(2005), 『동북아 물류중심 추진 전략의 분석 및 체계화』, 한국해양수산개발원.

_____ (2011), "동북아시아 컨테이너 항만 체제의 변화 추세와 전망", 『해양정책연구』, Vol.26 No.1, pp.1-34.

정봉민·마문식·이호춘(2004), 「해운항만산업의 국가 경제 기여도 분석」, 한국해양수산개발원.

정태인·이수연(2013), 「협동의 경제학」, 서울; 레디앙.

최재선 외(2005) "중국 양산항 개장의 영향과 대응 방안", 『KMI 해I양수산 현안 분석』, 2005-07, 2005.

최중희(2001), "정기선 해운의 전략적제휴 변천 연구", 『월간해양수산』, 통권 제203호, pp.17-35.

황진회(2006), "해운·조선·철강산업의 연계발전 방안", 「월간 해양수산」, 통권 제57호, pp. 6-19.

〈국외 문헌〉

Alderton, P. M. (1981), "The Optimum Speed of Ships", Meeting of the Institute in London, 18 Feb., 1981.

Axelrod, R. (1984), *The Evolution of Cooperation*, New York: Basic Books.

Baig, V. A. and J. Akhtar (2011), "Supply Chain Management: Value Configuration Analysis Approach", *The Journal of Business Perspective*, Vol. 15-3, pp.251-266.

Baldwin, R.(1993), "A Domino Theory of Regionalism," NBER Working Paper Series 4465, National Bureau of Economic Research.

Behar, A. and A. J. Venables (2010), "Transport Costs and Inteernational Trade", University of Oxford, Department of Economics Discussion Paper Number 488, June 2010.

Behnam, A.(1994), "Future of the Shipping Dialogue in UNCTAD", *Maritime Policy and Management*, Vol. 21-1, pp.15-27.

Bergsten, C. F. (2001,) "Fifty Years of Trade Policy: The Policy Lessons," *The World Economy*, 24, pp.1-13.

Bernard, A. B., S. J. Redding and P. K. Schott (2007) "Comparative

Advantage and Heterogeneous Firms", *Review of Economic Studies*, 74, pp.31-66.

Bertho, F. (2010), "Preferential Agreements in Maritime Transport: The Curreent and Outdated", SciencesPo, Working Paper June, 2010.

Bloom, D. E., D. Canning and J. Sevilla (2001), "Economic Growth and the Demographic Transition", NBER Working Paper 8685.

Bhagwati, J., D. Greenaway, and A. Panagariya (1998), "Trading Preferentially: Theory and Policy," *The Economic Journal*, 108. pp.1128-1148.

Boulhol, H., A. de Serres and M. Molnar (2008), "The Contribution of Economic Geography to GDP per Capita", *OECD Journal: Economic Studies*, Volume 2008.

Carroll, A. B. (1999), "Corporate social responsibility: Evolution of a definitional construct", *Business Society*, Vol.38-3, pp.268-295.

Caves, R., J. Frankel and R. Jones (2002), *World Trade and Payments: An Introduction*, 9th ed., Boston: Addison-Wesley.

Chiu, R. H. and Y. C. Lin (2012), "Applying Input-output Model to Investigate the Inter-industrial Linkage of Transportation Industry in Taiwan", *Journal of Marine Science and Technology*, Vol. 20-2, pp.173-186.

Cho G. S. (2003), " Major Contents of EU Shipping Policy and Implication", *Monthly Maritime and Fisheries Study*, Vol. 222, pp. 4-21.

Clarke, X., D. Dollar and A. Micco (2004), "Port efficiency, maritime transport costs, and bilateral trade", *Journal of Development Economics*, 75, pp.417-450.

Clarkson (각호), Shipping Intelligence Weekly.

Coady et al. (2012), "Corporate Social Responsibility & the Shipping Industry - A Global Perspective", Singapore Maritime Week Workshop, April 26, 2012.

Coccia, M. (2010), "The Asymmetric path of Economic Long Waves", *Technological Forecasting & Social Change*, 77, pp. 730-738.

Collins, A., V. Matthews and R. McNamara (2000) "Fatigue, health and injury among seafarers and workers on offshore installations: A review", SIRC Technical Report Series: Cardiff University Seafarers International Research Centre (SIRC) Centre for Occupational & Health Psychology.

Cook, T. D. and D. T. Campbell (1979), *Quasi-experimentation Design & Analysis Issues for Field Settings*, Boston: Houghto, Mifflin.

Cowell, Donald W. (1984), *The Marketing of Services*, London: Heinemann.

Davis, M. (2008), "Time charters - Last yage and related issues", Intertanko Tanker Charterng Seminar, Istanbl, 22 Apri, 2008.

De Langen, P. W. (1998), "The Future of Small and Medium Sized Ports", Eds. by G. Sciutto & C. A. Brebia, *Marine Engineering and Ports*, Boston, Southhampton: WIT Press.

Det Norske Veritas (2004), Corporate Social Responsibility and the Shipping Industry, Project report, No. 2004-1535.

Diebold, W. (1980). *Industrial Policy as an International Issue*, N. Y.:

McGraw Hill Book Company.

Drewry (2003, 2006, 2007, 2008, 2009, 2010), *Annual Container Market Review and Forecast*.

_____, *Intra-Asia container trades 2008: Demystifying the market*, 2008.

Drucker, P. (1992), *Managing for the Future*, Harmondsworth: Penguin.

Ducruet, Cesar et al. (2010), "Port Competiton and Network Polarization at the East Asian Corridor", in press for publication in Territoire en Mouvement (http://halshs.archives-ouvertes.fr/docs/00/55/88/56/PDF/TEM_East_Asia.pdf).

Divedi, D. N. (2008), *Managerial Economics*, 7th ed., New Delhi: Vikas

Eder et al. (2011), *Scrutton on Charterparties and Bills of Lading*, Andover, U. K.: & Maxwell Ltd.

Etsy, D. C. and A. S. Winston (2006), *Green to Gold: How Smart Companies Use Environmental Strategy to Innovate, Create Value, and Build Competitive Advantage*, New Haven, CT: Yale University Press.

European Commission (2005), "Euro Mediterranean Transport Project: Mediterranean Transport Infrastructure Network", Technical Note 19.

_____ (2008), Guidelines on the Application of Article 81 of the EC Treaty to Maritime Transport services(2008/C 245/02), 2008.9.26.

_____ (2011), "Communication from the Commission to the European Parlament, the Council, the European Economic and Social Committee and the Committee of the Regions: A renewed EU Strategy 2011-14 for Corporate Social Responsibility", COM (2011) 681 final.

_____ (2012), Maritime transport: Safety and Environment(http://ec.europa.eu, 20150 2. 8).

Faber, J. et al.(2012), "Regulated Slow Steaming in Maritime Transport: An Assessment of Options, Costs and Benefits", CE Delft, Publication code: 12.7442.23.

Faber, Mark (2002), *Tomorrow's Gold: Asia's Age of Discovery*, H.K.: CLSA Ltd.

Fafaliou, I., M. Lekakou and I. Theotokas (2006), "Is the European shipping industry aware of corporate social responsibility? The case of the Greek-owned short sea shipping companies", *Marine Policy*, Vol.30, pp.412-419.

Feber, J. et al. (2010), "*Going Slow to Reduce Emissions*", Seas at Risk, Publication Number 10.7115.21.

Felbermayr, G., J. Prat and H. J. Schmerer (2009), "Trade and unemployment: what do the data say?", Working paper, Univ. Hohenheim.

Fowler, Jr. F. J. (1990). *Survey Research Methods*. Revised ed. Newbury Park: Sage Publications.

Frankel, Ernst G. (2002), "The Challenge of Container Transshipment in the Caribbean", IAME Panama 2002 Conference Proceedings, Pnanma, 13-15 November 2002.

Frankel, J. and D. Romer (1999), "Does Trade Cause Growth?" *American Economic Review* 89(3), pp.379-399.

Fremont, Antonie (2007), "Global Maritime Networks, The Case of Maersk", *Journal of Transport Geography*, Vol. 15-6, p.18.

Friedman, M. (1970a), "A theoretical framework for monetary analysis", *The Journal of Political Economy*, 78, pp.193-238.

_____ (1970b), "The social responsibility of business is to increase its profits", *The New York Times Magazine*, September 13, 1970(www.umich.edu, 2015. 2. 6).

Fruend, C. (2000), "Different Paths to Free Trade: The Gains from Regionalism", *Quarterly Journal of Economics*, 115-4, pp.1317-1341.

Gorton, L. et al. (2009), *Ship Broking and Chartering Practice*, London; Informa.

Greenaway, D., W. Morgan and P. Wright, (2002), "Trade liberalization and growth in develop-ing countries", *Journal of Development Economics*, vol. 67, pp. 229-244.

Greenwood, R. and Samuel Hanson(2013), "Waves in Ship Prices and Investment", NBER Working Paper No. 19246, Issued in July 2013.

Gregory, M. (1989), "Real Business Cycles: A New Keynesian Perspective". *The Journal of Economic Perspectives* (JSTOR), 3 (3), pp.79-90.

Grewal, D. and N. J. Darlow (2007) "The business paradigm for corporate social reporting in the context of Australian seaports", *Maritime Economics & Logistics*, Vol.9, pp.172-192.

Hamel, G., Y. Doz and C. Prahalad (1989), "Collaborate with your competitors and win", *Harvard Business Review*, Jan.-Feb., 1989, pp.133-139.

Haque, M. S. (2001), "The Diminishing Publicness of Public Service under the Current Mode of Governance", *Public Administration Review*, Vol. 61-1, pp.65-82.

Haralambides, H. E. (2000), "A Second Scenario on the Future of the Hb-and-Spoke System in Liner Shipping", Latin Ports and Shipping 2000 Conference & Exhibition, Miami FL, USA, Nov. 14.

Hardin, G. (1968), "The Tragedy of the Commons", *Science*, Vol.13, pp.1243-1248.

Harrison, A. (1996), "Openness and growth: a time-series, cross-country analysis for develop-ing countries", *Journal of Development Economics*, vol. 48, pp. 419-447.

Heaver, D. H. (2002), "Supply chain and logistics management: Implications for liner shipping", *The Handbook of Maritime Economics and Business*, ed. by C. H. Grmmenos, London: T&F Informa.

Hermansson N. and O. Olosson (2008), "The CSR Implementation process", Kristianstad University International Business and Economics Program(www.diva-portal.org, 20150 2. 7).

Hingorini, N. et al. (2005), "Setting a New Course in the Container Shipping Industry", Working paper of IBM Global Business Services, IBM Institute for Business Value.

Honen, P. (2007), "Corporate Social Responsibility: An

Implementation Guide for Business", International Institute for Sustainable Development (www.iisd.org, 2015. 2. 7).

Hoyle, Brian S. (1989), "The Port-City Interface: Trends, Problems and Examples", *Geoforum*, Vol. 20, pp.429-435.

Hsu, Chaug-Ing and Yu-Ping Hsieh (2005), "Direct verses Terminal Routing on a Maritime Hub and Spoke Container Network", *Journal of Marine Science and Technology*, Vol. 13-3, pp. 209-217.

_____ (2007), "Routing, ship size, and sailing frequency decision-making for a maritime hub-and-spoke container network", *Mathematical and Computer Modelling*, Vol. 45-7/8, pp.899-916.

IEA, *Global Energy Assesment: Toward a Sustainable Future*, 2009.

Jasson J. O. and D. Shneerson (1987), *Liner Shipping Economics*, NY; Chapman and Hall.

Jung B. M. and S. J. Kim (2012), "Change of Shipping Industry Circumstances and Shipping Policy Directions of Developing and Developed Countries", *The Asian Journal of Shipping and Logistics*, Vol. 28-2, pp. 135 - 160.

Karlsson, C. and R. Nilsso (1999), "Agglomeration, Economies of Scale and Dynamic Specialisation in a Central-Place-System", Regional Science Association European Congress, Dublin, Ireland 23-27 August, 1999.

Kondratieff, N. D. (1935), "The long waves in economic life", *Rev. Econ. Stat.* 17 (6) pp. 105 - 115.

Krugman, . (1993), "Regionalism versus Multilateralism: analytical notes," Chapter 3 in *New Dimensions in Regional Integration*, edited by J. D. Melo and A. Panagariya, Centre for Economic Policy Research (CEPR), Cambridge University Press, pp. 58-79.

Kunnaala, V., M. Raji and J. Storgard (2013), "Corporate social responsibility and shipping: Views of Baltic Sea shipping companies on the benefits of responsibility", Publications of the Center for Maritime Studies University of Turku.

Kwok, Yun-kwong and Eden S. H. Yu (2005), "Leontief paradox and the role of factor intensity measurement", Australian Conference of Economists (34th: Melbourne), 26-28 Sep. 2005.

Laird, S. (1999), "Regional Trade Agreements: Dangerous Liaisons?" *The World Economy*, 22, pp.1179-1200.

Lamy, P. (2002), "Stepping Stones or Stumbling Blocks? The EU's Approach towards the Problem of Multilateralism vs. Regionalism in Trade Policy," *The World Economy*, 25, pp.1399-1413.

Langen, Peter W. de et al. (2002), "A Stylized Container Port Hierarchy: A Theoretical and Empirical Exploration", IAME Panama 2002 Conference Proceedings, Panama, November 13-15, 2002.

Lagoudis, I. N. and I. THEOTOKIS (2007), "The Competitive Advantage in the Greek Shipping Industry," *Marine Transport: The Greek Paradigm*, ed. by Athanasios A. Pallis, Elsvier, Oxford, UK, pp.95-120.

Limão, N and A Venables (2001), "Infrastructure, Geographical Disadvantage, Transport Costs and Trade", *World Bank Economic Review*, 15 (3), pp. 451-479.

Lovio, R. (2000), *Vastuullinen johtaminen ja johtajuus liiketoiminnassa*. In: Lehtinen, U. & Mittilä, T. (ed.) Liiketoimintaosaaminen kilpailukykymme keskiössä. Kauppatieteellinen yhdistys. pp. 107-114.

Malthus, T. R. (1798), *An Essay on the Principle of Population*, Oxford World's Classics reprint.

McGuire, C. and H. Perivier (2011) "The nonexistence of sustainability in international maritime shipping: issues for consideration", *Journal of Sustainable Development*, Vol. 4-1, pp.72-91.

Memedovic, O. and L. Iapadre (2010), "Structural Change in the World Economy: Main Features and Trends", UNIDO Working paper 24/2009.

Mentzer, J. E., et al. (2001), "Defining supply chain management", *Journal of Business Logistics*, Vo. 22-2, pp.1-25.

Musgrave, R. A. (2008), "merit goods." *The New Palgrave Dictionary of Economics*, Second Edition. Eds. S. N. Durlauf and L. E. Blume, London: Palgrave Macmillan.

Nagano, M.(2005), "Investment and Export-led Inustrialization: Financial Constraints and Export Promotion of East Asian Firms", *Journal of Economic Development*, Vol.30-1, pp.81-94.

Notteboom, Theo (2004), "A Carrier's Perspective on Container Network Configuration at Sea and on Land", *Journal of*

International Logistics and Trade, 1-2, pp.213-228..

_____ (2006), "Container Throughput Dynamics in the East Asian Container Port System", *Journal of International Logistics and Trade*, Vol. 24-1, pp. 31-52.

OECD (2005), "Container Shipping Costs and Cargo Value", DSTI/DOT/MTC(2005)5/REV1.

OECD, ILO, WORLD BANK (2010), "Seizing the Benefits of Trade and Employment", WTO final report prepared for submission to the G-20 Summit meeting, Seoul (Korea), 11-12 November 2010.

Ohmae, K. (1989), "The global logic of strategic alliances", *Harvard Business Review*, Mar.-Apr., 1989, pp.143-154.

Panagariya, A. (1999), "The Regionalism Debate: An Overview," *The World Economy*, 22, pp.477-511.

Peres, W. and A. Primi(2009), *Theory and Practice of Industrial Policy : Evidence from the Latin American Experience*, ECLAC.

Porter, M. E. 1985, *Competitive Advantage: Creating and Sustaining Superior Performance*, N.Y.: Free Press.

Poulovassilis, A. and S. Meidanis (2013) "Sustainability of Shipping - Addressing Corporate Social Responsibility through Management Systems"(www.commonlawgic.org).

Progoulaki, M. and I. Theotokas (2009), "Human resource management and competitive advantage: An application of resource-based view in the shipping industry", *Marine Policy*, Vol.34, pp.575-582.

Progoulaki, M. and M. Roe (2011), "Dealing with multicultural human resources in a socially responsible manner: a focus on the maritime industry", *Journal of Maritime Affairs*, Vol.10, pp.7-23.

Redding, S. (1999), "Dynamic Comparative Advantage and the Welfare Effects of Trade.", *Oxford Economic Papers* Vo.51, pp.15-19.

Schumpeter, J. (1942), *Capitalism, Socialism, and Democracy*, (New York: Harper, 1975) (orig. pub. 1942).

Stopford, Martin (2009), *Maritime economics*, 3rd ed., London: Routledge.

Succar, P. (1987), "The Need for Industrial Policy in LDC's - A Restatement of the Infant Industry Argument", *International Economic Review*, Vol 28, pp.521-34.

Summers, L. (1991), "Regionalism and the World Trading System," Federal Reserve Bank of Kansas City.

Tai, Hui-huang and Chering-chwan Hwang (2005), "Analysis of Hub Port Choice for Container Trunk Lines in East Asia", *Journal of the Eastern Asia Society for Transportation Studies*, Vol. 6, pp.907-919.

Thanopoulou, H. (2002), Investing in ships: An essay on constraints, risk and attitudes', *The Handbook of Maritime Economics and Business*, ed. by C. H. Grmmenos, London; T&F Informa.

Towill, D. R. (1996), "Industrial dynamics modelling of supply chains", *International Journal of Physical Distribution & Logistics Management*, Vol.26-2, pp.23-42.

UNCTAD (1990), *Development and Improvement of Ports: The Establishment of Transshipment Facilities in Developing Countries*, UNCTAD Publication.

_____ (2012), *Review of Maritime Transport 2012*, UNCTAD Publication.

_____ (2013), *Review of Maritime Transport 2013*, UNCTAD Publication.

_____ (2014), *Review of Maritime Transport 2014*, UNCTAD Publication.

Voudris, Athanasios V. (2006), "Analysis and Forecast of the Capesize Bulk Carriers Shipping Market Using Artificial Neural Network", Master's degree thesis, MIT.

Ward, W. A., M. Bhattarai and P. Huang (1999), "The New Economic Distance: Long Term trends in Indexes of Spatial Friction", Clemson University, Working Paper, WP020299, Feb. 1999.

WBCSD (World Business Council for Sustainable Development) (2000), "Corporate social responsibility: Making good business sense"(http://research.dnv.com, 2015. 2. 7).

Weintaub, E. Roy (2007), "Neoclassical Economics", (http://www.econlib.org/library/ Encl/NeoclassicalEconomics.html, 2014. 1. 21).

Wilmsmeier, G. and T. Notteboom (2009), "Determinants of Liner Shipping Network Configuration: A Two Region Comparison", IAME Conference, Copenhagen, June 24-26, 2009.

World Bank (2008), *World Development Report 2009: Reshaping Economic Geography*.

World Steel Association (2013), *Steel Statistical Yearbook 2013*.

Xu, J. J., T. L. Yip, and L. Liu (2011), "A Directional Relationship between Freight and Newbuilding Markets: A Panel Analysis", *Maritime Economics and Logistics*, Vol. 13-1, PP.44-60.

Yang, J. (2008), "An Analysis of So-Called Export-led Growth", IMF Working Paper WP/08/220.

〈인터넷 자료〉

www.aluminiumleader.com.

www.balticexchange.com.

www.bimco.org.

www.businessdictionary.com.

www.cam.ac.uk.

www.charterama.nl.

www.finance-glossary.com.

www.index.go.kr.

www.tamini.com.

www.trass.or.kr.

www.unctad.org.

www.worldshipping.org.

http://global.britannica.com

http://index.go.kr.

http://magazine.hankyung.com.

http://people.hofstra.edu.

http://people.stern.nyu.edu

http://virtualshipbroker.blogspot.kr.